Gisbert Kranz · Engagement und Zeugnis

Gisbert Kranz

ENGAGEMENT UND ZEUGNIS

Elf Lebensbilder

Verlag Friedrich Pustet Regensburg

ISBN 3-7917-0508-3

Umschlag Paul König Hildesheim
Gesamtherstellung Friedrich Pustet Regensburg
Printed in Germany 1977

Vorwort

Fünfhundert Jahre Kirchengeschichte werden in diesen elf Biographien für uns Heutige lebendig.
Kardinal *Nikolaus von Kues* (1401–1464) war ein unermüdlicher Kämpfer für die Einheit, dessen grundsätzliche Forderungen zur Völkerverständigung und zum Religionsfrieden bis heute aktuell sind. – *Filippo Neri* (1515–1595) entwickelte neuartige Seelsorgsmethoden, die weit über seinen Wirkungskreis Rom hinaus fruchtbar wurden. – *Petrus Canisius* (1521–1597), erster Deutscher in der Gesellschaft Jesu, hat zu der auf dem Konzil von Trient begonnenen katholischen Reform vor allem durch Predigt und Lehre so entscheidend beigetragen, daß man ihn »den zweiten Apostel der Deutschen« nennt. – Zur Zeit Ludwigs XIV. wirkte der große französische Bischof *François Fénelon* (1651–1715). Er entwickelte Grundsätze zur Politik und christlichen Weltverantwortung, die heute noch Aufmerksamkeit verdienen. – *Klemens Maria Hofbauer* (1751–1820), Apostel Warschaus und Wiens, erster deutscher Redemptorist, entfaltete in einer Zeit tiefgreifenden Umbruchs eine überaus segensreiche Seelsorgetätigkeit und trug wesentlich zur geistigen Überwindung von Jansenismus und Josephinismus in Österreich bei. – Kardinal *John Henry Newman* (1801–1890), von der anglikanischen zur katholischen Kirche konvertiert, hat Bedeutendes für die Erneuerung der katholischen Kirche in England geleistet. Das reiche geistige Erbe, das er uns in seinen zahlreichen Schriften zu theologischen, religionsphilosophischen und anderen Fragen hinterlassen hat, ist bis heute noch nicht ausgeschöpft. – Bischof *Johann Michael Sailer* (1751–1832) war ein begnadeter Lehrer und Seelsorger. Auch seine Schriften finden gerade heute wieder zunehmend Beachtung. – Bischof *Wilhelm Emmanuel von Ketteler* (1811–1877) war der wichtigste Vertreter der katholischen

Kirche im preußischen Kulturkampf und Wegbereiter der Soziallehre des Papstes *Leo XIII.* (1810–1903), die dieser dann in seinen wegweisenden Enzykliken entwickelte. Wegen seines Engagements für Gerechtigkeit und Frieden hat man Leo XIII. den »Friedenspapst« genannt. – Ihm folgte auf dem päpstlichen Stuhl *Pius X.* (1835–1914). Sein Bemühen galt der inneren Einheit und Geschlossenheit der Kirche gegenüber bedrohlich erscheinenden Zeitströmungen, nicht weniger jedoch auch der innerkirchlichen Erneuerung und der Belebung der eucharistischen Frömmigkeit. – Fast noch unser Zeitgenosse ist Bischof *Clemens August Graf von Galen* (1878–1946), »der Löwe von Münster«, der in der Zeit der nationalsozialistischen Herrschaft seine Stimme unerschrocken zur Verteidigung der Freiheit des Glaubens und der Unantastbarkeit und Würde menschlichen Lebens erhob.

So unterschiedlich diese elf »Männer der Kirche« nach Herkunft, Temperament und Wirksamkeit auch waren, eines ist ihnen gemeinsam: das selbstlose Engagement im Dienst für die Kirche und die Menschen, das ihr Leben zu einem Zeugnis des Glaubens gemacht hat.

Inhalt

Nikolaus von Kues

(1401-1464)

Es bereitet immer ein hohes geistiges Vergnügen, zu sehen, wie ein Mann mit scharfem Blick die Gebrechen seiner Zeit erkennt, in Gedanken und Tat die rechten Mittel zur Heilung anwendet und so der Gesellschaft unschätzbare Dienste leistet. Diese Empfindung verstärkt sich zu seelischer Gespanntheit, wenn man verfolgt, wie gerade die, denen er helfen will, sich gegen den Helfer erheben, so daß er sein Werk gegen tausend Widersacher durchsetzen muß. Die Spannung löst sich endlich in Trauer, wenn dem Betrachter klar wird, daß die besten Pläne des Edlen scheitern. So geht es uns mit Nikolaus von Kues.

Sein Leben fiel in ein Jahrhundert, das gekennzeichnet war durch Zwietracht, Auflösung und Verfall. Die Einheit der mittelalterlichen Welt, die auf einem starken, universalen Papsttum, auf einem starken, universalen Kaisertum und auf dem geordneten Verhältnis beider zueinander beruhte, war längst gesprengt. Die Ordnungen wankten im Zustand der Zersetzung. Die Kirche war gespalten. Als Nikolaus geboren wurde, gab es drei Päpste; seine ganze Jugend stand unter dem Eindruck des Schismas; und er war sechzehn Jahre alt, als es beendet wurde. Als Erwachsener erlebte er ein zweites Mal, daß sich dem römischen Papst ein Gegenpapst entgegensetzte. Tief war das Ansehen des Heiligen Stuhles gesunken. Der Nachfolger Petri gebärdete sich weniger als geistlicher Oberhirte, sondern vor allem als weltlicher Fürst. In der kirchlichen Verwaltung geben seltener seelsorgliche Beweggründe, häufiger juristische, finanzielle und politische Rücksichten den Ausschlag. Man schacherte mit geistlichen Ämtern, Ablässen und Reliquien. Der hohe Klerus schwelgte in Luxus und Lastern. Gerade die hervorragendsten Vertreter des Christentums lebten am unchristlichsten. Lehre und Leben klafften auseinander. Da der Kern des Übels sich am päpstlichen Hof befand, hielt niemand den Papst für fähig, die notwendige Reform in die Wege zu leiten. War der rechtmäßige Papst ja nicht einmal imstande gewesen, aus eigener Kraft das Schisma zu beenden. Das Konstanzer Konzil hatte die Spaltung behoben, indem es die drei Päpste absetzte und einen neuen wählte. Fortan glaubten viele, ein Konzil stehe über dem Papst, und jeder erhoffte von einem Konzil die Reform. Es war höchste Zeit. Denn schon betrieben Irrlehrer und Revolutionäre den Abfall ganzer Völker.

Wie in der Kirche zeitweilig zwei Päpste miteinander um die Macht stritten, so im Reiche zwei Kaiser. Wie sich in der Kirche die Konzilien über den Papst stellten, so im Reiche die Fürsten über den Kaiser. Wie die Kirche sich in Sekten aufzuspalten drohte, so zerfiel das Reich in Hunderte kleiner Rechtseinheiten, deren jede andere Gesetze hatte und die sich oft befehdeten. Aus dem Miteinander der Stände war ein Gegeneinander geworden. Ebenso wirkungslos wie der Kirchenbann war die Reichsacht. Längst hatte auch das Kaisertum sein altes Ansehen eingebüßt. Die Nationen erwachten zum Bewußtsein ihrer selbst und lehnten jede Abhängigkeit von Kaiser oder Papst als unerträgliche Bevormundung ab. Die zentrifugalen Kräfte, die Kirche und Reich in ihrer Einheit erschütterten, wurden sichtbar, als das hussitische Böhmen aus der Gemeinschaft der Kirche und des Reiches ausbrach und als Frankreich in der Pragmatischen Sanktion von Bourges sein Landeskirchentum verkündete. Das im Innern zerfallene Europa war nach außen keinem Ansturm mehr gewachsen. Der Osten drückte den Westen immer weiter zurück. Noch zu Lebzeiten des Cusanus eroberten die Türken Konstantinopel und bedrohten Belgrad.

Dem Auseinanderfallen im kirchlichen, politischen und sozialen Bereich entsprach die Lage im religiösen und wissenschaftlichen Bereich. Auch im Frömmigkeitsleben strebte vieles von der Mitte fort. Wesentliches wich den Dingen am Rande. Der Geist erstickte oft in äußerlichen Formen. Aberglaube wucherte an manchen Orten. Selten stimmte die Glaubenshaltung des Volkes mit der Glaubenslehre der Kirche überein. Hohl und starr wie die Frömmigkeit war auch die Theologie. Die einst so hochstehende Scholastik verlor sich in geistlose Spitzfindigkeiten und entartete zur Verknöcherung. Der von Wilhelm von Occam theoretisch vollzogene Bruch zwischen Glaube und Wissen wirkte in der Praxis verhängnisvoll nach: Die Philosophie und die Naturwissenschaften trennten sich von der Theologie und machten sich auf eine Weise selbständig, die auf die Dauer weder ihnen selbst noch der Theologie gut bekam.

Neben so vielen Zeichen des Niedergangs ließen sich freilich auch Kräfte frischen Lebens bemerken. Die wichtigste war die Devotio moderna, jene religiöse Erneuerungsbewegung, die im fünfzehnten Jahrhundert in allen Ländern Europas bis nach Spanien Anhänger fand und für die Kirchenreform bahnbrechend wurde. Ihr geographischer Ausstrahlungspunkt war Deventer in Holland. Dort wurde ihr Urheber, der große Bußprediger Geert Groote, geboren; dort ist er nach fruchtbarem Wirken für die Reform des Klerus und der Laien gestorben; dort stand das Mutterhaus der von ihm gegründeten Brüder vom gemeinsamen Leben, auch Fraterherren genannt. Durch das Abschreiben und Verbreiten religiöser Bücher, besonders der Heiligen Schrift, und durch ihre berühmt gewordenen Schulen gewannen diese Priester einen weitreichenden erzieherischen Einfluß. So wirkten sie still und zäh den üblen Tendenzen der Zeit entgegen und führten Religion und Wissenschaft zur alten Fülle zurück. Sie pflegten im Anschluß an Bibel und Kirche eine verinnerlichte Frömmigkeit, in der Christus im Mittelpunkt stand. Dabei gestatteten sie dem Eigenleben des einzelnen mehr Raum als bisher. Sie erstrebten die Versenkung in Gott, aber nicht, um den Mühseligkeiten der Welt zu entfliehen, sondern um die Seele für die Aufgaben in der Welt zu stärken. Hier lebte die auf das Praktische gerichtete Mystik Ruysbroecks fort, dessen Schüler und Übersetzer Groote war. Ihren bedeutendsten literarischen Niederschlag fand diese Mystik in der *Nachfolge Christi*, dem nächst der Bibel meistgedruckten und meistübersetzten Buch der Welt. Dieses Werk ist der klassische Ausdruck der Devotio moderna. Sein Verfasser Thomas von Kempen war ein Zögling der Fraterherrenschule von Deventer. Hier wurden indes nicht allein theologische, sondern auch humanistische und naturwissenschaftliche Studien getrieben. Die Fraterherren waren überzeugt, daß es zwar viele Wissenschaften, doch nur eine Wahrheit gebe, der die Wissenschaften besser verbündet als verfeindet zustrebten. Ihr Stifter Groote selbst war mit seiner umfassenden Gelehrsamkeit ein Vertreter des Frühhumanismus. Die Schule von Deventer gab später Erasmus von Rotterdam die wissenschaftliche Ausbildung.

Mystik und Humanismus – das waren also die beiden Züge, die, harmonisch vereint, Deventer das Gepräge verliehen. Sie bestimmten auch das geistige Gesicht des Cusanus, der Deventers größter Schüler wurde. Als der Zwölfjährige seinem Vater, dem wohlhabenden Weinbergbesitzer und Moselschiffer Krebs, davongelaufen war, fand er Zuflucht bei Ulrich von Manderscheid auf dessen Burg in der Eifel. Der Graf beschloß, den geweckten Knaben auf seine Kosten studieren zu lassen, und brachte ihn nach Deventer. Dort empfing Nikolaus entscheidende Antriebe für seine geistige Entwicklung. Sein Leben lang hat er nicht vergessen, was er den Fraterherren verdankte, und stets blieb er ihnen herzlich verbunden. Als er zu Macht und Ansehen emporgestiegen war, gewährte er ihnen Vergünstigungen, verteidigte sie gegen Angriffe und bedachte ihre Schule von Deventer mit einem Stipendium für zwanzig Schüler. Und als der fünfzigjährige Kardinal Deventer besuchte, ließ er sich im Kloster seiner lieben Fraterherren nieder, aß mit ihnen am gemeinsamen Tische, nahm an allen ihren Übungen teil und schloß sich so sehr ihrer Hausordnung an, daß er, wie ein Chronist sagt, ein Mitglied der Genossenschaft zu sein schien. In der Atmosphäre dieses Hauses hatte er als Jüngling zum erstenmal den Geist der Einheit verkostet. Hier hatte er die ersten Schritte auf seinen Beruf hin getan: in einer auseinanderfallenden Welt ein Kämpfer zu sein für Einheit.

Nachdem Nikolaus es zum Doktor des Kirchenrechtes und zum angesehenen Rechtsgutachter gebracht hatte, bot sich ihm eine Gelegenheit, seinem Gönner, dem Grafen von Manderscheid, seine Dankbarkeit zu bezeigen. Dieser war vom Domkapitel zu Trier zum Bischof gewählt worden. Der Papst aber hatte das Bistum bereits einem anderen übertragen. Nikolaus erhielt den

Auftrag, nach Basel zu reisen, um dort vor dem Konzil die Ansprüche des Grafen zu vertreten. So geriet der junge Advokat mitten in die große Auseinandersetzung jener Jahre hinein. Es handelte sich um eine grundsätzliche Frage: Hatte der Papst das Recht, den Willen des Kapitels zu übergehen? Sollte die Kirche vom Haupte her oder durch die Glieder regiert werden? Im Zuge der Zeit lag es, die Zentralgewalt zu schwächen und den unteren Instanzen größere Selbständigkeit zuzubilligen. Man beugte sich lieber dem Mehrheitsbeschlusse eines Konzils als der Autorität des Papstes. Nikolaus von Kues durfte aber hoffen, das vermeintliche Recht seines Mandanten durchzusetzen.

Als er Anfang 1432 in Basel ankam, fand er die Versammlung der bedeutendsten Staats- und Kirchenmänner in voller Auflehnung gegen den Papst. Eugen IV. hatte das Konzil, nachdem es kaum zusammengetreten war, aufgelöst. Die Teilnehmer argwöhnten, der Papst wolle die Reform nicht. Entschlossen, unter keinen Umständen zu weichen, erneuerten sie die Konstanzer Beschlüsse von der Oberhoheit der Konzilien über den Papst und forderten Eugen unter Strafandrohung auf, vor ihnen zu erscheinen. Kaiser und Fürsten ermutigten die Revoltierenden.

Bezeichnend ist, wie Cusanus sich in diesem Aufruhr verhielt. Statt einseitig Partei zu ergreifen, nahm er einen überlegenen Standpunkt ein, von dem aus er die gegensätzlichen Interessen des Konzils wie des Papstes, der Kirche wie des Reiches in Einklang zu bringen hoffte. Dabei verlor er den Auftrag, der ihn nach Basel geführt, nicht aus den Augen: Diplomatisch geschickt verknüpfte er mit den Anliegen, welche die Welt bewegten, die Ansprüche des Ulrich von Manderscheid. In dem Bestreben, die Gegensätze auszugleichen, verfaßte er die Schrift *De concordantia catholica* (Von der allgemeinen Eintracht). Das Konzil nahm sie als eine Rechtfertigung seines Vorgehens mit starkem Beifall auf. Tatsächlich schrieb Nikolaus von Kues, der Papst müsse die Dekrete des Konzils beobachten und ausführen; das Konzil sei berechtigt, den Papst unter bestimmten Bedingungen abzusetzen. Er entlarvte die Urkunde der Konstantinischen Schenkung, auf der die weltlichen Ansprüche des Heiligen Stuhls beruhten, als eine Fälschung. Das alles war Wasser auf die Mühle der Basler.

Sie bedienten sich der Ausführungen des Cusanus als einer Waffe gegen Eugen IV. Doch übersahen sie dabei andere Stellen derselben Schrift, die ihrem Verhalten widersprachen. Die *Concordantia* wies jedes anmaßende Verhalten gegen den Papst zurück, warnte vor Übereilung und riet zur Mäßigung. Der Primat dürfe nicht angetastet werden. Ohne den Papst sei ein Konzil nicht allgemein. Man müsse dem Römischen Stuhl in Treue anhängen. Derselbe Cusanus, der dem Papst die Rechtsgrundlage seiner weltlichen Ansprüche entzog, arbeitete theoretisch und praktisch daran, die geistliche Autorität des Papstes zu verteidigen und zu stärken. Derselbe Cusanus, der geschichtlich nachwies, daß der Kaiser nicht Rechtsnachfolger der alten römischen Kaiser sei und deshalb auch keineswegs das Recht auf universale Herrschaft über die Nachbarstaaten habe, tat alles, die Macht des Kaisers in Deutschland zu stärken.

Wenn er hier und in anderen Schriften die Zentralgewalten in Kirche und Reich unterstützte, tat er es um der Einheit willen. Er sah in der *Concordantia* Kirche und Reich als zwei organische Ganzheiten. Jede soll eine Einheit sein, aber nicht in gleichmacherischer Uniformität, sondern in gegliederter Vielheit. Jedes einzelne bewahrt sein Eigenleben, doch muß es als Glied dem Ganzen dienen und die andern Glieder als gleichberechtigt neben sich dulden. Die Glieder haben die Aufgabe, in ihrer Eigenart den Lebensgeist des Ganzen auszuprägen. Nikolaus begnügte sich nicht damit, die Idee der organischen Einheit bloß auf dem Papier zu entwerfen. Er nahm unsägliche Mühen auf sich, um sie auch zu verwirklichen.

In Basel widmete er sich vor allem der Aufgabe, die Hussiten zur Kirche zurückzuführen. Diese tschechischen Fanatiker haßten alles, was deutsch und katholisch war. Viele Jahre lang hatten sie in blutigen Kriegszügen Böhmen und die umliegenden Länder verwüstet und waren ein Schrecken in ganz Europa geworden. Nikolaus von Kues aber sah in ihnen keine Aussätzigen, die man fliehen, sondern verirrte Brüder, die man suchen muß. Gern nahm er sich ihrer an. Er dämpfte ihre Übersteigerungen und entfachte den Funken Wahrheit, der noch in ihrem Irrtum glomm. Er sah mehr das Verbindende als das Trennende. Ge-

waltmaßnahmen lehnte er ab. »Alles Mögliche geschehe auf dem Wege der Milde und Sanftmut.« Die Verhandlungen des Cusanus mit den Hussiten blieben nicht ohne Erfolg. Auf der Grundlage von Zugeständnissen, die Cusanus vorgeschlagen hatte, unterzeichnete der gemäßigte Teil der Hussiten einen Vertrag mit dem Konzil. Leider war er nicht von Dauer. Was aber währte, sind die Grundsätze, die den Cusanus bei seinem Versöhnungswerk leiteten: »Die Einheit ist die Wesensform der Kirche. Ohne Einheit keine Kirche . . . Ohne den Papst ist die Kirche nicht eins.« So schrieb er in einem Brief. Wer sich vom Papst lossage, gefährde die Einheit und damit die Kirche selbst. Deutlich sagt er es in den Sendschreiben an die Böhmen: »Die Wahrheit ist an den Stuhl Petri geknüpft, und wer in der Einheit der mit dem Stuhl Petri vereinigten Kirche bleibt, hat eine untrügliche Regel seines Heils und kann nicht irregehen.« Der Papst gewährleistet die kirchliche Einheit, die nicht zerrissen werden darf: »Man muß der Kirche immer folgen, und käme es vor, daß sie sich täuschte, es wäre noch besser, sich trotzdem ihren Ansichten anzupassen, wenn das, was sie befiehlt, nicht unerlaubt ist; denn Gehorsam ist besser als Dünkel. Ein Ungehorsam, der bis zur Trennung geht, ist also in jeder Hinsicht verdammenswert.«
Sehr eindringlich begründet Cusanus den päpstlichen Primat später in seinem Brief an den Gesandten des Königs von Kastilien: Der Papst sei die sichtbare Kirche in zusammengefalteter, totaler und umfassender Weise. Die verschiedenen Gläubigen seien die Auseinanderfaltung dieser zusammengefalteten Einheit. Die Ämter in der Kirche seien, außer dem Amt des Papstes, sämtlich eingeschränkter Natur und hätten ihre Macht nur vom Papst her, insofern sie an dessen Machtfülle teilhaben. »Die Macht des Ersten und Obersten schließt in ihrer Fülle alle Macht aller ein, ja es ist eigentlich nur eine Macht, und zwar die des Ersten, die in der Verschiedenheit der Regierten verschieden mitgenossen wird.« Da also die Kirche von einer universalen geistlichen Obergewalt umschlossen wird, hat sich ihr jeder Gläubige, ob König oder Bischof, zu unterwerfen, wenn er in der Kirche bleiben will. Im Rückblick auf die Teilnehmer des Basler Konzils urteilte Cusanus: »Jene verblendeten Männer der Syn-

ode müssen ganz von Sinnen und vom Dämon der Raserei besessen gewesen sein, als sie sich über das geheiligte Oberhaupt der Kirche ich weiß nicht was für eine Richtergewalt anmaßten und sich den gräßlichen Frevel beikommen ließen, gegen ihren unverletzlichen Kirchenfürsten zu toben und sich selbst dadurch von ihm und von der gesamten katholischen Kirche abzuschneiden.«

In diesen Worten zittern noch der Schmerz und die Empörung nach, die Nikolaus von Kues empfand, als seine Absichten in Basel fehlschlugen: Weder setzte er die Sache seines Klienten durch, noch gelang ihm, was ihm längst das Wichtigste geworden war: die Gegensätze zwischen Konzil und Papst auszugleichen. Die Mehrheit des Konzils widersetzte sich aus nationalistischer Selbstsucht den Plänen des Papstes. Es entstanden tumulthafte Auseinandersetzungen zwischen beiden Parteien. Als Eugen IV. den Mehrheitsbeschluß übersah und das Konzil nach Ferrara verlegte, blieb eine Gruppe der Teilnehmer in Basel zurück, setzte später Eugen ab und wählte einen Gegenpapst, der jedoch wenig Anhang fand. Cusanus aber, der als eines der hervorragendsten Mitglieder des Konzils in hohem Ansehen stand, ging zu Papst Eugen über und gewann auch die deutschen Bischöfe für Eugen. Die Basler Opposition sah darin einen Verrat, machte ihm den Prozeß, verschleuderte seine Einkünfte und gab sein Gut der Plünderung preis. Man warf ihm Charakterlosigkeit vor und schimpfte ihn einen Feigling, der heute das Gegenteil verficht von dem, was er früher behauptete. Diese Anschuldigungen konnten Cusanus nicht irre machen. Er hatte ehrlich und gewissenhaft das Wohl der Kirche erstrebt. Seine Hoffnung, das Konzil werde die ersehnte Reform durchführen, hatte getrogen. Daß die meisten Konzilsmitglieder kleinliche Parteiinteressen vertraten und in blindem Papsthaß einer Kirchenspaltung zusteuerten, mußte den Verteidiger der Eintracht und Einheit abstoßen. So konnte man die Kirche nicht erneuern.

Im Mai 1437 schiffte sich Nikolaus von Kues auf einer päpstlichen Galeere in Venedig ein. Es galt ein neues Werk für die Einheit der Christen. Papst Eugen hatte dem nach Ferrara einberufenen Konzil die Aufgabe gestellt, die abendländische und die morgenländische Kirche wieder zu vereinigen, und Cusanus beauftragt, mit einer Gesandtschaft nach Konstantinopel zu fahren, um den griechischen Kaiser und die Patriarchen der Ostkirche zum Unionskonzil nach Italien einzuladen und zu geleiten. Wie sehr Cusanus die Aufgabe der Union als seine ureigenste Angelegenheit empfand, beweist die Tatsache, daß er aus seiner eigenen Kasse die beträchtliche Summe von 200 Dukaten zu dem Unternehmen beisteuerte. Es muß ein großartiges Schauspiel gewesen sein, als er mit dem griechischen Kaiser, dem Patriarchen und einem stattlichen Gefolge von Bischöfen, Gelehrten und Mönchen wieder italienischen Boden betrat. Die Union kam tatsächlich zustande. Die seit Jahrhunderten getrennten Hälften der Christenheit hatten sich wiedergefunden. Doch erlebte Cusanus die bittere Enttäuschung, daß die Wiedervereinigung nur eine kurze Weile dauerte. Konstantinopel aber wurde 1453 von den Türken erobert und verwüstet. Das Kreuz auf der Hagia Sophia wich dem Halbmond.

Es ist für den unverwüstlichen Optimismus des Cusanus bezeichnend, daß er, als die Wiedergewinnung von Böhmen, Basel und Byzanz mißlang, einen noch kühneren Plan ersann. Es handelte sich um nichts Geringeres als um eine Versöhnung mit dem Erzfeind der Christenheit, den Türken. Den jahrhundertelangen Kriegen mit ihrem Blußvergießen mußte doch endlich ein Ende gesetzt werden. Von militärischen Kreuzzügen gegen die Mohammedaner wollte Nikolaus von Kues nichts wissen. 1454 schrieb er an Johannes von Segovien: »Wenn wir der Lehre Christi folgen, werden wir nicht irre gehen: Durch unsern Mund wird sein Geist reden. Aber wenn wir statt dessen mit dem Schwert angreifen, müssen wir fürchten, durch das Schwert umzukommen. Nur die Verteidigung ist für den Christen ohne Gefahr.« Cusanus hielt es für richtiger, die Türken auf geistigem Wege zu gewinnen. Dazu war zunächst eine bessere Kenntnis der anderen Seite erforderlich. Intensiv beschäftigte er sich mit den Quellen des Islam. Die Frucht dieser Studien ist sein 1460 erschienenes Werk *Cribratio Alchorani* (Sichtung des Korans). Darin sucht er den Türken die Wahrheit des Evangeliums aus dem Koran selber zu erweisen. Da die vom Islam bekämpfte christliche Lehre im Koran enthalten sei, stehe einer Vereinigung der Mohammedaner mit den Christen nichts im Wege als ein Haufen Vorurteile. Papst Pius II. machte sich diese Ideen weitgehend zu eigen: Auf Anregung des Cusanus schrieb er sogar an den Sultan Mohammed II. und riet ihm, aus seiner Hand die Kaiserkrone anzunehmen, die den Byzantinern entglitten war. Doch auch diese umfassenden Pläne blieben unverwirklicht. Das Gegenteil dessen, was Cusanus erhoffte, trat ein. Die blutigsten Türkenkriege standen erst bevor und sollten die nächsten drei Jahrhunderte erschüttern.

Die grundsätzlichen Forderungen des Cusanus zur Völkerverständigung und zum Religionsfrieden sind bis heute aktuell geblieben. Was Nikolaus von Kues in seiner Schrift *De pace fidei* darüber ausführt, begründet die Toleranzidee tiefer und überzeugender, als Lessing es später in seinem *Nathan* tat: Allein das Christentum besitzt die Fülle der Wahrheit. Doch auch die anderen Religionen enthalten die Wahrheit, wenn auch in abgeschwächter Weise. So kommt in allen Religionen die eine, absolute Wahrheit in verschiedener, individueller Weise zur Erscheinung. Die Mannigfaltigkeit ist kein Übel, sondern von Gott gewollt. Darum soll der Mensch nicht die Vielheit und scheinbare Zufälligkeit des Mannigfaltigen im Kult mißachten oder zerschlagen, nicht die Verschiedenheit der Völker dem Trugbild einer künstlich gemachten Einförmigkeit zuliebe vernichten, sondern im Vielen das Ganze und das Eine sehen, im Individuellen und Eigentümlichen die besondere Art der Vertretung des Einen und der Teilhabe am Einen. Die Länder, Völker, Rassen und Nationen sollen auch im Hinblick auf die Gottesverehrung nicht gewaltsam über einen Leisten geschlagen werden, sondern ihre Eigenart ausbilden und sich gegenseitig achten. Dann werden die Menschen aufhören, sich wegen der Religion auf den Schlachtfeldern zu bekämpfen.

Kardinal Bea, deutscher Kurienkardinal wie einst Cusanus, hielt am 500. Todestage des großen Reformators und Kämpfers für die Einheit in seinem Heimatorte Kues eine Rede, in der er die überraschenden Ähnlichkeiten darlegte, die Geist und Wirken des Nikolaus von Kues mit den Aufgaben des Zweiten Vatikanischen Konzils aufweise. Der Kardinal von Kues habe das erstrebt, was heute in ein entscheidendes Stadium der Verwirklichung trete. Kardinal Bea sprach namentlich über die drei Schriften *Cribratio Alchorani*, *De pace fidei* und *De concordantia catholica*, um dann fortzufahren: »Schon die bloße Darstellung und Umreißung der großen Linien der Konzeption des Kardinals von Kues und der von ihm verfolgten Ziele weist ohne weiteres hin auf die auffallenden Analogien mit dem aus dem Konzil geborenen oder durch das Konzil erstarkten und verkündeten Geist. Dieser Geist fand seine Verkörperung in der mutigen Tat, mit welcher Papst Johannes das Sekretariat für die Einheit der Christen gründete . . . Dazu kam dann die Gründung des neuen Sekretariates für die Kontakte mit nichtchristlichen Religionen durch Paul VI. . . . Das letzte Ziel all dieser Arbeit ist die Menschheit. Diese Arbeit soll, über die nationalen, rassischen und religiösen Unterschiede hinweg, eine echte Weltgemeinschaft schaffen, wie sie von Papst Johannes XXIII. in der Enzyklika *Pacem in Terris* gezeichnet wurde.«

Die Idee der Einheit, die seinen kirchenpolitischen Plänen zugrunde lag, leitete den Cusanus auch bei seinen Vorschlägen zur Reorganisation des deutschen Reiches. In der *Concordantia catholica* entwarf er, lange vor den Versuchen Kaiser Maximilians I., eine Idealverfassung für das Reich, deren Gedanken zum Teil weit über das Mittelalter hinausweisen. Ihre wichtigsten Züge sind diese: Soll das Reich eine organische Einheit werden, so muß die ganze politische Entwicklung in die entgegengesetzte Richtung laufen. Bisher wurde die Macht der Fürsten immer größer, die Macht des Kaisers immer geringer. Das Reich kann aber nur eine Einheit sein, wenn bestimmte Gewalten in der Spitze, im Kaiser, zentralisiert sind: die Gerichtsgewalt, der Oberbefehl über ein stehendes Heer und der Reichsschatz. Wirksam ist das monarchische Prinzip erst, wenn der Kaiser von richterlichen Beamten vertreten wird. Cusanus schlug eine für alle Verwaltungszweige grundlegende Kreiseinteilung vor, die auf die Territorialgrenzen keine Rücksicht nimmt, sie aber unangetastet bestehen läßt. Die Einheit in Verwaltung und Gesetzgebung verbürgt ein ständiger Reichstag, dem die Fürsten, der Adel, die Städte und die kaiserlichen Richter angehören und der jährlich zusammentritt.

Was Cusanus hier entwarf, ist kein uniformer Einheitsstaat, der die geschichtlich gewachsene Verschiedenheit der Stämme und Landschaften vergewaltigt, sondern ein lebendiger Organismus, in dem ein Teil nicht ohne das Ganze, das Ganze nicht ohne die Teile sein kann. Es ist zugleich ein deutscher Staat. Cusanus schlug vor, die Sonderrechte abzulösen durch ein gemeinsames deutsches Recht, das aus deutscher Überlieferung zu schaffen sei. Aber sein Plan zur Reichsreform wurde nicht durchgeführt. Statt dessen wuchs der Gegensatz zwischen Fürsten und Kaiser, und bald setzte die Aufnahme des römischen Rechtes in Deutschland ein. Wäre diese Verfassung Wirklichkeit geworden, so hätte sie das Reich vielleicht in letzter Stunde gefestigt und einen deutschen Nationalstaat geschaffen, der nicht nur national, sondern zugleich universal war. Doch Deutschland blieb, während England, Frankreich und Spanien damals auf dem Wege zum Nationalstaat waren, zerrissen und ohnmächtig.

Des Cusanus idealer Staat war christlich. Während die Zeit dem autonomen, von der Kirche unabhängigen Staat zusteuerte, wollte Cusanus das Reich religiös verankert wissen, nicht der Kirche unterworfen, doch der Kirche verbunden. Kirche und Reich sollten verschiedene Einheiten bleiben, aber in einem Verhältnis der Eintracht zueinander stehen. Um so mehr mußte es ihn schmerzen, die Beziehung zwischen Kaiser und Papst getrübt zu sehen. Lange neigte das Reich in dem Streit zwischen Papst Eugen und dem Konzil von Basel dem antipäpstlichen Lager zu. Als Kämpfer für die Autorität des Stuhles Petri war Nikolaus von Kues rastlos tätig, diese Haltung des Reiches zu überwinden. Er erschien als päpstlicher Gesandter auf den Reichstagen zu Mainz, Frankfurt, Nürnberg und auf dem Fürstentag zu Aschaffenburg. Sein Verhandlungsgeschick und seine Redegabe, sein Ernst und sein Humor brachten die Fürsten auf die Seite des rechtmäßigen Papstes, und im Jahre 1448 sah er seine Arbeit gekrönt durch das Wiener Konkordat, das die Versöhnung zwischen dem Reich und dem Heiligen Stuhl besiegelte. Seine Verdienste um dieses

Werk wurden im gleichen Jahre von Papst Nikolaus V. durch Verleihung des Kardinalspurpurs anerkannt.
Noch oft schickte der Papst seinen tüchtigen Vermittler nach Deutschland, um zwischen Entzweiten Frieden zu stiften, die bald hier, bald dort gestörte Eintracht zwischen geistlicher und weltlicher Obrigkeit wiederherzustellen und das allgemeine Wohl zu festigen. So erhielt Nikolaus von Kues den Auftrag, den Zwist zwischen dem Erzbischof von Köln und dem Herzog von Kleve zu beendigen, den Streit des Kaisers Friedrich III. mit dem jungen König Ladislaus beizulegen und die aufsässigen, mit den Polen verbündeten Preußen wieder mit dem Deutschen Orden zu versöhnen.
Wie sehr diese diplomatische Tätigkeit seiner tiefsten Herzenssehnsucht entsprach, bezeugen seine eigenen Worte: »Der göttliche Friede ist es, ohne den nichts bestehen kann. Denn notwendig müssen alle Kräfte, aus denen die Kreaturen bestehen, untereinander in Frieden verbunden sein, damit sie Ruhe und Bestand haben. Der Friede aber ist eine Einigung. Die Einigung erfolgt durch eine Vermittlung. Diese Vermittlung ist das, worin die Gegensätze ihre Ruhe finden. Der Friede scheint daher jene Verbindung zu sein, durch die alles mit dem Zentrum verbunden wird, daß es nicht auseinanderfahre . . . Der reine Friede ist nur der göttliche. Kein Ding kann des Friedens entbehren. Jedes Ding besteht nur, insofern es am Frieden teilhat. Der Friede muß, weil ohne ihn nichts besteht, die Sehnsucht aller Wesen sein.«

Nikolaus von Kues, als Politiker, Diplomat und Reformator für die Einheit rastlos tätig, suchte diese praktische Arbeit als Denker auch theoretisch zu begründen. In diesem Bemühen wurde er ein Mann der Einheit auch für die Wissenschaft seiner Zeit. Er lehrte, der menschliche Geist habe die Bestimmung, durch Einsicht Einklang zu erzeugen. Einsicht aber gewinne er nur, wenn er die Gegensätze zusammenschaue. Cusanus will allen Motiven der früheren Philosophie, so gegensätzlich sie auch sind, gerecht werden und alle Systeme, sosehr sie auch einander widersprechen, von einem höheren Standpunkt aus zusammenfassen. Er kannte fast alle bedeutenden Denker der Vergangenheit und setzte seine spekulative Kraft ein, um die verschiedenen Elemente hellenischer Erkenntnis, römischer Kultur, christlichen Glaubens und deutscher Mystik zu einer originalen Einheit schöpferisch zu verbinden. Das war in der Zeit, in der die Wissenschaft sich in zahlreiche einander heftig bekämpfende Schulen gespalten hatte, ein außerordentliches Verdienst. Den verschiedensten älteren Denkern verpflichtet, blieb Cusanus doch allen gegenüber souverän. Man kann ihn keiner Richtung, keiner Schule zuordnen. Über alles ging ihm die Wahrheit: »Ich weiß nicht, ob ich Anhänger des Pythagoras oder eines andern bin. Das aber weiß ich, daß ich mich durch die Autorität keines Menschen . . . bestimmen lasse.« Cusanus ging seiner Zeit weit voran. Er selbst fühlte sich als Neuerer und betonte seinen Abstand von der erstarrten Schulweisheit. Sein Geist entzündete sich nicht an Büchern, sondern an der Natur. Seine Weisheit wuchs nicht aus der Gelehrtenstube, sondern aus dem Leben. Ein frischer Wind weht einem aus den Dialogen des *Idiota* entgegen, in denen er dem zünftigen Fachgelehrten den Laien gegenüberstellt und erzählt, wie etwa in einem Frisörladen ein schlichter Handwerker einen Philosophen unterrichtet oder auf dem Marktplatz ein einfältiger Löffelschnitzer verknöcherte Magister eines Besseren belehrt. Manche Dialoge beginnen so mitten in der Alltagswirklichkeit. Einmal fängt Cusanus mit der Betrachtung eines Gesellschaftsspiels an. Doch von hier aus erhebt er sich zu den höchsten Höhen des Geistes. So schlug er Brücken zwischen Philosophie und Leben, zwischen Mittelalter und Neuzeit, zwischen diesem System und jenem System. Karl Jaspers, sein nicht unkritischer Bewunderer, schrieb: »Cusanus ist weder alt noch neu, nicht mittelalterlich und nicht modern. Er gehört in der Zeit dem zeitlosen Geiste der Menschen an, die sich durch die Jahrtausende im Gleichen begegnen.«

Der Cusaner beschränkte sich nicht darauf, eine Synthese aller philosophischen Traditionen anzubahnen. Er versuchte mehr: eine neue Synthese aller Wissenschaften. Dieses Universalgenie war ja nicht allein Jurist, Theologe, Philosoph und Sprachenkenner, es war auch in vielen andern Einzelwissenschaften zu Hause. Schon früh hatte er sich einen Namen erworben als Kenner der antiken Literatur und als glücklicher Finder wertvoller Handschriften. Er war ein tüchtiger Mathematiker, und aus Liebhaberei beschäftigte er sich auch mit geographischen und astronomischen Problemen. Er wußte schon vor Kopernikus und Galilei, daß nicht die Erde der Mittelpunkt des Kosmos ist und daß der Fixsternhimmel das Weltall keineswegs begrenzt. Er lehrte die Kugelgestalt und Achsendrehung der Erde, schuf die erste Karte Mitteleuropas und entwarf einen Plan zur Verbesserung des Kalenders, der erst anderthalb Jahrhunderte später durch Papst Gregor XIII. verwirklicht wurde. Er war »ein glühender Anwalt technischen Fortschritts« (M. de Gandillac). Lebhafte Anteilnahme brachte er der eben erfundenen Buchdruckerkunst entgegen. Er erfand ein Hygrometer, mit dem man das Wetter voraussagen kann. Seine Beobachtungen erstreckten sich sogar auf Meereskunde, Botanik, Glockenguß, Kanonenbau und Musik.

All diese verschiedenartigsten Erkenntnisse stehen aber nicht beziehungslos und zufällig nebeneinander, sondern fügen sich zusammen zu einem einheitlichen, aber offenen Weltbild. Darin liegt die geistige Größe des Nikolaus von Kues, und darauf beruht seine Rangstellung in der Geschichte der Wissenschaft: daß er die auseinanderstrebenden Forschungszweige noch einmal im Zeichen des christlichen Glaubens vereinte. Sein Denken war frei vom Zwiespalt zwischen Glauben und Wissen. Daher seine prachtvolle Aufgeschlossenheit, die sich ohne ängstliche Bedenken allem Fremdartigen und Ungewohnten öffnete. »Das cusanische Denken hat Mitte und Ordnung. Freudig nimmt er Neues auf, verschließt sich nach keiner Seite, selbst auf die Gefahr hin, daß dadurch die Ordnung bedroht werden könnte. Aber seine Ordnung ist so weit, daß sie alles umfassen kann. Jedes hat darin seine Stelle, aber eben nur seine Stelle, und so ist ihm die Ordnung nicht Enge, sondern Weite . . . In keinem seiner Zeitgenossen ist die Zeit geistig so einheitlich gesammelt wie in ihm« (P. Menniken).

Am Ende seines Hauptwerkes bekennt Nikolaus von Kues, er habe viele Versuche unternommen, die Ideen über Gott und Welt, Christus und Kirche in einer Grundanschauung zu vereinigen, doch keiner habe ihm genügt, bis sich endlich bei der Rückkehr aus Griechenland auf hoher See wie durch eine Erleuchtung von oben sein Geist zu der Anschauung erhob, in der ihm Gott als die höchste Einheit aller Gegensätze erschien. Das Bild, das ihm in dieser Entrückung aufleuchtete, wurde der Ausgangspunkt eines Philosophierens, das Elemente mathematischer und physikalischer Wirklichkeitsberechnung einbezog und zu den Höhen der Mystik aufstieg.

Sein letztes Ziel ist die überbegriffliche Schau des Einen, des göttlichen Urgrundes, dessen Unendlichkeit das vereinigt, was in der Endlichkeit gesondert erscheint. Den Weg, über die rationale Wissenschaft hinaus zur unmittelbaren Erkenntnisgemeinschaft mit Gott zu gelangen, nennt Cusanus docta ignorantia, belehrte Unwissenheit. Es handelt sich dabei nicht um den müden Verzicht des Skeptikers oder Agnostikers, der von vornherein sagt: »Wir wissen es nicht, und wir werden es nicht wissen«, sondern um das ehrliche Eingeständnis eines Forschers, der nach allen Seiten bis an die Grenzen der menschlichen Erkenntniskraft vorgedrungen ist und dann bekennt: »Ich *weiß*, daß ich nichts weiß.« Das ist höchstes Wissen: zu erkennen, daß erst jenseits dessen, was wir wissen können, das eigentlich Wissenswerte beginnt. Und das ist die Vorstufe zur mystischen Vereinigung des Menschen mit Gott.

Es bleibt immer bedauerlich, daß diesem wahrhaft universalen Geist die Zeit verwehrt war, seine sämtlichen Erkenntnisse in einem großen System zusammengefaßt darzustellen. Wenn wir bedenken, daß er seine wissenschaftlichen Arbeiten nur nebenher, in den knappen Pausen seiner kirchenpolitischen Tätigkeit, niederschreiben konnte, wächst zwar unsere Bewunderung für seine persönliche Leistung. Zugleich aber müssen wir feststellen, daß dieser Umstand dem Ergebnis recht abträglich war. Denn was Cusanus den Geschäften des Werktages abrang, am Abend nach ermüdenden Verhandlungen diktierte oder auf der Rast zwischen zwei Reitstrecken improvisierte, kann natürlich keinen Anspruch auf abgerundete Form, letzte Klarheit und schriftstellerischen Glanz erheben. Daß seine Begriffssprache schwierig zu verstehen ist, liegt allerdings nicht nur am Autor und an den Umständen, unter denen er schrieb, sondern an der Verwickeltheit der Gegenstände, denen seine Schriften sich widmen. Eine ganze Schar von Gelehrten bemüht sich heute, seine Gedanken nachzudenken, und noch ist die Zeit nicht abzusehen, zu der alle seine Werke veröffentlicht und erforscht sein werden. Sein Ansehen steigt. Doch es hat ein halbes Jahrtausend gedauert, bis man ihm den Rang gab, der ihm gebührt.

Wer das höchste Gut in der Einheit, in der Eintracht, im Frieden sieht, dem erscheinen Spaltung, Zwietracht und Krieg als die größten Übel. Cusanus sah, wie das Leben der Christen nicht der christlichen Lehre entsprach. Schon 1432 stellte er in einer Predigt fest: »Die Kirche befindet sich heute auf unterster Stufe . . . beschmutzt ringsum mit dem Schlamm der Begehrlichkeit und der Ausschweifung, durch Habsucht an der Erde klebend.« Leben und Lehre zur Einheit zu führen, wurde er ein Reformator.

1450 wurde der Kardinal von Papst Nikolaus V. zum Bischof von Brixen und zum Legaten für ganz Deutschland ernannt. Seine Hauptaufgabe war, alle Gegenden des Reiches von Wien bis Amsterdam zu besuchen, das kirchliche Leben zu heben und der sittlichen Verderbnis durch eine gründliche Reform zu steuern. Hierzu übertrug ihm der Papst so umfassende Vollmachten, wie sie seit Bonifatius niemand gehabt, unter anderem die Befugnis, Provinzialkonzilien abzuhalten. Allen, die über den Papst zu wettern und zu lamentieren pflegten, mußte die Legation beweisen, daß Rom die Übel in der Kirche sah und ihre Beseitigung wirklich wollte und praktisch anfing. Trotzdem erhob sich in gewissen deutschen Kreisen gegen die Ernennung des Cusanus zum päpstlichen Legaten ein heftiger Widerstand. Die Anhänger des Basler Konzils wollten eine Reform nicht durch den Papst, sondern nur durch ein Konzil. Andere trauten dem Legaten schon deshalb nicht, weil er zur Kardinalswürde erhoben war. Vielen Ordensleuten war sein Reformeifer unbequem, da er sie zwang, von liebgewordenen Gewohnheiten abzulassen. Manche geistlichen und weltlichen Fürsten nahmen auch Anstoß an der niederen Geburt des Kardinals. In einer Zeit, in der die Pfründen der Domkapitel und Bischofsstühle dem Adel vorbehalten blieben, mußte es auffallen, daß der Sohn eines Schiffers zu hohen Würden aufstieg. Cusanus hat die Gegnerschaft dieser Kreise oft zu spüren bekommen. Sonst aber wurde er von den Deutschen mit Freude begrüßt.

Oberster Grundsatz seiner Reform war, daß »man reinigen und erneuern, nicht zerstören und niedertreten solle, daß nicht der Mensch das Heilige umgestalten müsse, sondern umgekehrt das Heilige den Menschen«. Darum begann er die Reform an seiner eigenen Person. Er trat nicht mit dem üblichen Pomp eines Kirchenfürsten auf, sondern zog bescheiden auf einem Maultier daher. Sein Gefolge war klein. Als einziges Abzeichen seiner Würde ließ er ein silbernes Kreuz vor sich hertragen. Laute Empfänge waren ihm zuwider. Sein erster Gang in jeder Stadt führte zur Kirche, wo er um glücklichen Ausgang seiner Arbeit betete. Seine asketische Gestalt, seine maßvollen Reden, seine Würde und Frömmigkeit bei den Gottesdiensten machten überall tiefen Eindruck. Obwohl man ihm oft reiche Gaben anbot, nahm er außer Lebensmitteln keine Geschenke an, damit nicht einmal ein Schein von Bestechlichkeit aufkommen konnte. Stets unermüdlich tätig, begnügte er sich mit nur vier Stunden Schlaf. Schon um zwei Uhr morgens erhob er sich, betete sein Brevier und ging dann an die Arbeit. Er war der unzeitgemäßen Ansicht, daß gerade die Bischöfe als Nachfolger der Apostel die Pflicht hätten, dem Volke zu predigen. Darum schätzte er das Predigeramt sehr hoch und übte es gewissenhaft aus.

Wer einen Kranken heilen will, darf nicht an den Symptomen herumkurieren. Er muß vielmehr die Hauptursache des Leidens angreifen. Nikolaus von Kues hatte richtig den Sitz des Übels erkannt, an dem die Kirche in Deutschland krankte: Die mangelhafte Verbindung mit dem Haupt der Kirche war es, welche die Disziplin in die Brüche gehen ließ und der sittlichen Verwilderung Tür und Tor öffnete. Papst Nikolaus V. wurde erst seit kurzem allgemein anerkannt. Der Norden wie der Süden Deutschlands hielt nur lockere Verbindung mit ihm. Um die kirchliche Einheit, die unerläßliche Vorbedingung der Reform, zu festigen, bemühte sich Cusanus, die deutschen Bistümer mit dem Heiligen

Stuhl enger zu verknüpfen und allen schismatischen Bestrebungen einen Riegel vorzuschieben. Diesem Ziele dienten die Provinzialsynoden zu Salzburg, Magdeburg, Mainz und Köln, auf denen der Kardinal im Namen des Papstes den Vorsitz führte.
Ein zweites Kernübel war die Zuchtlosigkeit der Orden, die seit langem allenthalben großes Ärgernis erregte und zahllose Mißstände verursachte. Deshalb arbeitete der Legat vor allem an der Klosterreform. Von Wien aus ernannte er Visitatoren, die alle Klöster der Kirchenprovinz Salzburg untersuchen und reformieren sollten. Vor allem hatten sie darauf zu achten, daß die drei Gelübde der Armut, der Keuschheit und des Gehorsams beobachtet wurden. Offener Widerstand – damit mußte man rechnen – sollte mit Kirchenstrafen und mit Hilfe der staatlichen Behörden gebrochen werden. Nach diesen Anordnungen wurden fünfzig Klöster in Österreich, Steiermark, Kärnten, Salzburg und Bayern reformiert. Mancherorts sah Cusanus, daß Bettelmönche mit Weltpriestern in Fehde lagen. Die einen fühlten sich durch die andern in ihren Einkünften geschmälert. Solche peinlichen Konkurrenzkämpfe legte er, wie auf der Diözesansynode zu Bamberg, durch Mahnungen und Dekrete bei. In Würzburg präsidierte er einer Versammlung von 70 Äbten aus Nord- und Süddeutschland. Er befahl den Mönchen, zur strengen Regel des heiligen Benedikt zurückzukehren, und förderte die Bursfelder Union reformierter Benediktiner-Abteien, deren Mittelpunkt, das Kloster Bursfelde an der Weser, mit Windesheim und der Devotio moderna in Verbindung stand. In Hildesheim setzte er den Abt von St. Michael, der durch Simonie zu seiner Würde gelangt war und von der Reform nichts wissen wollte, kurzerhand ab und gab sein Amt einem Mönch aus Bursfelde. Ebenso wurde der unwürdige Abt des Benediktiner-Stiftes in Minden abgesetzt. Auch in den Niederlanden, wo er alle bedeutenden Städte besuchte, räumte Cusanus mit den Mißständen in den Ordenshäusern auf. Die Klosterreform des Legaten war erfolgreich. Die meisten reformierten Klöster haben sich durch alle Stürme des folgenden Jahrhunderts erhalten.
Ein weiteres Grundübel war die Unwissenheit des Volkes, das in allerlei Aberglauben befangen war. Auch hier suchte der Legat

durch Belehrung und Befehl die Zustände zu bessern. In Halberstadt ordnete er unter Strafe der Exkommunikation an, dem Blick des Gläubigen jene Statuen und Gemälde zu entziehen, die Gegenstand abergläubischen Kultes sein könnten. In Magdeburg erließ er ein scharfes Dekret gegen den Aberglauben von Wilsnack, wo blutige Wunderhostien von weither Scharen von Pilgern, das heißt beträchtliche Summen Geld, heranlockten. Schon Hus hatte diesen Schwindel bekämpft, und da selbst ein Cusanus die Wallfahrt nicht zum Stillstand bringen konnte, wurde sie noch Luther zum Gespött. Überhaupt läßt sich sagen, daß Luther weit weniger Anlässe zur Kritik gefunden hätte, wäre man den Weisungen des Cusanus gefolgt. In seinen Predigten klärte der Kardinal das Volk, das gerade in diesem Punkte in sehr primitiven und verworrenen Vorstellungen befangen war, über das Wesen des Ablasses auf und wies die Prediger an, in gleichem Sinne zu wirken. Der Ablaß befreie nicht von Sünden*schuld* – das leiste nur das Bußsakrament –, sondern lediglich von Sünden*strafen*. Seine Hauptbedingungen seien nicht das Almosen und die vorgeschriebenen Gebete. Vielmehr komme es darauf an, mit der Vergangenheit zu brechen und sich zu einem pflichtgemäßen Leben zu entschließen.

So stritt der redliche Mann überall wacker gegen die Übel der Zeit. Er bekämpfte Mißbräuche bei der Erhebung des Zehnten und der Ablaßgelder, vermittelte Frieden bei politischen Fehden, schritt gegen Wucher und gegen die Entheiligung des Sonntags durch Markthallen ein, versuchte an verschiedenen Orten eine tolerante Lösung der Judenfrage, sorgte für Eintracht zwischen Bischöfen und Kapitel, erließ scharfe Dekrete gegen Simonie und Konkubinat der Geistlichen und schränkte die kirchlichen Strafen ein.

Während der Mainzer Synode fand man eines Tages an der Tür des Legaten eine Schmähschrift, die in gröbsten Ausdrücken die Verderbnis des päpstlichen Hofes und den Reichtum der Kardinäle geißelte. Der grimmige Haß, der sich hier äußerte, konnte Nikolaus von Kues persönlich nicht treffen. Anderseits wäre er der letzte gewesen, der die Mißstände an der römischen Kurie geleugnet hätte. Im Gegenteil, er kannte sie aus eigener Erfah-

rung und arbeitete sogar einen Plan aus zur Reform des Vatikans. Den Auftrag dazu erhielt er von Pius II. selbst. Dieser Papst sah ein, daß Rom im Guten oder im Bösen ein Vorbild sei, welches die ganze Christenheit nachahme, daß also die Verbesserung der Zustände in der Gesamtkirche von der Reform Roms abhänge.
Der Entwurf des Cusanus ist noch erhalten. Der Kardinal schlägt darin vor, drei Visitatoren auszuwählen, die, mit der Kurie beginnend, nach und nach ihre Tätigkeit über die ganze Kirche ausdehnen sollten. Gleich in die Form eines päpstlichen Erlasses gebracht, legt der Entwurf dem Heiligen Vater folgende Worte in den Mund, die für des Cusanus echt katholische Auffassung vom Papsttum bezeichnend sind: »Damit wir uns in eigener Sache durch unser eigenes Urteil nicht täuschen, ersuchen wir die an Gottes Statt erwählten Visitatoren, uns fleißig zu visitieren. Wir sind bereit, die Form, die nach ihrem Urteil unserer Person, Dienerschaft und Hofhaltung geziemt, mit dem dankbarsten Herzen anzunehmen. Mögen sie sich nicht abschrecken lassen, den Papst zu visitieren, weil sie ja denselben, den sie als Stellvertreter Christi sehen, auch als Diener der Christen erkennen, den Vater der Väter auch als Diener der Diener, den durch ausgezeichnete Würde Höchsten und Heiligsten auch, gemeinsam mit den anderen Menschen, als schwach und zur Sünde geneigt. Wir erkennen uns auch als solchen und bekennen gemäß der Lehre des Evangeliums, daß unser Vorrang und unsere Hoheit nicht in Herrschaft, sondern im Dienste zur Auferbauung der Kirche bestehen. Wer immer also etwas in uns entdeckt, was nicht auferbaut, sondern der Kirche Ärgernis gibt, der sage es uns frei heraus, damit wir es verbessern.«
Wie Christus die Händler und Geldwechsler mit geschwungener Geißel zum Tempel hinausjagte, so sollten auch die Führer der Christenheit keinen im Heiligtum dulden, der Gottes Kirche für seine Geschäfte und irdischen Gewinn mißbraucht. Von den Kardinälen fordert Cusanus Eifer für das Haus Gottes: »Es wird ihre Sorge sein, Käufer und Verkäufer nicht einzulassen in den Tempel, oder, wenn sie darin sind, sie mit Schmach hinauszuwerfen. Sie werden nicht für die Beförderung unwürdiger Subjekte eintreten, auch wenn es Verwandte sind.« Sie sollen dem

Papst gute Ratgeber sein: »Wie wird einer ein Kardinal sein, wenn sein Rat nicht treu, und wie wird dieser treu sein, wenn er nicht frei ist? Was aber den Rat fesselt, das sind Gunst, Haß, Parteiwesen. Ist daher ein Kardinal aus irgendeinem Privatinteresse der Protektor einer Nation, eines Fürsten oder einer Gemeinde, so ist sein Rat gebunden. Hofft er von den Vorträgen, die er im Konsistorium zugunsten jemandes hält, Geschenk und Belohnung, so ist er gedungen.« Die Stelle mutet fast wie ein Selbstbildnis an dieses rechtschaffenen, freimütigen und unbestechlichen Mannes.

Die Visitatoren sollten auch das Treiben der übrigen Kurialbeamten prüfen. Die Kurie dürfe weder den Prälaten eine Stätte des Müßiggangs noch den Geistlichen eine Gelegenheit zur Pfründenhäufung sein. Lasterhafte Mitglieder seien zu entfernen. Alle müßten sich in ihrem ganzen Wandel nach den kanonischen Vorschriften richten. Schließlich sollen die Visitatoren betrügerischen Ablaßkrämern das Handwerk legen, die Ordensleute zur Beachtung ihrer Klausur anhalten, den Kult falscher und die Überschätzung echter Reliquien und Wunderbilder bekämpfen. Der Plan zeigt, daß Nikolaus von Kues um alle Unsitten der Zeit wußte und sie ohne Scheu beim Namen nannte, zugleich auch, daß er hoffte, die Übel heilen zu können, und daß er entschlossen war, die notwendigen Mittel anzuwenden. Es bestand auch Aussicht, daß der Plan durchgeführt wurde. Cusanus und Piccolomini hatten bereits als junge Männer Freundschaft geschlossen, und als der eine Kardinal, der andere Papst geworden war, arbeiteten beide in der gleichen Gesinnung einträchtig zusammen. Pius II. machte seinen Freund zu seinem Generalvikar und schenkte ihm so großes Vertrauen, daß der Deutsche bald der einflußreichste Kardinal am päpstlichen Hofe war. Trotz allem blieb der Reformplan des Cusanus auf dem Papier. Der Tod ließ weder dem Kardinal noch dem Papst die Zeit zur Ausführung. Beide starben im gleichen Monat, und mit ihnen sank die Hoffnung auf Reform der Kurie durch die Kurie selbst ins Grab.

Die letzten Lebensjahre des Nikolaus von Kues waren bewegt von äußerst dramatischen Ereignissen. Seine Rechte als Bischof von Brixen wurden von verschiedenen Seiten angefochten. Der

Kampf begann, noch ehe Cusanus von seinem Bistum Besitz ergreifen konnte. Als nämlich Nikolaus V. dem Kardinal den erledigten Stuhl von Brixen verlieh, hatte das Domkapitel bereits einen anderen zum Bischof gewählt. Das Bistum Brixen stand unter der Schutzherrschaft der Erzherzöge von Österreich, die zugleich Grafen von Tirol waren. Anderseits trugen die Grafen von Tirol einen Teil der Güter des Bistums zu Lehen, so daß sie zugleich auch Vasallen des Bischofs genannt wurden. Im Zeitalter der aufstrebenden Fürstenherrschaft gelang es ihnen, das Lehnsverhältnis umzukehren und auf dem geistlichen Territorium mehr und mehr Hoheitsrechte auszuüben. Die letzten Bischöfe von Brixen hatten die Souveränität Österreichs anerkannt und waren zu Hofbeamten des Erzherzogs herabgesunken. Diese Lage zu ändern, schien der jetzt vom Kapitel zum Bischof gewählte erzherzogliche Kanzler Wiesmayer nicht der geeignete Mann zu sein. Nun erlaubte das Konkordat dem Papst, »aus einem vernünftigen Grund eine würdigere und voraussichtlich nützlichere Person« zu ernennen. Nikolaus V., eifrig bestrebt, die kirchliche Unabhängigkeit wiederherzustellen, schickte also Cusanus nach Brixen. Denn dieser, so schrieb er dem Kapitel, sei fähig, den Forderungen und Drohungen des Erzherzogs zu widerstehen und »die Rechte der Kirche zu verteidigen«. Das Kapitel aber, das einen Bischof aus der eigenen Mitte wollte, protestierte gegen eine solche Beschränkung seiner Rechte. Erzherzog Sigismund sah in dem Vorgehen des Papstes eine Verletzung der Konkordate. Doch der Diplomat Cusanus erlangte die Anerkennung seiner fürstbischöflichen Würde durch den Kaiser, den Rücktritt des erwählten Wiesmayer und die Zustimmung des Erzherzogs. So endete der erste Akt der Brixener Tragödie mit einem Siege des Kardinals. Als Nikolaus von Kues zwei Jahre nach seiner Ernennung sein Amt in Brixen endlich antrat, sah er seine Diözese in verkommenem Zustand. Energisch ging er ans Werk der Reform. Es galt, das Ärgernis des Konkubinats zu beseitigen, die Unwissenheit der Geistlichen zu beheben und den Gottesdienst würdig zu gestalten. Doch der neue Bischof fand alles andere als Entgegenkommen.

Sobald er die Reform der Klöster begann, erhob sich leidenschaftlicher Widerstand. An dem Starrsinn der Brixener Klarissen prallten selbst die Mahnungen des Heiligen Stuhles erfolglos ab. Die Nonnen setzten sich über päpstliche Erlasse ebenso hinweg wie über die vom Bischof verhängte Exkommunikation. Cusanus aber gab sein Ziel nicht auf. Indem er neue, klösterlich gesinnte Ordensleute in das Haus verpflanzte, gelang es ihm mit der Zeit, den Konvent zu bessern. Die gleiche Methode erwies sich auch beim Prämonstratenserstift Wilten als erfolgreich. Doch bei den Nonnen des reichen Stiftes Sonnenburg im Pustertal war alles umsonst.

Diese Damen, fast alle Töchter Tiroler Ritter, betrachteten das Kloster nur als Versorgungsanstalt und hielten sich nicht an die Ordensregel. Unbekümmert um die Klausur nahmen sie sich die Freiheit, das Kloster zu verlassen, um weltliche Feste zu besuchen oder auf Vergnügungsreisen zu gehen. Wegen ihrer Einkünfte bekamen sie Streit mit ihren Untertanen in Enneberg. Die Nonnen wandten sich an den Herzog, da er das Vogteirecht über das Kloster habe. Die Bauern dagegen gingen mit ihrer Klage zum Bischof von Brixen. So wurde der Fall gleichzeitig vor dem geistlichen und vor dem weltlichen Gericht verhandelt. Nikolaus von Kues und Sigismund gerieten darüber in Zerwürfnisse. Der Bischof glaubte, an seiner Gerichtsbarkeit über Kloster Sonnenburg festhalten zu müssen. Denn sie war das willkommene Mittel, die Reform des Stiftes durchzudrücken. Die Nonnen aber setzten der Verbesserung zähen Widerstand entgegen. Sie behaupteten, es sei dem Bischof weniger um die Reform des Klosters als um dessen Gelder zu tun. Als Cusanus darauf bestand, daß sie die Klausur einhielten, wie die Salzburger Synode es gefordert hatte, wandten sich die Widerspenstigen um Schutz an Erzherzog Sigismund. Dieser sagte den Nonnen Hilfe zu. Daraufhin wurden sie so übermütig, daß Cusanus glaubte, die schärfsten geistlichen Zwangsmittel anwenden zu müssen. Es waren schon drei Jahre verflossen, seit er die Reform des Klosters befohlen hatte, als er endlich den Bann über die verstockten Insassen verhängte. Sie appellierten an den Papst. Kalixtus III. fand das Vorgehen des Kardinals zu streng und empfahl, um Skandal zu vermeiden, die Sache lieber in Güte beizulegen.

Sonnenburg, geschützt und unterhalten von Sigismund, blieb noch drei weitere Jahre im Zustand der Revolte. Als aber auch der Herzog das Kloster zum Nachgeben ermahnte, erklärte die Äbtissin, sie werde in Zukunft sich und die Ihren selber schützen, warb eine Söldnertruppe an und schickte über 70 Mann nach Enneberg, um mit Gewalt zu holen, was die Leute dem Kloster verweigerten. Die Bauern setzten sich zur Wehr. Unterstützt von dem bischöflichen Hauptmann Prack, überwältigten sie die Söldner, töteten fast alle und verjagten die rebellischen Nonnen mit Waffengewalt aus ihrem Kloster. Man kann sich die Bestürzung vorstellen, in die Cusanus geriet, als ihm gemeldet wurde, welches Blutbad die Seinen angerichtet hatten. Das Gerücht trug das Ereignis in entstellter Form durch die Lande, und wilde Schmähungen gegen den Kardinal wurden laut.

Inzwischen hatte sich der Kampf schon längst auf eine höhere Ebene verlagert. Der Sonnenburger Streit hatte nämlich Cusanus veranlaßt, die alten Urkunden, Freibriefe und Gerechtsame seines Bistums eingehend zu studieren. Der alte Jurist kam zu folgendem Ergebnis: Seit Barbarossas Zeiten war der Bischof von Brixen Reichsfürst. Folglich glaubte Cusanus sich berechtigt, »fürstliche Hoheit und unmittelbare Unterstellung unter den römischen König als deutscher Reichsstand für sich zu fordern«. Er hielt sich zur Erhebung dieses Anspruchs um so mehr verpflichtet, als er überzeugt war, daß die Reform ohne politische Macht nicht durchgeführt werden konnte.

Daß Cusanus nicht an seine Person, sondern an die Sache der Kirche dachte, steht fest. Des Haders müde, trug er sich mit Gedanken, zurückzutreten und sein Amt anderen Händen zu übergeben. Er bemerkte, daß der Widerstand vom Adel ausging und dem Fremden geringer Herkunft galt. Vielleicht war ein Mann von Geblüt, der sich auf ein mächtiges Geschlecht stützen konnte, dem Herzog eher gewachsen. Cusanus verhandelte also wegen der Nachfolge mit dem bayerischen Fürstenhaus. Diese Versuche jedoch, ein fremdes Geschlecht in das Gebiet zu holen, das Sigismund allein beherrschen wollte, mußten den Bischof in den Augen des Herzogs noch verhaßter machen. Abermals brach ein Sturm los, als Cusanus einen jungen Verwandten in das

Domkapitel von Brixen aufnehmen wollte. Die vornehmen Kapitulare wehrten sich gegen den zwar untadeligen, aber unadeligen Eindringling. Unklugerweise verhängte Nikolaus über vier der opponierenden Herren die Exkommunikation. Einer der Gebannten stellte den Bischof in seiner Kathedrale, als er nach dem sonntäglichen Pontifikalamt den Altar verließ, erregt zur Rede. Die anderen schlugen eine Schmähschrift an die Domtür. Im Land loderte Entrüstung.

Im Sommer 1457 ließ der Herzog dem Bischof auf einer Reise nach Innsbruck, zu der er ihn mit List bewogen hatte, auflauern, um ihn zu fangen, vielleicht gar zu töten. Der Bischof fühlte sich seines Lebens nicht mehr sicher und floh auf die Dolomitenfestung Andraz. Er verklagte Sigismund in Rom wegen beabsichtigter Gewalttaten gegen sein Leben. Papst Kalixtus bedrohte den Herzog mit dem Banne, sein Land mit dem Interdikte, falls der Kardinal nicht binnen acht Tagen in jene volle Freiheit und Sicherheit gesetzt werde, deren er zur ungestörten Ausübung seines Hirtenamtes bedürfe. Statt sich zu beugen, erließ Sigismund eine Protestation gegen das Interdikt und eine Appellation von dem schlechtunterrichteten an den besser zu unterrichtenden Papst. Die Geistlichkeit schloß sich der Berufung an und leistete dem Interdiktsbefehl keine Folge.

Zwei Jahre später war die Lage unverändert gespannt. Papst Pius II. suchte vergeblich zu vermitteln. Schroffheiten auf beiden Seiten trieben den erbitterten Kampf seinem Höhepunkt zu. Ostern 1460 überfiel Sigismund den nichtsahnenden Kardinal in seiner Festung Brunek, schloß ihn ein, nahm ihn gefangen und zwang ihn, einen Vertrag zu unterschreiben. Sofort nach seiner Freilassung widerrief Cusanus. Als Vertriebener verließ er Tirol und begab sich nach Rom.

Jetzt weitete sich der Konflikt zu einer europäischen Angelegenheit aus. Papst Pius II. sah in dem Überfall eine schwere Beleidigung der gesamten Kirche und lud Sigismund zu persönlicher Verantwortung vor. Als der Herzog zu dem festgesetzten Termin nicht erschien, wurde die Exkommunikation über ihn verhängt. Der Gebannte appellierte an ein allgemeines Konzil. Der Papst forderte die Fürsten auf, den Herzog zu bekriegen. Tatsächlich entrissen die Schweizer ihm den Thurgau. Doch die meisten deutschen Fürsten stellten sich auf die Seite Sigismunds, der das Bistum Brixen mit seinen Truppen besetzte. Wie der Streit endlich durch einen Kompromiß beigelegt wurde, hat Cusanus nicht mehr erlebt. In der Fremde, auf einer Reise, ist er gestorben.

Es läßt sich zwar mit mancherlei Umständen entschuldigen, aber nicht leugnen, daß des Cusanus Verhalten in Brixen in manchem seinen früheren Ansichten widersprach. In Basel erklärte er sich gegen die Ernennung der Bischöfe unmittelbar durch den Papst: das sei ein lange geduldeter Mißbrauch, das Kapitel solle den Bischof wählen. In Brixen aber scheute er sich nicht, auf Geheiß des Papstes gegen den Willen des Kapitels den Bischofsstuhl zu besteigen. In Basel nannte er es verderblich, wenn weltliches und geistliches Regiment sich in einer Hand vereinigen; darunter habe die eigentliche Aufgabe des Bischofs, das Apostolat, zu leiden. In Brixen aber verfocht er auf höchst energische Weise die materiellen Interessen des Bistums. Als Legat in Deutschland war er für die Einschränkung der oft zu machtpolitischen Zielen mißbrauchten Kirchenstrafen eingetreten. Als Bischof von Brixen aber hat er, um seine Standesrechte zu behaupten, von der Waffe der Exkommunikation und des Interdiktes reichlichen Gebrauch gemacht. Angesichts der Verhältnisse in Tirol gelang es dem Idealisten nicht mehr, die Einheit von Lehre und Leben zu wahren. Doch seine persönliche Lauterkeit blieb selbst in diesen Tumulten unangetastet. Den Kampf um materiell einträgliche Gerechtsame führte er nicht, um seine Privatschatulle zu füllen. Er »lebte nach den Grundsätzen, die er in seinem Reformentwurf für alle Kardinäle verbindlich machen wollte« (E. Meuthen), ja, er ging für sich persönlich noch weiter in der Anspruchslosigkeit: Seine Einkünfte waren erstaunlich gering. Er hatte nicht einmal ein eigenes Haus. Selbst seine erbittertsten Feinde konnten ihm nie eine Neigung zur Üppigkeit vorwerfen. Er hatte die Pflicht, die wertschaffenden Güter seiner Kirche sorgsam zu pflegen und so die äußeren Voraussetzungen für seine seelsorgliche Wirksamkeit zu sichern. Doch war er hier, in bester Absicht, zu weit gegangen. Demütig bekennt er es in ei-

nem Brief an den Bischof von Eichstätt, der in ähnliche Schwierigkeiten geraten war: »Ich wollte meine Kirche durch eine große Ersparnis bereichern; ich erkenne meinen Irrtum. Ich bin jetzt überzeugt, daß die Bischöfe nicht Schätze aufhäufen, sondern nur ihre Güter bewahren und den Überfluß den Armen geben sollen. Trösten wir uns gegenseitig: Durch leichte Züchtigungen hat Gott uns unsere Unvollkommenheit zeigen wollen, damit wir, unsere Auffassung ändernd, uns um so mehr seinem geistigen Dienste und dem Hirtenamte widmen, von dem wir ihm vor allem übrigen werden Rechenschaft ablegen müssen.«
Gewiß, man hat es Nikolaus von Kues in Brixen schwergemacht. Noch ehe er da war, haßte man ihn. Klerus und Volk sahen in ihm nur den »Fremden«, die adeligen Klosterfrauen, Domherren und Ritter unter Führung des Herzogs den Unebenbürtigen, der trotz seiner niedrigen Herkunft befehlen wollte. Doch lag einer der Gründe für sein Scheitern in ihm selbst: Cusanus war rasch, eigenwillig und bis zum Starrsinn unnachgiebig in Punkten, die er als wesentlich ansah. Einer seiner Freunde sagt: »Es wäre leichter gewesen, die Apenninen oder selbst die Alpen zu versetzen, als Cusanus von einer seiner grundsätzlichen Meinungen abzubringen.« Den Stiftsherren von Brixen schrieb der Kardinal: »Ich leide für die Gerechtigkeit und werde verjagt, aber weder Schrecken noch Drohungen, noch Ketten werden mich dazu bringen, dem Bösen zuzustimmen. Weil man den Herzog mehr fürchtet als Gott und jeder seinen Vorteil sucht, darum verläßt man mich.« Cusanus wollte Frieden, aber keinen auf Kosten des Rechtes, da Gerechtigkeit und Frieden Geschwister sind. Darin liegt die Tragik seines Lebens: Er, der Freund des Friedens, hatte Zwietracht heraufbeschworen und einen Krieg verursacht. Er, der Mann der Versöhnung, hatte zur Gewalt greifen müssen. Alle seine Versuche, in der Welt, in der Kirche, im Reiche Einheit zu stiften, sind gescheitert.

An der sanft dahingleitenden Mosel steht heute noch das Haus mit dem roten Krebs im Wappen über der Türe, in dem der Sohn des Flußschiffers geboren wurde. Eine Viertelstunde nur stromabwärts, gegenüber dem weinbergumgebenen und burgüberragten Bernkastel, spiegelt sich das Hospital St. Nikolaus im Strome. Der Kardinal hat es, als er zum letzten Male 1451 in seiner Heimat weilte, zu Ehren des Schutzheiligen der Schiffer und seines Namenspatrons gestiftet. Das Haus sollte nach der Zahl der Lebensjahre Christi dreiunddreißig arme, alte Leute aus allen Ständen aufnehmen. Es hat die Stürme eines halben Jahrtausends unversehrt überdauert und dient heute noch dem gleichen Zweck, zu dem der Stifter es bestimmte. So viele seiner weltweiten Werke hat der Cusaner scheitern sehen: Dieses eine in seinem Heimatort blieb und zeugt heute noch von seinem gewaltigen Geiste.

Nach dem Willen des Kardinals sollte das Hospital mehr sein als eine dürftige Versorgungsanstalt: ein großzügiges Heim, das verdienten Männern einen lichten Lebensabend bietet, »ein otium cum dignitate, von Kunst, Schönheit und Bedeutung umgeben« (H. Vogts). Diese Gesinnung hebt die Gründung des Cusaners aus der großen Zahl ähnlicher mittelalterlicher Stiftungen heraus und läßt sie bis heute fast ohne Nachahmung erscheinen. Die Hausordnung, im ganzen heute noch in Kraft, schloß an die Regel der Brüder vom gemeinsamen Leben an. Eine Bindung der in das Hospital Aufgenommenen war nicht vorgesehen. Jedem blieb seine persönliche Freiheit gewahrt. Dieser Geist ist bezeichnend für Cusanus, der überall die Einheit des Ganzen wollte, ohne die Besonderheit des einzelnen zu unterdrücken.

Das wird auch an dem Bauwerk deutlich sichtbar. Der Kardinal hat die Anlage selbst entworfen und mit mathematischer Klarheit und Logik bis ins letzte durchdacht. Originell ist sie schon, insofern sie bewußt von dem Saalbau-Typ des nordländischen Hospitalbaus abweicht und wie ein stiller Klosterbezirk anmutet. Originell ist auch jeder Teil der Baugruppe. Und doch wirkt das Ganze in seiner reifen Gotik als eine geschlossene Einheit von klassischem Ebenmaß. Das Geviert des Kreuzgangs, der feine, schlanke Raum der Kapelle, das edle Refektorium – alles ist von hoher Schönheit. Eine wunderbare ungestörte Stimmung erfüllt diese Mauern; es ist, als seien sie mit eigentümlicher Strahlungskraft begabt. Erst nach längerer Betrachtung gewahrt man, daß jeder der vier Flügel des Kreuzgangs anders ist: verschieden ist die Zahl der Spitzbogenfenster, verschieden das Linienspiel der Netzgewölbe. Und trotzdem ist das Ganze wie aus einem Guß. Hier hat Nikolaus von Kues der Idee, die seinem gesamten Lebenswerk voranleuchtete, sichtbaren Ausdruck verliehen: Mannigfaltigkeit in Einheit. Symbolisch ist auch die Struktur der anderen Glieder des Baus. Eine Säule trägt das Sterngewölbe der Kapelle, eine Säule das Gewölbe der Bibliothek, und beide Räume sind durch ein Fenster verbunden. So ist eine Einheit die Kirche, eine Einheit die Wissenschaft. Und so sollen Religion und Wissenschaft miteinander verbunden sein.

Wir befinden uns hier an einer der ehrwürdigsten Stätten des Abendlandes. Denn dieser Bau legt Zeugnis ab für alle Elemente unserer europäischen Kultur, die in Nikolaus von Kues wie in einem Brennspiegel gesammelt waren. »In seinem großen Geist war vereint, was kleinere nur getrennt ergreifen können« (E. Hoffmann). Noch viele Stücke der Erinnerung an den universalen Mann werden hier pietätvoll bewahrt. In seinem Testament vermachte Cusanus, der seine Gründung nie fertig gesehen hat, fast seinen ganzen Besitz dem Werke seiner Menschen- und Heimatliebe zu Kues. So sehen wir heute noch in der Bibliothek die astronomischen Geräte, die er in Nürnberg für sich herstellen ließ, und seine Folianten, deren zahlreiche Randbemerkungen von seiner Hand einen ungewöhnlichen Fleiß verraten. Die kostbare Büchersammlung des Kardinals ist fast vollständig erhalten. Ihre 270 teils prächtig illuminierten Handschriften machten den Raum zu einer Forschungsstätte für gelehrte Studien auf den verschiedensten Gebieten. Und wenn wir in die Kapelle gehen, so sehen wir die ehrwürdige Gestalt des Cusanus dreimal dargestellt: auf dem alten Altargemälde als Stifter im Kardinalspurpur zu Füßen des Kreuzes kniend; auf dem neuen Chorfenster, obwohl die Kirche ihn nie kanonisierte, mit dem Heiligenschein; und auf der schweren Messingplatte vor dem Hochaltar als Bischof mit der Mitra. Sein Leichnam ruht in seiner Titelkirche zu Rom, sein Herz aber, seinem letzten Willen gemäß, unter dieser Platte in der Heimaterde – das Herz, das sich in Sehnsucht verzehrte nach der Einheit unter den Völkern und Religionen, nach der Einheit der Philosophie und der Wissenschaft, nach der Einheit Deutschlands, nach der Einheit Europas, nach der Einheit der Kirche, nach der Einheit Gottes. Unstillbare Sehnsüchte, damals, heute und immer die Herzen der Besten bewegend, genährt aus einer großen Hoffnung.

Filippo Neri

(1515–1595)

Es gibt wohl wenige Städte auf der Erde, die so sehr mit Anmut und Schönheit gesegnet sind wie Florenz. Umschwungen von lieblichen Hügeln, eingebettet in silbergrüne Olivenhaine und Feigenwälder, sich ausbreitend vom Arnotal die rebenbestandenen Höhen hinan, wo weiße Villen zwischen Zypressen und Pinien leuchten, überflutet von südlichem Licht, von Blumenduft und Vogelsang, reich an Türmen, Palästen und stolzen Werken der Kunst, vereint diese bezaubernde Stadt alle Reize Italiens. Kein Wunder, daß dieser von der Natur so verschwenderisch bedachte Erdenfleck die Heimat der lebensfrohen und schönheitstrunkenen Renaissance wurde. Wer hier geboren wurde, konnte unmöglich ein Griesgram werden. Die Florentiner des sechzehnten Jahrhunderts waren berühmt wegen ihrer »festività«, der Freude an sprühendem Witz, Komödienspielen, übermütigen Festen und schlagfertigen Wortwechseln. Im Fache des Burlesken und Bizarren übertrafen sie alle anderen Italiener.

Hier erblickte Filippo Neri das Licht der Welt: Es war ein sonniges Licht voll strahlender Heiterkeit. Die Heimatstadt scheint ihm etwas von ihrer unwiderstehlichen Liebenswürdigkeit und von ihrem Frohsinn in die Wiege gelegt zu haben; jedenfalls war »Pippo buono« der Liebling aller. Die entzückende Landschaft weckte in dem Heranwachsenden tiefe Liebe zur Natur. Noch im Alter genoß er gern eine schöne Aussicht, und seine Tierliebe war so groß, daß Tierquälerei ihn furchtbar erregte; selten sah man ihn ohne seine Katzen, Hunde und Vögel. Die großartige Florentiner Kultur entzündete in ihm jene Freude am künstlerischen Schaffen, die er schon früh im Dichten von Sonetten und im Musizieren bewies und die ihn sein Leben lang nicht mehr verlassen sollte.

Der Vater, ein Notar, war mit den Patres des berühmten Dominikanerklosters San Marco gut bekannt und gab sein Kind oft tagelang in ihre Hut. Vor wenigen Jahrzehnten hatte dort der gottbegnadete Malermönch Fra Angelico da Fiesole gelebt. Er hatte die Gänge, Säle und Zellen mit herrlichen Fresken geschmückt, die in leuchtenden Schmetterlingsfarben die himmlischen Freuden priesen und das Evangelium wirklich als frohe Botschaft verkündeten. Filippo gestand später: »Alles Gute, was in mir ist von meiner Jugend an, verdanke ich San Marco.« Es war der Geist der Heiterkeit und Schönheit, den er dort in sich aufnahm.

In diesem Kloster lebte aber auch das Andenken des strengen Savonarola fort. Seine donnernden Bußpredigten hatten vor einem Menschenalter das in Sittenlosigkeit verkommene Florenz erschüttert. Er hatte die Problematik einer Kultur, die sich allein dem Diesseits zuwandte, mit scharfem Blick durchschaut. Die Brüder von San Marco verehrten den Gehenkten als Heiligen und Märtyrer. Filippo teilte ihre Begeisterung für den Feuerkopf. Zeitlebens trug er ein Bild Savonarolas bei sich und zeichnete sogar um sein Haupt einen Heiligenschein. Seine Schriften bevorzugte er. Savonarolas Traktat über die Reform der Kirche befindet sich mit Filippos Besitzvermerk in Florenz. Filippo selbst »war freilich kein Savonarola. Es fehlte ihm die leidenschaftliche Glut seines Temperaments . . . Er teilte auch nicht seinen Pessimismus, so tief der Schmerz über die Schäden der Zeit sein Inneres ergriff . . . Aber was ihn an Savonarola anzog, das war seine tiefe Frömmigkeit und Sittenstrenge, sein Eifer für die Ehre Gottes, für die Reform der Sitten und die Erneuerung des kirchlichen Lebens« (E. Göller).

Filippo war eben achtzehn, als ihn ein Onkel in San Germano, einem Landstädtchen zwischen Rom und Neapel, einlud, zu ihm zu kommen und sich in die kaufmännische Praxis einzuarbeiten. Später sollte er die Firma übernehmen, denn der Onkel hatte keine Kinder. Filippo legte zu Fuß die 300 Kilometer zurück und wurde Kaufmannsgehilfe. Er gab sich redlich Mühe, sah aber bald ein, daß er zum Händler nicht taugte. Während sein Vater mit den Rechtsanwaltsgebühren nicht genug hatte und der Alchemie, der Goldmacherkunst, verfiel, konnte Filippo einfach kein Geld in der Tasche behalten und verschenkte alles an Bettler. Auch widerte ihn die Verlogenheit des Geschäftsgebarens an. Was er täglich erlebte, war ein Hohn auf den Geist des Christentums.

Über San Germano aber ragte auf hohem Felsen das Kloster Monte Cassino, als steingewordenes Symbol einer anderen Welt. Der Gedanke kam, alles hier unten stehen- und liegenzulassen und dort hinauf zu fliehen. Es war eine Versuchung, die Filippo später in seinem Leben noch öfters überkam. Die Sehnsucht nach Einsamkeit hat ihn nie ganz verlassen. Wie jeder musische Mensch hatte er das Bedürfnis nach Stille. Er liebte die ungestörte Betrachtung, das schweigende Gebet. In seinen späteren Jahren verweilte er oft in einer eigens für ihn errichteten Loggia auf dem Dache seines Hauses, um sich fern vom Trubel von seinen mannigfachen Geschäften auszuruhen. Doch dem Drang, sich für immer in eine Einsiedelei zurückzuziehen, hat er tapfer widerstanden. Die neue Zeit forderte welterobernde Apostel. Es galt, die Welt nicht zu fliehen, sondern sie zu besiegen. Bald stand Filippos Entschluß fest: Er wollte gehen, aber nicht ins Kloster.

Der Onkel mag sehr erstaunt gewesen sein, als Filippo ihm eines Tages eröffnete, er verzichte auf die Erbschaft von 22000 Skudi und damit auf eine sichere bürgerliche Existenz. Fröhlichen Muts wanderte der junge Mann nach Rom. Es war das Jahr 1534, dasselbe Jahr, in dem Heinrich VIII. von England sich vom Papst lossagte, und Calvin mit der römischen Kirche brach, dasselbe Jahr aber auch, in dem Ignatius von Loyola die Gesellschaft Jesu gründete, Teresa von Avila in den Karmel einzutreten beschloß und Paul III. als erster Reformpapst den Stuhl Petri bestieg. Die Kirche war bedroht wie nie zuvor, von außen durch den Protestantismus, von innen durch den lasterhaften päpstlichen Hof und verweltlichte Bischöfe. Doch zugleich hatten viele Männer und Frauen die Notwendigkeit begriffen, die Kirche an Haupt und Gliedern zu reformieren, und das Werk der Erneuerung beherzt begonnen. Die Ewige Stadt zeigte damals schon vielversprechende Ansätze einer neuen Epoche. Das mußte Filippo lokken.

Ohne einen Pfennig traf er in der Weltstadt ein. Zufällig stieß er auf den reichen Florentiner Caccia, den Direktor des Zollamtes. Dieser war von den Kenntnissen und guten Umgangsformen des jungen Landsmannes begeistert und stellte ihn von der Straße weg als Erzieher seiner beiden Knaben an. Er gab ihm in seinem Palazzo eine Mansardenkammer und setzte ihm einen Malter Mehl jährlich aus, gerade genug, um nicht zu verhungern. Filippo genügte das. Da ein Schrank fehlte, hängte er seine Kleider an einen quer durch den Raum gespannten Strick. Mittags aß er Brot mit Oliven und Wasser, abends Oliven mit Wasser und Brot.
Sein Amt ließ ihm genug Zeit, nach Herzenslust die Stadt zu durchstreifen. Mit Vorliebe weilte er in der St.-Sebastians-Katakombe an der Via Appia, der einzigen Katakombe, die damals zugänglich war, und versenkte sich betend und betrachtend in den Geist der frühchristlichen Märtyrer. Oft verbrachte er dort ganze Nächte.
Neri sagte einmal: »Frommsein heißt nicht, gerührt sein, und Tränen sind keine Zeichen göttlicher Gnade, so wenig einer schon deshalb als Heiliger gelten kann, weil er gefühlvoll von religiösen Dingen spricht.« Wie bei allen Mystikern drängte die Gottesliebe nach Taten. Filippo entschloß sich, als Laienapostel Christen zu bekehren.

Er fing klein und unauffällig an: Er besuchte die Spitäler. Dort herrschten damals schauerliche Zustände. Die Betten wimmelten von Ungeziefer, der Arzt ließ sich monatelang nicht blicken, die Kranken wurden angeschnauzt. Filippo brachte ihnen Blumen und Lebensmittel, machte ihre Betten, wischte den Fußboden, heiterte die Leidenden auf mit seinem Toskaner Witz und »plauderte mit ihnen über die Dinge der Übernatur, als sei das die natürlichste Sache der Welt«.
Er ging auf die Straßen und suchte mit den Menschen in Kontakt zu kommen. Im Süden ist das nicht schwer. Frei und unbefangen öffnet der Italiener auch Fremden gegenüber sein Herz. Das Leben spielt sich größtenteils auf der Straße ab, Fenster und Türen stehen offen. Filippo setzte sich zu den Handwerkern auf die Hobelbank, schlenderte durch Schenken, Büros und Kaufge-

wölbe, unterhielt sich mit Bankangestellten und Doktoren und war mit allen gut Freund. Er kam nicht als fanatischer Eiferer, sondern als schlichter Mensch. Gern hörten die Leute seine Späße, und da sie ihn nie mit saurem Gesichte sahen, ließen sie sich auch seine ernsten Ermahnungen gefallen. Diesem Vertrauen einflößenden Manne, der ihren familiären und geschäftlichen Sorgen ein geduldiges Ohr lieh, offenbarten sie auch ihre seelischen Nöte. Was Priester nicht vermochten, gelang dem jungen Laien: Viele fanden durch ihn den Weg zurück zu Gott. Fast alle seine Bekehrungen waren von Dauer.

Filippo überließ sich in seinem Wirken dem jeweiligen Antrieb des Geistes. Doch nach einiger Zeit erkannte er, es sei besser, sein Apostolat nicht mehr allein und planlos, sondern in einer religiösen Gemeinschaft und nach einem bestimmten Programm auszuüben. So gründete er 1548 mit einem Dutzend armer, einfacher Laien eine Bruderschaft. Sie widmete sich Werken der Barmherzigkeit. Die Schar traf regelmäßig in einer der unscheinbarsten Kirchen Roms zusammen, wo nach gemeinsamem Gebet und Gesang jeder eine improvisierte Ansprache hielt, um die Brüder im Glauben zu stärken. Bald kam auch das Volk zu diesen Andachten, und Filippos Wirkungskreis dehnte sich aus.

Das Jubeljahr 1550 brachte neue Arbeit. Filippo erbarmten die Pilger, die am Ziel ihrer Reise in dem ungewohnten Klima Roms erschöpft zusammenbrachen. Auf den Armen trug er sie in die Spitäler und versorgte sie mit Speis und Trank. Bald war die Bruderschaft so berühmt, daß im nächsten Jubeljahr 1575 nicht weniger als 200 000 Pilger bei Filippo und den Seinen Aufnahme und Pflege suchten.

Erst mit 36 Jahren wurde Neri Priester. Sein Beichtvater mußte ihn drängen, die Weihen zu empfangen. Denn Filippo sträubte sich lange, teils aus Demut, teils aus Furcht, dann zu sehr gebunden zu sein. Um der Freiheit willen hat er sein Leben lang nie eine Pfründe angenommen. Der Neupriester verließ das Haus Caccias, der bisher für seinen Lebensunterhalt gesorgt hatte, und schloß sich einer Gemeinschaft von Weltpriestern an, die im Hause von San Girolamo wohnten. Dort bezog er ein Zimmer, in dem Tisch, Stuhl und Bett die ganze Einrichtung darstellten.

Sein Lebensstil blieb anspruchslos wie zuvor. Wie er das Erbe seines Onkels im Stich gelassen hatte, so verzichtete er jetzt zugunsten seiner Schwester auf sein väterliches Erbe. Nie hat er in Rom etwas besessen. Geld nahm er überhaupt nicht an. In Kleidung und Nahrung war er äußerst bescheiden. Ein junger Mann, der ihn seit Jahren als seinen größten Freund und Helfer verehrte, brachte ihm Brot, Eier, Oliven und Wein. Andere Gaben, wie Fleisch, Butter und Käse, verschenkte Filippo. Er hielt sich an den Grundsatz des heiligen Bernhard: »Die Armut hab ich stets geliebt, doch nie den Schmutz.« Von sich und anderen forderte er peinlichste Sauberkeit.

Nach seiner Weihe konnte Neri sein Apostolat auf eine neue Grundlage stellen: Er konnte Beicht hören. Das tat er so gründlich, daß er täglich schon in aller Frühe im Beichtstuhl saß und erst nach Mittag seine erste Mahlzeit nahm. Oft hörte er 15 Stunden an einem Tage Beichte. Ihm war die Macht gegeben, die härtesten Herzen zu erschüttern. Aus allen Vierteln der Stadt, aus allen Kreisen der Bevölkerung kamen die Menschen nach San Girolamo, das ein Mittelpunkt des religiösen Lebens wurde, wie ihn Rom seit langem nicht gesehen hatte. Sie drängten sich in seine ärmliche Stube, die so eng war, daß Filippo sich auf sein Bett legte, um für möglichst viele Platz zu schaffen. Einträchtig saßen Mitglieder der ältesten römischen Fürstengeschlechter mit Gerbern und Metzgern auf einer Holzbank zusammen. Neri verstand es großartig, eine religiöse Aussprache in Gang zu bringen und zu leiten.

Wenn unterdessen Kinder unter seinem Fenster lärmten und man ihn deshalb bedauerte, entgegnete er lächelnd: »Meinetwegen können sie auf meinem Rücken Holz hacken, wenn sie nur keine Sünde tun.« Kein Wunder, daß Kinder sich mächtig zu ihm hingezogen fühlten. Für die Schuljungen richtete er einen Spielplatz auf dem Abhang des Janikulus, eines der sieben römischen Hügel, ein. Wenn sie in der dortigen Kirche Sant' Onofrio gebetet hatten, durften sie sich nach Herzenslust austollen. Der Park der Villa Celimontana mit seiner entzückenden Aussicht auf die römische Campagna und auf die Denkmäler des antiken Rom war einer seiner Lieblingsplätze. Hier plauderte Neri mit seinen Trabanten, anfangend mit den sichtbaren Schönheiten der Kunst und Natur und endend bei der unsichtbaren Schönheit Gottes. Bei alledem war es seine Sorge, die arbeitslos herumlungernden Halbwüchsigen sinnvoll zu beschäftigen. Müßiggang ist aller Laster Anfang. Darum hielt er ein »Haus der offenen Tür«. Jeden Nachmittag versammelte er die Burschen auf seinem Zimmer. Überzeugt, daß »das Buch ein Mittel des Heiligen Geistes ist«, las und besprach er mit ihnen religiöse und weltliche Bücher. Er wollte die jungen Menschen nicht zu gedankenlosen Mitläufern, sondern zu bewußten mündigen Christen erziehen. Die Zusammenkünfte auf seinem Zimmer waren daher keine Vorträge, sondern Aussprachestunden und Arbeitsgemeinschaften. Sie schlossen gewöhnlich mit Spaziergang und Kirchenbesuch. Auch leitete Neri die Jungen zum Umgang mit Armen und Kranken an und schickte sie mit erbettelten Nahrungsmitteln in die Spitäler.

Diese originelle, für die damalige Zeit unerhört moderne Art der Jugendseelsorge, hatte einen großartigen Erfolg. Hochbegabte junge Männer schlossen sich Neri an, um nie mehr von ihm fortzugehen: so Tarugi, ein durch körperliche und geistige Vorzüge ausgezeichneter Aristokrat, ein eleganter Dandy und Sportsmann, der später zum Kardinal und Erzbischof aufstieg; so Cesare Baronio, ein schwerfälliger Mann aus den Abruzzen, der Filippo zulieb die Juristerei aufgab, in der Küche den Koch spielte und später Kardinal und der größte Kirchenhistoriker seiner Zeit werden sollte; so die Komponisten Animuccia und Palestrina, die Neri ihre künstlerische Entfaltung verdankten; aber auch Hutmacher, Goldschmiede und Bankbeamte. Sie bildeten den engeren Kreis um Filippo.

Als die Zahl seiner Schüler auf einige Hundert gestiegen war, ließ Neri für die regelmäßigen Zusammenkünfte eine eigene Kapelle über dem Hauptschiff von San Girolamo errichten. Ihr Name Oratorium wurde bald auf die Zusammenkünfte selbst übertragen. Baronius schildert sie so: »Eine Zeitlang verbringt man im inneren Gebet. Dann liest einer der Brüder aus einem geistlichen Buche, und während der Lesung gibt Vater Filippo Erklärungen zum Gelesenen. Zuweilen gibt auch sonst einer der Brüder nach

Filippos Wunsche seine Gedanken zum besten, und die Konferenz geht nach Art eines Zwiegespräches weiter. Danach steigt einer auf einen Stuhl und erzählt in volkstümlicher Weise von einem Heiligen. Ihm folgt ein anderer, ebenso einfach, über ein weiteres Thema; ein dritter spricht über Kirchengeschichtliches. Zuletzt singt man ein geistliches Lied und schließt mit kurzem Gebet. Diese vom Heiligen Stuhl gebilligte Ordnung erweckt den Eindruck, es seien ungefähr die apostolischen Zusammenkünfte der Frühzeit wiedergekehrt.« Die Redner waren die Priester von San Girolamo. Die von ihnen geschulten Laien trugen das Gelernte weiter in ihre Kreise.

Über die Wirkungen seiner Methode sind wir durch die Zeugnisse zahlreicher Zeitgenossen unterrichtet. So schreibt einer vom fünfzigjährigen Filippo: »Unter allem Wunderbaren, was ich in Rom sah, war es mir meine größte Freude, die vielen frommen, innerlichen Menschen zu beobachten, die das Oratorium besuchten. Unter den Denkmälern des Altertums, den prächtigen Palästen und Höfen von großen Herren war mir, als ob das Licht dieses Vorbildes viel heller und reiner strahle.« Ein anderer Besucher schreibt zehn Jahre später: »Ich gehe zum Oratorium, wo täglich so schöne Konferenzen über das Evangelium, über Tugend und Laster, über Kirchengeschichte und Heiligenleben gehalten werden. Es nehmen bedeutende Menschen teil, darunter Bischöfe und Prälaten. Geistliche von vorbildlichem Wandel führen die Konferenz. Ihr Oberer ist Vater Filippo, ein ehrwürdiger Sechziger, ein Orakel, wie man sagt, nicht nur in Rom, sondern weit über Italien, Frankreich und Spanien, so daß viele kommen, um seinen Rat zu holen.

1575 war die Zahl der von Filippo geleiteten Weltpriester auf über hundert angewachsen. Der Heilige hatte nie im Sinn, so etwas wie einen Orden zu gründen. Es geschah ganz ohne seine Absicht, daß die Gemeinschaft zur Kongregation erhoben wurde. Sie erhielt eine neue Kirche mit einem neuerbauten Hause, das zum Mutterhaus der sich bald über die Welt ausbreitenden Oratorianer wurde. Diese Gesellschaft ist Neris ureigene Schöpfung, ganz von seinem Geiste beseelt. Was sie auszeichnet, ist die Freiheit. »Unsere einzige Regel ist die Liebe.« Es gab keine

Gelübde, jeder konnte wieder austreten. Es gab auch keinen Generaloberen. »Zug um Zug ist das Oratorium der Gegensatz zu der Gesellschaft Jesu« (Ponelle-Bordet), ein »Beweis für die ungemessene Weite christlicher Ideale innerhalb der einen Kirche und auf das eine, gemeinsame Ziel hin« (H. Rahner).
Gewaltsamkeit und Herrschsucht waren Neri fremd. Er übte keinerlei Druck aus, darum zog er alle an. Seiner individuellen Seelsorge war ein starres System, das alle über einen Kamm schert, nicht gemäß. Er wirkte durch persönliche, unaufdringliche Leistung.
Mit Großzügigkeit und Weite paarte sich Fröhlichkeit. Nie sah man ihn melancholisch. Selbst in kranken Tagen blieb seine Stimme frisch, seine Miene heiter. Er konnte es nicht ertragen, jemand niedergeschlagen zu sehen: Trübsinn schade dem christlichen Leben. »Heiterer Sinn stärkt das Herz und macht beharrlich im Guten ... Der wahre Weg, in heiliger Tugend voranzuschreiten, besteht darin, in heiliger Fröhlichkeit zu beharren.« Als einer seiner Patres übelgelaunt war, rief er ihm zu: »Kommen Sie, wir wollen zusammen einen Wettlauf machen!« Seine strahlende Liebenswürdigkeit gewann ihm alle Herzen im Sturm.
Das Geheimnis der Erfolge Filippos war weitherzige Liebe, mit der sich außerordentliche Menschenkenntnis verband. Stets fand er für jeden das rechte Wort. Hartgesottene Sünder bewegte er manchmal schon durch seinen bloßen Blick zur Umkehr. Wenn es not tat, scheute er auch drastische Mittel nicht. Einmal wurde er zu einem zum Tode Verurteilten gerufen. Es handelte sich um einen baumstarken Mann, der nie in seinem Leben auf Widerstand gestoßen war. Verschiedene Priester hatten sich vergeblich bemüht, den Verbrecher zur Besinnung zu bringen. Als Filippo in die Zelle trat, wurde er mit einem Schwall von Flüchen begrüßt. Sofort erkannte er, daß Zureden hier zwecklos sei. Kurzentschlossen sprang er dem Mann an den Hals und warf ihn zu Boden. Das half.
Seine Wirksamkeit erstreckte sich auf alles. Nichts war ihm zu hoch, nichts zu niedrig. Er beriet Gelehrte, Domherren, Höflinge und adelige Damen; er nahm sich der Waisen an; er küm-

merte sich um die Künstler; er spielte mit den Kindern; er versorgte die Pilger und Kranken; ungerecht Verhafteten erwirkte er Freiheit; Verleumdeten stellte er die Ehre wieder her; notleidenden Handwerkern verschaffte er Aufträge; armen Mädchen verhalf er zur Aussteuer; mittellose Studenten versah er mit Kost, Kleidung und Fachliteratur; in seinem Vorzimmer warteten Kardinäle; der Papst verlangte seinen letzten Beistand. Wie Paulus wurde er »allen alles«.

Und doch kamen ihm manchmal Zweifel, ob er am richtigen Platze stehe. Die gewaltigen Erfolge Xaviers weckten in ihm die Frage, ob er nicht berufen sei, den Heiden das Christentum zu predigen. Sein Beichtvater aber antwortete ihm: »Filippo, dein Indien ist Rom!« So wurde er der Apostel Roms.

Was war der Inhalt dieser Mission, die Leistung Neris für seine Zeit? Goethe, der sich in Neapel Filippo als seinen Schutzpatron auslas und zwei Aufsätze über ihn schrieb, fand es höchst bedeutend, daß Filippos Tätigkeit »gerade zu Luthers Zeit geschah und daß mitten in Rom ein tüchtiger, gottesfürchtiger, energischer, fähiger Mann gleichfalls den Gedanken hatte, das Geistliche, ja das Heilige mit dem Weltlichen zu verbinden, das Himmlische in das Säkulum einzuführen und dadurch ebenfalls eine Reformation vorzubereiten«.

Ähnlich urteilte Kardinal Newman, der Filippo als seinen Lieblingsheiligen verehrte und sein Oratorium in England einführte: »Es gibt Heilige mit der Sendung, den Gegensatz von Welt und Wahrheit scharf zu betonen, während andere dazu da sind, die Verbindung zwischen beiden herzustellen. Filippo gehörte zu diesen letzteren ... Er lebt in einer Zeit, da dem menschlichen Geist nach Entdeckung der Schätze der klassischen Literatur und Kunst eine neue Welt des Gedankens und der Schönheit aufgegangen war ... Er sah die Großen und die Weisen, die Gelehrten und die Künstler, Malerei, Dichtung, Bildhauerkunst, Musik und Architektur um den Abgrund kreisen. Er sah dort heidnische Gestalten emporsteigen ... Filippo hielt es für das Beste, in aller Stille sein Netz auszuwerfen, sich der Strömung anzupassen, den Lauf der Welt, Literatur, Kunst und Mode, den er nicht aufzuhalten vermochte, zu lenken und das zu veredeln und zu heiligen, was Gott sehr gut erschaffen und nur der Mensch verdorben hatte.«

In dieser Absicht fand Neri völlig neue Seelsorgsmethoden. Es galt, die Wahrheit des Glaubens im Gewande des Schönen zu zeigen. Darum verfaßte er mit seinem Schüler Agostino Manni religiöse Gedichte und ließ sie durch den Komponisten Soto vertonen. Nachdem die Lieder eingeübt waren, begab sich Filippo mit seinen Schülern auf öffentliche Plätze oder, bei schlechtem Wetter, in Kirchen und gab Konzerte, in deren Programm er eine kurze Ansprache einflocht. Der Sänger Griffi bezeugt: »So wurde das Volk durch Gesang und Wort zu seinem geistlichen Nutzen herbeigelockt. Zwar sind manche nur der Musik wegen ins Oratorium gekommen, doch dann wurden sie weicher und für die geistlichen Ermahnungen empfänglicher. Mit großem Eifer wandten sie sich zu Gott. Ich selbst war 45 Jahre lang in beiden römischen Oratorien Zeuge der großen Erfolge, welche auch die Musik bewirkte.« Ludwig v. Pastor hat nachgewiesen, daß Neris musikalische Veranstaltungen den Keim legten für das später entstandene musikalische Oratorium, das Bach, Händel und Haydn zu höchstem Glanze führten. So erlangte unser Heiliger, ohne es zu wollen, auch einen Namen in der Musikgeschichte.

Die Renaissance hatte einen starken Sinn für Geschichte. Liebend versenkten sich die Humanisten in die große römische Vergangenheit. Auch diesen Zug der Zeit machte Neri für die Seelsorge fruchtbar. Er lenkte die Aufmerksamkeit von den heidnischen auf die christlichen Altertümer. Durch die von ihm eingeführte Wallfahrt zu den sieben Hauptkirchen der Ewigen Stadt brachte er den Römern den Reichtum und Heldenmut der frühchristlichen Jahrhunderte zum Bewußtsein. Anfangs schlossen sich ihm nur ein paar Dutzend an, wenn er an Feiertagen, das Kreuz in der Hand, zu den heiligen Stätten pilgerte. Der weite Weg schreckte viele ab. Als man aber von den herrlichen Gesängen bei der Wallfahrt, von den Ruhepausen an der Via Appia im Schatten dunkler Pinien, von dem fröhlichen Treiben beim gemeinsamen Frühstück hörte, schwoll die Menge, die ihm

folgte, stromgleich an. Oft waren es Tausende, die mit ihm nach San Sebastiano pilgerten und nach der Andacht auf dem Rasen sitzend bei Musik ihr Abendbrot verzehrten.
Weil Neri die Kultur in den Dienst der Seelsorge stellte, förderte er die Kultur selbst. Er gab den kirchengeschichtlichen Studien neue Antriebe und veranlaßte die epochemachenden Annalen des Baronius. Der Autor selbst bekannte, das ganze Verdienst an den Annalen sei seinem Lehrer Filippo zuzuschreiben: Dieser habe den Plan gefaßt; dieser habe ihn für die Aufgabe geschult und mit der Ausführung beauftragt; und dieser habe immer wieder gesorgt, daß er nicht erlahme. So sei Filippo der eigentliche »Autor und Baumeister« dieses Riesenwerkes.
Neri regte die Erforschung der Katakomben an, die für Kunst-, Liturgie- und Kirchengeschichte so wichtig wurde. Sein Schüler Bosio gilt als ihr erster wissenschaftlicher Entdecker; die Veröffentlichung seiner Forschungen verdankte er dem Oratorium. Zu Vallicella gründete Neri eine Bibliothek, die zu den ersten gehörte, die der Öffentlichkeit zugänglich waren und die heute noch eine Stätte wissenschaftlicher Arbeit ist.
Wie sehr Filippo dem Geist der Zeit entgegenkam, um die Menschen von den Forderungen des Christentums nicht abzuschrekken, sehen wir auch an seiner Einstellung zur Askese. Äußerliche Werke standen bei ihm nicht im Mittelpunkt. In Lehre und Tun kam es ihm vor allem darauf an, den Eigenwillen, die Menschenfurcht und die Ehrsucht abzutöten.
Hier freilich war er seinem Zeitalter ganz entgegengesetzt. Die Renaissance verkündete stolz die keinem Gesetz unterworfene Selbstherrlichkeit des Menschen. Ruhm und Ehre feierte und erstrebte sie als die höchsten Werte. Filippo dagegen predigte die Demut. Dabei war er, ohne es zu wollen, eine Berühmtheit geworden. Selbst Ausländer, die nach Rom kamen, glaubten eine wichtige Sehenswürdigkeit zu versäumen, wenn sie vor ihrer Rückreise nicht Vater Filippo besuchten. Das Volk erzählte sich in Bewunderung und ehrfürchtigem Staunen zahlreiche Wunder, die er wirklich oder angeblich gewirkt hatte. Es nannte ihn »il Santo«. Denn geradezu spürbar strahlte seine Persönlichkeit jenes Fluidum aus, an dem das Volk seine Heiligen erkennt. Gele-

gentlich machte sich die Begeisterung der Römer für ihren Apostel in stürmischen Kundgebungen Luft.
Neri sah diese Dinge mit gemischten Gefühlen. Er war nach Rom gekommen, nicht um seine Ehre, sondern um Gottes Ehre zu suchen. Den Ruhm erkannte er als eine Gefahr für seine Seele. Da er ihn nicht abwenden konnte, tat er alles, um sich in der Demut zu üben. Mehrmals wollten ihn Päpste zum Kardinal erheben. Er lehnte ab. Seine Schriften verbrannte er, um der Eitelkeit literarischen Ruhms zu entgehen. Er haßte es, als Wundermann angestaunt und zur Schau gestellt zu werden. Kamen Besucher, die vor ihm in Respekt erstarben, so führte er sich mit Absicht lächerlich auf, machte komische Gebärden, schnitt Fratzen oder sagte albernes Zeug.
Als Anna Borromeo, die Schwiegertochter des Vizekönigs von Sizilien, auf offener Straße vor ihm niederkniete und begeistert zu ihm aufblickte, lenkte er sie mit Erfolg von sich ab, indem er ihre kunstvolle Frisur durcheinanderwarf; bis sie ihre Schönheit wiederhergestellt hatte, war er ihren Blicken entschwunden. Einer anderen Frau, die ihn so anhimmelte, setzte er schnell seine Brille auf die Nase, damit sie ihn doch besser sehen könne. Wieder eine andere Frau erhielt, als sie Filippo einen Heiligen nannte, flugs eine Ohrfeige.
An seine Nichte Anna, die Ordensfrau in Florenz war, schrieb er: »Als ich Euren Brief las, habe ich mich gewundert, daß Ihr in den fünfzehn Jahren, in denen Ihr das heilige Ordenskleid tragt, Euch selbst immer noch nicht verlassen habt. Das sollte schon in der ersten Zeit nach Eurer Einkleidung geschehen sein . . . Aber jener erste Schritt, den zu machen wir uns so fest vornahmen, ist der letzte, den wir tatsächlich tun . . . Die Haut der Eigenliebe haftet unserm Herzen fest an, und je näher wir dem lebendigen Gott kommen, desto empfindlicher spüren wir diese Loslösung. ›Haut für Haut und alles, was er besitzt, wird der Mensch für seine Seele geben‹, lesen wir bei Job . . . Also muß man alle Häute . . ., alle Dinge dieser Welt um des geistlichen Lebens willen lassen . . . Nun hört einmal genau zu, meine Tochter, was für häßliche Häute die Seele hat. Diese können nur durch das Messer der heiligen Zucht am lebendigen Leib abgezogen wer-

den . . .« Er spricht unter anderem von der Habgier: »Das Wasser, die Luft, die ganze Natur verkündet die freigebige Liebe des Herrn, und wir, sein lebendiges Ebenbild, stellen Ihn nicht dar! Etwas Ungeheuerliches ist der Geiz im Menschen. Wie arg ist er erst bei einem Manne oder einer Frau, die in einem Orden das Gelübde der Armut abgelegt und aus Liebe zu Gott auf alles verzichtet hat!« Die Verachtung der irdischen Güter besteht auch darin, »daß wir uns im Herzen und auch äußerlich vor allen demütigen und uns für so verächtlich halten wie den Lappen, mit dem man die schmutzigen Schuhe der Schwestern reinigt . . . Dahin möchte ich Euch bringen: daß Ihr Euch selbst laßt.« Der Brief schließt mit einer Aufmunterung: »Ich will Euch keine Furcht machen, und Ihr sollt nicht am Sieg verzweifeln. Alles, was ich Euch sagen wollte, ist, daß Ihr aus Euch nichts machen könnt: Um sich selbst zu überwinden, bedarf es einer höheren Macht als jener, die Ihr in Euch selbst vorfindet. Dazu bedarf es der Gnade Gottes.«

Dieses Schreiben verdeutlicht, wie sehr Neri in der Selbstsucht den Kern aller Laster, in der Selbstüberwindung aber den Kern aller Tugenden sah. Während Humanismus und Renaissance den Menschen in den Mittelpunkt rückten, war für Neri Gott die Mitte. Und während die Zeit sich an der Größe des Menschen berauschte, lehrte Neri, daß der Mensch nicht aus eigener Kraft gut sein kann, sondern nur aus der Kraft Gottes.

Darum suchte er seine mystischen Gaben zu verheimlichen. Denn er sah, daß die Menschen geneigt sind, die Ehre nicht Gott, dem Geber dieser Gaben, zu erweisen, sondern dem Menschen, der sie empfängt. Er wußte, daß hier die Gefahr des geistlichen Dünkels lauert, des schlimmsten und hartnäckigsten von allen. Auch eine heilige Scham mag ihn dazu bewogen haben, das intime Erleben seines Herzens vor neugierig-zudringlichen Gaffern zu hüten. Ihm war es peinlich, ja unerträglich, wenn ihn jemand in Ekstase sah. Er stellte alles Erdenkliche an, um solche Verzückungen zu vermeiden. »Wer erfahren hat, was Ekstasen sind, wird sich keine wünschen«, sagte er einmal. Als er während einer Prozession fühlte, daß er vom Geist ergriffen wurde, entfloh er der drohenden Ekstase durch einen grotesken Versuch:

Er riß die Spalier stehenden Schweizer Gardisten an ihren Bärten.
Übrigens war Neri, wie alle echten Mystiker, gegen Visionäre und Ekstatiker äußerst mißtrauisch. Papst Gregor XIII. gab ihm oft den Auftrag, solche Personen zu prüfen. Neri ging robust, ja hart gegen sie vor und entlarvte manche als Schwindler. Wenn er die Menschen, die sich mit solchen Dingen beschäftigten, heftig tadelte, so geschah das aus Besorgnis für ihr Seelenheil: »Die Menschen, die Visionen und dergleichen nachjagen, müssen wir an den Füßen halten und sie mit Gewalt niederzwingen, daß sie nicht in des Teufels Netze fallen.« Als ein Schüler ihm stolz berichtete, die Muttergottes sei ihm erschienen, gebot er dem Jüngling, bei der Wiederkehr einer so holdseligen Jungfrau ihr gerade ins Gesicht zu spucken; sogleich werde die Teufelsfratze hervortreten.

Neri wußte, daß Ekstasen und mystische Phänomene nie die Heiligkeit eines Menschen beweisen, daß wohl umgekehrt die Heiligkeit eines Menschen ein Beweis ist für die Echtheit und Übernatürlichkeit seiner Ekstasen. Goethe schreibt: »Ihm war nichts so sehr zuwider als Eitelkeit, Schein, Anmaßung, gegen die er auch immer, als gegen die größten Hindernisse eines wahren gottseligen Lebens, kräftig wirkte, und zwar, wie uns manche Geschichte überliefert, immer mit gutem Humor. Er befindet sich z. B. eben in der Nähe des Papstes, als diesem berichtet wird, daß in der Nähe von Rom eine Klosterfrau mit allerlei wunderlichen geistlichen Gaben sich hervortue. Die Wahrhaftigkeit dieser Erzählung zu untersuchen, erhält Neri den Auftrag. Er setzt sich sogleich zu Maultier und ist bei sehr bösem Wetter und Weg bald im Kloster. Eingeführt unterhält er sich mit der Äbtissin, die ihm von allen diesen Gnadenzeichen mit vollkommener Bestimmung genaueste Kenntnis gibt. Die geforderte Nonne tritt ein, und er, ohne sie weiter zu begrüßen, reicht ihr den kotigen Stiefel hin, mit dem Ansinnen, daß sie ihn ausziehen solle. Die heilige, reinliche Jungfrau tritt erschrocken zurück und gibt ihre Entrüstung über dieses Zumuten mit heftigen Worten zu erkennen. Für was er sie halte! Die Magd des Herrn sei sie, aber nicht eines jeden, der daherkomme, um knechtische Dienste von ihr zu verlangen. Neri erhebt sich ganz gelassen, besteigt sein Maultier und findet sich wieder vor dem Papst, ehe dieser es nur vermuten konnte, denn wegen Prüfung solcher Geistesgaben sind katholischen Beichtvätern bedeutende Vorsichtsmaßregeln aufs genaueste vorgeschrieben, weil die Kirche zwar die Möglichkeit solcher himmlischen Vergünstigungen zugibt, aber die Wirklichkeit derselben nicht ohne die genaueste Prüfung zugesteht. Dem verwunderten Papst eröffnet Neri kurz das Resultat. Sie ist keine Heilige, ruft er aus, sie tut keine Wunder! denn die Haupteigenschaft fehlt ihr, die Demut. Diese Maxime kann man als leitendes Prinzip seines ganzen Lebens ansehen.«

Systematisch machte er sich und andere lächerlich. Statt der Soutane trug er gern eine lange rote Wolljacke zu großen weißen Schuhen. Bald sah man ihn mit halbrasiertem Bart, bald selig lächelnd an einem Strauß Ginster riechend durch die Straßen Roms spazieren. Dem Kardinal Bonelli rief er bei einer Begegnung in die Karosse hinein: »Sie könnten mir einen Gefallen tun, wenn Sie nur wollten.« – »Welchen?« – »Könnten Ew. Eminenz mir nicht ein Geheimmittel verschaffen, meinen Bart zu schwärzen?«

Hundetragen und Hundeführen galt damals als schimpflich. Filippo aber pflegte seinen Hund an einer Kette durch die Stadt zu führen und verlangte von seinen Schülern, das Tier auf den Armen über den belebten Corso zu tragen. Einen schickte er ohne Überkleid, einen andern mit zerrissenen Ärmeln durch die Stadt: Dieses erbarmte sich ein Edelmann, der ihm ein paar neue Ärmel anbot. Der Jüngling schlug sie aus, mußte sie aber, auf Befehl des Meisters, dankbar abholen und tragen.

Als das im Ansehen gestiegene Oratorium vielen den Wunsch einflößte, Mitglied der Kongregation zu werden, kam ein junger römischer Prinz und bat um Aufnahme. Da brachte Filippo einen langen Fuchsschwanz hervor und forderte, der Prinz solle diesen sich hinten an das lange Gewand anheften und ganz ernsthaft durch alle Straßen Roms gehen. Der junge Mann entsetzte sich und äußerte, er habe sich gemeldet, nicht um Schande, sondern um Ehre zu erwerben. Da meinte Filippo trocken, das sei von ihrem Kreis nicht zu erwarten.

Beim Bau der neuen Kirche nötigte Filippo die Seinen, gleich Taglöhnern die Materialien herbeizuschaffen und den Arbeitern zur Hand zu gehen. Wenn die Predigt eines jungen Mannes wohl zu gelingen und der Redner sich selbst darin zu gefallen schien, unterbrach ihn Neri mitten im Satz, um an seiner Stelle weiterzusprechen. Er suchte durch solche Mittel bei sich selbst und bei andern Eitelkeit und Selbstgefallen zu überwinden. Die tollste Geschichte, die von unserm Heiligen erzählt wird, handelt von einer Begegnung mit Felix von Cantalice, jenem heiligen Kapuzinerlaienbruder, der mit Filippo befreundet war und dessen entwaffnende Einfalt in Rom ebensolche Berühmtheit erlangt hatte wie das lose Mundwerk Neris. Die beiden trafen sich in der verkehrsreichsten Straße. Felix fragte Filippo, ob er Durst habe, und hielt ihm eine strohumflochtene Weinflasche entgegen. Filippo bedachte sich nicht einen Augenblick, ergriff die Flasche mit beiden Händen und nahm mit zurückgebogenem Kopf einen herzhaften Schluck. Passanten umringten die sonderbaren Heiligen mit schallendem Gelächter und verspotteten Neri: Nach einem so guten Zug müßten sie ihn wahrscheinlich nach Hause tragen. Als er fertig war, gab Filippo dem Bruder die Flasche zurück. »Ihr habt mich geprüft – nun ist die Reihe an mir.« Sprach's und stülpte sein Birett dem Kahlkopf auf, der nun ebenfalls ausgelacht wurde. Felix zog seelenruhig mit dem Birett ab und rief zurück: »Wenn ich's verliere, kann ich nichts dafür.« Goethe bemerkt zu diesem skurrilen Vorfall: »Dergleichen zu wagen und dennoch die größten sittlichen Wirkungen hervorzubringen, bedurfte es eines Mannes wie Filippo Neri.«

Der Heilige begriff Demut als Mut zur Unvollkommenheit. Das ist der Grund, warum er, den das Volk mit einem Nimbus umgab, immer wieder sogenannte fromme Seelen und Betschwestern zu Spott oder Ärgernis herausforderte. Er wollte sich eben nicht in der würdevollen Geste des vollendeten Heiligen auf unerreichbar hohem Sockel, sondern in der ganzen Blöße des unvollendeten Menschen zeigen. Darum scheute er sich nicht, nach italienischer Art auf Straßen und Märkten herumzustehen und zu schwatzen, in seinem Zimmer stets allen sichtbar weltliche Bücher wie die damals beliebten Facetiensammlungen herumliegen zu lassen und Besuchern, die gekommen waren, ihn in Ekstase zu sehen, aus dem deftigen, unzimperlichen Witzbuch des Arlotto vorzulesen, wobei er sich halb tot lachte. Von einem Mann wie Neri erwarteten die Leute ein anderes Benehmen. Man kann sich vorstellen, wie schockiert manche Fromme waren, wie sehr manche Vornehme die Nase rümpften, den Pharisäern gleich, die es Christus verargten, daß er mit Zöllnern aß, auf Hochzeiten und Banketten Wein trank und gelegentlich »den Sabbat brach«.

Es wäre falsch, anzunehmen, Filippo sei es darum zu tun gewesen, die Spießer vor den Kopf zu stoßen. Auch war er, der sich regelmäßig dreimal in der Woche mit seinen Oratorianern geißelte, alles andere als ein harmloser Kauz. Goethe traf den Kern, als er Neri den »humoristischen Heiligen« nannte. Humor ist Demut, das heitere Eingeständnis der eigenen Schwäche, der Mut zur eigenen Begrenztheit.

Daß Filippo ein Heiliger war, zeigt weniger sein Gleichmut gegenüber der Verachtung, die er selbst absichtlich provozierte, sondern viel mehr seine Gelassenheit gegenüber der Verachtung, die ihn ohne seine Schuld und völlig zu Unrecht traf. Trotz seiner liebenswürdigen Art hatte er Feinde, die ihn mit Haß verfolgten. Man verleumdete ihn beim Papst. Zwei abgefallene Brüder ersannen alle möglichen Schikanen, um Filippos Eifer zu lähmen. Man entwendete ihm den Tabernakelschlüssel, verschloß ihm die Sakristei vor der Nase und legte ihm die schmutzigsten Paramente aus, um den auf peinliche Sauberkeit Bedachten zu ärgern. Wiederholt wurde er verketzert. Daß man im Oratorium Lieder in der Volkssprache sang, daß dort Laien predigten, war verdächtig. Daß Filippo vielen die häufige, ja, die tägliche Kommunion anriet, und dies nicht nur geistlichen Personen, sondern sogar Ehefrauen, war unerhört. Man überwachte die Versammlungen und beschattete Neri. Er wurde des Aufruhrs bezichtigt. Seine Wallfahrten wurden als Schwärmerei, seine Haltung als religiöse Eigenbrötelei verschrien. Die neuen Seelsorgsmethoden erregten bei engen Geistern Ärgernis. Der ganze Mensch Filippo in seiner unvorschriftsmäßigen Genialität war einfach ein Skandal. Man brachte es so weit, daß der Kardinalvikar Rosario ihm eine Zeitlang Beichthören, Vorträge und Umgang mit seinen Schülern verbot. Neri nahm diese Demütigungen im Gehorsam entgegen. Er sagte nur: »Es gibt keinen deutlicheren Beweis der Liebe Gottes als Kreuz und Widerwärtigkeiten.«

Hörte er etwas von dem Geschwätz, das über ihn rundging, so regte er sich nicht auf, sondern lächelte seelenruhig. Einmal beschimpfte ihn ein Lakai so gemein, daß ein Herr, der die Schmähung mitanhörte, Hand an den Frechen legen wollte. Filippo aber blieb so ruhig und heiter, daß auch jener nicht anders konnte als sich zu beruhigen. Manchmal behandelten sogar solche, die ihm zu Dank verpflichtet waren, ihn als Narren. In seinem Alter nahmen ihn zuweilen die eigenen Oratorianer nicht für voll. Er jedoch ließ sich nicht die geringste Empfindlichkeit anmerken.

Diese Sanftmut besaß er nicht von Natur. Im Gegenteil, er war jäh entflammbar und neigte zum Zorn. Leicht rutschte ihm die Hand aus, und es gab eine ganze Reihe Personen, die sich rühmen konnten, von ihm eine Ohrfeige bekommen zu haben. Nur durch Zucht und Übung gewann er jene vielbewunderte Geduld.

Der Haß seiner Gegner hatte eine tiefere Ursache als seine befremdenden Absonderlichkeiten: seine Haltung zum Zeitgeist. In Florenz, Filippos Vaterstadt, und in Rom, seiner zweiten Heimat, hatte der Geist der Renaissance im Guten wie im Bösen seinen höchsten Gipfel erreicht. Das Gute, die Freude am Schönen in Kunst und Natur, bejahte Neri. Das Böse, die Vergötzung des Reichtums, der Macht und des Ruhms, lehnte er ab. Denn das widersprach dem Geist des Christentums. Hier war die Grenze seiner Anpassung an die Epoche. Neri verzichtete auf sein Erbe, auf Machtstellung und Ehre: Das war eine Absage an den Geist der Zeit. Sie geschah nicht mit finsterem Fanatismus, sondern in Heiterkeit.

Dieser Zeitüberlegenheit ist es zu verdanken, daß sein achtzigjähriges Leben, das fünfzehn Päpste sah, weit über sein Jahrhundert hinauswirkte und überzeitliche Bedeutung gewann. 1622 wurde er heiliggesprochen. Sein Tag, der 26. Mai, wird noch heute als Volksfest in Rom begangen.

Petrus Canisius

(1521–1597)

Am 8. Mai 1521 wurde zu Worms über Martin Luther die Reichsacht verhängt. Am gleichen Tage wurde zu Nymwegen Petrus Canisius geboren. Auf die alten katholischen Biographen des Heiligen hat dieses zeitliche Zusammentreffen nicht geringen Eindruck gemacht: Dem Angreifer der Kirche stellt die göttliche Vorsehung den Verteidiger der Kirche gegenüber. Und ähnlich, nur mit umgekehrter Wertung, sahen nichtkatholische Historiker in Canisius den Widerpart Luthers: Was der Begründer der protestantischen Reformation in Deutschland geschaffen, habe das Haupt der katholischen »Gegenreformation« in Deutschland bekämpft und zum Teil wieder zerstört.

Es wird Zeit, diese einseitige und verzerrende Sicht zu korrigieren. Längst sieht die Geschichtswissenschaft in der katholischen Bewegung zwischen 1550 und 1650 nicht mehr allein das Bestreben, den Protestantismus zurückzudrängen, verlorene Gebiete wiederzugewinnen und frühere Verhältnisse zu restaurieren. Viel bedeutsamer erscheint ihr das erfolgreiche Bemühen der katholischen Führer jener Epoche, das eigene Haus in Ordnung zu bringen, die tief gesunkene Kirche zu erneuern und die Katholiken wieder zu lebendiger Frömmigkeit zurückzuführen. Man sollte endlich auch in Lehrbüchern nicht mehr vom »Zeitalter der Gegenreformation« sprechen, denn das klingt negativ und ist sehr ungenau. Angemessener wäre es schon, jenen Begriff zu verwenden, mit dem evangelische Historiker die katholische Bewegung bezeichnet haben, den Begriff der »zweiten Reformation«. Tatsächlich haben die katholischen Führer, nicht zuletzt Petrus Canisius, ureigene Anliegen der protestantischen Reformatoren sich zu eigen gemacht: die Beseitigung himmelschreiender Mißstände in der Kirche und die Verinnerlichung der Religion. Manche Ansätze der katholischen Reform begannen schon vor Luthers Auftreten. Aber da Luthers »Contra« aus einem »Pro« kam, da Luther religiöse Werte und Wahrheiten sichtbar machte, die in der alten Kirche zwar nicht untergegangen, aber doch verschüttet waren, wurde er ein bahnbrechender Anreger auch für die römische Kirche: Er zwang sie, ihren Glauben zu klären, ihre Frömmigkeit zu erneuern und ihre Sitten zu bessern. »Sein Auftreten gab doch den drängenden Anlaß zu der längst notwendigen Reform« (A. Bigelmaier). Es ist wahr, »daß die Angriffe Luthers an der religiösen Vertiefung katholischen Lebens in Deutschland erheblich beteiligt waren«, daß »der Anstieg zur katholischen Reform allenthalben zusammengeht mit dem wachsenden Gefühl der eigenen Schuld ... Vieles im katholischen Leben kam in die Kelter und wurde zu einem echteren Kern zusammengepreßt« (J. Lortz). »Die Reformation ... trug wesentlich zur Prägung des neuzeitlichen Katholizismus bei« (H. Jedin). Diese Erkenntnis der katholischen Kirchengeschichtsschreibung äußerten schon führende Katholiken des sechzehnten Jahrhunderts. So sagte Willibald Pirkheimer: »Die Evangelischen machen die Katholischen fromm.« Johannes Hoffmeister schrieb: »Dieweil wir aber die Rute, so sich im Zwiespalt der Religion erhoben, wohl verdient, so will uns die unvermeidliche Not zwingen, nach Besserem uns umzusehen.« Die weitreichende Zersetzung der Kirche war die Ursache für den Abfall von Millionen. Deshalb konnte nur eine durchgreifende Erneuerung verhindern, daß weitere Millionen der Kirche den Rücken kehrten. Petrus Canisius hat es immer wieder gesagt und sein Wirken danach ausgerichtet: Die Glaubensneuerung ist weder durch Acht und Bann noch durch diplomatische oder militärische Unternehmen, noch durch gelehrte Streitgespräche und literarische Polemik zu überwinden, sondern einzig dadurch, daß alle, die dem Namen nach katholisch sind, auch wirklich katholisch leben, daß die katholische Kirche aufhört, als ein Zerrbild ihrer selbst zu erscheinen. So wurde Canisius, was auch evangelische Historiker anerkannt haben, ein echter Reformator, der hervorragende religiöse Aufbauarbeit leistete. In einem Briefe schrieb Canisius: »Gegen die Häretiker die Stimme zu erheben, ist gut; doch weit fruchtbarer ist es, gegen unsere Laster zu wüten.«

Canisius hat diese »weit fruchtbarere« Aufgabe schon früh angepackt, indem er zunächst damit begann, gegen seine persönlichen Fehler anzukämpfen. Seine Jugend war keineswegs erbaulich. Er selbst bekannte später: »Als Knabe habe ich vieles gedacht, begehrt und gesprochen, . . . was nicht nur Tadel, sondern sehr oft auch strenge Züchtigung verdiente . . . Einen guten Teil der Zeit vergeudete ich durch Müßiggang, Spiele, Possen, Albernheiten, Herumschweifen.« Das klingt noch verhältnismäßig harmlos. Doch klagt er sich auch schlimmerer Dinge an: »Zorn, Widerspruch, Neid, Stolz und Rachsucht . . . Diese Untugenden nahmen noch zu, als ich das Elternhaus verließ, um die Schule zu besuchen. Hier traf ich Kameraden und Gespielen, die durch Wort und Beispiel die Zügellosigkeit lehrten und verherrlichten. Sie stellten es als etwas Schönes hin, über Gemeines nachzudenken, zu sprechen und damit zu prahlen . . . Ich würde mich schämen, einzugestehen, was ich damals zu tun mich nicht schämte . . . Wenn ich mich auch nicht eines keuschen Herzens und Leibes rühmen kann und darf, so preise ich doch die Gnade, die du, Gott mir verliehen hast, . . . denn du hast meinen Leib vor Hurerei bewahrt . . . Ich war sehr von mir eingenommen . . . prahlte häufig im Übermut und war zu wenig bescheiden . . . In Zechgelagen und langem Schlaf vergeudete ich elend die kostbare Zeit.« Das war es freilich nicht, weshalb der Patrizier Jakob Kanis, Bürgermeister der Stadt Nymwegen, seinen Filius auf die Universität Köln geschickt hatte. Petrus sollte fleißig studieren und das Examen eines Magisters der freien Künste ablegen. Doch die leichtfertige Atmosphäre, die unter den jungen Akademikern herrschte, steckte ihn an. Die Kölner Studenten waren bekannt als Raufer. Nachts spielten sie auf den Straßen Fußball oder kneipten bis in die Morgendämmerung hinein.

Es dauerte aber nicht lange, da weigerte sich Canisius, diese Bummelei noch länger mitzumachen. Entschlossen wandte er sich ernsthaftem Studium zu. Mochten die Studienfreunde ihn auslachen, mochten Versuchungen ihn überfallen –, standhaft ging er fortan seinen Weg. Damals schrieb er mit großen Buchstaben auf sein Aufgabenheft: PERSEVERA! Durchhalten! Es ist das erste Wort, das wir aus des Canisius Feder besitzen. Der Wahlspruch ist bezeichnend für die Ausdauer, die der zähe Holländer sein ganzes Leben durch alle Widrigkeiten hindurch beweisen sollte. Nachdem Canisius den Grad eines Magister artium erworben hatte, sah er seinen Weg klar vor sich. Der Vater, der aus seinem Peter einen Juristen machen wollte und ihm schon eine anziehende und wohlhabende Braut vorgestellt hatte, war erstaunt, als der Junge ihm höflich aber bestimmt erklärte, er wolle ehelos bleiben und Priester werden. Doch als guter Katholik stand Bürgermeister Kanis der Berufung seines Sohnes nicht im Wege. Er konnte ihm sogar eine Domherrnpfründe zu Köln verschaffen, aber auch davon wollte Petrus nichts wissen. Wie hätte sich der alte Kanis erst verwundert, wenn er erlebt hätte, was sein Sohn wenige Jahre später mit seiner Erbschaft anfing: Peter verschenkte das Geld mit vollen Händen an Arme und Bedürftige.

Es waren zwei Begegnungen, welche als Mittel der Gnade die innere Reform des jungen Canisius bewirkten. In seinen *Bekenntnissen* schreibt Canisius: »O Gott, ich muß es als ein großes Geschenk von deiner Hand ansehen, daß ich in Köln mehrere aufrichtige Freunde fand, denen das Heil meiner Seele sehr am Herzen lag. Dort begann ich, von deiner Gnade unterstützt, zum ersten Male die heiligen Wissenschaften zu lehren und zu predigen; dort wurde ich zum Subdiakon, Diakon und Priester geweiht, nicht durch meine Verdienste, sondern nur durch deine Güte.« Mit Dankbarkeit gedenkt Canisius der Priester, die ihm in jenen entscheidenden Jahren Führer wurden. Köln besaß eine der wenigen Inseln, die aus der allgemeinen Versumpfung der Kirche Deutschlands herausragten: die geistig und religiös ausgezeichnete Kartause, um die sich einige Geistliche und Laien scharten, die von der Frömmigkeitshaltung der »Brüder vom gemeinsamen Leben« geprägt waren. Von diesem Zentrum strahlten weithin befruchtende Kräfte aus. Es war eine der Zellen, die der Herr von der allgemeinen Fäulnis ausgenommen hatte, um seiner Kirche das spätere frische Wachstum zu ermöglichen. Und

mitten in diesen Kreis versetzte die Vorsehung unsern werdenden Heiligen.
Die zweite Begegnung, welche die Wirkung der ersten ungemein vertiefen sollte, war die mit dem jungen Jesuitenorden. Canisius lernte den ersten Gefährten Loyolas kennen, den liebenswürdigen Petrus Favre, über den er in einem Brief begeistert schrieb: »Nie habe ich einen gelehrteren und gründlicheren Theologen gesehen oder gehört, noch einen Menschen von so leuchtender Heiligkeit. Sein heißestes Verlangen ist, in Verbindung mit Christus am Heil der Seelen zu arbeiten. Obwohl alle seine Worte voll sind von Gott, er mag schreiben oder sich vertraulich besprechen oder bei Tische sitzen, werden seine Zuhörer doch nie gelangweilt oder ermüdet ... Ich fühle mich ganz belebt und in einen neuen Menschen umgewandelt.« Favre gab Canisius die Exerzitien, und das Ergebnis der Übungen war, daß der Zweiundzwanzigjährige in die Gesellschaft Jesu eintrat.
In den folgenden Jahren hatte Canisius Gelegenheit, einen Vorgeschmack dessen zu bekommen, was sein Leben künftig ausfüllen sollte. Der Kurfürst und Erzbischof von Köln, Hermann von Wied, begann, sein Erzbistum protestantisch zu machen. Wie viele Bischöfe seiner Zeit verstand er etwas von der Jagd, doch nichts von der Theologie. Kaiser Karl V. nannte ihn einen Kirchenfürsten, der weder Lutheraner noch Katholik, sondern eigentlich ein Heide sei und der nicht so viel Latein könne, um das Confiteor zustandezubringen. Schon war die Stadt Köln eingekreist von protestantisch gewordenen Dörfern. Um die Kölner im alten Glauben zu festigen, arbeitete Canisius so eifrig in Unterricht, Predigt und Seelsorge, daß er bald den Haß des Kurfürsten auf sich zog, manche Verfolgung erleiden mußte und nur knapp dem Gefängnis und der Ausweisung entging. Der Heilige erklärte, er sei, wenn seine Oberen ihn nicht fortriefen, »entschlossen, Leib und Seele dem Volke des heiligen Köln zu weihen«.
Der Gehorsam rief ihn bald. Canisius verließ die Stadt, in der er zehn Jahre gewohnt und sich vom leichtsinnigen Scholaren zum opferbereiten Streiter Christi gewandelt hatte. Unter den Augen des heiligen Ignatius vollendete er in Rom seine Ausbildung. Daß

er seiner Losung »Durchhalten!« treu blieb und daß er im Süden Deutschland nicht vergaß, zeigt ein Brief, den er aus Italien an die Kölner Jesuiten schrieb. Er ist zugleich ein schönes Zeugnis seines Strebens nach Heiligkeit: »Geschlagen und gequält, in das Gewirr von tausend Irrtümern, Schlingen, Eitelkeiten und Gelüsten verwickelt, haben wir nur eine Zuflucht und einen Trost übrig: daß wir, durch die schönen Bande der Liebe miteinander verbunden, unsere Seele in Christus einpflanzen und ansiedeln, ihm dienen als freie Männer, von seinem Geiste trinken, ihn gewinnen in unseren Leiden und in unserem Sterben und ihn besitzen in ewiger Seligkeit.«

Nachdem Canisius vorübergehend am Kolleg in Messina gelehrt und in Rom die Profeßgelübde abgelegt hatte, wurde er 1549 von Ignatius nach Deutschland gesandt. Deutschland sollte bis ans Ende seines Lebens sein Arbeitsfeld bleiben. Und welch ein Arbeitsfeld! Der achtundzwanzigjährige Canisius muß sich vorgekommen sein wie ein Mann, den man mitten in die Sahara führt mit dem Auftrag, hier einen Park anzulegen. Neun Zehntel der Bevölkerung waren vom katholischen Glauben abgefallen, der Rest stand der feindlichen Offensive zaghaft, verwirrt und so gut wie führerlos gegenüber. Mehr als dreißig Jahre waren seit Luthers erstem Auftreten vergangen, und noch immer siechte die Kirche im Zustand der Zersetzung dahin. Die alten Mißstände wucherten fröhlich weiter, den protestantischen Attacken zum Trotz, den Bemühungen der katholischen Reformer zum Hohn. So tief und seit so langen Jahrhunderten hatten sich die Übel eingefressen, daß sie nicht von heut auf morgen beseitigt werden konnten. Die Erneuerung bedurfte einer zähen Arbeit von Generationen. Sie bedurfte vor allem frommer und tatkräftiger Bischöfe und Priester. Daran fehlte es seit langem. Als die Glaubensneuerung sich über Deutschland ausbreitete, gab es kaum einen deutschen Bischof, der sich zur Verteidigung der Kirche erhob, doch manche Bischöfe, die von der Kirche abfielen. Das Übel, das sich von oben her ausgedehnt hatte, konnte nur von oben her erfolgreich bekämpft werden.

Das hatte ein Landsmann des Canisius, Adrian Florens von Utrecht, schon vor langer Zeit erkannt. Sobald er 1522 als Hadrian

VI. den römischen Stuhl bestiegen hatte, sandte er seinen Legaten zum Reichstag nach Nürnberg, damit er dort vor den versammelten Fürsten und Bischöfen feierlich diese Erklärung des Papstes verkünde: »Wir bekennen es frei, daß Gott diese Verfolgung seiner Kirche geschehen läßt wegen der Menschen, sonderlich wegen der Priester und Prälaten Sünden ... Die Sünden des Volkes haben in den Sünden der Geistlichkeit ihren Ursprung ... Wir wissen wohl, daß bei diesem Heiligen Stuhle schon seit vielen Jahren viel Verabscheuungswürdiges vorgekommen ist: Mißbräuche in geistlichen Sachen, Übertretungen der Gebote, ja daß sich alles zum Ärgeren verkehrt hat. So ist es nicht zu verwundern, daß die Krankheit sich vom Haupte auf die Glieder, von den Päpsten auf die Prälaten verpflanzt hat. Wir alle, Prälaten und Geistliche, sind vom Wege des Rechtes abgewichen. Und es gab schon lange keinen einzigen, der Gutes getan ... Wir wollen allen Fleiß anwenden, damit zuerst der römische Hof, von dem vielleicht all diese Übel ihren Anfang genommen haben, gebessert werde. Dann wird, wie von hier die Krankheit gekommen, auch von hier die Gesundung beginnen ... Die ganze Welt begehrt eine solche Reform.« »Das Schuldbekenntnis Adrians VI. ist der eigentliche Beginn der katholischen Reform in Deutschland« (J. Lortz). Seine unmittelbare Wirkung freilich war gleich Null. Die auf dem Reichstag versammelten deutschen Bischöfe zeigten sich entrüstet über das unerhörte Geständnis des Papstes, das sie der Mitschuld bezichtigte, schoben die konkreten Reformvorschläge des Papstes beiseite und wandten sich um so lieber den Banketten und Bällen zu, die Nürnberg zu ihrer Vergnügung bot. Papst Hadrian aber, der letzte deutsche Papst, war wenige Monate später tot.
Seinem versagenden Nachfolger Clemens VII. legte Johann Eck 1523 und in den folgenden Jahren immer wieder Vorschläge für die Reform vor: »Leitet der Papst nicht sofort eine Reformierung der Kurie ein durch eine Bulle gegen verschiedene offenkundige Mißstände, so werden viele eine Wendung zum Besseren nur mehr durch den Türken oder den Antichrist erwarten. Denn dann wird es klar sein, daß Gott die Kirche züchtigen will wegen unserer Sünden.« Eck prangert die Geldgier der Kurie, die Jagd

nach Pfründen und den Luxus der Bischöfe mit Worten an, wie sie aus dem Munde des von ihm bekämpften Luther nicht heftiger gekommen sind. Petrus Favre schrieb 1541 aus Worms an Ignatius von Loyola: »Ich wundere mich, daß die Zahl der Häretiker nicht noch dreimal größer ist . . . Nicht die falsche Auslegung der Heiligen Schrift, auch nicht die Umtriebe der Lutheraner sind es, die so viele Länder, Provinzen und Städte zur Auflehnung gegen die Religion verführten: All das Unheil wurde durch das skandalöse Leben des Klerus verursacht. Ich wünschte, es wären in dieser Stadt nur zwei oder drei Priester, die nicht im Konkubinat lebten oder in andere öffentliche und allgemein bekannte Ärgernisse verwickelt wären, sondern nur ein wenig Eifer für das Heil der Seelen hätten. Diese einfachen Leute würden so leicht zu leiten sein . . . Aber jene, deren Pflicht es wäre, die Treulosen zur Herde zurückzuführen, sind gerade die, welche durch den Anblick ihres ausschweifenden Lebens die Katholiken dazu treiben, Lutheraner zu werden.«

Noch Jahrzehnte später hatte sich die Lage, aufs Ganze gesehen, kaum verändert. Immer wieder geißelte Canisius die »Schlafmützigkeit« (dormitantia) der deutschen Bischöfe: »Es fehlt unsern Hirten an Zuversicht und Unerschrockenheit, weil sie die katholische Kirche in Deutschland sozusagen für verloren halten.« Aus Polen berichtete Canisius: »Die Bischöfe sind Ärzte ohne Geschick, die vielen und schrecklichen Krankheiten dieses Zeitalters zu behandeln, oder wie unachtsame und nachlässige Seeleute inmitten eines gewaltigen Sturmes. Ihr Geiz schmälert in hohem Grade ihren Einfluß und hat sie bei allen verhaßt gemacht. Überdies sind sie fast ausnahmslos alte und schwache Männer, die ihre Zeit damit zubringen, ihre Gesundheit zu pflegen, statt ihrer Herde zu dienen. Sie scheinen alles verloren zu geben und einzig darum bekümmert, für sich und ihr Gefolge Vorsorge zu treffen, falls sie aus dem Lande fliehen müßten.« In einer Predigt im Augsburger Dom am 5. September 1563 führte Canisius aus: »Wo ist die Liebe jetzt zu finden? Ist sie unter den Priestern, wo man sie fürwahr sehen sollte? Nein! Denn ohne Andacht verrichten sie ihr Breviergebet und spenden sie die Sakramente. Oft ehren sie Gott mehr mit ihren Lippen als mit ihren

Herzen . . . Sie haben weder Verlangen noch Geübtheit zu predigen . . . Wo ist ihre Sorge für die Armen und Witwen? . . . Ach, wie viele treulose Hirten gibt es, stumme Hunde des Jesaja, Lehrer ohne Licht in ihren Augen!« Am 1. Januar 1564 wünschte Canisius den Augsburgern von der Kanzel ein glückliches neues Jahr und fuhr dann fort: »Es ist höchste Zeit, daß der geistliche Stand ein gutes neues Jahr hätte, denn leider, um mit dem heiligen Paulus zu sprechen, wird euretwegen der Name des Herrn gelästert. Unter dem Klerus finden sich viele, die aus Unwissenheit oder Menschenrücksicht, Nachlässigkeit oder Trägheit den heiligen Namen Gottes verbergen, statt ihn zu bekennen und bekannt zu machen . . . Sie wollen nicht ihre armen, vernachlässigten Schäflein mit dem Worte Gottes nähren . . . und beflecken ihren erhabenen Stand mit fleischlichen Lüsten und Taten, mit weltlichen Sorgen und Händeln, so daß sie dem Namen Gottes in den Augen sowohl der Freunde als der Feinde Schmach zufügen.« In einer Fastenpredigt desselben Jahres stellte Canisius fest: »Kaum ein Katholik unter hundert beobachtet jetzt die Fasten, und es ist ein schwacher Trost, zu wissen, daß, wenn die Geistlichkeit nur halb so sorgfältig das Gebot einhielte, wie sie der Völlerei frönt, die Fastenverordnungen heutzutage weniger verachtet würden und priesterliche Keuschheit ein weniger seltenes Vorkommnis wäre.« Am 2. Juni 1564 klagte Canisius, wiederum auf der Augsburger Domkanzel: »Wie der Hirt, so das Volk . . . Wir haben Gottes Altar befleckt mit unseren schmutzigen Händen und Lippen, mit unseren unreinen Herzen, mit unserem ärgerlichen Leben und groben Mißbräuchen. Unsere Habgier in der Verwaltung dieses Opfers ist allbekannt, wie auch unsere Gedankenlosigkeit und Vernachlässigung des Anstandes beim Gottesdienst . . . Unseretwegen wird der Name Gottes gelästert. Weil wir nicht das Salz der Erde sind, sind wir zu nichts nütze als hinausgeworfen und von aller Welt mit Füßen getreten zu werden. So kommt es, daß heute niemand verachteter ist als die Meßpriester . . . Wie viele sind noch heute allgemein bekannt wegen ihrer Unenthaltsamkeit und Trunksucht, die nicht beten, sondern fluchen, die nur um weltliche Dinge sich kümmern, die sich über ihr Priestertum ärgern und sich nirgends so langweilen wie am Altar beim Messelesen . . . Solche Leute, häufige Gäste der Schenken, verrichten alle ihre priesterlichen Handlungen mit rein äußerlicher Fertigkeit. In ihrem häuslichen Leben findet man keine Rechtschaffenheit, keine Mäßigkeit bei Tisch, keine Enthaltsamkeit im Bett, kein Studium der Bücher, keine Andacht im Herzen.« Das Ärgernis, das der Klerus gab, muß schon gewaltig gewesen sein, wenn ein so heiliger und besonnener Mann wie Canisius es für nötig hielt, vor dem Volke offen darüber zu sprechen. Am 13. Januar 1566 schrieb der heilige Papst Pius V. an den Bischof von Münster auf Grund der Berichte des päpstlichen Gesandten Canisius: »Wir erfahren, die Hauptursache so ungeheurer Häresie in Deutschland sei das gottlose und schimpfliche Betragen der Geistlichkeit.« Noch in den siebziger Jahren schildert ein Gutachten des Kardinals Truchseß, mit dem Canisius befreundet war, die Lage der immer noch zerrütteten deutschen Kirche: »Noch immer besteht jene allgemeine und so tief eingewurzelte öffentliche Korruption des deutschen Kloster- und Weltklerus. Ihr Leben ist schändlich über die Maßen; es kann nichts erwecken als Verachtung, Haß und Empörung . . . Noch immer (ein halbes Jahrhundert nach dem Aufkommen des Sturmes!) . . . erscheint die Kirche direkt in ihrer Existenz bedroht, vom Wiedergewinn des Verlorenen nicht zu reden.« (J. Lortz).

Angesichts dieser Lage konnte einen, dem das Heil der Seelen am Herzen lag, schier Verzweiflung überkommen. Oft kam sich Canisius wie auf verlorenem Posten vor. Immer wieder schickte er dringende Rufe nach Rom, ihm doch mehr Mitarbeiter zu schicken. So schrieb er 1550 an Polanco: »Die Lage könnte einem das Herz stillstehen lassen. Die Häresie kann weder durch Gewalt noch durch Reform überwunden werden, und wir sind beim besten Willen der Welt machtlos, den verlorengegangenen Glauben wiederherzustellen, weil zu wenig Priester da sind oder in Wahrheit gar keine.« Allein die Diözese Passau zum Beispiel hatte 254 Pfarreien ohne Priester. Ebenfalls an Polanco schrieb Canisius 1553 aus Österreich: »Überall herrscht ein so schrecklicher Priestermangel, daß die Bischöfe, so fürchten wir, es immer mehr vorziehen dürften, lieber verheiratete oder abtrünnige

Priester in ihren Pfarreien zu dulden, als das Volk jeden Gottesdienstes beraubt zu sehen.« 1557 berichtete er aus Worms: »Die Gleichgültigkeit der Katholiken zu erwähnen, ist ein Schmerz und eine Schmach, und wir werden auch nicht aus unserem tiefen und tödlichen Schlaf aufgerüttelt oder aufgeweckt, obwohl so große und mannigfache Übel uns dazu drängen. Möge unser Herr Jesus uns endlich Hirten nach seinem Herzen geben, die Mitleid mit den zugrundegehenden Massen haben!« Dem Herzog von Bayern schrieb Canisius 1558: »Wohl könnte unserem Deutschland bange werden: Es ist so reich an Laub und so arm an Früchten des Evangeliums. Es hat viele Jahre über Glaubenssachen gestritten und wird täglich unfruchtbarer an guten Werken. Was verkünden diese Übel anderes als den Untergang des Reiches und die Verwüstung Deutschlands? ... Als ob die religiöse Uneinigkeit noch nicht Elend genug verursachte, befindet sich die türkische Flotte auf der Höhe von Neapel ... Nach zuverlässigen Zeugnissen sind in den letzten paar Jahren allein aus dem Königreich Neapel 40000 Christen von den Türken in elende Gefangenschaft verschleppt worden ... Was nicht als Beute fortgeführt werden kann, wird den Flammen preisgegeben ... Jedes Jahr werden uns viele herrliche Städte entrissen und dem Türkenreich einverleibt ... Wir können kein Maß und Ende unseres Unglücks absehen.« Wieder in einem Brief aus Wien: »Wir haben die Schwierigkeiten unserer Zeit bitter erfahren und kennen die erschreckenden Wechselfälle des Schicksals, denen fast jedes Ding unterworfen ist, gerade als ob die Welt in ihrem letzten Wahnsinn und nahe daran wäre, ins Nichts zu versinken.« Man begreift, daß Canisius in seinen Briefen oft seinem gequälten Herzen Luft machte: »Wie schwer ist es, ach Gott! die Katholiken im alten Glauben zu erhalten!« An Ignatius schrieb er: »Meine Worte sind nicht eindringlich genug, unser dreimal unglückliches Deutschland Ihnen zu empfehlen oder seine Leiden zu beweinen.«

Täglich und stündlich konnte sich Canisius seinen Wahlspruch vorsagen: »Durchhalten!« Es reißt zu Bewunderung hin, zu sehen, wie dieser Mann ein vielfältiges Arbeitsprogramm gegen tausend Widerstände und Schwierigkeiten durchführte, ohne je den Mut zu verlieren. In einem seiner Briefe heißt es: »Der Herr gebe uns heilige Geduld und wahre Fröhlichkeit, damit wir fähig seien, auf diesem verlassenen Felde weiterzuarbeiten!« Und wiederum: »Je trauriger, ja je verzweifelter die Dinge nach dem Urteil der Welt sind, um so mehr wird es unsere Pflicht sein, Hilfe zu bringen, wenn die Lage verzweifelt steht, weil wir aus der Gesellschaft Jesu sind.« Und abermals: »Ich erwarte kein größeres Glück in dieser Finsternis und Unruhe, als Männer zu sehen, die, vom Herrn der Ernte gesandt, sich selbst und ihr Leben Gott und seinen Heiligen für so viele Seelen darbieten, die in Deutschland zugrunde gehen. Wir können, so scheint es, hier keine Frucht bringen außer durch Arbeiten in Geduld und in Hoffnung gegen alle Hoffnung, indem wir uns nichts daraus machen, wenn wir nur einigen aus der großen Zahl der Gefährdeten helfen können. Wahrhaftig, hier bedarf es eines großen Durstes, Seelen für Christus zu gewinnen, und großer Geduld, die zu ertragen und zu stärken, die auf die Wahrheit zu hören und sie zu suchen begonnen haben.«

Canisius hat sich nie geschont. Jede Arbeit hat er übernommen, die dem katholischen Volk in Deutschland nutzen konnte: auf der Kanzel, im Beichtstuhl, auf dem Katheder, als Katechet, Schriftsteller, Gründer von Schulen und Seminarien, Organisator, Provinzialoberer und Diplomat. Zwischen Antwerpen und Warschau, Osnabrück und Rom ist er immer wieder unterwegs gewesen. Vor allem Bayern, Österreich, Böhmen, die Rheinlande und die Schweiz hat er durchwandert. Allein im Jahre 1565 besuchte er 29 Städte und legte zu Fuß oder zu Pferd rund 8000 Kilometer zurück. Von den Strapazen dieser Reisen können wir Modernen uns kaum noch eine Vorstellung machen. Canisius selbst hat in seiner unpathetischen Art nie Aufhebens davon gemacht. Höchstens, daß er seinem Ordensgeneral einmal schrieb: »Ich danke Gott, der mir die Kraft gab, meine Reisen während der vier Wintermonate zu vollenden. Während der letzten paar Tage fühlte ich mich jedoch erschöpft und ohne meine gewohnte Kraft. Möge Gottes Wille in uns geschehen.« Oder daß er lakonisch bemerkte: »Es fehlte uns nicht an Schwierigkeiten wegen

der schlechten Wege und des Winterwetters, aber vor größeren Gefahren hat uns Gott bewahrt.«
Der heroische Einsatz blieb nicht vergeblich. Man hat richtig gesagt, es sei vorzüglich das Verdienst des Petrus Canisius, daß West-und Süddeutschland, große Teile Österreichs und Böhmens, Tirols und der Schweiz dem katholischen Glauben erhalten blieben oder wiedergewonnen wurden. Die Konfessionskarte Mitteleuropas beträchtlich zu verändern, ist allerdings ein imposanter Erfolg. Doch für das Zeitalter des *Cuius regio, eius religio* braucht diese Art von Erfolg nicht unbedingt einen religiösen Gewinn zu bedeuten. Wichtiger ist die Feststellung, daß es Canisius gelang, weite Teile der katholischen Bevölkerung Deutschlands wieder zu lebendigen Christen zu machen, die ihren Glauben kannten, liebten und lebten. Er gehört zu jenen Heiligen, mit denen Gott eines der erstaunlichsten Wunder der Geschichte wirkte: Die Papstkirche, die um 1520 so morsch war, daß sie fast zusammenstürzte, stand achtzig Jahre später fester und sicherer denn je zuvor, im Glanze zahlloser neuer Heiliger, neuer Kirchenlehrer, neuer Orden und neuer Länder, eine Stadt, die auf dem Berge liegt, ein Zeichen unter den Völkern.

Die erste Aufgabe, der sich Canisius in Deutschland widmete, war die Erziehung der Jugend. Sie lag damals so im argen, daß ein Mann, der die deutsche Kirche reformieren wollte, hier den Hebel ansetzen mußte. Es gab noch keinen regelmäßigen und systematischen Religionsunterricht der Kinder, weder in der Kirche noch in der Schule. Infolgedessen war die Unwissenheit in Glaubensdingen groß. Das katholische Schulwesen lag elend danieder; eigentlich war es so gut wie nicht mehr vorhanden. Viele Schulen waren in den Umwälzungen der Reformation eingegangen oder in die Hände der Protestanten geraten. Da gute katholische Hochschulen fehlten, schickte der Adel seine Söhne auf die protestantischen Universitäten Wittenberg und Marburg. Am schlimmsten stand es um die Ausbildung des Priesternachwuchses. Manche theologischen Fakultäten hatten ihren Betrieb eingestellt, da es an Professoren oder an Studenten fehlte. Die meisten, die damals zu Priestern geweiht wurden, hatten nicht die geringste theologische Ausbildung empfangen. Es galt also, katholische Schulen zu gründen und die bestehenden zu reformieren. Schwierigkeiten aller Art türmten sich vor Canisius auf: politische, juristische, finanzielle, verwaltungstechnische und personelle, von Intrigen seiner Feinde ganz zu schweigen. Doch Canisius war nicht der Mann, sich abschrecken zu lassen. Das Ziel stand ihm klar vor Augen: »Wer die Jugend hat, dem gehört die Zukunft. Wie die Blüte, so meist die Frucht; wie die Aussaat, so meist die Ernte.« Und: »Gute Priester bilden, ist der einfachste Weg zur Heiligung ganzer Völker. Wer Gott liebt, wird diese Liebe auch andern mitteilen, und ein heiliger Hirt wird fast immer auch eine heilige Herde haben.«

Canisius begann seine Tätigkeit als Professor an der Universität Ingolstadt. Er beschränkte sich nicht darauf, Vorlesungen und Examina abzuhalten. Er leistete auch ein gerütteltes Maß an aufreibender Arbeit in Verwaltung und Seelsorge, im Beichtstuhl und auf der Kanzel. Die Studenten erzog er zu einem zuchtvollen Leben, indem er sie in privaten Zirkeln und religiösen Vereinen fester zusammenschloß und lenkte. Die Verhältnisse des verlotterten Priesterseminars besserte er, indem er den Regens, der selbst kein Priester war und schlechtes Beispiel gab, bekehrte. Bald wurde der beliebte Professor Canisius einstimmig zum Rektor der Universität gewählt und berufen, auch das Amt des Vizekanzlers zu übernehmen. Es gelang ihm, die Universität Ingolstadt, die heute noch in der Universität München fortbesteht, organisatorisch und geistig zu erneuern. Die Professoren, der Herzog von Bayern und der Bischof von Eichstätt taten alles, Canisius in Ingolstadt zu halten. Doch Ignatius von Loyola sandte ihn auf die dringenden Hilferufe des Königs Ferdinand I. nach Wien, dessen katholische Fakultät eingegangen war. Auch hier ließ Canisius neues Leben aus den Ruinen erblühen. Weiter verpflichtete er sich die Hochschulen und Universitäten zu Prag, Innsbruck, Dillingen, Köln und Freiburg i. Br. zu Dank für manche Verbesserung, die er mit Rat und Tat in die Wege leitete.

Wichtig war auch die Einrichtung von Kollegien, Knabenseminarien und Konvikten. Canisius wollte vor allem den Söhnen des

Adels dienen, da von ihnen später das Schicksal ganzer Landschaften abhing, sorgte aber auch für arme Schüler. Als Provinzial brachte er die eben hervorkeimenden Kollegien von Wien, Prag und Ingolstadt zur schönsten Blüte. Er gründete weitere Kollegien in München, Tyrnau in Ungarn, Dillingen, Innsbruck, Hall in Tirol, Mainz und Freiburg in der Schweiz. Er hatte Anteil an der Gründung der Häuser in Trier, Würzburg und Augsburg. Er ebnete den Boden für den Aufbau von Kollegien in Speyer, Landshut, Straubing, Gnesen, Olmütz und Eichstätt. Viele dieser Kollegien erreichten schon zu Canisius' Lebzeiten Schülerzahlen bis zu Tausend. Wenn man bedenkt, daß der Unterricht unentgeltlich erteilt wurde, die Anstalten also entsprechend fundiert und ausgestattet sein mußten, kann man sich vorstellen, wie viele mühsame Verhandlungen Canisius zu führen hatte. »Am Ende des Jahrhunderts, erst drei Jahre nach seinem Tode, besaßen seine Brüder in den nördlichen Ländern vierzig blühende Kollegien oder Missionsniederlassungen, und unter all diesen Gründungen war kaum eine, die nicht direkt oder indirekt ihr Dasein seinem Einfluß bei den weltlichen Fürsten oder kirchlichen Würdenträgern verdankte« (J. Brodrick).
Für einige Jesuiten-Kollegien verfaßte Canisius Haus- und Studienordnungen. Dabei achtete er auf alles: auf Disziplin, Reinlichkeit, Hygiene, nicht zuletzt auf das geistliche Wohl der Zöglinge. Er denkt daran, daß die Schulzimmer gut geheizt und die Türkanten gepolstert werden, damit sie beim Schließen keinen Lärm machen; daß die Jungen Schläger, Bälle und andere Spielgeräte haben; daß täglich alle Schüler an einer Singstunde teilnehmen. Die Lehrer sollen sich zu den Buben väterlich verhalten, »daß die Schüler mehr ihre Güte und Liebe fühlen als ihre Strenge fürchten, aber sie dürfen nicht zu vertraut mit ihren Zöglingen sein«. Nur wenn Güte und Tadel als Erziehungsmittel versagen, mögen sie zur Rute greifen. Sie sollen täglich für die ihnen anvertrauten Jungen beten.
Canisius gibt der Erziehung den Vorrang vor dem Unterricht. Es kommt ihm mehr auf Seelenbildung an als auf Geistesdrill. Wissen soll nicht Selbstzweck sein, sondern im Dienst der Persönlichkeitsbildung stehen. Das ganze erzieherische Denken und

Handeln des Heiligen war getragen von seiner Liebe zur Jugend. »Aber diese Liebe machte ihn nicht blind für die Tatsache, daß die goldigen Jungen und Mädchen in der Taufe mit dem übernatürlichen Leben nicht auch die Harmonie und die Unversehrtheit ihrer Natur wiedererlangt haben.« (J. Brodrick). Infolge der Erbsünde ist die Vernunft in ihnen nicht die geborene Herrscherin, sondern muß ihren Thron erst erkämpfen. Der Erzieher hat die Aufgabe, der Vernunft im Zögling zum Siege zu verhelfen. Das schließt die Notwendigkeit fester Zucht ein. Wer diese Aufgabe löst, vollbringt nach den Worten des Canisius eine Leistung von hohem Rang: »Jeder, der dazu mithilft, daß der Jugend eine tüchtige wissenschaftliche und sittliche Bildung zuteil wird, bekräftigt durch die Tat Christi Lehre und Beispiel. Er leistet Schutzengeldienst und hat einen besonderen Lohn von Gott zu erwarten. Er sichert sich die Achtung der jungen Leute im späteren Alter und macht sich des Guten teilhaft, das sie in ihrem künftigen Leben vollbringen werden.«

Die ersten und wichtigsten Erzieher sieht Canisius in den Eltern: »Auf die erste Unterweisung der Jugend kommt sehr viel an. Es läßt sich schwer vernichten, was junge Gemüter in sich aufgenommen haben, wie ein neues Geschirr lange nach dem riecht und schmeckt, was man zuerst in es hineingegossen hat.« Die Schule kann das Elternhaus nicht ersetzen, sondern nur ergänzen. Canisius wurde nicht müde, in seinen Büchern und Predigten, die Eltern an ihre Erziehungspflicht zu erinnern. Er beklagte die Gleichgültigkeit vieler Väter und Mütter in der Erziehung ihrer Kinder: »In unserer Zeit werden die Knaben in einer Art und Weise aufgezogen, daß es scheinen möchte, als hätten sie keine schlimmeren Feinde als Eltern, Vormünder und andere Verwandte. Sie werden von diesen Leuten auf bejammernswerte Weise verzogen und von Stolz, Liebe zur Bequemlichkeit und Unlauterkeit angesteckt. Wenn schlechter Umgang gute Sitten verdirbt, welch schrecklichen Schaden müssen die Kinder durch die lasterhaften Gewohnheiten ihrer Eltern und vom Ärgernis erregenden Betragen des Gesindes erleiden!« In einer Predigt rief Canisius aus: »Ich bitte und ermahne euch Ehemänner und Ehefrauen: Bedenkt, daß Gott die Ehe nicht bloß einsetzte, damit ihr

Kinder habet, sondern daß ihr sie mit aller Sorgfalt und in Zucht zu seiner Ehre erzieht ... Bedenkt, wie schwach, hilflos und biegsam die Kinder in ihren frühen Jahren sind! Sie sind wie Zweige, die leicht gebogen werden können, oder wie unbeschriebene Wachstäfelchen, auf die jeder schreiben kann, und sie können so ohne viel Mühe zu jeder guten Gewohnheit angetrieben und angeleitet werden. Bedenkt ferner, wie Sinn und Herz der Menschen von ihrer Jugend an zum Bösen neigen, wie Torheit im Herzen jedes Kindes ist, so daß sie gründlicher Erziehung bedürfen und nicht geheilt werden können, wenn sie nicht durch Rute und Zunge in Furcht gehalten werden. Furcht ist der Anfang der Weisheit. Deshalb muß man den Kindern nicht bloß raten und sie mit ernsten Worten ermahnen, sondern sie mit Schlägen strafen, wenn sie es verdienen. Wer die Rute spart, haßt seinen Sohn, denn wenn man den Kindern erlaubt, nach ihrem eigenen süßen Willen zu leben, werden sie mutwillig und widerspenstig und eignen sich böse Gewohnheiten an, so daß es später unmöglich oder äußerst schwer wird, sie wieder auf den rechten Weg zurückzurufen ... Weiter bedenkt die großen Übel, Unglücksfälle und Gefahren, die entstehen, wenn man die Kinder in ihrer Jugend vernachlässigt und sie nicht mit Gewalt von schlechter Kameradschaft, schlechtem Beispiel und schlechten Gewohnheiten fernhält ... Erinnert euch, daß ihr verantwortlich seid für alles Böse, das eure Söhne begehen mögen, wenn sie schlecht erzogen sind.«

Die Sorge für die Jugend begleitete den Heiligen durch sein ganzes Leben. Noch in seinem Testament erklärte er eindringlich: »Wenn je zuvor, so sind heute Lehrer notwendig, die mit großem Eifer und unüberwindlicher Standhaftigkeit den katholischen Glauben verkünden und dem von schädlicher Neuerungssucht getriebenen Volke die gesunde Lehre einschärfen.« Canisius ist stets mit gutem Beispiel vorangegangen: Er kümmerte sich nicht nur um die Studenten, sondern auch um die Kinder. Ein zeitgenössischer Bericht sagt: »Nichts ist ihm so erwünscht und lieb, als alle Zeit, die er seinen Studien entziehen kann, zu Hause und draußen auf den Unterricht der Kinder und Ungebildeten zu verwenden.« Mochten noch so wichtige Aufgaben seine Kraft bis zum Äußersten beanspruchen, immer fand er noch Zeit, Kindern die Wahrheiten der Religion zu erklären. Der große Gelehrte, Professor und Doktor, der mit Königen und Kardinälen verkehrte, widmete sich der Katechese mit solcher Hingabe, daß er zuweilen inmitten der Kleinen Uhr und Terminkalender ganz vergaß. »In Ingolstadt weiß man noch heute die Plätze zu zeigen, wo er die Kinder um sich scharte ... Während des Wormser Religionsgesprächs bildete es seine Erholung, den Schulkindern Religionsunterricht zu erteilen. Bei einem Besuch des Bischofs von Straßburg in Zabern ließ er es sich nicht nehmen, in der Schule den Katechismus zu erklären. Gleich im ersten Jahre seiner Tätigkeit zu Augsburg mußte ihm das Domkapitel im Hof zu seiner Wohnung ›ein Stüblein für Knaben‹ bauen lassen ... Wo immer er sich eine Zeitlang aufhielt, da finden wir ihn, den Katechismus in der Hand, mitten unter den Kleinen« (J. Metzler). So haben denn auch die Maler und Bildhauer den Heiligen am liebsten dargestellt: umringt von einer Schar von Buben und Mädchen, die gespannt an seinen Lippen hängen.

In der Sankt-Michaels-Kirche zu Freiburg in der Schweiz findet man ein merkwürdiges Bild. Peter Wuilleret hat es 1615, achtzehn Jahre nach dem Tode des heiligen Petrus Canisius, gemalt. Es zeigt Canisius auf der Kanzel. Von Strahlen Christi getroffen, predigt er zu einer gewaltigen Zuhörerschaft, die sich unter freiem Himmel zwischen den Hügeln Freiburgs versammelt hat. Aufmerksam lauschen ihm Papst und Kaiser, Kardinäle und Bischöfe, Könige, Prinzen und Prinzessinnen, Priester und Mönche, Studenten, Dienstboten, Bürger und Kinder. Tatsächlich predigte Canisius für alle Stände. Er amtierte als Hofprediger in Wien, Prag, Landshut und Innsbruck. Er predigte vor den Großen des Polenreiches und auf den Reichstagen zu Augsburg und Regensburg, aber auch in Nonnenklöstern, Krankenhäusern und Gefängnissen. Er stand auf den Kanzeln der Dome zu Wien, Prag, Regensburg, Augsburg, Würzburg, Straßburg, Worms, Köln und Osnabrück. Jahre hindurch hielt er wöchentlich mehrere Predigten, die manchmal stundenlang dauerten. Die noch vorhandenen Aufzeichnungen seiner Predigten füllen mehr als

12000 große Bogen. Er war »der unermüdlichste Prediger seiner Zeit« (J. Brodrick).
Sein Stil blieb frei von Phrasen und rhetorischem Prunk. Er sprach schlicht und anschaulich, was den einfachen Leuten nicht minder gefiel als den Gebildeten. Er »hatte eine eigene Art, seine Predigten zu beginnen und zu schließen. Gewöhnlich begann er mit den Worten: ›Die Liebe Gottes des Vaters, die Gnade und Barmherzigkeit unseres Herrn Jesus Christus, das Innewohnen und der Trost Gottes des Heiligen Geistes sei mit uns allen, jetzt und für immer.‹ Dann bat er alle, die solche Erfüllung wünschten, mit ihm ein inbrünstiges ›Amen‹ zu sagen und fuhr fort: ›Wir wollen um Gottes Segen bitten und zusammen ein Vaterunser und Gegrüßet seist du Maria beten, damit ich das Wort Gottes recht behandle und ihr es fruchtbringend anhören möget.‹ Am Ende der Predigt sagte er: ›Ich empfehle eure Seele und euren Leib, Ehre und Eigentum dem Schutze Gottes des Vaters, des Sohnes und des Heiligen Geistes, Amen‹. Zwischen ihm und seiner Zuhörerschaft herrschte weit mehr Vertraulichkeit, als es heute bei Kanzelreden für gewöhnlich der Fall ist. Eigentlich *predigte* er nicht dem Volke, er *sprach* mit ihm, zog es gleichsam in sein Vertrauen, erzählte ihm von den Nöten der Kirche oder wünschte ein glückseliges neues Jahr, als ob sie alle zusammen eine Familie bildeten. Zuweilen konnte er jedoch auch sehr streng werden, . . . und er zögerte nie, unangenehme Wahrheiten nachdrücklich vorzubringen« (J. Brodrick). Er war kein Freund jener »Zuckerprediger«, wie er sie nennt, die immer nur von Gottes Barmherzigkeit sprechen, doch nie von seiner Gerechtigkeit. Gewiß sei Christus Versöhner, er sei aber auch Gesetzgeber und Richter. »Diese Prediger können meisterhaft schmeicheln. Sie haben lauter lindes Öl, aber keinen scharfen Wein für die Seelen.«
Seine Predigten gewannen an Volkstümlichkeit durch ihr Lokalkolorit. Er moralisierte nicht bloß so im allgemeinen, sondern erlaubte sich oft deutliche Anspielungen auf örtliche Übelstände, denen er aber sehr konkrete Vorschläge zur Beseitigung der Mängel folgen ließ. Wie volkstümlich Canisius reden konnte, zeigt die Bienenpredigt, die er am Neujahrstag 1585 zu Freiburg

in der Schweiz hielt. Unter anderem sagte er folgendes: »Wenn ihr Freiburger ein gutes, neues und glückliches Jahr haben wollt, dann folgt den emsigen Bienen! Dann gebt das faule Wesen, den großen Müßiggang auf und duldet nicht so viele unnütze Gassentreter! Übt eure Söhne im Handwerk, rechnet nicht auf Jahresrenten und einträgliche Posten! Was richtet Freiburg zugrunde? Die Schar der Müßiggänger! . . . Lernet von den Bienen, in der Politik bessere und sichere Ordnung zu wahren! Lernet an der alten und beschworenen Ordnung festzuhalten! . . . Dann werden öffentliche Verbrechen sorgfältig bestraft werden. Dann schaut ihr besser zu, wie Getreide, Fleisch, Fische, Tuch, Käse, Kerzen und Wachs verkauft werden und daß der Preis dafür nicht immer erhöht wird . . . Lernet von den Bienen, untereinander treu zu sein und größere Liebe zu zeigen und keinen Raum zu geben so vielen Streitigkeiten, Betrügereien, Tätlichkeiten, Lügen und Wuchergeschäften.«

Als Canisius in Augsburg während des Reichstages 1559 mehrere Predigten gehalten hatte, wollte man ihn nicht mehr fortziehen lassen. Mit Erlaubnis der Oberen übernahm er die Domkanzel, die er für sieben Jahre innehaben sollte. Canisius predigte mehrmals in der Woche. Außerdem besuchte er Kranke, betreute die Armen in der Fuggerei, gab Exerzitien, hielt Religionsunterricht, saß bis tief in die Nacht hinein im Beichtstuhl, führte einen umfangreichen Briefwechsel und versah auch noch seine Geschäfte als Provinzial. Bei seiner Ankunft bekannte sich von den 80000 Einwohnern der Stadt kaum noch ein Zehntel zum katholischen Glauben. Nach zwei Jahren war Augsburg wie umgewandelt.

Nirgendwo waren die sozialen und wirtschaftlichen Probleme der Zeit deutlicher zu spüren als in dieser Hochburg des Frühkapitalismus. Obwohl die Fugger und Welser seine Freunde waren, stellte sich Canisius in seinen Predigten offen auf die Seite der benachteiligten und armen Bevölkerungsschichten. Am 7. Juli 1560 wandte er sich in einer Predigt im Augsburger Dom mit folgenden Worten an die Reichen: »Ihr werft hundert Dukaten auf den Spieltisch und macht Lärm, wenn ihr einem armen Mann, dem das tägliche Brot fehlt, vier oder fünf Gulden gebt. Ihr wartet einem einzigen Gast mit dreißig Gängen auf und vernachlässigt so viele Freunde Christi . . . Wehe den Kaufleuten und allen, die falsches Maß und Gewicht gebrauchen! Wehe den Wucherern und Betrügern und Lügnern im Handel! Wenn sie nicht wiedererstatten, was sie sich erschwindelt, wird ihnen ihre Sünde nicht vergeben werden.« Am Feste des heiligen Matthäus, des bekehrten Zolleinnehmers, klagte Canisius die Geldverleiher an: »Haben wir nicht viele Matthäusse in Augsburg? Sie sitzen nicht nur im Zollhaus, sondern auch in der Ratsstube, mit hohem Amte bekleidet. Die ganze Welt ist voller Matthäusse, voll von Zöllnern, Wucherern und Leuten, welche die Armen durch verschiedene neu ersonnene, ungebührliche Forderungen quälen. Alles ist den Armen zur Falle gemacht, Rechtsstreitigkeiten, Regierungsverordnungen, Stempelgelder. Amtsinhaber benützen ihre Stellung, um sich selbst durch die kleinsten Dienstleistungen zu bereichern, und lassen sich jede ihrer amtlichen und außeramtlichen Mühewaltungen bezahlen. Sind das keine Matthäusse, die ihren Nächsten im Handel übervorteilen und für ihre Darlehen sechs oder zehn Prozent fordern?« Als die Stadt von Arbeitslosigkeit und Teuerung heimgesucht wurde, erließ Canisius von der Domkanzel einen Aufruf zur Hilfe: »Die weltlichen Machthaber tragen wenig Sorge für das allgemeine Wohl. Statt die allgemeinen Lasten zu verringern, legen sie alle möglichen Abgaben auf. Die Reichen mißbrauchen ihr Eigentum im Dienst des Stolzes, des Luxus und der Zügellosigkeit und verachten die Armen. Die behaglichen Bürger gehen so in ihrem irdischen Besitz auf, daß sie die Armen vergessen und ihnen weder Gerechtigkeit noch Liebe, noch Barmherzigkeit erweisen . . . Ist es nicht eine Sünde und Schande, daß reiche Leute für *ein* Gastmahl so viele Gulden aufwenden als genügen würden, um 20 oder 100 Arme zu unterhalten? Ist es nicht unentschuldbar, daß so viele Leute in Lumpen gehen, während unsere Gewandtruhen mit Kleidern überfüllt sind? Und welche Rechtfertigung gibt es für Frauen, die sich nie genug tun können im Erwerben von Juwelen und Schmuck; die immer Neues ersinnen, um ihre Nebenbuhlerinnen auszustechen; die in *einem* Jahr für Kleider so viel ausgeben, wie früher für fünf oder sechs Jahre genügt hätte . . .? Ihr Ehrgeiz geht dahin, dem Adel beigezählt zu werden und Junker zu Söhnen zu haben, daher machen sie einen Aufwand wie Grafen und Fürsten. Kein Wunder, daß Gott uns mit der gegenwärtigen Teuerung und Hungersnot gestraft hat! . . . Laßt euch die Armen am Herzen liegen! Wer weiß nicht, wie teuer das Brennholz und alles andere ist, das die Armen kaufen müssen? Täglich wächst die Zahl der Notleidenden. Die Handwerker finden keine Arbeit, die ungelernten Arbeiter keine Beschäftigung. Sie haben entweder nichts zu verkaufen oder bekommen fast nichts für das, was sie etwa haben. Ständig stehen sie vor der Frage, wie sie die Miete zahlen und Weib und Kinder ernähren sollen.«

Damit die Laien, deren Laster er so unerschrocken geißelte, ihn nicht für parteiisch hielten, machte er auch seiner Entrüstung über den Klerus auf der Kanzel Luft. Die Betroffenen ließen bald ihre Wut an ihm aus. Der Dompfarrer wurde eifersüchtig, denn das Volk ging lieber bei Canisius beichten als bei ihm. Die Predigt über die Verderbtheit des Klerus brachte ihn vollends in Harnisch. Die Domkapitulare fühlten sich durch Canisius' Worte getroffen – mit Recht. Der päpstliche Nuntius Morone schrieb schon 1542 vom Augsburger Domkapitel: »Ich fand es notwendig, das Kapitel im einzelnen und insgesamt mit großem Ernst zu ermahnen wegen der Konkubinen, wegen der Schmausereien und Trunkenheit, wegen des Spielens und der Jagd und wegen der Unwissenheit und des Mangels an Eifer, der manche von ihnen in Todsünden geführt hat.« Bezeichnenderweise weigerten sich die Augsburger Domkapitulare 1567, die Beschlüsse des Konzils von Trient über die Reform der Kapitel anzunehmen. Zur Entschuldigung dieser Würdenträger, die fast alle keine Weihen hatten, könnte man bemerken, daß die andern Domkapitel in Deutschland nicht besser waren: Es war halt so üblich, in diesem Stile zu leben. Aber es berührt doch eigentümlich, daß diese Herren, die nicht die geringste Seelsorgearbeit taten und im vergangenen Jahre, als die Pest über die Stadt hereinbrach, feige geflohen waren, nun den Heiligen verklagten, der aufopfernd die Pestkranken gepflegt hatte, der für Augsburg mehr tat als sie alle zusammen und sich dabei aufrieb. Als am Tage nach der letzten Predigt über die Sünden des Klerus die Geistlichkeit der Dompfarre sich über Canisius beschwerte, richteten die Domherren an den Bischof von Augsburg, Kardinal Truchseß, eine Klageschrift voll haltloser Verleumdungen. Außerdem verboten sie dem Heiligen, im Dom die Sakramente zu spenden. Die Patrizier Augsburgs, Kardinal Truchseß, sogar Papst Pius IV. verteidigten Canisius gegenüber dem Domkapitel. Trotzdem mußte Canisius fortan in einer anderen Kirche Beicht hören und die Kommunion austeilen.

»Besser ein Kolleg ohne eigene Kirche als ein Kolleg ohne eigene Bücherei.« Dieser Ausspruch des heiligen Canisius besagt nichts gegen seine Frömmigkeit, aber viel über seine Liebe zu wissenschaftlichen Studien. Bei ihm schlossen sich Gelehrsamkeit und Frömmigkeit nicht aus, sondern ergänzten sich in schönster Weise. Darin gleicht Canisius den Kirchenlehrern, deren erlauchter Reihe er durch Papst Pius XI. beigesellt wurde.
Es gab zu Canisius' Lebzeiten größere Gelehrte als ihn. Doch hätte Canisius so viel Muße gehabt wie sein Landsmann Erasmus, wer weiß, ob er nicht in der Wissenschaft dessen Ruhm erreicht hätte? Er war begabt und verfügte über eine erstaunliche Belesenheit, die sich auf die Klassiker des heidnischen Altertums ebenso ausdehnte wie auf die Autoren des Mittelalters und des Humanismus. In der Welt der Kirchenväter war er zu Hause wie wenige. Zugleich wußte er Bescheid über sämtliche theologischen Neuerscheinungen auf dem Büchermarkt. Die Bibel kannte er fast auswendig. In seinen Schriften, selbst in seinen privaten Briefen führt er dauernd Stellen aus dem Alten und Neuen Testament an. In Köln hielt er Vorlesungen über die Evangelien. Er hatte sowohl den philosophischen als auch den theologischen Doktorhut und war eine gefeierte Größe im akademischen Leben Deutschlands. Das Verzeichnis seiner veröffentlichten Bücher und ihrer verschiedenen Ausgaben füllt in Sommervogels Bibliographie 75 zweispaltige Folioseiten.
Sein wissenschaftliches Ansehen war so groß, daß Papst Pius V. ihm den Auftrag gab, ein großes Werk zu schreiben. Canisius arbeitete mit Mühe und änderte immer wieder am Manuskript, da er den Auftrag doch so sorgfältig wie nur möglich ausführen wollte. Das Werk sollte an Vollständigkeit und Genauigkeit

nichts zu wünschen übriglassen. »Er trachtet nach dem Unerreichbaren«, seufzte ein Mitbruder. Tatsächlich wurde des Heiligen Gewissenhaftigkeit und Akribie fast zu einem Vollkommenheits-Komplex, der Ordensgenossen und Drucker oft der Verzweiflung nahe brachte. Nicht als ob eine solche Arbeit seine Fähigkeiten überstiegen hätte. Schon im Alter von 25 Jahren hatte er in zwei stattlichen Foliobänden eine wissenschaftliche Ausgabe der Schriften des heiligen Cyrill von Alexandrien veröffentlicht, die genauer und vollständiger war als die früheren Editionen. Es war sein Erstling, zugleich das erste gedruckte Werk, das je von einem Jesuiten erschien. Aber schon dieses Buch zeigte, daß es ihm nicht eigentlich auf Gelehrsamkeit ankam, sondern auf Apostolat. Er wollte erzieherisch wirken, für die Kirchenreform arbeiten. Überzeugt, die Kirche werde das sein, wozu die Bischöfe sie machen, stellte er in der Widmung des ersten Bandes an den neuen Erzbischof von Mainz den Kirchenvater als ein Vorbild für die deutschen Bischöfe hin: »Sogar die schlechtesten Menschen würden unschwer die apostolische Autorität in den Bischöfen anerkennen, wenn sie nur an ihnen zuerst apostolische Frömmigkeit sähen.«

Lieber als lateinische Folianten verfaßte Canisius kleine Schriften in deutscher Sprache, die »für das Volk nützlicher« sind: Heiligenleben, Gebetbücher aus dem Geiste der Mystik und der Liturgie, ein Trostbuch für Kranke, eine Anleitung zur Beicht und Kommunion, eine Darstellung des Wormser Religionsgespräches. Auch als Schulbuchautor machte er sich verdient.

»Ein Schriftsteller ist in Deutschland wertvoller als zehn Professoren.« Deshalb schlug Canisius dem Ordensgeneral vor, eine Schule für Schriftsteller innerhalb des Ordens zu bilden. Immer wieder forderte er den General auf, eine Elite fähiger Jesuiten für die Schriftstellerei freizugeben. In diesem Sinne schrieb er an Borgia, Mercurian und Aquaviva. Dem Herzog Wilhelm V. von Bayern empfahl er in seinem Büchergutachten, doch ja nicht zu versäumen, tüchtige Männer zur Abfassung neuer Schriften anzuspornen. Er selbst drängte viele zum Schreiben. Auch half er Schriftstellern, indem er Winke gab, Stoff zur Verfügung stellte, Auszüge aus Handschriften anfertigte, Verleger besorgte und

Druckbogen durchsah. Ebenso uneigennützig unterstützte er katholische Drucker, Verleger und Buchhändler, besorgte ihnen Privilegien und vermittelte ihnen Geldbeihilfen. Ihm schien es unerträglich, daß Städte wie Innsbruck und Freiburg in der Schweiz keinen katholischen Buchdrucker hatten, und er ruhte nicht, bis eine Presse aufgestellt war. Dillingen wurde durch seine Bemühungen zu einem bedeutenden Zentrum des damaligen Verlagswesens.

Das Presseapostolat des heiligen Canisius fand seine Krönung in dem Werk, das er im Auftrag Ferdinands I. und des heiligen Ignatius verfaßte und das seinen Namen am weitesten bekannt gemacht hat: im Katechismus. Diese meisterhafte Zusammenfassung der katholischen Glaubenslehre erschien 1555, mit einem Vorwort des Kaisers Ferdinand, der den Katechismus für seine Länder als einzigen vorschrieb, wie es auch Philipp II. von Spanien für die seinigen tat. Die Rückseite des Titelblattes der ersten Ausgabe trägt einen Holzschnitt mit einer Kreuzdarstellung und den Worten: »Jesus Christus der Gekreuzigte, Urheber und Vollender unserer Weisheit und Gerechtigkeit.« Canisius brachte von seinem Katechismus verschiedene Fassungen heraus für alle Alters- und Bildungsstufen: für Geistliche, für Studenten, für Mittelschüler, für Kinder und für das schlichte Volk. Bei seinem Tode hatte das Werk schon mehr als 200 Auflagen erlebt, außerdem Ausgaben in 15 europäischen Sprachen. Die Katholiken lernten hier ihren geschmähten Glauben wieder kennen und lieben. Manche, die dem, was sie für katholische Lehre hielten, Hohn und Verachtung entgegenbrachten, stellten überrascht fest, daß die Kirche ganz anders lehrt als sie meinten, und bekehrten sich.

Der Katechismus war eine ganz positive Leistung, frei von jeder Auseinandersetzung mit den Glaubensneuerern. Der Name Luthers wird in ihm kein einziges Mal genannt. Das ist bezeichnend für Canisius. Seinem friedliebenden Charakter lag die Polemik nicht. Als man ihm 1557 auftrug, am Religionsgespräch in Worms teilzunehmen, winkte er ab: »Ich bin vollständig ungeeignet und unbrauchbar für dieses Geschäft, und die Aussicht darauf erfüllt mich mit gewaltigem Widerwillen.« Doch sein

Sträuben war vergeblich. Da schrieb er an alle seine Freunde, sie möchten doch beten, daß das Ergebnis des Religionsgespräches Friede und Eintracht sein möge. In Worms sagte er den Andersgläubigen: »Laßt uns doch nicht schelten! Befleißigen wir uns vielmehr einer wissenschaftlichen Ausdrucksweise und führen wir eine freundschaftliche Sprache!« Daß dieser letzte Versuch einer Wiedervereinigung mißlang, hatte Canisius nach seinen Erfahrungen auf den Reichstagen erwartet, aber nicht gewollt. Als man zu Beginn der Verhandlungen nach einer Richtschnur suchte, die von beiden Seiten anerkannt wurde, erklärte Melanchthon, seine Partei wolle allein das Wort der Bibel gelten lassen und lehne die Kirchenväter als Autorität ab. Dagegen führte Canisius in einer glänzenden Rede aus, auch seine Partei erkenne die Bibel als Richtschnur an. Doch enthalte die Heilige Schrift auch schwerverständliche Stellen, und diese Stellen könnten nur so ausgelegt werden, wie es die Kirchenväter übereinstimmend taten. Daß man auf die einhellige Meinung der Kirchenväter als Autorität nicht verzichten könne, zeigten deutlich die Meinungsverschiedenheiten, die unter den Protestanten selbst über Worte der Bibel entstanden seien, zum Beispiel über Christi Wort: »Das ist mein Leib.« An solchen Meinungsverschiedenheiten zwischen den evangelischen Abgeordneten ist dann auch die Wormser Besprechung gescheitert. »Die Spaltungen unter den Protestanten selbst haben ihr gänzlich ein Ende gemacht.« (L. v. Ranke).

Wenn Canisius sich in Kontroversen einließ, gehorchte er nur der Notwendigkeit und dem Befehlen seiner Oberen. Zwar entfuhr ihm in der Auseinandersetzung gelegentlich ein kräftiges Wort gegen seine theologischen Gegner, doch dies geschah so selten, daß Canisius' Schriften sich angenehm abheben von der schmähsüchtigen Literatur der Zeit. Katholische wie evangelische Autoren feuerten auf ihre Gegner ganze Salven pöbelhafter Schimpfwörter ab, die ihre Bücher zu einer unappetitlichen Lektüre machen. Ihr ständiges Poltern und Fluchen läßt den Leser schier vergessen, daß die Verfasser jene Religion verteidigen wollen, deren oberstes Gebot die Liebe ist. Solchem unflätigen Grobianismus stand der höfliche und vornehme Canisius fern.

»Nie führte persönliche Gereiztheit, Leidenschaftlichkeit oder Gehässigkeit seine Feder« (J. Metzler). 1559 schrieb er dem Ordensgeneral Lainez: »Wenn ich die Feder zur Hand nehme, hoffe ich wenigstens an Liebe und Bescheidenheit die meisten Schriftsteller zu übertreffen, die ich weiß nicht was für Herzensergüsse in ihre Bücher hineinfließen lassen und auf diese Weise die Deutschen eher reizen als heilen.« Auch in seinen Predigten bewies Canisius eine irenische Gesinnung. Er vermied es, auf der Kanzel umstrittene Lehren zu erörtern, und wenn er es einmal tun mußte, bezeichnete er seine Gegner nie als Irrlehrer oder auch nur als Protestanten oder Lutheraner; er sprach einfach von den neuen Lehrern«.

Canisius bekämpfte unnötige Schärfe im Ausdruck auch bei andern. Einem Professor, der ihm einige seiner Schriften vor der Drucklegung zur Begutachtung vorlegte, antwortete er 1557: »Gelehrte Männer sind mit mir der Ansicht, daß in Ihren Schriften vieles milder ausgedrückt werden sollte, besonders wo Sie mit den Namen Calvins, Melanchthons und ähnlicher Leute ein unbilliges Spiel treiben. In solchen Redeblüten zu schwelgen ist das Privileg der Demagogen, aber nicht die Art eines Theologen. Mit solch scharfen Arzneien heilen wir die Kranken nicht; wir machen sie nur noch unheilbarer. Beherzt, würdevoll und nüchtern muß man die Wahrheit verteidigen ... Die Leute bei uns in Deutschland sind der bisherigen Zänkerei überdrüssig. Auch die Gutgesinnten empfinden Widerwillen, wenn etwas nach Bitterkeit schmeckt. Was alle wünschen und preisen, ist Bescheidenheit, mit Würde und belangvoller Beweisführung gepaart.« Als Canisius 1569 die Drucklegung eines Werkes seines spanischen Ordensbruders Franz Torres besorgte, strich er auf eigene Faust mehrere Wendungen, welche die Protestanten verletzen konnten, andere faßte er milder. An den Ordensgeneral schrieb er: »Wäre Pater Torres in Deutschland, dann würde er die von uns Getrennten nicht so beißen und verdammen.« Als Jakob Heerbrand seine katholischen Gegner für Teufel erklärte und ihre Hinrichtung forderte, entwortete ein Jesuit in heftigster Weise. Das beklagte Canisius 1579 in einem Brief nach Rom: »Pater Gregor, der Spanier, überschreitet in seiner Fehde mit dem Lutheraner Heerbrand die Grenzen der Bescheidenheit, die unsere Theologen einhalten sollten. Bald wird er, wie ich fürchte, die dritte Verteidigungsschrift beginnen, um diesem ungemein zänkischen Gegner zu antworten. Ich verstehe nicht recht, welchen Vorteil solche Streitereien unserer Gesellschaft oder dem Leser bringen sollen.« Bei einer Visitation der Ordenshäuser 1577–1578 veranlaßte Canisius, daß die Schriften des Franziskaners Johann Nas gegen die Lutheraner dem allgemeinen Gebrauch entzogen wurden, weil deren ätzende Schärfe ihm nicht nachahmenswert erschien. Seinem Freund Kardinal Hosius, der damals im Namen des Papstes das Konzil von Trient leitete, schrieb Canisius 1562, das beste Mittel, die Protestanten wiederzugewinnen, sei Liebe und Sanftmut. Seinen Ordensbrüdern erklärte er 1565 auf der zweiten Generalkongregation der Gesellschaft Jesu: »Wollt ihr den Deutschen helfen, dann müßt ihr den Andersgläubigen gegenüber alle Bitterkeit und Gehässigkeit vermeiden.« Und dem Ordensgeneral Aquaviva schrieb er: »Es ist sicherlich verkehrt, Nichtkatholiken rauh zu begegnen oder sie unhöflich zu behandeln, denn das ist das gerade Gegenteil von Christi Beispiel. Ferner ist es ein falsches Verfahren, kampflustig vorzugehen und in Glaubenssachen Wortstreit zu beginnen.«

Das Verhalten, das Canisius Andersgläubigen gegenüber empfahl und übte, ist mehr als bloß psychologische Berechnung oder kluge Taktik. Es entspringt vielmehr einer echten Liebe, die alles versteht und noch im Gegner die von Christus erlöste Seele sieht. Was Canisius im tiefsten Herzen über die Protestanten dachte, kann man in seiner Denkschrift an Aquaviva von 1582 lesen, die nicht für die Öffentlichkeit bestimmt war: »Wie sollen die Söhne der Gesellschaft Jesu den Andersgläubigen, besonders den Protestanten, Gutes erweisen? . . . In Deutschland gibt es unendlich viele, die der neuen Lehre anhangen. Aber sie irren mehr aus Unwissenheit denn aus Bosheit. Es ist kein Eigensinn, keine Verbissenheit, keine Verstocktheit dabei.« Die Liebe des Heiligen zu den Andersgläubigen bewährte sich in den wütenden Angriffen, mit denen protestantische Autoren seine Ehre zu vernichten suchten. Man gefiel sich darin, auf seinen Familiennamen anspielend, ihn »Hund« zu nennen und druckte niederträchtige Verleumdungen über sein Leben. Canisius verzichtete darauf, die persönlichen Anwürfe zu erwidern und schrieb gelassen einem Ordensbruder (1560): »Lieben wir jene, die uns verfolgen und verleumden! Freuen wir uns und frohlocken wir, daß wir würdig sind, aus dem Mund erklärter Kirchenfeinde mit Namen beehrt zu werden wie: Jesuwider, Seelenmörder, Höllischer Hund, Erzwolf, Erzketzer, Fürst der Heuchler usw. Das sind die Ehrentitel, mit denen man uns schmückt. Gepriesen sei Gott! Er lasse diese Unbilden Vorübungen sein zu einem heftigen Kampf und zum blutigen Tod.« In der Vorrede zu seinem Katechismus von 1563 heißt es: »Woellen sie mich lestern und schenden, so hab ich desto mehr ursach, das böse mit gutem zu überwinden, die feind und spötter zu lieben und, wie Paulus sagt, fewrige kolen auff jhre häupter zu samlen.« Er ahmte das Beispiel des Apostels nach: »Man schmäht uns, und wir segnen. Man verfolgt uns, und wir leiden es geduldig. Man verleumdet uns, und wir beten (I. Kor. 4, 12f.)«. Den Prager Mitbrüdern befahl Canisius: »Beschränkt Eure Liebestätigkeit nicht auf die Katholiken, sondern laßt auch die Gegner der Kirche Eure Liebe kosten!« 1567 riet er dem Bischof von Würzburg, nicht darauf zu dringen, daß seine andersgläubigen Untertanen das Land verließen, 1573 warnte er in seinem Gutachten über die religiöse Hebung Deutschlands den Papst Gregor XIII. mit großem Ernst vor seinem Versuch, die Protestanten mit der Schärfe des Schwertes der Kirche zu unterwerfen; der Papst möge sich vielmehr bemühen, ihre Herzen zu gewinnen.

Dem hochherzigen Theologen zollten auch Lutheraner Achtung. 1565 erscheint Canisius aufgezählt im protestantischen »Lexikon der Helden und berühmten Männer ganz Deutschlands«. Herzog Wolfgang von Zweibrücken, ein kämpferischer Protestant, schätzte den Heiligen so sehr, daß er den Wunsch äußerte, mit ihm Religionsgespräche zu führen. Es gab damals Evangelische, die den Jesuiten für einen geheimen Lutheraner hielten. Selbst verschiedene neuere protestantische Historiker äußerten die Ansicht, Canisius sei alles andere als päpstlich gewesen. Diese haltlose Unterstellung ist wohl dadurch entstanden, »daß er jeder ungesunden Überschwenglichkeit abhold war und sich nicht als Anwalt offenbarer Überspannung der kirchlichen Gehorsamspflicht aufspielte« (J. Metzler), daß anderseits manche Evangelische die falsche Vorstellung hegten, die katholische Lehre fordere auf allen Gebieten des Lebens einen absoluten Gehorsam gegen den Papst. Canisius brachte fertig, was manchen Christen so schwerfällt: die Festigkeit im Glaubensbekenntnis zu verbinden mit liebevollem Verständnis für die Anhänger einer anderen Konfession.

In einer Zeit, in der sich das Politische viel weniger vom Religiösen trennen ließ als heute, in der auf Reichstagen über Glaubensdinge verhandelt wurde und Religionsgespräche auch einen politischen Charakter hatten, in der Bischöfe zugleich Landesherren waren und Fürsten das Kirchenregiment führten, in der jeder Territorialherr das Recht hatte, die Konfession seiner Untertanen zu bestimmen, und jeder Magistrat darüber verfügte, ob die Kirchen und Klöster der Stadt den Neugläubigen zu übergeben seien oder nicht, in einer solchen Zeit mußte ein Kirchenreformer notwendigerweise zugleich Politiker sein. Ohne politischen Einfluß war eine Reform der Kirche praktisch ausgeschlossen. Für einen, der die Reform der Kirche für eine gute Sache hält, wäre es daher unvernünftig, den Jesuiten und besonders Canisius daraus einen Vorwurf zu machen, daß sie politischen Einfluß erstrebten und dabei sogar Erfolg hatten.
Canisius war ein gewandter Diplomat, aber ohne Tücke und Ränkelust. Selbst protestantische Historiker gaben das zu: »Kein Flecken verunziert seinen Charakter . . . Er war ein edler Jesuit« (G. Krüger). Canisius hatte das Ohr vieler Fürsten, aber bei aller Verbindlichkeit im Umgang war er – eine Seltenheit in jenem Jahrhundert! – kein Schmeichler. Obwohl er dem Herzog von Bayern und dem Kaiser Ferdinand für Förderung der Jesuitenkollegs zu Dank verpflichtet war, konnte er ihnen offen widersprechen. Nie hat er etwas anderes gesagt, als er dachte. Er war in der Wolle gefärbt, gediegen und zuverlässig. Darum haben Kaiser, Könige, Fürsten und Erzherzöge seinen Rat ebenso gesucht wie Päpste, Kardinäle, Erzbischöfe und Bischöfe. Kardinal Truchseß versicherte dem Ordensgeneral Franz Borgia: »Ich

weiß aus eigener Erfahrung und habe es von vielen Fürsten gehört, mit welchem Eifer, christlicher Liebe und Gelehrsamkeit Canisius seine Gaben angewandt hat, besonders auf den Reichstagen. Er steht bei den deutschen Fürsten in solchem Ansehen, daß er durch sein Wissen, seine Predigten und sein heiliges Beispiel unschätzbare Dienste leisten kann ... Sie setzen ein unglaubliches Vertrauen auf ihn.«
Schon der vierundzwanzigjährige Canisius verhandelte als Gesandter der Stadt Köln wiederholt mit Kaiser Karl V. 1547 zog er mit dem Kaiser in Ulm ein. Im gleichen Jahr trat der Sechsundzwanzigjährige vor dem Konzil zu Trient als Redner auf. 1562 nahm er noch einmal seinen Sitz unter den Konzilstheologen. Als Berater Ferdinands I. trug er entscheidend dazu bei, daß Papst und Kaiser ihre Meinungsverschiedenheiten beilegten und sich zu gemeinsamem Handeln entschlossen. Die diplomatische Tätigkeit des Canisius stand ganz im Dienste der Kirchenreform. Das zeigt folgende Stelle aus einem Brief, den der Heilige während des Konzils an den Kaiser richtete: »Es ist von großer Wichtigkeit, daß eine Verbesserung der Kirchenzucht ... mit dem Haupt der Kirche und der ersten aller Kirchen beginne. Deshalb sollte aller mögliche Fleiß aufgewandt werden, um zu erreichen, daß der Hirt der Hirten seine Gedanken ernstlich diesem heiligen und notwendigen Werk der Reinigung der römischen Kirche von den Mißbräuchen zuwende, an denen die ganze Welt Anstoß nimmt und die heute ein öffentliches Ärgernis und für die große Masse die beste Empfehlung der Sache der Häretiker sind. Seine Majestät wird sich daher sehr um die Kirche verdient machen, wenn Sie persönlich über diese Sache mit dem Papst verhandelt ... Gott gebe, daß dies bald geschehe, denn das Zusammentreffen würde nicht nur die Verbesserung kirchlicher Mißbräuche, sondern auch die Befriedigung der gegenwärtigen Wirren mächtig fördern.«
Nach dem glücklichen Abschluß des Tridentinums überbrachte Canisius als Gesandter des Papstes den deutschen Bischöfen einzeln die Dekrete des Konzils und verhandelte mit ihnen über die Reform. Die geistlichen Kurfürsten von Köln, Mainz und Trier und der Erzbischof von Salzburg luden ihn ein, ihnen bei der Re-

form ihrer Kirchen zur Seite zu stehen. Auch Kardinal Truchseß, der Bischof von Augsburg, Kardinal Hosius, der Bischof von Ermland, und der Fürstbischof von Würzburg ließen sich von ihm beraten. Besonders Kardinal Truchseß verehrte den Heiligen sehr. Dieser Kirchenfürst hatte sich um die Reform hochverdient gemacht, besaß aber den Fehler, ein Freund großer Prachtentfaltung zu sein. Canisius scheute sich nicht, den Kardinal offen an seine Pflicht zu mahnen. In einem Brief an ihn beklagt er, daß manche Bischöfe noch schlafen, während der Feind umherschweift, hält ihm seine Pfründenhäufung und Verschwendungssucht vor und mahnt ihn, »nicht gleichzeitig Christus und der Welt zu dienen und größere Schätze an irdischen Dingen als an geistigen sammeln zu wollen«. Er solle sich um sein Bistum Augsburg kümmern, denn Gott werde einst Rechenschaft von unserer Verwaltung fordern: »Wir müssen jenen Geist besiegen, den trügerische Begierde und eitle Ehre ins Herz pflanzen, so daß wir mit wenigem zufrieden zu sein lernen. Weisen wir solche Aufgaben und Bürden ab, die das Gewissen beschweren und bessere und notwendigere Dinge verhindern! Es ist uns in diesem Leben nur eine kurze Spanne Zeit gegeben, da ziemt es sich für uns, unbeschwert, standhaft und wie tapfere Männer zu kämpfen. Wir wollen uns nicht auf *drei* Stühle setzen, wenn einer genügt. Verringern wir lieber unsere Lasten, statt sie zu vermehren, da wir sehen, daß die, welche wir tragen, für unsere Schultern schwer genug sind. Der Weg ist schmal und läßt nicht leicht Reisende zu, die unter so viel Gepäck niedergebeugt, mit so vielen Ketten gefesselt, von so viel Sorgen beschwert sind. . . . Widmen wir uns unseren Obliegenheiten in der Kirche Gottes soviel wie möglich, ganz frei und abgewandt von den Sorgen und Belangen dieser irdischen Welt!«

Während Canisius den Kardinal von Augsburg ermahnte, sich nicht in rein weltliche Dinge zu mischen, warnte er den Herzog Albert von Bayern, sich die Rechte der Bischöfe anzumaßen: »Die göttliche Güte würde unsern guten Wünschen und Plänen günstiger sein, wenn wir den Bischöfen überließen, was kraft göttlicher Anordnung ihres Amtes ist, und große Sorge trügen, unsere Sichel nicht, wie man zu sagen pflegt, an die Ernte eines andern zu legen. Es gibt nichts Verderblicheres für die Kirche, kein schlimmeres Mittel, alle Ordnung zu zerstören, als die unklare Scheidung der geistlichen und weltlichen Rechtsbereiche. Die Funktionen der beiden Gewalten sind völlig gesondert und verschieden, und es ist ein Verbrechen, wenn Laien in den bischöflichen Amtsbereich übergreifen . . . Eure Hoheit tun gut daran, mit den Bischöfen über die religiösen Angelegenheiten, über die Angriffe der Häretiker und die besten Mittel, die Ärgernisse unter der Geistlichkeit abzuschaffen, zu Rate zu gehen.«

Auf dem Reichstag zu Regensburg 1576 war Canisius theologischer Berater des päpstlichen Legaten, des Kardinals Morone. Für ihn verfaßte er eine Denkschrift über »einige Heilmittel, durch die Deutschland in der gegenwärtigen Zeit geholfen werden kann«. Das wichtigste Mittel sei die Gründung von Priesterseminarien. Als weitere Mittel empfahl Canisius Reform der Orden, regelmäßige Visitation der Diözesen durch die Bischöfe und Sendung von Nuntien, die »erfahren in Streitfragen, klug, sanftmütig, eifrig und unbescholten sind und die jeden Schein von Habsucht meiden« (denn immer noch hatte man in Deutschland das Gefühl, von Rom finanziell ausgebeutet zu werden). Noch bei vielen anderen Gelegenheiten hat Canisius der päpstlichen Kurie Vorschläge und Gutachten zur Erneuerung der Kirche unterbreitet. So setzte er sich, da die damaligen Indexbestimmungen in Deutschland zu allerlei Schwierigkeiten führten, wiederholt und nachdrücklich für eine Milderung des Bücherverbotes ein. »Canisius ist nach Rom hin der große kirchliche Reformanreger gewesen« (C. Schäfer). Selbst Bischöfe außerhalb des deutschen Sprachgebietes wandten sich vertrauensvoll an ihn, so Carlo Borromeo und Franz von Sales.

Der Erfolg des Canisius beruht auf seiner Persönlichkeit, die ganz aus Christus lebte und wirkte. Unheilige Kirchenmänner hatten die Kirche zerrüttet; so mußten Heilige kommen, sie wiederherzustellen. Canisius *war* ein Heiliger. »Das Gebet war der Atem seines Lebens, und darin liegt das Geheimnis jenes unvergleichlichen Mutes, der ihm eigen war« (J. Brodrick). »Feurige Programmreden und blendende Schlagworte finden wir bei Canisius nicht . . . Er war kein Mann der vielen Worte, aber ein

Mann der packenden Tat, des nüchternen, unermüdlichen Schaffens. Er war kein Mann unfruchtbaren Streitens, aber ein Mann zielbewußten Aufbaus« (J. Metzler). Bei allem, was er unternahm, dachte er nie an sich, sondern nur an die Gemeinschaft der Kirche. Als Ferdinand I. ihn unbedingt zum Bischof von Wien erhoben wünschte, sträubte er sich mit Händen und Füßen, und ebenso entschieden lehnte er ab, als Pius V. ihn mit dem Purpur auszeichnen wollte. Obwohl er stets von Arbeit überlastet, öfters von Krankheit heimgesucht und zuweilen von den eigenen Mitbrüdern in seinem Wirken behindert wurde, blieb er immer gegen alle gütig.

Der französische Dichter und Geschichtsschreiber Pierre Mathieu schreibt in seiner *Histoire de France* über den Heiligen: »Ich sah ihn im Jahre 1594 zu Freiburg in der Schweiz (dort verbrachte er die letzten siebzehn Jahre seines Lebens) . . . Er war damals über 80 Jahre alt (richtig 73) und nichtsdestoweniger traf ich ihn über den Büchern, und ich sah ihn bei Verrichtungen der jüngeren Religiosen, bewunderte die große Ehrfurcht, die er einem jungen Mann entgegenbrachte, welcher der Rektor des Kollegs war, und staunte, wie ein Mann dieses Alters, der einen solchen Einfluß bei Kaiser Ferdinand hatte, sich so sehr verdemütigte.« Er wollte tätig bleiben bis zuletzt. Als er nicht mehr predigen konnte, da seine Stimme versagte, schrieb er noch Bücher. Und als ihm auch dazu die Kräfte schwanden, nahm er einen Besen, um die Gänge des Kollegs zu fegen, oder half mit zitternden Händen beim Abspülen in der Küche. Bald sah man ihn nur noch auf einen Stock gestützt durchs Haus wanken, aber er konnte noch Briefe schreiben an die vielen Freunde, die er in aller Welt unter allen Ständen hatte, sie belehrend, mahnend oder tröstend. Von sich spricht er kaum, aber stets bittet er inständig, doch für ihn zu beten. Dem General Aquaviva schreibt er: »Nun leiste ich niemand, weder im Hause noch außer dem Hause, brüderliche Hilfe. So bin ich für alle ein unnützer, fruchtloser Faulenzer geworden und verdiene nicht das Brot, das ich esse, und die Güte, die meine Brüder mir erweisen.« An einen Ordensbruder: »Es ist auch ein beschwerlicher Anfall von Wassersucht über mich gekommen, der mich hindert, die Messe zu feiern oder ihr beizuwohnen, mein Zimmer zu verlassen oder etwas zu tun, um andern zu helfen. Sie sehen also, welch unnützes Lasttier ich in Gottes herrlichem Haus verbleibe, das so viele meiner tüchtigen Brüder emsig zieren.« Der Pfleger, der die letzten neun Monate für ihn sorgte, erzählt: »Es war kaum etwas von ihm übrig als Haut und Knochen, und er konnte ohne Pein nicht lange in einer Lage, sei es liegend oder sitzend, bleiben . . . Er war immer zufrieden, ganz gleich, was man mit ihm tat.« Eins konnte der Kranke immer noch tun: beten. Er betete täglich sieben Stunden, »nicht nur für sich, sondern für alle Menschenklassen und Stände«. Und betend ist er verschieden, am 21. Dezember 1597 zu Freiburg in der Schweiz. »Gott sei gepriesen!« Das waren die Worte, die er sein Leben lang wohl hundertmal täglich sprach, bei jeder Gelegenheit, in Freude und Leid, in Enttäuschungen und Gefahren, und dies sind auch die letzten Worte, die aus seinem Munde überliefert sind.

François Fénelon

(1651–1715)

In den Augen der Mit- und Nachwelt erscheint François de Salignac de la Mothe-Fénelon, der dem ältesten Adel Perigords entstammt, als das vollkommene Muster hochgebildeten Menschentums und als eine Persönlichkeit, die in beglückender Weise alle Tugenden und Vorzüge harmonisch vereint. Der Kanzler d'Aguesseau, der mit Fénelon nicht befreundet war, nennt ihn »einen jener seltenen Männer, die der Menschheit durch ihre Tugenden und den Wissenschaften durch ihre Geistesgaben zur Ehre gereichen«. Als Fénelon in die Académie Française aufgenommen wurde, stellte ihn La Bruyère, der Meister der Charakterisierungskunst, mit folgenden Worten vor: »Man fühlt die Kraft und die Gewalt dieses seltenen Geistes. Sei es, daß er genial und ohne Vorbereitung predigt, sei es, daß er eine vorbereitete Rede hält, sei es, daß er seine Gedanken im Gespräch entwickelt: immer Beherrscher der Ohren und Herzen seiner Zuhörer, gestattet er ihnen nicht, mißgünstig zu werden auf so viel Erhabenheit, Leichtigkeit, Zartheit und Höflichkeit; es genügt das Glück, ihn zu hören.« Der Herzog von Saint-Simon, der scharfblikkende Kritiker des Versailler Hofes, legt ebenfalls Zeugnis von Fénelons bezaubernden Umgangsformen und gewinnender Persönlichkeit ab: »Dieser Prälat war groß und hager, wohlgestaltet, bleich, mit großer Nase, mit Augen, aus denen Feuer und Geist stromweise sich ergossen, mit einem Gesicht, wie ich noch nie ein ähnliches sah, und das man unmöglich vergessen konnte, hätte man es auch nur ein einziges Mal gesehen. Es vereinigte in sich alles, und die Gegensätze darin stritten sich nicht. Es war voll Tiefe und feiner Artigkeit, voll Ernst und Fröhlichkeit. Seine Persönlichkeit war bestimmt von Feinheit, Esprit, Anmut und Adel.« Voltaire bezeugte von Fénelon: »Seine Milde im Umgang, in Gesprächen und Schriften erwarb ihm liebevolle Freunde unter allen, die ihn sahen.« Nietzsche verehrte in Fénelon den »vollkommenen und bezaubernden Ausdruck der kirchlichen Kultur in allen ihren Kräften: eine goldene Mitte, die man als Historiker geneigt sein könnte, als etwas Unmögliches zu beweisen, während sie nur etwas unsäglich Schwieriges und Unwahrscheinliches gewesen ist«. Das sind Urteile von Autoren, die keineswegs alle Meinungen Fénelons teilten und nicht im Verdacht stehen, zu seinen Gunsten voreingenommen zu sein. Die Äußerungen der Bewunderung seitens der Freunde und Anhänger Fénelons sind nicht weniger gewichtig, denn ihre begeisterten Worte wurden bekräftigt durch opferbereite Taten.

Fénelon selbst sah sich in einem ganz anderen Licht. Bis in sein siebenunddreißigstes Lebensjahr fand er sich keineswegs harmonisch und ausgeglichen, vielmehr litt er an einer tiefgehenden Verwirrung. Mochte der junge Priester durch seine liebenswürdigen Formen die Umwelt entzücken, – wenn er sein Inneres erforschte, bemerkte er mit nicht geringer Bestürzung, daß selbst seinen edelsten Handlungen auch unedle Motive zugrunde lagen und daß sein Gemüt stumpf blieb für das, was sein Verstand und sein Wille mit ganzer Kraft umfingen. Sein Geist trachtete nach dem Höchsten, doch gab er sich keiner Täuschung darüber hin, wie weit er davon entfernt war. »Er leidet daran, kein Heiliger zu sein, und weiß doch zugleich um die Unheiligkeit dieses Leidens, da es mehr aus Verdruß als aus Reue erwächst« (F. Varillon).

Mit unerbittlicher Klarsicht verfolgte Fénelon die Spuren verborgener Eigenliebe in seinem Innern: »Ich spüre die tiefreichende Anhänglichkeit an mich selbst.« – »Der grundlegende Fehler ist der, daß ich sehr auf mich halte und daß die Eigenliebe mich oft bestimmt.« – »Ach, ich will bemerkt, anerkannt, geliebt und von andern unterschieden werden. Ich will meinen Nächsten beschäftigen, sein Herz besitzen, mich zu einem Idol an Ansehen und Freundschaft machen.« – »Ich muß befürchten, daß ich allzu klug, allzu aufmerksam auf mich selbst und allzu besorgt um meine kleinen Pläne bin. Ich habe den Hang, alles, was ich tue, zu sehr zu retuschieren und mir dabei zu gefallen.« – »Ich gestehe, daß ich mich selbst beweinte, als ich Tränen über einen

Freund vergoß, der die Freude meines Lebens war und dessen Verlust sich jeden Augenblick bemerkbar macht . . . Ach, alles ist eitel in uns!« Das sind einige Beispiele aus Fénelons Briefen. Seine Selbstkritik äußert sich nicht nur in den verhältnismäßig wenigen Bemerkungen über sich selbst; auch die allgemeinen Aussagen in seinen Briefen der Seelenführung und in seinen aszetischen Schriften spiegeln sein inneres Leben: »Wenn irgendein Unfall die Ruhe unseres Lebens stört, unser Ansehn bedroht oder die Menschen von uns trennt, deren Freundschaft wir schätzen, dann spüren wir in uns einen lebhaften Schmerz, der anzeigt, wie lebendig und empfindsam die Eigenliebe noch ist.« – »Der Grund unseres Übels liegt darin, daß wir uns mit einer blinden Liebe lieben, die bis zum Götzendienst geht. Alles, was wir außer uns lieben, lieben wir nur für uns.« Mit Recht hat man von diesen und anderen Texten Fénelons gesagt, niemals sei die Analyse der Quellen der Eigenliebe so weit vorgetrieben worden.

Neben der Erkenntnis des verborgenen Egoismus gewann Fénelon noch eine zweite Erfahrung, die ihn niederdrückte. Obwohl er fest von der Notwendigkeit des Gebetes überzeugt war, sah er sich immer wieder unfähig zu beten. »Ich finde mich trocken und zerstreut im Gebet . . . Ich fühle bei meiner äußeren Tätigkeit Langeweile und häufiges Unbehagen . . . Manchmal bleibt mir nichts für Gott im Herzen, so trocken, leer und angefüllt von den üblichen Dingen fühle ich mich.« Es belastete ihn, daß er nur schwer im Geiste des Gebetes zu verharren vermochte. Angesichts »eines unerschöpflichen Grundes raffinierter Fehler in sich« stand Fénelon trotz seiner äußeren Heiterkeit in einer unerträglichen Spannung.

In dieser seelisch qualvollen Lage lernte der siebenunddreißigjährige Abbé Fénelon die Frau kennen, die in jeder Hinsicht das Schicksal seines Lebens wurde. Er war von Madame Guyon anfangs alles andere als begeistert. Wie sollte sein scharfes Auge für ihre pathologischen Züge blind gewesen sein! Wie sollte ihre Überspanntheit seinen erlesenen Geschmack nicht beleidigt, ihre theologische Ungenauigkeit seinen geschulten Geist nicht abgestoßen haben! Noch ehe er sie persönlich sah, war er durch alles, was man von ihr erzählte, »gegen sie eingenommen«, wie er selbst später berichtete. Er hatte von ihrer unglücklichen Ehe und frühen Witwenschaft gehört, von der Trennung von ihren drei Kindern und von ihren abenteuerlichen Apostelreisen. Er wußte, daß sie unter dem Verdacht der Häresie und des unsittlichen Lebenswandels verhaftet und in einem Kloster interniert worden war. Soeben erst war sie, da man ihr nichts nachweisen konnte, wieder freigelassen worden. Trotz der Gerüchte und Verleumdungen wurde sie von kritischen Geistern bewundert. Auch Fénelon fand, als er die Verschriene persönlich kennenlernte, daß sie weit besser war als ihr Ruf: Hinter bizarren Äußerlichkeiten entdeckte er eine Frau von geistigem Format, mehr noch, eine echte Mystikerin. »Die Heiligkeit ihres Lebens steht außer Frage. Frau Guyon war eine seltene Natur, sehr groß, sehr hochherzig und wunderbar begabt. Sie mag sich über sich selbst getäuscht haben, sie mag nicht immer genau unterschieden haben zwischen einer gewissen krankhaften Exaltation, der sie zeitweilig verfiel, und den Zuständen, wo wirklich der Geist Gottes sie bewegte« (H. Bremond). Aber es wäre uneinsichtig, das gegen sie ins Feld zu führen, was man bei größeren und allgemein anerkannten Mystikern und Mystikerinnen entschuldigt. Sie war der Anteilnahme eines Fénelon nicht unwürdig.

Was sich zwischen Madame Guyon und Fénelon entspann, gleicht nicht im geringsten einem sentimentalen Roman von schwärmerischer Liebe im Stile des französischen Barock. Madame Guyon war nicht Fénelons »Freundin«. Er hatte nicht einmal Sympathie für sie. Sie sprach ihn nicht an, ihre Redseligkeit ermüdete ihn, das Lächerliche an ihr stieß ihn ab. Instinktiv fürchtete er, mit dieser Frau könnte er sich blamieren und kompromittieren; doch überwand er dieses Gefühl als eine Regung seiner Eitelkeit. Viele Jahre später, als Erzbischof, erklärte er öffentlich: »Ich habe nie irgendeine natürliche Neigung für sie oder für ihre Schriften empfunden.« Daß sie ihn gefühlsmäßig nicht anzog, sagte er ihr mit einer Härte, die man bei ihm sonst nicht gewohnt ist. Er sah sie nur selten; der Gedankenaustausch zwischen ihnen erfolgte durch Briefe, die erst vor wenigen Jahrzehnten aufgefunden wurden. Es ist ein trockener, kühler, distanzierter Ton in dieser Korrespondenz, bar jeder Zärtlichkeit: Fénelon steht dieser Frau keineswegs unkritisch gegenüber. Über ihre »besonderen Anregungen und Einsichten« schreibt er ihr: »Ich glaube nichts und halte es weder für wahr noch für falsch. Ich ziehe es nicht einmal in Zweifel, da ich mir ja kein Urteil bilde; ich gehe einfach darüber hinweg.« Die Ambivalenz ihrer Beziehung drückt Fénelons Satz aus: »Ich empfinde nichts für Sie, und ich bin doch niemand in der Welt so zugetan wie Ihnen.«

Warum denn ist er ihr *doch* zugetan? Er schreibt ihr den Grund: »Ich bin überzeugt, daß Sie eine hohe Begnadung, verbunden mit Erfahrung der inneren Wege besitzen ... Was mir unsere Beziehung wertvoll macht, ist der Weg des reinen Glaubens, der mit den sichersten Grundsätzen des Evangeliums völlig übereinstimmt, die Einfachheit, die ich in Ihnen finde, die Erfahrung des Sich-selbst-Sterbens und die Fügsamkeit in Gottes Händen als Frucht solchen Lebens.« Sie selbst schreibt ihm: »Sie brauchen keinen anderen Lehrer als die Erfahrung, und Sie sind erfahren genug, um zu beurteilen, was man Ihnen sagt.« Oder an einer anderen Stelle: »Es scheint mir, daß meine Seele Ihnen mehr darüber sagt als alle Bücher.« Der Theologe Fénelon hatte Gott bisher nur bedacht, aber nicht erlebt. Nun durfte er die Erfahrung des Göttlichen wenigstens in einer anderen Seele erleben. In Madame Guyon sah er den begnadeten Menschen; hier stand er vor der Wirklichkeit einer mystischen Erfahrung, die er bis dahin nur aus der Literatur kannte. Das mußte sich auf sein Leben auswirken. Nicht als ob er geistig von Madame Guyon abhängig geworden wäre – er blieb theologisch völlig selbständig, war nicht ihr Schüler, sondern ihr Lehrer und Führer, der ihr half, die Fülle der geistlichen Erfahrungen zu ordnen und ihre Begriffe zu klären und zu korrigieren. Aber als ein um Verwirklichung ringender Christ war Fénelon in diesem Verhältnis der Geführte. Für seine praktische Frömmigkeit wurde Madame Guyon von entscheidender Bedeutung. Indem sie ihn von seiner vernünftelnden Geistigkeit befreite und ihm den Geist evangelischen Kindseins vermittelte, führte sie ihn auf den Weg von der Eigensucht zur selbstlosen Liebe, von der Trockenheit im Gebet zur Ruhe der

Beschauung. Wohl machte er auch in seinem späteren Leben immer wieder die Erfahrung des versteckten Egoismus und der Gefühllosigkeit beim Beten; doch er hatte es gelernt, sich von diesen Erfahrungen nicht mehr zu Boden drücken zu lassen. Er bedarf des Gefühls nicht mehr, um sich mit Gott verbunden zu wissen; gerade in dieser Entäußerung wird die Liebe zu Gott selbstlos. Diese »reine Liebe« hat mit Sentimentalität nichts zu tun, denn sie ist weit entfernt von gefühlsseliger Verzückung. »Es ist ein unendlicher Halt zu denken, daß man von nichts mehr gehalten ist und daß man in dieser schrecklichen Prüfung durchaus nicht aufhört, sich getreulich und vorbehaltlos hinzugeben ... Wir müssen alles verlieren, selbst das Bewußtsein der Hingabe, durch die wir uns dem Untergang ausgeliefert sehen. In reiner Weise finden wir Gott allein nur in diesem scheinbaren Verlust all seiner Gaben und in diesem realen Opfer unseres ganzen Ich, nachdem wir bereits jede innere Kraftquelle verloren haben.« An Madame Guyon schreibt Fénelon: »Angesichts eines gewissen unerklärlichen Hintergrundes komme ich zur Gelassenheit, um Gott alles tun zu lassen, draußen wie drinnen, ohne mich unter seiner Hand rühren zu wollen, ohne mich um mich selbst zu sorgen in allem, was er nach seinem Gefallen für oder gegen mich tun wird. Ich gestehe, daß ich in diesem Sinne niemals so frei gewesen bin.«

Was Fénelon praktisch erfuhr, hat er dann theoretisch dargelegt: »Nur die Liebe Gottes vermag zu bewirken, daß wir aus uns selbst herausgehen. Wenn die mächtige Hand Gottes uns nicht hielte, wüßten wir nicht wohin den Fuß setzen, um auch nur einen Schritt aus dem Bannkreis unseres Ich zu tun.« Auf der ersten Stufe der geistlichen Entwicklung befreit sich die Seele »in ihrem eigenen Interesse« von den äußeren Dingen, um zu sich selbst zu kommen. Auf der zweiten Stufe verbindet die Seele mit dem Blick auf sich selbst den Blick auf Gott. »Sie begnügt sich nicht damit, Gott zu fürchten, sondern sie will gewiß sein, daß sie ihn fürchtet; sie fürchtet, ihn nicht zu fürchten.« Solange sich die Seele im Spiegel ihrer Selbstbetrachtung schaut, gibt es für sie keinen Frieden und keine Freiheit. Der Spiegel, in dem wir unsere Liebe beobachten, muß zerbrochen werden, damit die Liebe einfach und rein werden kann. Dann wäre die dritte Stufe erreicht: Die Liebe blickt nicht mehr unruhig auf sich selbst, sondern auf Gott. Die Seele vergißt sich selbst und befaßt sich ohne Eigen-Interesse ganz mit Gott. »Man ist wie ein kleines Kind im Schoße der Mutter. Man will und fürchtet nichts mehr für sich. Man läßt sich in alle Richtungen drehen.« Da Egoismus das Wollen und Handeln des Menschen befleckt, gibt es reine Liebe nur dann, wenn das göttliche Wollen und Handeln an ihre Stelle tritt. Das ist fortan Fénelons religiöses Anliegen, und das sind die »Hauptpunkte« seiner Lehre, um die später ein so heftiger Kampf entbrennen sollte: »Der erste Punkt ist die Frage nach der reinen und selbstlosen Liebe . . . Die zweite Frage betrifft die Beschauung oder das passive Gebet als Zustand.« Mit diesen Worten hat Fénelon die Streitpunkte umrissen, als seine berühmte Auseinandersetzung mit Bossuet begann.

Bossuet, Bischof von Meaux, war die zweite Person, die schicksalhafte Bedeutung für Fénelons Leben gewann. Schon bald nach seiner Priesterweihe kam der junge Fénelon mit dem vierundzwanzig Jahre älteren Bischof in ein persönliches Verhältnis, das von gegenseitiger Wertschätzung getragen wurde. Doch waren die beiden Männer nach Temperament, Geistesart und Überzeugungen zu verschieden, um stets in allem übereinzustimmen. Bossuet war ein beredter Verteidiger der gallikanischen Freiheiten und ein Bewunderer des absoluten Königtums, deshalb bei Ludwig XIV. persona gratissima, während der freimütig als Kritiker des Absolutismus auftretende Fénelon von Anfang an nicht die Sympathie des Königs genoß.
So sanft Fénelon in den Formen war, so fest und entschieden war er in der Sache. Diese Eigenschaften befähigten ihn, ein erfolgreicher Erzieher zu werden und Bossuet auf diesem Gebiet zu übertreffen. Durch seine zehnjährige Tätigkeit als Leiter einer Mädchenbildungsanstalt und durch seine bahnbrechende *Abhandlung über die Erziehung der Töchter* hatte er Aufsehen erregt und den Ruf eines tüchtigen Menschenbildners gewonnen. Wie Madame Guyon es ihm vorausgesagt hatte, berief Ludwig XIV. ihn 1689 zum Erzieher seines Enkels, des Herzogs von

Burgund, den man auch den Klein-Dauphin nannte, im Unterschied zu seinem Vater, dem Groß-Dauphin, den Bossuet erzogen hatte.
Vergleichen wir die Tätigkeit der beiden Prinzenerzieher, so erhalten wir manchen Aufschluß über ihre gegensätzliche Wesensart. Um es gleich zu sagen: Bossuets fünfjährige Bemühungen um die Erziehung des Groß-Dauphin, so sorgfältig und gewissenhaft sie auch waren, sind völlig gescheitert, während Fénelon einen wunderbaren Erfolg erzielte. Das lag beide Male nicht allein an den Zöglingen, sondern auch an ihren Erziehern. Der achtjährige Herzog von Burgund war geistig geweckt, doch jähzornig, genußgierig, grausam, hochmütig, unbeständig, mit sich selbst uneinig und bei seiner Umgebung nicht beliebt. Wie Fénelon diesen Jungen umwandelte, erregte das Staunen aller Beobachter. Mütterlich zart suchte er liebevoll das persönliche Leben des Zöglings zu verstehen und gewann so dessen Herz, während Bossuet väterlich streng mit Autorität herrschen wollte und durch seine unpersönliche Art seinen Zögling abstieß. Beide Prinzenerzieher verfaßten die Lehrbücher für ihren Unterricht selbst, und jedesmal wurden es literarische Meisterwerke; doch während Bossuet für seinen Schüler geschichtstheologische und philosophische Abhandlungen voll abstrakter Begrifflichkeit schrieb, die einem Gebildeten hohen Genuß bieten, doch die Fassungskraft eines Knaben weit übersteigen, verwandte Fénelon seine Feder zu Erzählungen und Fabeln, die mit konkreter Anschaulichkeit dem Dauphin abschreckende Spiegel seiner Fehler und lockende Bilder der Tugenden boten. Da diese Geschichten Fénelons in ihrer Moral der jeweiligen Situation und in ihrem Wissensstoff dem jeweiligen Verständnis angepaßt waren und selbst unangenehme Wahrheiten anmutig und witzig zu sagen wußten, wurde das Lernen für den Dauphin ein Vergnügen. Der erhabene Bossuet redete von hoher Warte aus, feierlich und apodiktisch wie ein Orakel, mit entmutigender Überlegenheit; Fénelon dagegen war »ein Mensch, der niemals mehr Geist haben wollte als jene, mit denen er sprach, der sich zur Fassungskraft eines jeden hinabließ, ohne es merken zu lassen« (Saint-Simon). Bossuet hat die Seele seines Zöglings geistig und charakterlich niedergedrückt, einge-

engt und gefesselt, Fénelon aber hat die Seele seines Prinzen geistig und charakterlich gehoben, weit gemacht und befreit. Der Groß-Dauphin nahm nach Abschluß seiner Schule nie mehr ein Buch in die Hand, so sehr war ihm die Wissenschaft verleidet. Er wurde ein Abscheu seiner Umgebung und pflegte zu seinem alten Lehrer keine Beziehungen mehr. Der Klein-Dauphin dagegen wurde ein geistig aufgeschlossener Mensch und die Freude aller, die ihn kannten. Das Verhältnis zu seinem Erzieher riß nicht ab, sondern wandelte sich mit den Jahren trotz aller äußeren Hindernisse in eine Seelenfreundschaft, bei der Fénelon weiter Führer blieb.

Über Fénelons erzieherischen Erfolg schreibt Saint-Simon, der den kleinen Herzog von Burgund als einen jungen Nero schilderte: »Das Wunderbare besteht darin, daß in ganz kurzer Zeit Frömmigkeit und Gnade einen andern Menschen aus ihm machten und so viele und so erschreckliche Fehler in vollkommen entgegengesetzte Tugenden wandelten. Aus diesem Abgrund stieg der Prinz empor leutselig, freundlich, menschlich, maßvoll, geduldig, bescheiden, demütig und streng gegen sich, ganz seinen Obliegenheiten hingegeben.« Dieser Erfolg dauerte an, denn als der Herzog von Burgund kaum dreißig Jahre alt starb, hielten ihn sogar Personen, die nicht im Ruf der Bigotterie standen, für einen Heiligen. »Ich bin gewiß«, schrieb Liselotte von der Pfalz, die Herzogin von Orléans, »daß mehr als hundert Heilige kanonisiert sein, so es weniger verdient haben als unser zweiter Dauphin selig.«

Fénelon erzog den Herzog von Burgund im Geiste der uneigennützigen Liebe, des Gebets und der Hingabe, und zwar stets im Hinblick auf die Pflichten des künftigen Königs. Sein Herrscheramt sollte uneigennütziger Dienst am Volk sein, nach dem Vorbilde Ludwigs IX.: »Kind des heiligen Ludwig, ahmen Sie Ihren Vorfahr nach! Seien Sie wie er: sanft, menschlich, zugänglich, leutselig, mitfühlend und freigebig. Möge Ihre hohe Stellung Sie nie daran hindern, gütig bis zu den Geringsten hinabzusteigen, um sich in ihre Lage zu versetzen . . . Lassen Sie sich nicht von Schönrednern und Schmeichlern umlagern. Geben Sie zu verstehen, daß Sie weder Lobsprüchen noch Niederträchtigkeiten Ge-

hör schenken. Erweisen Sie Vertrauen nur jenen, die den Mut haben, Ihnen gegebenenfalls mit Respekt zu widersprechen und die mehr Ihren Ruf als Ihre Gunst lieben. Kraft und Weisheit des heiligen Ludwig werden über Sie kommen, wenn Sie darum bitten und zugleich in Demut Ihre eigene Schwäche und Ohnmacht erkennen . . . Werden Sie Erbe seiner Tugenden, bevor Sie Erbe seiner Krone werden!«
Fénelon hat die Tugend der Uneigennützigkeit nicht bloß gelehrt, sondern vorgelebt. Obwohl er als Erzieher des Dauphins und als Seelenführer der Marquise de Maintenon, der heimlichen Gattin Ludwigs XIV. und ungekrönten Königin, am Hofe großes Ansehn genoß, nutzte er seine Stellung nicht, wie es üblich war, dazu aus, sich selbst und seine Angehörigen zu bereichern oder seinen Freunden Posten zu verschaffen. Und als Fénelon im Alter von 44 Jahren zum Erzbischof von Cambrai ernannt wurde, verzichtete er sofort freiwillig auf seine Einkünfte aus der Abtei Saint-Valéry, weil eine Häufung von Benefizien kanonisch widerrechtlich sei, »ein in damaliger Zeit seltenes Beispiel von Gewissenhaftigkeit« (C. Muth). Man wünschte, daß der neue Erzbischof sein Amt als Erzieher des Herzogs von Burgund beibehalte, doch Fénelon stimmte dem nur unter der Bedingung zu, daß er neun Monate des Jahres in Cambrai residiere und nur drei Monate in Versailles verbringe. Gleichwohl wurde seiner erzieherischen Tätigkeit schon bald ein Ende gesetzt, und zwar durch den Kampf, der äußerlich um Fénelons Lehre von der uneigennützigen Liebe ging, der aber zweifellos auch von persönlichen Motiven gesteuert war.

Was Bossuet bewog, den Kampf gegen Fénelon zu beginnen, wird wohl nie ganz aufgeklärt werden können. Man braucht nicht zu unterstellen, daß der Bischof von Meaux von vornherein von bösen Absichten getrieben war, obschon zu Anfang ein gewisses Ressentiment gegen den jüngeren, doch geistig überlegenen und als Erzieher erfolgreicheren Bischof mitgespielt haben dürfte und obschon es im Laufe der Auseinandersetzung dahin kam, daß sich Bossuets Haltung gegen Fénelon zu unverhülltem persönlichem Haß steigerte. An der Wurzel dieser Feindschaft

lag Bossuets spezifisches Unvermögen, Fénelons religiöses Anliegen zu verstehen. Dieser robuste und unkomplizierte Theologe war für subtile Unterscheidungen nicht zu haben. Er wird der Überzeugung gewesen sein, daß er durch den Kampf gegen Fénelon dem Könige und der Kirche die besten Dienste leiste.
Es ist hier nicht der Ort, einen Abriß von Fénelons Theologie zu bieten, wohl aber, einigen langlebigen Vorurteilen gegen sie den Garaus zu machen. Obwohl sich bis heute noch niemand der Mühe unterzog, die gesamte Theologie Fénelons darzustellen (unter Einbeziehung seiner vielen Schriften gegen den Jansenismus), gilt es bei vielen als eine ausgemachte Sache, daß Fénelon, wie Bossuet behauptet hatte, ein Quietist war. Wer aber tiefer in die Sache eingedrungen ist, wird die Frage, ob Fénelon dem Quietismus anhing, mit einem entschiedenen Nein beantworten, selbst wenn er ein glühender Verehrer Bossuets ist wie P. Longhaye. In der Tat, man kann Fénelon nicht in eine Reihe stellen mit Molinos und Malaval.
In der Gottesliebe, bei der die Hingabe rein ist von jeder berechnenden Erwartung auf Lohn, sah Fénelon die feinste Blüte religiösen Lebens; doch bildete er sich nicht ein, es könne ein Mensch sie bereits auf der Erde in vollkommener Weise und als dauernden Zustand erreichen. Er glaubte und hoffte im Gegenteil, daß erst nach dem Tode die Liebe von den letzten Resten der Selbstsucht gereinigt werde. Deshalb ist es unrichtig, Fénelon nachzusagen, er habe die Tugend der Liebe auf Kosten der Tugend der Hoffnung gepredigt. »Fénelon hat auch niemals die Existenz eines unbezwingbaren Glücksverlangens im Menschen bestritten. Noch viel weniger hat er behauptet, dieses Verlangen sei Sünde« (F. Varillon). Er schrieb vielmehr: »In den freien Akten des Menschen ist das Motiv unserer eigenen Glückseligkeit nicht verboten: Gott will uns sehr wohl in der Vereinigung mit ihm unser eigenes Interesse finden lassen. Aber . . . wir müssen die Ehre Gottes mehr suchen als unsere Glückseligkeit; wir dürfen diese Glückseligkeit nur anstreben, um sie auf seine Ehre zu beziehen.«
Fénelons Lehre vom passiven Gebet enthält keineswegs, wie man meinte, die Aufforderung, alles Bemühen um Selbstheiligung, al-

les Streben nach Tugend und jeden Kampf gegen die Sünde aufzugeben. Im Gegenteil schrieb er an Madame Guyon: »Hinsichtlich der Ruhe in Gott ist festzuhalten, daß sie Faulheit und Einbildung wäre, wenn wir aufhören würden, in der Erfüllung des Evangeliums und gegenüber den Forderungen der Vorsehung treu zu sein. Was wir Passivität nennen, ist also niemals absolute Einstellung der Tätigkeit, sondern vielmehr ein äußerst freier Gebrauch unseres Willens mit dem Ziel, ihn durch Gottes Willen führen zu lassen. Ein Mensch, der sich durch einen Chirurgen einen tiefen und schmerzhaften Schnitt beibringen läßt, setzt zweifellos eine äußerst freie und mutige Handlung, obgleich er sich nicht rührt, um den Chirurgen machen zu lassen. Wenn die Dinge richtig erklärt sind, verstehen wir mühelos, wie schlecht die Trägheit und wie wertvoll die Ruhe ist, in der die Seele sich Gott frei überläßt, um durch seinen Geist gewirkt und bewegt zu werden.«

Von den Mitgliedern der Bruderschaft der reinen Liebe forderte Fénelon ein Leben tätigster Pflichterfüllung: »Ein gut verrichtetes Gebet wird sich nach und nach auf alle Handlungen des Tages ausweiten . . . Man wird nur aus dem Geist der Gnade handeln.« Alles Handeln soll nicht in Hast und Unruhe geschehen, sondern in Frieden. Daß Fénelon damit keineswegs zur Trägkeit auffordert, zeigen Briefstellen wie folgende: »Ich beschwöre Sie, mutig und geduldig daran zu arbeiten, Ihr Naturell und Ihre Gepflogenheiten auf das zu beschränken, was zur Übung wahrer Frömmigkeit nottut . . . Erledigen Sie Ihre Angelegenheiten rasch; kommen Sie zur Entscheidung und gehen Sie dann zu einer anderen Sache über; kein Leerlauf dazwischen!« – »Sie müssen sich entschließen, ein aktiveres Leben zu führen, als Sie es jetzt tun!« – Den großjährig gewordenen Herzog von Burgund warnt er vor unentschlossenem Zaudern: »Groß wäre meine Freude, wenn Sie große Taten vollbrächten . . . Wenn aber Gott es zuläßt, daß Ihnen solche versagt bleiben, wünsche ich wenigstens, daß Sie bis zuletzt alles tun, was man von Ihnen erwarten kann.« Selbstverständlich soll man seine Schwächen und Fehler bekämpfen, aber »ohne Ungeduld«. Selbstverständlich soll man seine Haus- und Standespflichten erfüllen: »Seine häuslichen Angelegenheiten in

Ordnung bringen, seine Kinder erziehen, sein Kreuz tragen, auf die eitlen Weltfreuden verzichten, in nichts seinem Hochmute schmeicheln, seinen natürlichen Stolz unterdrücken, daran arbeiten, einfach und kindlich klein zu werden, schweigen, sich sammeln, sich an ein mit Jesus Christus in Gott verborgenes Leben gewöhnen: Das sind die Werke, die Gott zufriedenstellen.«
Ministern und Bischöfen, Offizieren und Ordensleuten, Hofdamen und Herzögen stellen Fénelons Briefe den Pflichtenkatalog ihres Standes vor Augen. So schreibt Fénelon dem Herzog von Burgund: »Das Reich Gottes besteht nicht in einer skrupulösen Beobachtung kleiner Formalitäten; es besteht vielmehr für jeden in jenen Tugenden, die seinem Stande eigen sind.« Und seinem Großneffen, dem Marquis de Fénelon, schärft er ein: »Man soll die Welt verachten, ja, aber zugleich von der Notwendigkeit überzeugt sein, sich ihrer bedienen zu müssen. Die Religion verlangt eine Loslösung von ihr; sie aber aus Nachlässigkeit oder Laune links liegen lassen darf man nicht.«
Auch Madame Guyon, der man zu Unrecht nachsagte, sie habe Fénelon vom Weg der gesunden Lehre abgelenkt, wußte sehr wohl, daß alle großen Mystiker Taten der Nächstenliebe höher schätzten als ihre Visionen und selbst in der Beschauung weit entfernt von trägem Nichtstun waren. Man täusche sich sehr, schreibt sie, wenn man glaube, eine Seele, die in passiver Ruhe verharrt, sei ohne vitale Aktion; Tatendrang und Aposteleifer bewegten ihr Leben. »Diese Erkenntnis und ihre Befolgung schützten sie nicht davor, als Quietistin verschrien und angeklagt zu werden. Ihre Wirkung hätte diese Anklage jedoch erst getan, wenn bewiesen worden wäre, daß ihre Lehre auch moralische Unordnung in ihrem Leben gezeitigt habe. Um diesen Beweis zu führen, schreckten ihre Gegner vor nichts zurück und bereiteten damit ihr und ihren Freunden schier endlose Qualen« (C. Muth).
Madame de Maintenon ließ die verleumdete Frau Guyon fallen. Bossuet und zwei andere Bischöfe verurteilten Madame Guyons Schriften in Hirtenbriefen und erwarteten, daß Fénelon ihnen folge. Der Erzbischof von Cambrai aber weigerte sich. Noch heute wundern sich manche, »daß er so hartnäckig alles aufs Spiel setzte – seine Freundschaft mit Bossuet, seine Stellung am Hof,

seinen Ruf in weiten Kreisen des hohen und niederen Klerus, seine Erziehertätigkeit beim Herzog von Burgund –, da er doch nur mit einem einzigen Wort hätte erklären müssen, er habe sich in dieser Frau geirrt, er sei von ihr enttäuscht worden und er gebe sie preis. Daß er sich dazu nicht hat bereit finden lassen, ist – menschlich gesehen – das Schicksal seines Lebens geworden« (C. Muth).

In einem Brief an Tronson, seinen ehemaligen Lehrer in der Theologie, erklärte Fénelon sein Verhalten: »Was Frau Guyon betrifft, so verlangte man, ich solle sie samt ihren Schriften verdammen. Wenn die Kirche hierüber ein Formular vorlegen wird, werde ich es als erster mit meinem Blute unterzeichnen. Andernfalls kann und darf ich es nicht tun. Ich habe an ihr Handlungen beobachtet, die mich außerordentlich erbaut haben; warum soll ich sie nun wegen anderer Handlungen verdammen, die ich nicht gesehen habe ...? Was ihre Schriften anbelangt, so erkläre ich laut: Ich habe mich stets enthalten, sie einer Prüfung zu unterziehen ... Gesetzt, sie seien noch weit gefährlicher, als man vorgibt, sind sie dann noch nicht genug durch so viele Verordnungen verdammt, gegen die niemand ein Wort sagte, denen vielmehr all ihre Freunde und sie selbst sich ruhig unterworfen haben? Was will man mehr? Ich bin doch nicht verpflichtet, jede schlechte Schrift, selbst solche, die in meinem Sprengel völlig unbekannt sind, mit einer Zensur zu belegen ... Schickt es sich für mich, eine arme Person zu Boden zu treten, auf welche schon so viele eingeschlagen haben, und deren Freund ich war? ... Ehre und Gewissen erlauben es mir nicht ... Was liegt daran, daß ich Madame Guyon weder für schlecht noch für närrisch halte, wenn ich nur tiefes Stillschweigen über sie beobachte ...? Ich will nicht gegen mein Gewissen reden. Ich will nicht unnötig eine Person mißhandeln, die ich nach allem, was ich von ihr gesehn, als eine Heilige verehrt habe.«

Auf keine Weise gelang es Bossuet, Fénelon ein Wort gegen Madame Guyon zu entlocken. Er schickte Fénelon das Manuskript seines Buches über das Gebetsleben mit der Bitte, dem Werk einige empfehlende Worte mit auf den Weg in die Öffentlichkeit zu geben, wie das der Erzbischof von Paris und der Bischof von

Chartres bereits getan. Fénelon aber hielt es für richtiger, einem Buche, das auf jeder Seite Madame Guyon angriff, seine Gutheißung zu verweigern. Außerdem beschloß er, der Veröffentlichung Bossuets mit einem eigenen Buch über dasselbe Thema zuvorzukommen. In kürzester Zeit schrieb er seine *Auslegung der Grundsätze der Heiligen über das innere Leben*, ließ sie drucken und brachte sie in den Buchhandel, ehe Bossuets Buch erschienen war. Fénelon kam es darauf an, seine Lehre der reinen Liebe von den quietistischen Irrtümern abzugrenzen: »Diese Liebe als phantastische und gefährliche Verstiegenheit abzutun, das heißt vermessen die größten Heiligen aller Zeiten der Täuschung zeihen. Denn sie haben alle diese Liebe zugelassen und sie zum höchsten Grad des geistlichen Lebens entwickelt.« Fénelon war vorsichtig zu Werk gegangen: Er hatte beim Schreiben alles vermieden, was Bossuet hätte verletzen können, und ließ die Arbeit erst drucken, nachdem der Erzbischof von Paris und zwei Theologen sie für »korrekt und nützlich« erklärt hatten. Allerdings hatte Fénelon in der Eile der Abfassung sich an einigen Stellen nicht genau genug ausgedrückt, so daß Bossuet glaubte, das Buch als Verteidigung des von ihm verurteilten Guyonschen Quietismus bekämpfen zu müssen.

Als die Kampagne begann, bat Fénelon den König, nach Rom reisen zu dürfen, um dem Papst sein Buch zur Beurteilung vorzulegen. Statt der Erlaubnis erhielt er den Befehl, sein Bistum nie mehr zu verlassen. Der in Ungnade Gefallene schickte das Buch durch einen Boten nach Rom und verließ Versailles für immer. Wohl setzte sich der Herzog von Burgund für seinen verbannten Lehrer ein; wohl hielten Fénelons Freunde, obschon auf die Gefährlichkeit ihrer fortgesetzten Beziehung zum Erzbischof aufmerksam gemacht, dem Gestürzten die Treue und bekundeten dies vor aller Öffentlichkeit; doch die Gunst des Königs und der Maintenon sollte Fénelon nie wieder gewinnen. Das war der erste Preis, den er zahlte, um seinem Gewissen zu folgen.

Nach seiner Verbannung schrieb er aus Cambrai an den Herzog von Beauvilliers: »Sie wissen, daß man keine Erläuterungen von mir annehmen will, sondern darauf beharrt, mich Irrtümer zu bezichtigen, gegen die ich den gleichen Abscheu hege wie jene, die sie mir aufbürden ... Ich werde hier meine Pflicht zu erfüllen suchen, obgleich alles Gute, das ich in diesem Lande stiften könnte und dessen es so sehr bedarf, durch den auf mich gehäuften Schimpf sehr gehemmt wird ... Ich bitte Gott, daß er mir aus dem Irrtum helfe, wenn ich in einem bin; bin ich es aber nicht, daß er jene erleuchte, welche leidenschaftlichen Personen zu großes Vertrauen schenkten.« In einem anderen Brief schreibt er, wenige Tage nach seiner Ankunft in Cambrai: »Wir wollen dulden, schweigen und uns unter die Füße treten lassen, damit wir an der Schmach Jesu Anteil nehmen. Selig sind wir, wenn unsere Schmach zu seiner Ehre dient.«

Der Papst, dem Fénelon selbst seine Sache anvertraut hatte, zögerte jahrelang mit der Entscheidung. Diese Wartezeit füllte Bossuet aus mit immer heftigeren Attacken gegen seinen Amtsbruder. Aus den autobiographischen Manuskripten, welche Madame Guyon in Taubenunschuld ihrem schlimmsten Feind unter dem Siegel der Verschwiegenheit anvertraut hatte, veröffentlichte er in seinem *Bericht über den Quietismus* verschiedene Stellen in der Absicht, die inzwischen wieder eingekerkerte Frau und Fénelon lächerlich zu machen. Was sich als theologische Diskussion angelassen hatte, entartete so zu einem Streit um Tatsachen. Fénelon zögerte, seine Entgegnung auf Bossuets Angriff drucken zu lassen. »Ich möchte gern schonen, nicht aus politischer Rücksicht gegen den Hof ..., sondern weil mich die Ehre der Kirche und die Begierde, mit meinen Mitbrüdern glimpflich zu verfahren, zurückhält.« Nur dem vereinten Wunsch der Kardinäle und römischen Examinatoren gab Fénelon nach, seine Entgegnung zu veröffentlichen.

Bossuet war weniger zimperlich: »Je höher der Mann steht, von dem ein so gefährlicher Irrtum ausgegangen ist, desto mehr muß man sein Ansehen zertrümmern.« Er brachte es sogar fertig, von Fénelon zu schreiben: »Das ist eine wilde Bestie, die man zur Ehre des bischöflichen Amtes und der Wahrheit so lange verfolgen muß, bis man sie zu Boden geschlagen und unschädlich gemacht hat.« Alle Mittel waren Bossuet dazu recht. Selbst Fénelons Verwandte und Freunde mußten büßen: Sie wurden vom Hof verbannt und ihrer Ämter enthoben. Treffend urteilte Papst

Innozenz XII.: »Irrte Cambrai aus einem Übermaß der Gottesliebe, so sündigte Meaux aus Mangel an Nächstenliebe.«
Natürlich ließ Bossuet die öffentliche Verteidigungsschrift Fénelons nicht unbeantwortet. Streitschrift folgte auf Streitschrift. Ganz Europa sah gespannt auf das Schauspiel zweier sich befehdender Bischöfe. Die persönlichen Verleumdungen von seiten Bossuets hatten die Sache, die zunächst nur die Fachtheologen anzugehen schien, auch für ein breiteres Publikum interessant gemacht. Fénelon glaubte es seiner Stellung als Bischof und Metropolit schuldig zu sein, den öffentlich ihm angetanen Schimpf nicht auf sich sitzen zu lassen. Die Unbill schnitt ihm ins Herz. Gleichwohl findet man »in Fénelons Haltung und Äußerungen eine Hochherzigkeit, die in denen Bossuets fehlt« (R. A. Knox). Der Paradoxie, daß die Frage der »reinen Liebe« mit solch bitterem Streit ausgetragen wurde, war Fénelon sich schmerzlich bewußt. Mitten im Kampf schrieb er an Bossuet: »Daß die anderen Menschen Menschen sind, darf nicht überraschen. Daß aber die Diener Christi, die Engel der Kirche, solche Szenen der gottfernen und ungläubigen Welt vor Augen stellen, das fordert blutige Tränen. Ich wäre nur zu glücklich gewesen, wenn wir statt dieses Papierkrieges in unseren Diözesen Katechismusunterricht erteilt hätten, um die armen Bauern zu lehren, wie sie Gott zu fürchten und zu lieben haben.«
Als Gerüchte nach Cambrai gelangten, Frau Guyon sei in der Bastille gestorben, schrieb Fénelon, der sie tot glaubte, er könne auch jetzt nichts anderes sagen, als daß er nie etwas an ihr beobachtet habe, was ihn nicht wahrhaft erbaut hätte. »Und wäre sie selbst ein leibhaftiger Dämon gewesen, ich könnte nicht sagen, daß ich etwas anderes von ihr gewußt hätte, als was mir in der Zeitlichkeit begegnet ist; es wäre eine fürchterliche Feigheit, zweideutig hierüber zu reden, nur um mir die Gegner vom Hals zu schaffen. Ich brauche sie jetzt nicht mehr zu schonen; es ist ganz allein die Wahrheit, die mich zurückhält.«
Inzwischen arbeitete in Rom Bossuets Neffe als rühriger Agent planmäßig daran, das Urteil der höchsten kirchlichen Instanz gegen Fénelon zu beeinflussen. Alle Mittel waren ihm dabei recht: Er bespitzelte Kardinäle, bestach Prälaten, schüchterte die Féne-

lon gewogenen Examinatoren ein und drohte der Kurie mit einem Schisma. Ludwig XIV. bedrängte den Papst mit Mahnschreiben, die Bossuet aufgesetzt hatte. Obwohl Innozenz XII. mit dem Herzen auf Fénelons Seite stand, mußte er die Sache gegen ihn entscheiden. Von der zehnköpfigen Untersuchungskommission, die er mit dieser heiklen Sache beauftragt hatte, stimmten fünf Mitglieder für und fünf gegen Fénelons Buch. Der Sieg, den Bossuet gewann, war kläglich genug: statt der erwarteten Bulle kam nur ein Breve; statt der Zensur »häretisch oder der Häresie nahe« erfolgte lediglich die Verurteilung von 23 Sätzen aus Fénelons *Auslegung* als »kühn, ärgerniserregend, für fromme Ohren verletzend, für die Praxis gefährlich bzw. irrig«. Welche Sätze nur »kühn«, welche »irrig« sind, blieb ebenso offen wie die Frage, ob sie es für sich oder im Kontext sind.

In seinen Schriften wollte Fénelon zeigen, »was es in Wahrheit heißt, Gott mehr als sich selbst und sich selbst nur noch um seinetwillen zu lieben«: »Wir müssen Gottes Ehre mehr wollen als unsere Glückseligkeit . . . Es muß so sein, daß unser Interesse uns unvergleichlich weniger berührt als seine Ehre.« Mag sein, daß nicht alle Begründungen Fénelons überzeugen; doch seine Handlungsweise vollzog diese Lehre auf eine Art, die zur Bewunderung hinriß. Im gleichen Augenblick, in dem Fénelon als Theoretiker der uneigennützigen Liebe geschlagen wurde, siegte er durch eine Tat uneigennütziger Liebe. Er war gerade im Begriff, die Kanzel zu besteigen, als man ihm die Nachricht von seiner Verurteilung überbrachte. Gefaßt verkündete er selbst die aufregende Neuigkeit, gab seine Unterwerfung bekannt und predigte über die Autorität der Kirche. Ruhig erklärte der Erzbischof, er halte es für seine Pflicht, nicht weniger gehorsam zu sein als das letzte Schäfchen seiner Herde. Natürlich litt er unter dem Schlag. Aber selbst leidend blieb er in Übereinstimmung mit seiner Lehre: »Nur die wahre und reine Liebe liebt das Leid, weil nur sie sich wirklich hingibt.« In der *Auslegung* hatte Fénelon geschrieben, die von aller Eigenliebe entäußerte Seele müsse sich »ebenso im Herzen wie mit dem Munde allen Entscheidungen der Kirche unterwerfen«. Das tat Fénelon, indem er von allen Kanzeln seiner Erzdiözese verlesen ließ: »Wir geben zu dem

Breve unsere Zustimmung, ... in Einfalt, bedingungslos und ohne einen Schatten von Vorbehalt ...«.
Dem Schotten Ramsay, der bei ihm konvertierte, erklärte Fénelon einige Jahre später: »Die Kirche hat, indem sie mein Buch verurteilte, nicht auch die Lehre von der reinen Liebe verdammt; diese Lehre wird in allen katholischen Schulen gelehrt. Aber die sprachlichen Ausdrücke, deren ich mich bedient hatte, waren in einem dogmatischen Buche nicht am Platze.« Diese Erklärung ist richtig. »Fénelons *Auslegung der Grundsätze der Heiligen* krankt an einer Reihe unglücklicher Formulierungen, welche die vollkommene Orthodoxie seines Gedankens gefährden. Die volle Rechtgläubigkeit seines Anliegens leuchtet erst in den späteren Verteidigungsschriften auf, die darum von der Kirche niemals verurteilt wurden« (F. Varillon).

Bei einem Theologen, der den Wert der Beschauung so hoch stellte, daß er in den Verdacht des Quietismus geriet, wundert man sich zunächst, eine lebenslange eindringende Beschäftigung mit politischen Fragen festzustellen. Doch eine nähere Prüfung der Lehre Fénelons ergibt, daß sie keineswegs Weltabgewandtheit und Untätigkeit predigt, sondern im Gegenteil zu christlicher Weltverantwortung auffordert. Daß ein Geist wie Fénelon sich mit politischen Dingen einließ, widerspricht nicht seinen religiösen Überzeugungen, vielmehr hängen seine politischen Ideen mit seiner Theologie zusammen. Schon Ranke sah Berührungspunkte zwischen der Lehre von der selbstlosen Liebe und der »Forderung einer minder selbstsüchtigen Politik«. Übrigens war Fénelon schon durch seine Ämter genötigt, den politischen Fragen größte Aufmerksamkeit zu schenken. Als Erzieher des Klein-Dauphin hatte er den präsumptiven Thronerben in die Grundbegriffe der Staatslehre einzuführen. Als Erzbischof von Cambrai war er zugleich Herzog und Reichsfürst.
Scharf verurteilte Fénelon die machiavellistische Politik der Kardinäle Richelieu und Mazarin. In diesem Erzbischof fand »nach vielen Jahrzehnten, während welcher man in Frankreich ›christliche Politik‹ ohne Gewissen getrieben hatte, zum erstenmal das christliche Gewissen in der Politik wieder eine Stimme ... Féne-

lon ist der einzige unter den großen Männern jener Zeit, der dem Sonnenkönig nie mit Liebedienerei gehuldigt hat. Ludwig fühlte mit sicherem Instinkt die stolze Selbständigkeit dieses demütigen Priesters und erkannte richtig, daß in seiner Sanftmut eine unüberwindliche Kraft des Widerstandes lebte« (C. Muth). Fénelons Brief an Ludwig XIV. vom Jahre 1693 ist ein großartiges Dokument seiner politischen Gesinnung und seines unerhörten Freimuts:

»Sire! Die Person, die sich die Freiheit nimmt, diesen Brief an Sie zu richten, hat schlechterdings kein Interesse auf dieser Welt, das ihr die Hand führte . . . Sie können mit all Ihrer Macht von allen Gütern, die Sie haben, dieser Person keines geben, das sie verlangte; und sie würde gern alle Übel der Erde dulden, um Sie mit jenen Wahrheiten vertraut zu machen, ohne die auch kein König gut und groß werden kann . . . Ihre Erzieher haben Sie keine andere Regierungskunst gelehrt als eine, die sich zusammensetzt aus Mißtrauen, Eifersucht, Fernsein von Tugend, Scheu vor allem glänzenden Verdienste, Geschmack an unterwürfigen, kriechenden Menschen, Hoheitsgefühl und Hoheitsgebärde und Vorliebe für das allein, was Sie groß und herrlich macht. Seit dreißig Jahren haben Ihre Minister alle Grundpfeiler des Staates zuerst erschüttert und dann umgestürzt, um die Machtvollkommenheit des Königs . . . bis auf die höchste Stufe zu bringen. Es hat sich die ganze Sprache am Hofe geändert: Man hört kein Wort mehr von Staat und Staatsgesetz; es ist nur immer die Rede vom König und vom Willen des Königs . . . Man hat Sie bis in den Himmel erhoben, weil Sie die Größe in Ihrer einzigen Person vereinigt, das heißt, ganz Frankreich arm gemacht haben. Um an Ihrem Hofe einen abenteuerlichen und unheilvollen Luxus einzuführen, haben die Vertrauten des Regenten den Thron auf den Ruinen aller Stände des Königreiches erheben wollen, gerade als ob Sie dadurch groß werden könnten, daß Sie Ihre Untertanen klein und zu nichts machten, während doch die Größe der Untertanen die wahre Grundlage aller königlichen Größe ist . . . Die Bezirksregenten haben das königliche Ohr daran gewöhnt, ohne Unterlaß nichts als übertriebene Lobeserhebungen anzuhören, Lobeserhebungen, die bis zur Vergötterung gingen und die Sie um Ihres eigenen Heiles willen mit Verachtung hätten zurückweisen sollen. Man hat den königlichen Namen verhaßt und die französische Nation ihren Nachbarn unerträglich gemacht. Es konnte kein Bundesgenosse aushalten, weil man nur Sklaven wollte. Man hat blutige Kriege angefangen. So im Jahre 1672 gegen Holland ... Ich habe mit Bedacht diesen Krieg besonders genannt, weil er die Quelle aller anderen war, und weil er keinen Beweggrund als den des Ruhmes und der Rache für sich hatte, einen Beweggrund, der nie einem Kriege das Siegel der Rechtmäßigkeit aufdrücken kann. Daraus folgt aber, daß alle Erweiterungen der Grenzen, die ein Erwerb dieses Krieges sind, als ungerechte Eroberungen angesehen werden müssen. Ich weiß wohl, daß die erfolgten Friedensschlüsse die Ungerechtigkeit der Eroberung zu decken scheinen, weil sie Ihnen die genommenen Plätze eingeräumt haben. Aber ein Krieg, der in seinem Anfang ungerecht ist, wird durch einen glücklichen Ausgang nimmer gerecht. Die Friedensschlüsse, die der Überwundene unterschreibt, sind nicht aus freiem Willen unterzeichnet. Man unterschreibt, das Messer am Halse, und bloß um noch größere Verluste zu verhüten. Man unterzeichnet, wie man seine Börse hingibt, wenn es heißt: Gib oder stirb! Um also Ihre Eroberungen vor Gottes Auge zu untersuchen, müssen Sie bis zum Ursprunge des holländischen Krieges zurückgehen. Es wäre unnütz zu sagen, gemachte Eroberungen seien für Ihre Staaten notwendig. Notwendig kann für mich nicht sein, was Eigentum eines andern ist. Wahrhaft notwendig ist nur eines, und dieses Eine heißt: Gerechtsein ... Dies möge hinreichen, um Sie zu der Erkenntnis zu bringen, daß Ihre ganze Lebensbahn außerhalb des Gebietes der Gerechtigkeit und der Wahrheit umherirrte, also auch außerhalb der Grenzlinie des Evangeliums. So viele schreckliche Erschütterungen, durch die seit mehr als zwanzig Jahren ganz Europa verheert, so viel Blut, das wie Wasser vergossen, so viele Greuel, die verübt, so viele Provinzen, die verwüstet, so viele Städte und Dörfer, die in Asche verwandelt wurden, sind weiter nichts als unselige Folgen des unseligen Krieges von 1672, den Sie bloß aus Ruhmsucht begonnen haben ... Ein solches Benehmen der bloßen Willkür hat ganz Europa wider Sie vereinigt ... Ach, Sire!

Sie laufen Gefahr, auch in Ihrem eigenen Reiche als ein grausamer Herrscher gefürchtet zu werden . . . Ihre Siege, Ihre Eroberungen sind kein Fest mehr für Ihr Volk; voll Erbitterung und Verzweiflung kann es nicht mitfeiern, vielmehr zündet nach und nach in allen Teilen des Landes der Funke des Aufruhrs, und es verbreitet sich der fürchterliche Glaube: Der König fühlt kein Erbarmen mit unserem Elend, er liebt nur sein Ansehen und seinen Ruhm . . . Sire! Das ist der Zustand, in dem Sie sich befinden. Und diesen Zustand sehen Sie nicht, denn Sie leben wie einer, der stets eine Decke vor den Augen trägt . . . Aber Gott wird den Schleier, der Ihre Augen deckt, noch heben und Ihnen die Dinge, deren Anblick Sie sich so gern ersparen möchten, unverschleiert zeigen. Schon lange schwebt der Arm der Gerechtigkeit über Ihrem Haupte; nur weil der Richter auch Vater ist, zögert noch sein Schlag . . . Der Heilige wird seine gerechte Sache von der Ihrigen, die es nicht ist, wohl zu sondern wissen. Er wird Sie zu erniedrigen wissen, um Ihre Rückkehr zu ihm zu beschleunigen. Denn nie werden Sie Christ sein, wenn Sie sich nicht unter der Hand des Allerhöchsten demütigen . . . Sie lieben nichts als Ihren Ruhm und Ihre Bequemlichkeit. Alles sehen Sie nur in Beziehung auf Sie, als wären Sie der Gott der Erde und alles übrige nur geschaffen, um Ihnen Räucherwerk zu opfern. Und doch verhält es sich gerade umgekehrt: Sie sind von Gott auf die Erde gesetzt nur für das Wohl des Volkes! . . . Frankreich liegt in den letzten Zügen. Wollen denn Ihre Vertrauten so lange zuwarten und mit der freien Sprache nicht herausrücken, bis alles verloren ist? . . . Zu was sind diese Ihre Freunde am Ende gut, wenn sie Ihnen nicht begreiflich machen, daß Sie die Länder, die Ihnen nicht gehören, zurückgeben, . . . daß Sie die Übel, die durch Sie die Kirche erlitten hat, wiedergutmachen, daß Sie alle Sorge darauf richten müssen, noch ein wahrer Christ zu werden, ehe Sie der Tod überfällt? Ich weiß, daß die, welche diese Sprache der christlichen Freiheit sprechen, Gefahr laufen, die Gunst der Könige zu verlieren; aber sollte uns denn die Gunst der Könige lieber sein als das wahre Wohl der Könige? . . . König! Du mußt Dich selber erniedrigen unter die mächtige Hand Gottes, wenn Du nicht abwarten willst, bis er Dich erniedrige. König! Du mußt selber zuerst den Frieden begehren und durch diese Art von Erniedrigung alle Glorie, die Du zu Deinem Idole gemacht hast, abbüßen. König! Du mußt, um den Staat zu retten, Deinen Feinden alle die Eroberungen zurückgeben, die Du, auch ohne diese Rücksicht, nie anders als mit Ungerechtigkeit behalten könntest . . . Sire! Die Person, die Ihnen diese Wahrheiten sagt, ist dem höchsten Interesse des Königs so wenig entgegen, daß sie gern ihr Leben opfern würde, um Sie so zu sehen, wie Gott Sie haben will, und nie, nie wird sie aufhören, für Sie zu beten.«

In einem anderen Brief an Ludwig XIV. schreibt Fénelon: »Sie werden sagen, Gott lasse Frankreich nicht untergehen. Aber wo steht diese Verheißung geschrieben? . . . Verdienen Sie, daß Gott Wunder wirkt in einer Zeit, da selbst Ihr bevorstehender und gänzlicher Ruin Sie noch nicht zu bessern vermag, da Sie noch immer hart, hochmütig, verschlossen, unempfindlich und nur für Schmeicheleien empfänglich sind? Wird Gott besänftigt sein, wenn er Sie gedemütigt sieht ohne Demut, erniedrigt durch Ihre eigenen Fehler, die Sie nicht eingestehen, und bereit, sie von neuem zu begehen, sobald Sie nur zwei Jahre wieder Atem schöpfen können? Wird Gott sich mit einer Frömmigkeit zufriedengeben, die darin besteht, eine Kapelle vergolden zu lassen, den Rosenkranz zu beten, eine fromme Musik anzuhören, sich über Fehler anderer aufzuhalten und einen Jansenisten zu verjagen?«

Solche Mahnungen fruchteten beim »Sonnenkönig« wenig. Ludwig tat die politischen Ansichten seines Opponenten mit dem Wort »chimärisch« ab und hielt es für überflüssig, sich mit den Phantasien eines Schöngeistes zu beschäftigen. Durch Mittelsmänner versuchte Fénelon weiterhin den König zu beeinflussen, aber die Aussichten, auf diesem Wege die politische Lage zu bessern, waren nach der Verbannung des Erzbischofs gering. Um so mehr richteten sich Fénelons Hoffnungen auf seinen ehemaligen Schüler, den Herzog von Burgund. Um diesen inzwischen erwachsenen Enkel des alternden Königs gruppierte sich ein Kreis von Männern aus dem Hochadel, der in latenter Opposition zu Ludwigs Absolutismus stand. Fénelon bildete in diesem Kreise die geistige Mitte. Nach seiner Verbannung vom Hofe war er durch Briefwechsel mit dem Herzog von Burgund in Verbindung geblieben. Als der Groß-Dauphin gestorben war, durfte er hoffen, bald mit dem Thronerben die Reformideen zur Macht zu bringen. Die Aussichten wuchsen, als Ludwig XIV. den Herzog von Burgund zum Mitregenten erhob. Fénelon konnte darauf zählen, nach Ludwigs Tod an den Hof zurückgerufen zu werden und jene Macht zu erhalten, die Richelieu, Mazarin und der inzwischen verstorbene Bossuet innehatten – nur zu ganz anderen Zielen. Aus diesen erwartungsvollen Jahren stammen einige der wichtigsten politischen Denkschriften, die Fénelon für den Dauphin verfaßte. Doch es war anders bestimmt. Kurz nachdem der Erzbischof die Reformpläne ausgearbeitet hatte, raubte der plötzliche Tod des Herzogs von Burgund alle Hoffnung, sie jemals verwirklichen zu können. Es war ein harter Schlag für den Leidgeschulten, härter noch als die Verbannung durch den König und die Verurteilung durch den Papst. Fénelon überlebte ihn nicht lange.

Die Grundsätze zur Politik, die Fénelon in seinen Briefen und Schriften aufstellte, verdienen heute noch Beachtung. Sein Roman *Die Abenteuer des Telemach* ist »eine Propädeutik zu einer politischen Verantwortung und Führungsaufgabe schlechthin« (K. Holzamer). Schon hier äußert sich die entschiedene Ablehnung des Despotismus, die alle politischen Schriften Fénelons bestimmt. Auch der König sei durch das Sittengesetz gebunden. Die Lehre von der doppelten Moral – der Staatsraison gegenüber der Privatmoral – wird verworfen. Mit Recht erblickte Ludwig XIV. in Worten wie den folgenden eine Kritik seines absolutistischen Regimes: »Wenn die Könige allmählich kein anderes Gesetz mehr gelten lassen als ihren unbeschränkten Willen und ihren Leidenschaften keine Zügel mehr anlegen, so vermögen sie alles; aber durch diese Allmacht untergraben sie die Grundpfeiler ihrer Herrschaft; sie entbehren der festen Regeln und der Regierungsgrundsätze; sie haben kein Volk mehr, es bleiben ihnen nur noch Sklaven, und selbst diese vermindern sich von Tag zu Tag. Wer wird ihnen die Wahrheit sagen? Wer diesem Strome Ufer setzen? Nichts leistet mehr Widerstand; die Weisen fliehen, verbergen sich und seufzen. Nur eine plötzliche und gewaltsame

Umwälzung vermag dieser aus ihren Ufern getretenen Macht wieder ihren natürlichen Lauf zu weisen.« Der politische Führer muß an Einsicht und Tugend weit über dem Durchschnitt stehen, muß allseitig gebildet sein und darf sich nicht *mehr*, sondern viel weniger gestatten, als dem Nichtführenden beliebt. In seinem Werk *Gewissensprüfung über die Pflichten des Königstums* verlangt Fénelon vom König ein reines Privatleben, weil sein Beispiel aufs Volk wirkt und sein lasterhaftes Leben die Sitten des Landes vielleicht auf Jahrhunderte verdirbt. »Gewöhnlich sagt man den Königen, sie hätten weniger die Laster ihres Privatlebens als die Fehler, die sie innerhalb ihrer Königspflichten begehen, zu fürchten. Ich behaupte kühn das Gegenteil: Alle ihre Fehler im Privatleben erweisen sich als von unendlicher Tragweite für die Königswürde. Erforschen Sie doch Ihre Sitten im einzelnen! Untertanen ahmen ihre Fürsten sklavisch nach, besonders in Dingen, die ihren Leidenschaften schmeicheln. Gaben Sie ihnen vielleicht das schlechte Beispiel einer unehrenhaften, schändlichen Liebe? Taten Sie es, so brachte Ihr Ansehen Ehrlosigkeit zu Ehren . . . Sie lehrten Ihre Untertanen, vor Schändlichkeiten nicht mehr zu erröten.«

Nach Fénelons Überzeugung werden die Rechte des Monarchen beschränkt durch das Staatswohl, die Vernunft und den Willen Gottes. Überschreitet der König die Grenzen seiner Macht, so wird er zum Despoten: Er bildet sich ein, sein Staat sei nur zur Befriedigung persönlicher Gelüste da, und zieht ein müßiges Leben der schweren Arbeit des Regierens vor. Gott aber hat dem Herrscher seine Rechte nicht verliehen, damit er seinen Leidenschaften fröne. Die Folgen des Despotismus sind unheilvoll: Das Volk wird von übermäßigen Steuern bedrückt und lebt in Elend und Knechtschaft; das Land verkommt. Die von Schmeichlern vergötterte Person des Königs trat an die Stelle des Staates und der Gesetze.

Die vielen detaillierten Vorschläge Fénelons zur Reform des Staates, seiner Regierung und Verwaltung können hier nur in großen Zügen berichtet werden. Der wichtigste Reformvorschlag ist die Wiederherstellung und Ausgestaltung der Stände, die den Despotismus des Herrschers beschränken sollen. Damit die Abgeordneten der Ständeversammlung nicht unrechtmäßigem Einfluß des Königs ausgesetzt sind, schlägt Fénelon verschiedene Maßnahmen vor. Die Reichsstände müssen bei der Erhebung von Summen für außerordentliche Auflagen, für Krieg, Handel und Schiffahrt gefragt werden. Sie sind berechtigt, ihre Beratungen auch auf Justiz, Polizei, Finanzen und Ackerbau auszudehnen, und müssen sich vor allem um die Beseitigung von Mißbräuchen auf diesen Gebieten kümmern. Da die Erinnerung an die alten Ständeversammlungen im Volke untergegangen war, bedeuteten diese Vorschläge Fénelons eine Staatsumwälzung. Gelegentlich gebraucht Fénelon für »Stände« den Namen »Parlament«.

Auch eine Neuordnung des gesamten Finanzwesens hat Fénelon entworfen. Daß die persönlichen Bedürfnisse des Königs mit dem allgemeinen Staatsbudget verquickt wurden, war nicht verwunderlich in einem Land, dessen Herrscher sagte: »Der Staat, das bin ich!« Doch lag hier ein Grundübel des Systems. Außerdem erhob der Monarch durch Steueredikte so viel Geld, wie er für nötig hielt. Hier wünscht Fénelon eine durchgreifende Änderung: Die Summen müssen von den Ständen bewilligt werden und sind, da sie aus dem Vermögen des Volkes stammen, nur zum Nutzen des Volkes zu verwenden. Auch muß die Steuerlast gerecht verteilt werden. Die Aussaugung durch Steuerpächter und die Käuflichkeit der Ämter sind zu beseitigen. Was die Wirtschaftspolitik betrifft, so denkt Fénelon daran, den Ackerbau zu fördern, die Handelsfreiheit herzustellen, Einfuhrzölle und Exportbelastungen abzuschaffen, einen Wirtschaftsrat einzurichten und Handelskammern zu gründen. Der König soll sich nicht in die Geschäfte seiner Untertanen einmischen. Mit diesen Forderungen stellte sich Fénelon in Gegensatz zu Colberts System und nahm Ideen der Volkswirtschaft des achtzehnten, neunzehnten und zwanzigsten Jahrhunderts vorweg.

Umfassende Reformen wünscht Fénelon für das Justizwesen. Beim König als dem obersten Richter des Staates liege die höchste Interpretation der Gesetze. Diese Aufgabe sei wichtiger, als Heere zu kommandieren und Schlachten zu gewinnen, denn der Ruhm eines Gesetzgebers überstrahle den eines Feldherrn bei weitem. Freilich habe der König nicht persönlich als Richter aufzutreten, seine Hauptaufgabe sei es vielmehr, Gesetze zu geben. Um diese Aufgabe erfüllen zu können, müsse er sich eine genaue Kenntnis der Rechtswissenschaft erwerben.

Ludwigs XIV. Kirchenpolitik, welche die Kirche seinem Willen unterwerfen wollte, wird von Fénelon abgelehnt. Die geistliche Gewalt soll von der weltlichen unabhängig sein, deshalb verwirft Fénelon den Gallikanismus. Die Freiheit der gallikanischen Kirche sei in Wahrheit eine Knechtschaft, denn die weltliche Macht und ein Schisma seien weit mehr zu fürchten als noch so große Ansprüche des Papstes. Der freie Verkehr der Bischöfe mit dem Papste müsse wiederhergestellt werden. Einem seiner Suffragane, dem Bischof von Arras, schreibt Fénelon: »Gestatten, Monseigneur, Ihnen zu sagen, daß es Gott und nicht der König ist, den man den Bischöfen vor Augen halten muß, wenn es sich um rein geistliche Dinge handelt.« Über das Verhältnis von Staat und Kirche äußert Fénelon in seiner Rede anläßlich der Bischofsweihe des Kurfürsten von Köln: »Möchten die Fürsten sich doch nur nicht mit dem Gedanken schmeicheln, die Kirche würde zusammenbrechen, wenn sie sie nicht auf Händen trügen! Hören sie auf, die Kirche zu unterstützen, so wird der Allmächtige selbst ihre Stütze sein . . . Ehe sich die Kirche unter das Joch der weltlichen Mächte beugen und die evangelische Freiheit verlieren sollte, würde sie sich lieber alle zeitlichen Güter, die sie von den Fürsten erhalten, wieder nehmen lassen.«

Fénelons Herz war stets auf der Seite der Unterdrückten und Notleidenden. Als sein Palast zu Cambrai mit Büchern und Manuskripten niederbrannte, bemerkte der Erzbischof mit gelassener Heiterkeit: »Besser, *mein* Haus brennt als die Hütte eines armen Arbeiters.« Vor allem in Kriegszeiten bewies Fénelon eine grenzenlose Hilfsbereitschaft, hatte doch das Erzbistum Cambrai unter dem Spanischen Erbfolgekrieg viel zu leiden. Daß Schlimmeres unterblieb, verdankte die Bevölkerung dem europäischen Ansehen des Erzbischofs: Prinz Eugen erwies Fénelon hohe Ehren, und der Herzog von Marlborough trug Sorge, daß seine Soldaten sich in Fénelons Gebiet schonend verhielten. Weil der Krieg die Armen noch ärmer macht, lehnt Fénelon ihn ab.

Schon im *Telemach* schrieb er: »Der Krieg erschöpft einen Staat und setzt ihn immer der Gefahr aus, zugrunde zu gehen. Mit wieviel Vorteil man ihn auch beginnen möge, nie ist man sicher, ihn ohne Unglück zu beenden. Selbst wenn man siegt, vernichtet man mit dem Feind sich selbst. Das eigene Land wird entvölkert, es bleibt fast unbebaut. Der Handel wird zerstört. Das Schlimmste aber: Die besten Gesetze werden entkräftet, und die Sitten verderben. Die Jugend befaßt sich nicht mehr mit den Wissenschaften. Die gefährlichsten Ausschweifungen müssen geduldet werden. Militär, Justiz, Polizei geraten in Verwirrung.« Fénelon verwirft sämtliche Eroberungskriege: Wer Geld selbst in äußerster Not stiehlt, wird gehängt; wer aber Länder erobert, ist nach landläufiger Meinung ein Held. Die Wegnahme einer Wiese gilt als ein Verbrechen, die Wegnahme von Provinzen aber als ruhmreiche Tat. Ein Despot, der sein Volk unterjocht hat, wird danach trachten, auch andere Völker tyrannisch zu unterdrücken. Kein Volk aber hat das Recht, sich über andere Völker zu erheben. Denn »die ganze Erde ist nur ein gemeinsames Vaterland, in dem alle Menschen der verschiedensten Völker wie eine einzige Familie leben müßten.« Deshalb sind alle Kriege im Grunde Bürgerkriege. »Ein Volk ist nicht weniger ein Glied des Menschengeschlechtes, als eine Familie Glied einer Einzelnation ist. Jeder schuldet der Menschheit, die das allgemeine Vaterland ist, mehr als dem besonderen Vaterland, in dem er geboren ist: Es ist also unendlich verderblicher, die Gerechtigkeit von Volk zu Volk zu verletzen als die von Familie zu Familie.« Zur Abwehr eines raublustigen Tyrannen schlägt Fénelon schon im *Telemach* eine Union freier Völker vor.

Bei dem Abwehrkampf gegen den Despotismus muß man sich hüten, in das entgegengesetzte, nicht minder furchtbare Extrem zu geraten. Darüber schreibt Fénelon in *Gewissensprüfung über die Pflichten des Königtums:* »Der tyrannische Despotismus eines Souveräns greift die Rechte menschlicher Brüderlichkeit an ... Der Despotismus der Massen aber ist eine tolle und blinde Gewalt, die sich gegen sich selbst wendet. Ein durch übertriebene Freiheit verdorbenes Volk ist der unerträglichste aller Tyrannen. Die Weisheit einer jeden Regierung besteht darin, zwischen diesen beiden entsetzlichen Extremen die goldene Mittelstraße aufzufinden: in einer Freiheit, die nur durch die Autorität der Gesetze in Schranken gehalten wird. Aber die Menschen, blind und ihre eigenen Feinde, werden sich wohl nie darauf beschränken, die gerechte Mitte einzuhalten ... Freiheit ohne Ordnung ist Ausschweifung, die den Despotismus nach sich zieht. Ordnung ohne Freiheit ist Sklaverei, die sich in Anarchie verliert.«

Das politische Denken Fénelons wurzelt in einem nüchternen Wirklichkeitssinn. Und doch wurde gelegentlich Ludwigs XIV. uneinsichtige Behauptung wiederholt, Fénelons politische Gedanken seien lebensfremd und utopisch. »Man hat sich meistens auf die Ideen berufen, die im *Telemach* und den *Dialogues des Morts* enthalten sind. Hier stehen sie allerdings neben solchen, die den Charakter der Utopie auf der Stirn tragen, für deren Verwirklichungsmöglichkeit Fénelon aber niemals eingetreten ist. Wenn man sich dagegen an die Reformvorschläge seiner eigentlichen politischen Schriften hält (des *Examen de conscience sur les devoirs de la royauté*, der *Mémoires politiques*, vor allem aber der *Plans de gouvernement*, des *Essai philosophique sur le gouvernement civil* und seiner Korrespondenz), dann bekommt Fénelons Bild einen durchaus realen Charakter ... Niemand wird behaupten, daß Fénelons Pläne in allen Punkten lebensfähig waren. Ihr Kern, das ständisch beschränkte Königtum, konnte jedenfalls durchgeführt werden und war weiter entwicklungsfähig« (R. Osterloh). Wären die Reichsstände schon 1715 einberufen worden, so hätte sich die Französische Revolution erübrigt. 1789 war es zu spät.

Nein, ein chimärischer Schöngeist war Fénelon nicht. Als er schrieb, ein einzelner Staat, der seine Macht nach außen ausdehnt, werde für die allgemeine Freiheit und Sicherheit eine Gefahr, dachte er an Frankreich. Durch die Wahl eines französischen Prinzen für den spanischen Thron bestand die Gefahr, daß Frankreich seine Macht ungebührlich erweiterte. Da verfaßte Fénelon mehrere Denkschriften, die durch den Herzog von Beauvilliers an den König gelangen sollten. In ihnen warnt er vor einer Vergrößerung Frankreichs und zeigt mehrere Wege, den

Krieg zu vermeiden. Verlauf und Ausgang des Spanischen Erbfolgekrieges bestätigten, wie richtig Fénelon gesehen.
Man hat Fénelons politischen Programmschriften vorgeworfen, sie seien wenig einheitlich und voller Widersprüche. Gewiß verschmilzt Fénelons politisches Denken heterogene Elemente. Und doch zieht sich vom Schreiben an Ludwig XIV. aus dem Jahre 1693, dem ersten greifbaren Niederschlag seiner politischen Ideen, bis zu den Denkschriften um 1710 eine konsequente Linie. »Durch zwei Jahrzehnte sichtbar, ist sich die politische Auffassung Fénelons in ihren Wesenszügen stets gleichgeblieben« (P. E.Hübinger). Immer sind Fénelons Schriften zur Politik durchbebt von leidenschaftlicher Abneigung gegen den Despotismus. Überall äußert er als Christ, als Humanist und als Aristokrat seinen Haß gegen die Tyrannei als die Wurzel aller Übel, die Frankreich quälen. Stets wollte er statt Machiavellismus eine ethische Politik, statt Zentralismus eine föderalistische Ordnung, statt Absolutismus ein konstitutionell beschränktes Königtum.
Während Bossuets Staatstheorie überwundene Auffassungen zusammenfaßt und abschließt, bildet die Staatslehre Fénelons den Anfang einer neuen Epoche politischen Denkens: »So steht Fénelon vor uns als der erste Vertreter der ›liberalen‹ Staatslehre in Frankreich, als der erste Künder der Theorie vom Rechtsstaat in seinem Vaterland, als Vorläufer und Wegbereiter Montesquieus. . . . Er ist nicht bloß Vorläufer, er ist auch der große Vermittler. Durch ihn fließt ein breiter Strom christlicher Ideen in die moderne ›liberale‹ Staatstheorie . . . Daß Fénelons Lehre vom Staat eine Einheit darstellt, die eine Brücke vom alten, christlich gebundenen zum modernen, ›liberalen‹ politischen Denken schlägt und beide ohne inneren Bruch . . . vereint, darin gerade liegt Fénelons einmalige geistesgeschichtliche Bedeutung« (F. A. Frhr. von der Heydte).

Die letzten sechzehn Jahre Fénelons von seiner Verurteilung bis zu seinem Tode waren ausgefüllt mit apostolischer Tätigkeit in seiner Diözese. Der Erzbischof predigte, hörte Beichte, visitierte Pfarreien, wirkte als Seelenführer, schrieb und überarbeitete apologetische Werke und betreute die Armen. Die sentimentale, rationalistische und liberale Fénelon-Legende hat diese pastorale Tätigkeit übersehen. »Der wahre Fénelon, so wie er sich in seiner Korrespondenz und den Schriften der letzten Jahre zeigt, deckt sich keineswegs mit dem Fénelon des achtzehnten Jahrhunderts, wie ihn Ramsay, d'Alembert und andere dargestellt und gefeiert haben« (Saint-Beuve). Der wahre Fénelon ist ein Mann der Kirche, ein gläubiger katholischer Christ, ein guter Hirte. Die Kirche ist für ihn der Weg, auf dem Gott zu den Menschen kommt.«

Freilich wußte Fénelon wie wenige von der menschlichen, unzulänglichen Seite der Kirche. Er sah, wie reformbedürftig die Kirche im großen und im kleinen war, und arbeitete im Rahmen seines bischöflichen Amtes an der Besserung. In den Vorschriften, die er seinen Pfarrern für die Seelsorge gab, heißt es, man müsse alles unterdrücken, was nicht rechtmäßig eingeführt ist und zu keiner Erbauung beiträgt. Man dürfe Mißbräuche nicht deshalb beibehalten, weil das Volk unwissend und ungelehrig sei und aus langer Gewohnheit an abergläubischen Gebräuchen hänge. Wenn man die Nachsicht zu weit treibe, nähre man Vorurteile, die der Reinheit und Würde der Religion widersprächen, und gebe den Häretikern einen Vorwand, die Religion anzugreifen. Fénelon schrieb seinen Pfarrern vor, sie sollten alles abschaffen, was kein Gegenstand oder Mittel der Erbauung sein könne oder auf Aberglauben hinauslaufe, lud sie aber gleichzeitig ein, alles beizubehalten, was Glaube und Sitten erlauben und was den Eifer des Volkes zu einem christlichen Lebenswandel nähren könne. Sie sollten das Volk von abergläubischen Vorstellungen ablenken, aber nicht unter dem Vorwand, Mißbräuche abzuschaffen, alle äußeren Zeremonien auf einen mageren und unwirksamen Gottesdienst zurückführen.

Über die kirchliche Lage in Frankreich machte sich Fénelon keine Illusionen. Einem seiner Suffraganbischöfe schrieb er: »Die Bischöfe haben keinen Grund, sich auf ihre Autorität viel einzubilden; sie ist so geschwächt, daß kaum noch eine Spur davon im Bewußtsein des Volkes vorhanden ist. Man hat sich ganz daran gewöhnt, uns als wohlversorgte Leute von hohem Rang zu betrachten, welche Segnungen spenden und Dispensen oder Indulgenzen erteilen. Man sieht in uns gebietende Herren, die nach außen strenge Zucht üben; aber man liebt uns nicht mehr wie gütige und teilnehmende Väter, die allen alles sind. Rat, Trost und geistige Führung sucht man nicht bei uns.«

In einem seiner Briefe an die Marquise de Maintenon stellt Fénelon einen Grundsatz zur Reform auf: »Tausend beklagenswerte Dinge gibt es; man muß aber die richtige Zeit abwarten, die Gott allein kennt und über die er gebietet . . . Hitzig und scharf dreinreden, häufig zum Angriff übergehen, blinden Lärm schlagen, Pläne mit menschlicher Weisheit schmieden, um das zu reformieren, was der Reform bedarf, wäre auf verkehrtem Wege Gutes tun wollen.« In den *Briefen über die Autorität der Kirche* schreibt Fénelon: »Wenn Sie eine ernsthafte Reform wollen, so beginnen Sie sie nicht von außen durch eine scharfe und hochmütige Kritik. Wenden Sie die Reform vielmehr gegen sich selbst, demütigen Sie sich tief, mißtrauen Sie Ihren schwachen Erkenntnissen, arbeiten Sie daran, Ihren natürlichen Neigungen zu sterben, hören Sie nicht auf die Empfindlichkeiten Ihrer Eigenliebe . . . O glückliche und gründliche Reform! Je mehr Sie sich in diesem Sinne reformieren, um so weniger wollen Sie die Kirche reformieren . . . Gelangten die Menschen schon hienieden zur Armut im Geiste und zur Gütergemeinschaft der Gaben des Geistes, so erlebten wir, daß alle Spaltungen aufhörten. Wir reformieren die Kirche nicht, es sei denn, wir reformieren uns selbst. Dann gäbe es keine Theologen mehr, die stolz und eifersüchtig auf ihr Wissen pochen; in Denken und Fühlen wollten wir alle nur noch ein und dasselbe; ein einziger Geist, der Geist der Liebe und der Wahrhaftigkeit, wäre die Seele aller Glieder des Leibes der Kirche und vereinigte sie zur innigsten Gemeinschaft; wir alle kämen einander in Achtung entgegen und ertrügen uns gegenseitig . . . Es wäre ein erster Beginn der neuen Schöpfung und des Paradieses, das dem kommenden Äon vorbehalten ist.«

Wenn es nötig wurde, konnte Fénelon auch einem Amtsbruder eindringlich ins Gewissen reden. So schrieb er an den Erzbischof Colbert von Rouen: »Ich erfahre eben, Monseigneur, daß

M. Mansard Ihnen große Baupläne für Rouen und Gaillon geliefert hat. Gestatten Sie, daß ich Ihnen diesbezüglich ohne Umstände meine Befürchtungen mitteile . . . Die Hirten, die für das Heil so vieler Seelen verantwortlich sind, sollten ihre Zeit nicht mit der Verschönerung ihrer Häuser vergeuden. Wer könnte noch die Bauwut tadeln, die in unserem Jahrhundert so gewaltige Ausmaße angenommen hat, wenn sogar die guten Bischöfe diesen Skandal gutheißen? Können denn diese beiden Häuser, die so vielen Kardinälen und Prinzen, selbst solchen von Geblüt, prächtig genug erschienen, Ihnen nicht genügen? Haben Sie nicht dringendere Verpflichtungen mit Ihrem Geld? Denken Sie doch daran, Monseigneur, daß die kirchlichen Einkünfte das Erbteil der Armen sind, daß diese Armen Ihre Kinder sind und überall vor Hunger sterben. Hoffen Sie wirklich, daß Gott Ihr Werk segne, wenn Sie mit einem Prunk an Bauten beginnen, der selbst den von Fürsten und Staatsministern überbietet? Was soll aus der Armut Jesu Christi werden, wenn selbst die, welche ihn darzustellen haben, solchen Aufwand suchen? Das ist es, was unser Amt herabsetzt, anstatt es zu stützen, was den Seelenhirten die Autorität raubt. Ständig ist das Evangelium in ihrem Munde, ihre Werke aber sind gezeichnet von weltlichem Ruhm. Jesus Christus wußte nicht, wohin er seinen Kopf legen sollte, für uns aber, seine Jünger und Diener, sind die größten Paläste nicht schön genug . . . Richten Sie sich selbst, Moneigneur, und zwar so, wie nach Ihrer Auffassung Gott Sie richten wird. Setzen Sie sich deswegen nicht der Gefahr aus, in Ihrer letzten Stunde Gewissensbisse zu erleiden . . . Die Kirche braucht große Beispiele, damit das verächtlich gewordene Amt wieder Ansehen gewinnt. Zeigen Sie ein Bischofsherz, das nicht mehr an der Welt hängt, sondern darauf aus ist, Christus herrschen zu lassen.«

Fénelons Reformgeist wirkte auch über Frankreichs Grenzen hinaus. Die jahrelangen Bemühungen des Erzbischofs von Cambrai um den Kurfürsten Joseph Clemens von Köln geben uns hier besonders wertvolle Aufschlüsse. Joseph Clemens, der Bruder des Kurfürsten von Bayern, war im Zuge der Hausmachtpolitik mit dreizehn Jahren Fürstbischof von Freising und von Regensburg geworden, mit sechzehn Erzbischof und Kurfürst von

Köln, dessen Erzstift seit mehr als hundert Jahren an die nachgeborenen Söhne des Hauses Wittelsbach fiel, mit dreiundzwanzig Koadjutor von Hildesheim und Bischof von Lüttich. So besaß dieser haltlose Junge ohne Weihe und ohne theologische Bildung gleichzeitig fünf Bistümer, obwohl solche Kumulation vom Konzil von Trient verboten worden war. Rom hatte Dispens gegeben, drängte aber, als der junge Kirchenfürst das erforderliche Alter erreicht hatte, zum Empfang der Priester- und Bischofsweihe. Joseph Clemens wollte nicht, denn er fühlte sich fehl am Platze. »Er war ein Opfer seiner Herkunft, durch die er für die hohe Politik und zugleich für den geistlichen Stand bestimmt wurde, obwohl er für jene keine Begabung und für diesen keinen Beruf hatte« (M. Braubach). Bis in sein viertes Lebensjahrzehnt lag der schwache Mann bald in den Armen von Mätressen, bald in den Schlingen politischer Abenteurer. Während seines Aufenthaltes in Frankreich lernte der unglückliche Wittelsbacher Fénelon kennen und trug dem verehrten Erzbischof seine Gewissensbedenken vor. Sollte er resignieren, oder sollte er sich weihen lassen? Fénelon empfahl ihm, die Lebensbeschreibungen des heiligen Karl Borromäus und des heiligen Franz von Sales zu lesen, um sich innerlich auf den Beruf vorzubereiten. Brieflich gab er ihm Ratschläge:

»Der Papst sieht die bejammernswerten Zustände, unter denen viele ausgedehnte Diözesen leiden. Zahllose Herden gehen zugrunde, weil der Hirte fehlt ... Hätte wenigstens jede dieser großen Diözesen, die fraglos in mehrere geteilt werden müßten, einen guten Bischof, so wäre er in seiner Kirche nicht verschwenderisch und würde viel für sie arbeiten ... Mit eigenen Händen würde er im Schweiße seines Angesichtes den Acker des Herrn urbar machen; er würde die Ranken und Dornen, die das Korn ersticken, herausreißen; er würde Ärgernisse und Mißbräuche entwurzeln; er würde den Klerus disziplinieren; er würde das Volk durch sein Wort und Beispiel erbauen, er würde allen alles sein, um alle für Christus zu gewinnen. Sie, und Sie allein, Monseigneur, nehmen die Stelle vieler Bischöfe ein, ohne Bischof zu sein. Kann man sich da wundern, daß ein frommer, wohlunterrichteter Papst in Klagen ausbricht, wenn er an diese großen, verlassenen Herden denkt? Anderseits ist nichts so schrecklich, als Bischof zu werden, ohne alle Tugenden eines Bischofs zu besitzen. Dann wandelt sich diese Würde in ein Siegel der Verdammnis. Sie haben ein zu zartes Gewissen, um dieses Unglück nicht zu fürchten. Wenn Sie, Monseigneur, nun doch Bischof werden wollen, hüten Sie sich in Gottes Namen, es halb zu sein! Die Vorbereitung muß der Größe der Aufgabe entsprechen.«

Erst nach jahrelangem Ringen entschloß sich der Kurfürst von Köln, die Weihen zu empfangen. Fénelon selbst konsekrierte ihn und hielt dabei eine Ansprache, die an der Feudalisierung der Kirche Kritik übt, das Bischofsideal aufleuchten läßt und überdies einen schönen Beleg bietet für »den Freimut, die Wahrheit unter allen Umständen zu sagen, und die Gabe, sie bescheiden und edel zu sagen« (Matthias Claudius). Fénelon warnt vor dem Typus des Fürstbischofs, der sich schämt, Hirt und Vater zu sein, und nur Fürst und Herr sein will: »Ich weiß, daß Sie die Wahrheit lieben, rein und unumwunden, und ich fürchte Ihr Mißfallen nicht, wenn ich sie sage . . . Die Kirche bedarf des Beistandes der Fürsten dieser Erde nicht. Anderseits können die Fürsten, die Hirten werden, der Kirche sehr nützlich sein, wenn sie sich erniedrigen, wenn sie sich der Arbeit widmen und alle Hirtentugenden haben . . . Die Demut, so notwendig für jeden Diener des Altares, ist noch weit nötiger denen, die ihre hohe Geburt verführt, sich über den Rest der übrigen Menschheit zu erheben. Hören Sie, was Jesus Christus sagt: ›Ich bin nicht gekommen, mich bedienen zu lassen, sondern um andern zu dienen.‹ Schauen Sie, der Sohn Gottes, den Sie inmitten seines Volkes darstellen sollen, ist nicht gekommen, um Reichtümer zu genießen, Ehren zu empfangen, Vergnügen zu kosten und ein weltliches Regiment zu führen. Im Gegenteil, er kam, um sich zu erniedrigen, um zu leiden, die Schwachen zu ertragen, die Kranken zu heilen, seine Wohltaten auf die auszugießen, die ihm die größten Übel antaten, seine Arme alle Tage nach einem Volke auszustrecken, das ihn ablehnte. Glauben Sie, der Jünger stehe über seinem Meister? . . . Wie könnten wir die Liebe zum Kreuz lehren, wenn wir selbst es zurückwiesen, um uns dem Luxus und dem Genuß hinzugeben? Wer wird noch den Verheißungen Glauben schenken, wenn wir bei ihrer Verkündigung den Eindruck erwecken, als glaubten wir selbst nicht an sie? Wer wird noch sich selbst entsagen, um Gott zu lieben, wenn wir leer von Gott und als Anbeter unserer eigenen Person erscheinen? Was werden unsere Worte noch ausrichten, wenn all unser Tun sie Lügen straft? ... Nach dem heiligen Cyprian muß der Bischof nicht nur lehren, sondern gleichfalls lernen. So soll also der Bischof alle die anhören, die mit ihm sprechen wollen ... Wir müssen ohne weiteres überzeugt sein, daß wir irren können, und dürfen uns niemals vor dem Geständnis schämen, daß wir uns getäuscht haben. Unsere hohe Stellung bewahrt uns keineswegs vor Täuschung, im Gegenteil, sie setzt uns ihr nur noch stärker aus. Denn je höher wir stehen, um so mehr Betrüger ziehen wir an, da wir ihre Gier, ihren Ehrgeiz und ihre Schmeichelei herausfordern ... Der Weise vermehrt seine Weisheit um jene, die er beim Mitmenschen findet ... Er ginge bis an die Grenzen der Erde, um einen treuen und selbstlosen Freund zu suchen, der den Mut aufbrächte, ihm seine Fehler zu zeigen. Er übersieht nicht, daß die Untergebenen besser als er selbst die Einzelheiten kennen, weil sie diese von viel näher sehen und weil man sie vor ihnen weniger versteckt ... Entscheiden Sie niemals über einen wichtigen Punkt der Ordnung ohne Beratung ... Denken wir immer daran, daß der wahre Gottesdienst in der Liebe besteht. Aber um die Menschen zur Liebe anzuleiten, müssen wir bis zum Grund ihres Herzens vorstoßen ... Wir müssen sie überzeugen und erreichen, daß sie das Gute frei und unabhängig von knechtischer Furcht wollen. Kann aber Gewalt die Menschen überzeugen? Kann sie die Menschen dahin bringen, zu wollen, was sie nicht wollen? Sehen wir nicht, daß selbst die Letzten des Volkes keineswegs immer glauben oder wollen, was den Fürsten, selbst den mächtigsten, lieb ist? Jeder schweigt, jeder leidet und versteckt sich, jeder folgt und tut so, als ob er wolle, jeder schmeichelt und applaudiert. Niemand aber glaubt und liebt. Im Gegenteil, je ungeduldiger man den Zwang erträgt, der uns dazu bringt, so zu tun, als ob wir liebten, um so mehr haßt man. Keine menschliche Gewalt kann den undurchdringlichen Wall der Freiheit eines Herzens durchbrechen. Das Reich Jesu Christi aber ist im Innern des Menschen, weil der Herr die Liebe verlangt. Deshalb hat er auch nichts mit Gewalt durchgesetzt, sondern nur durch Überzeugung ... Wie viel Widerspruch werden Sie bei ihrer Arbeit erfahren! Will man das Böse tun, oder doch wenigstens das Gute aus Schwäche fallen lassen, so schmeichelt man den Leidenschaften der Masse und findet ihren Beifall. Auf Kosten der Ordnung macht man sich leicht Freunde. Will man aber das Gute tun und das Böse zurückdrängen, dann muß man die Leidenschaften der Menschen zurückweisen, ihnen widersprechen, sie angreifen und sich gegen den Strom stellen. Alles verbündet sich dann gegen Sie ... Der Mißbrauch wird Brauch genannt, und das Volk wacht eifersüchtig über ihn wie über ein durch Besitz erworbenes Recht. Gegen eine Reform wehrt man sich wie gegen eine übertriebene Änderung. Selbst wenn der Hirt die vernünftigsten Milderungen anwendet, die Reform stört die Geister durch eine scheinbare Neuheit, obgleich sie wirklich nützt und aufbaut. Die Kirche leidet, wenn sie ihre Hände gebunden fühlt und sieht, wie der Kranke das zu seiner Heilung bereitete Mittel zurückstößt. Je höher Sie stehen, um so mehr werden Sie dieser Art Widerspruch ausgesetzt sein ... Arbeiten und doch nie sein Werk sehen; sich ständig mühen, um die Menschen zu überzeugen, und doch ihren Widerspruch spüren; arbeiten und doch erleben, wie die Schwierigkeiten immer wieder neu erstehen: Kämpfe nach außen, Ängste nach innen; nur allzu deutlich erkennen, wo die Sünder stehen, niemals aber mit Bestimmtheit wissen, wo die wahren Gerechten sind, das ist das Los der Diener Jesu Christi.« Dieses Bischofsideal hat Fénelon in seinem Leben verwirklicht.

Fénelon sah klar, was nötig wäre, um die Kirche wieder erblühen zu lassen. Frei und ohne Schonung im Ausdruck richtete er Reformvorschläge auch an die römische Kurie und an den Papst. Seine Denkschrift an Clemens XI. ist »in ihrer Kühnheit und ihrem scharfen Freimut den Briefen des heiligen Bernhard an Papst Eugen III. vergleichbar« (F. Varillon). An den Mittelsmann, durch den er seine Schrift dem Papst überreichen ließ, schrieb er: »Ich bin gewiß, daß jene, die wie Sie das Übel in seiner ganzen Größe kennen, nicht erstaunt sein werden, daß ich auch große Heilmittel vorschlage. Man wird sehen, daß ich Rom liebe ohne

Schmeichelei und mit einem Eifer, der über jegliche Furcht, zu verletzen, erhaben ist.« Der Papst nahm die Schrift gut auf. In seinem Brief an Clemens XI. äußert Fénelon seine Hoffnungen auf eine erneuerte Kirche, die sogar für Ungläubige und Irrende wieder anziehend wird. »Das glaube ich gegen die Hoffnung auf Hoffnung hin.« So nahm Fénelon das Programm Papst Johannes XXIII. vorweg: Reform als Weg zur Wiedervereinigung.

Kalvinisten und andere Christen, die außerhalb der sichtbaren Gemeinschaft der katholischen Kirche standen, behandelte Fénelon liebevoll als Brüder, deren Vorfahren das Vaterhaus verlassen hatten, in das ihre Nachfahren eines Tages wieder heimkehren würden. Die seinerzeit beliebten Druckmittel, Andersgläubige zum Wechsel ihres Bekenntnisses zu drängen, verschmähte er. Er hatte eine zu große Ehrfurcht vor der geistigen Freiheit des Menschen. Außerdem kannte er aus Erfahrung die Wirkungslosigkeit von Gewaltmitteln, hatte er doch als fünfunddreißigjähriger Missionar unter den Hugenotten in Poitou und la Saintonge erlebt, daß die meisten dieser erzwungenen »Bekehrungen« nicht echt waren. An Bossuet schrieb er damals: »Wollte man diese Leute dazu bringen, das Christentum abzuschwören und den Koran dafür anzunehmen, so müßte man nur Dragoner vor ihnen aufmarschieren lassen.« – »Vergebens hatte er zu erreichen versucht, daß von den Augen dieses in Schrecken gesetzten Volkes alles entfernt wurde, was Zwang und Gewalt anzukünden schien« (F. L. Bausset). Später mußte sich Fénelon wegen seiner Nachsicht gegen die Protestanten rechtfertigen.

Dem Prätendenten der englischen Krone, Jakob III., sagte Fénelon: »Zwingen Sie niemals Ihre Untertanen, ihre Religion zu wechseln. Keine menschliche Macht kann jemals die uneinnehmbare Schanze der Herzensfreiheit erstürmen. Nie kann Gewalt die Menschen überzeugen; sie schafft nur Scheinheilige. Sobald die Könige sich in die Religion mischen, statt sie zu beschützen, schlagen sie sie in Fesseln. Gewähren Sie allen bürgerliche Freiheit, indem Sie das dulden, was Gott duldet, und indem Sie die Menschen mit gütigem Überreden heimzuführen suchen.«

In gewisser Weise bahnte Fénelon dem Toleranzgedanken der

Aufklärung den Weg. Jedoch darf nicht übersehen werden, daß dieser Bischof weit entfernt von Gleichgültigkeit in Glaubensdingen war. Den Jansenismus hat er in vielen Schriften angegriffen und deutlich von der katholischen Lehre unterschieden. Nur zwischen Menschen, welche die Unterschiede zwischen ihren Glaubensüberzeugungen scharf erfassen, ist Toleranz möglich. So streng Fénelon mit der Feder gegen Irrtümer kämpfte, so schonend war er gegen Personen. Er duldete die in seiner Diözese lebenden Jansenisten. Er mißbilligte die Zerstörung des Klosters Port-Royal: »Ein Machtspruch wie der gegen Port-Royal«, so schrieb er einem Freund, »kann nur aller Mitgefühl für diese Mädchen und Entrüstung für ihre Verfolger auslösen.«

Am Abend vor seinem Tode, nach Empfang der heiligen Ölung, diktierte er seinen letzten Brief. In ihm beteuert er seinen Gehorsam gegenüber der Kirche und seinen Respekt vor dem König. Seine letzte Sorge war, einen Nachfolger zu erhalten, »der fromm, ordentlich, gut und gegenüber dem Jansenismus fest ist«.

Clemens Maria Hofbauer

(1751–1820)

In demselben Jahre 1751, in dem zu Paris der erste Band der französischen Enzyklopädie, des Werkzeugs und Symbols der kirchenfeindlichen Aufklärung, erschien, wurde in Taßwitz bei Znaim in Südmähren ein Mann geboren, der entscheidend dazu beitragen sollte, die unheilvollen Auswirkungen der Aufklärung zu überwinden. Unter dem Namen Clemens Maria Hofbauer ist er in die Geschichte der Kirche und des mitteleuropäischen Geisteslebens eingegangen.

Sein Vater, ein Fleischhauer, war Tscheche, seine Mutter eine Deutsche. Als neuntes von zwölf Kindern hatte er eine entbehrungsreiche Jugend, zumal er den Vater früh verlor. Seine stille Sehnsucht war das Priestertum, doch mußte er viele abseitige Wege wandern, ehe sich ihm die Straße zu diesem Ziele öffnete. Nacheinander war er Bäckerlehrling in Znaim, Rompilger, Eremit in der Einsiedelei zu Tivoli, Klosterschüler in Klosterbruck, abermals Fußpilger nach Rom, abermals Klausner, diesmal in der Heimat, dann Bäckergehilfe in Wien, wo sein Meister ihm Einheirat ins Geschäft anbot, endlich, als ihm von adeligen Gönnerinnen finanziell geholfen wurde, Student der Theologie in der Kaiserstadt.

Das Wien jener Tage war beherrscht vom Jansenismus, vom Rationalismus und vom aufgeklärten Absolutismus. Der Jansenismus, damals in Frankreich und Holland eine starke innerkirchliche Bewegung, fand über die habsburgischen Niederlande in Österreich Eingang und verband sich hier mit den Bestrebungen für einen romfreien Katholizismus. Der niederländische Jansenist Gerhard van Swieten, der Leibarzt Maria Theresias, sorgte bei Hofe für jansenistische Beichtväter und Erzieher, förderte die Verbreitung jansenistischer Bücher und arbeitete planmäßig darauf hin, die Jesuiten aus dem Unterrichtswesen zu verdrängen.

Hofbauer war von Natur aus ein fröhlicher Mensch und schon deshalb gegen den düsteren Geist des Jansenismus gefeit. Zeit seines Lebens »machte er die Frömmigkeit liebenswürdig und haßte jansenistische Strenge« (A. Innerkofler).
Auch der Rationalismus des Aufklärungszeitalters, der vom Christentum nur das gelten ließ, was der Vernunft einsichtig ist, und alle Glaubensgeheimnisse und Wunder leugnete, berührte den von einer guten Mutter zu tiefer Frömmigkeit Erzogenen nicht. Wohl mußte sich der junge Student mit ihm auseinandersetzen, erlebte er doch die Anfänge der Regierung Josefs II. und den Wiener Besuch des Papstes Pius VI., der vergeblich die josefinischen Neuerungen aufzuhalten suchte. Was von den Kathedern der Universität doziert wurde, entsprach mehr dem Geist der Zeit als dem Geist der christlichen Überlieferung. Einmal unterbrach Hofbauer ein Theologie-Kolleg mit dem Zuruf: »Herr Professor, was Sie da sagen, ist nicht mehr katholisch!« Sprach's, nahm den Hut und verließ den Hörsaal.
Der Josefinismus, mit dessen Folgen Hofbauer sich sein Leben lang herumzuschlagen hatte, war »Aufklärung gekoppelt mit Absolutismus« (C. Mitrofanoff): ein System des Staatskirchentums, das die Kirche dem Staat unterordnen und die Priester zu Staatsbeamten machen wollte. Josef II. griff in die kirchliche Verwaltung ein, hob 400 Klöster auf, unterstellte die übriggebliebenen den Bischöfen, verbot den Theologen das Studium in Rom, schloß die bischöflichen Seminare und die Ordenslehranstalten und schuf statt ihrer für den Priesternachwuchs staatlich gelenkte Generalseminarien. Alle Erlasse des Papstes mußten vor ihrer Veröffentlichung ihm zur Genehmigung vorgelegt werden. Seine Bevormundung erstreckte sich selbst auf die Liturgie: Er schrieb die Dauer der Messen und die Zahl der Kerzen am Altar vor, verminderte die Zahl der Feiertage, verbot Wallfahrten, Prozessionen und Heiligenbilder in den Kirchen, schrieb den Inhalt der Predigten vor und bestimmte für alle gottesdienstlichen Handlungen die Landessprache. »Sakristan des Reiches« nannte ihn Friedrich II. von Preußen spöttisch. Nicht alle Bestrebungen des Kaisers sind zu verurteilen. Auch von katholischer Seite werden manche josefinischen Reformen heute anders beurteilt als

vor hundert Jahren. Daß aus den Mitteln der aufgehobenen Klöster Hunderte von neuen Pfarreien gegründet wurden, war verdienstlich. Und doch führte der Josefinismus – wer wollte es leugnen? – zu religiöser Oberflächlichkeit und ließ wertvolle Kräfte der Frömmigkeit verdorren. Indem er mit abergläubischen Gewohnheiten unterschiedslos auch symbolstarkes volkstümliches Brauchtum ausrottete, stellte er ein abschreckendes Beispiel dafür auf, wie man nicht reformieren soll. Selbst ein Bewunderer des Kaisers gibt zu, daß er »für das historisch Gewordene kein Verständnis hatte« (V. Bibl). »Die Maßnahmen der josefinischen Kirchenpolitik haben die innere Aushöhlung des katholischen Kirchentums ungemein gefördert« (F. Valjavec). »Der Klerus, und namentlich der österreichische Episkopat, fand nicht die Energie, gegen das herrschende System aufzustehen. Teils kannte er die Größe des Übels nicht, teils fehlte ihm der Mut, sich dagegen aufzulehnen« (R. Till). Während andere sich treiben ließen, schwamm Hofbauer gegen den Strom.

Er hat sein Studium nicht im josefinischen Wien vollendet. Mit seinem Freund Thaddäus Hübl wanderte er nach Rom – es war wohl seine siebente Fußreise in die Ewige Stadt – und trat in die Kongregation des Allerheiligsten Erlösers ein. Hofbauer und Hübl waren die ersten Ausländer, die in die bisher rein neapolitanische Kongregation aufgenommen wurden. Der Stifter der Redemptoristen, der heilige Alfons von Liguori, lebte noch. Hofbauer hatte bereits einige der religiösen Schriften dieses großen Reformators in deutscher Übersetzung kennengelernt. Persönlich sollte er ihn nicht zu Gesicht bekommen.

Im vierunddreißigsten Jahre seines Lebens empfing Hofbauer die Priesterweihe. Er wollte sich in Österreich ein Arbeitsfeld suchen und eine Niederlassung seiner Kongregation gründen. Seine Mitbrüder lachten den Optimisten aus, doch der Ordensobere gab ihm den Auftrag. Allerdings erklärte er, daß er ihm keine finanzielle Hilfe gewähren könne. Ganz auf sich selbst angewiesen, bemühte sich Hofbauer, der Kongregation im josefinischen Wien Eingang zu verschaffen. Natürlich stellte sich der Plan als undurchführbar heraus.

Als sich Hofbauer in Wien keine Aussichten auf eine ersprießliche Arbeit eröffneten, faßte er gleich neue Pläne. Mit Hübl machte er sich auf den Weg nach Rußland. Warschau war als Zwischenstation gedacht. Es fügte sich aber, daß die beiden Priester dort blieben und ein Arbeitsfeld fanden, das sie für mehr als zwei Jahrzehnte beschäftigen sollte.
Das Haus Sankt Benno, eine Gründung aus dem siebzehnten Jahrhundert, hatte die Aufgabe, durchreisende Fremde zu beherbergen. Kranke zu pflegen und Waisen zu erziehen. Es wurde von einer deutschen Bruderschaft verwaltet, die nach der Aufhebung der Gesellschaft Jesu auch die Jesuitenkirche in Warschau übernommen hatte. Da die Bruderschaft über keinen Geistlichen verfügte, bat sie die beiden Redemptoristen, bei ihnen zu bleiben. Der Nuntius und der König Stanislaus August Poniatowski begrüßten diesen Plan wärmstens. So übernahmen Hofbauer und Hübl die Bruderschaftskirche Sankt Benno mit der Verpflichtung, für die Deutschen Gottesdienst zu halten und eine Armenschule einzurichten. Hofbauer gründete die erste öffentliche deutsche Schule in Warschau, die gleich zu Beginn 200 Kinder zählte, dazu ein Waisenhaus, das einzige damals am Orte. Unterricht wurde erteilt in Deutsch, Polnisch, Latein, Religion, Geschichte, Geographie, Naturgeschichte und Zeichnen. Hofbauer gewann tüchtige Lehrkräfte, hatte aber zu wenig Mittel, um die Gebäude in ordentlichem Zustand zu halten. Die zugesagte Hilfe des Königs blieb aus, und hätten nicht Hofbauers Wiener Freunde Geld geschickt, so hätte sich die begonnene Arbeit kaum fortführen lassen. In einem amtlichen Bericht heißt es: »Die Geistlichen, welche dieser Anstalt vorstehen und deren Bedürfnisse besorgen, sind dergestalt arm, daß sie sehr oft nicht wissen, womit sie für den folgenden Tag für das sämtliche Personal Nahrung schaffen werden.«
Neben den dauernden Geldsorgen und der oft drückenden Armut erschwerten noch andere Umstände das Wirken der Redemptoristen in Warschau. Hofbauer übertrieb nicht, als er schrieb: »Skandale und Laster haben hier ihren Höhepunkt erreicht . . . Vom Klerus bis zum ärmsten Bettler, alles ist verdorben.« Hier sah sich der Apostel zu höchsten Anstrengungen her-

ausgefordert. Die Polen aber betrachteten die deutsche Schule und deutsche Predigt als Germanisierungsversuche und waren mißtrauisch. Auch brachten die wechselvollen politischen Ereignisse allerlei Aufregungen. Polen wurde zum zweiten Male geteilt, und 1794 erlebte Hofbauer in Warschau Straßenkämpfe, Metzeleien und die Beschießung der Stadt. Drei Bomben fielen auf Sankt Benno, ohne zu detonieren. Nach zwanzig Monaten russischer Verwaltung traten für zehn Jahre die Preußen die Herrschaft in Warschau an.

Trotz allem wuchs das Kloster. Novizen traten ein, und 1795 zählte Sankt Benno acht Patres und sechzehn weitere Ordensangehörige. Die Polen hatten ihr anfängliches Mißtrauen überwunden und strömten in hellen Scharen zu den feierlichen Gottesdiensten. Während in den anderen Kirchen der Stadt nicht gepredigt wurde, gab es in Sankt Benno täglich Predigten in deutscher und in polnischer Sprache, insgesamt zweitausend im Jahr. Im Laufe von zwölf Monaten wurde die ganze Glaubens- und Sittenlehre behandelt. Diese »immerwährende Mission« zog viele Tausende an. Manche kamen nur der herrlichen Musik wegen nach Sankt Benno, wurden dann aber wider Erwarten von der Predigt noch stärker ergriffen. Der Ordensgeneral meinte, fünf Predigten täglich seien zu viel. Hofbauer aber antwortete, in Ländern, in denen die Bischöfe ihre Pflicht nicht erfüllen, müßten wenigstens die Hunde fleißig bellen. »Wenn Sie mit eigenen Augen den schrecklichen Zustand der Religion in dieser Stadt sehen könnten, Sie würden uns tadeln; aber nicht, weil wir zu viel, sondern weil wir zu wenig predigen.«

Sobald Hofbauer von einer dringenden Not angerufen wurde, pflegte er mit einer hochherzigen Tat zu antworten. So gründete er in Warschau eine Industrieschule für arme Mädchen. Über die Beweggründe dieses neuen Unternehmens spricht er selbst sich in einer Eingabe an die Behörde folgendermaßen aus: »Wir sehen einen der größten Fehler in Warschau darin, daß die ganze so weitschichtige Stadt keine öffentliche Schule hatte, in der die Mädchen armer mittelloser Eltern unentgeltlich den nötigen Unterricht hätten erhalten können. Wir errichteten demnach eine derartige Schule . . . Man will sich nicht überzeugen, daß alles

Verderben der Moralität oder wenigstens doch der größte Teil desselben von unerzogenen und verdorbenen Weibern herrühre. Die Mütter sollen in ihren Kindern dem Staate Bürger erziehen, und sie wissen selbst kaum, daß sie Menschen sind. Mädchen von der ärmeren Klasse dieser Stadt, wenn sie jung und wohlgebildet sind, ergeben sich den Ausschweifungen des leichten Lebens, weil sie von ihren Müttern, die selbst nichts können, zu keiner ernstlichen Arbeit angehalten werden. Sie verderben die Männer und, wenn sie alt geworden sind, ergeben sich dem Betteln. Es werden wenige Gassen dieser Stadt gefunden, wo nicht eines oder mehrere Schandhäuser gefunden werden. Die Familien klagen über das Betragen ihrer Dienstmägde, die nichts können als stehlen und das Eigentum ihrer Herrschaft verderben, und dennoch will niemand den Grund des Übels einsehen. Die Menschen sind nicht so unverbesserlich; die mehrsten von dieser Klasse von Menschen gehen nur deswegen irr, weil sie nie etwas Besseres gewußt haben. Tausend Erfahrungen haben uns davon überzeugt. Schier alle dergleichen beteuerten uns, sie wüßten nichts Besseres, sonst würden sie dergleichen Lebenswege niemals eingeschlagen haben.« Müßiggang ist aller Laster Anfang; will man die Laster beseitigen, so muß man dem Müßiggang zu Leibe rücken. Dieser Erkenntnis entsprechend handelte Hofbauer. Nach einem Jahr konnte er der Regierung melden, daß bereits 200 arme Mädchen »in deutscher und polnischer Sprache, im Nähen, Stricken, Spinnen und Sticken usw. unterrichtet werden«. Mit der Leitung der Schule betraute Hofbauer einige opferfreudige Witwen, die sich zu einer klösterlichen Gemeinschaft zusammenschlossen und von ihren Zöglingen zwölf bis sechzehn besonders verlassene Mädchen in volle Pflege nahmen.

Hofbauer erkannte auch die Notwendigkeit des Laienapostolates. Er organisierte die Laien in einer Sodalität und gab ihnen Statuten, in deren Einleitung es heißt: »Da die traurige Erfahrung lehrt, daß in unseren Zeiten die Sittenlosigkeit alle Schranken der Zucht und Scham frech überschreitet und der Unglaube fest entschlossen ist, alles zu unternehmen, um den Glauben an Christus, ja alles Andenken einer Religion vom Erdboden ganz zu vertilgen, ist es notwendig, daß wenigstens jene Personen, die

noch das Glück haben, gläubig zu sein, sich sammeln, um mit vereinigten Kräften gegen den reißenden Strom der Sittenlosigkeit und des Unglaubens zu arbeiten und alles zu tun, was in ihrem Vermögen steht, damit der heilige Glaube, den wir von unsern Eltern ererbt haben, auch auf unsere Nachkömmlinge rein und unversehrt fortgepflanzt werden möge.« Es folgen Anleitungen, wie die Mitglieder zunächst sich selbst heiligen und dann an der Rettung der Seelen arbeiten. »Nachdem sie sich selbst fähig gemacht haben, mit dem Apostel in Wahrheit sagen zu können: ›Wandelt, wie wir wandeln!‹, müssen sie die geschicktesten Mittel aussuchen, um in unseren Tagen der Bosheit und dem Unglauben Einhalt zu tun. Zu diesem Zweck sollen sie sich jährlich öfters versammeln und unter dem Vorsitz ihres geistlichen Direktors über die Mittel sich beratschlagen . . ., wie sie die Lesung erbaulicher und geistlicher Bücher fördern und allgemeiner machen; den öfteren würdigen Genuß der heiligen Sakramente einführen . . . Zu diesen Zusammenkünften soll auch ein jeder, der irgend etwas zur besonderen oder allgemeinen Verbreitung des Guten beizutragen hat, die Mittel, Art und Wege bekanntmachen, durch welche er es bewirkt hat, damit man künftig bei ähnlichen Personen und Umständen auch auf gleiche Weise verfahren könne. Zu diesen Versammlungen sollen sich die Mitglieder auch beratschlagen, welche Bücher für diese oder jene Personen und Umständen die besseren und nützlicheren sein könnten.«
Daß die von Sankt Benno ausgehende religiöse Bewegung von freidenkerischen Kreisen Warschaus heftig bekämpft wurde, versteht sich. Bezeichnend für die Stimmung ist der aus Anerkennung und Haß zusammengesetzte Bericht, den ein preußischer Beamter in Warschau an seinen Freund schreibt: »Stellen Sie sich vor! Es gibt hier einen Orden: die Benonen, fast lauter Deutsche, die, so groß auch die Abneigung der Pohlen gegen die Deutschen ist, es doch durch jesuitische Kniffe dahin gebracht haben, daß der pohlnische Pöbel sie viel mehr als seine eigenen Pfaffen liebt, sich für diese deutschen Pfaffen todtschlagen läßt. Das haben sie durch folgende simple Mittel erreicht: a) sie sind sehr arbeitsam – die pohlnischen Pfaffen dagegen in der Regel die faulsten Schlingel; b) sie haben was gelernt; c) sie sauffen nicht,

wogegen die pohlnischen Pfaffen die unwissendsten Lümmel auf Gottes Erdboden und immer besoffen sind; d) sie wissen das Volk zu kirren, denn theils ist ihre Kirche von Morgens um sieben bis des Abends um neun Uhr täglich offen, und es wird immer gesungen, gepredigt, geräuchert . . ., teils haben sie eine Menge Brüder- und Schwesterschafften aus den gemeinsten Volksklassen, und benutzen die Beichte als Mittel zum allgemeinsten Einflusse.« Nach einer gehässigen Schilderung ihrer Tätigkeit im Beichtstuhl und eines in Sankt Benno verehrten Kruzifixes beteuert er, hundert Dukaten darum zu geben, wenn er dieses häßliche Kruzifix »auf dem Puckel der Pfaffen hätte entzwey schlagen können«. Der Schreiber dieses Briefes war Zacharias Werner, der ein Jahrzehnt später selbst im Banne des Heiligen stand.

Neben der rastlosen Tätigkeit für die Warschauer Bevölkerung leistete Hofbauer nicht minder unermüdlich noch eine andere Arbeit: die Ausbreitung seiner Kongregation. Diese Aufgabe, die er sich selbst gestellt, verfolgte er zäh und zielsicher. Er wollte Missionare erziehen, sie mit Apostelgeist beseelen und nach allen Seiten aussenden. Deshalb plante er als Generalvikar seines Ordens für die Länder nördlich der Alpen ein großes Noviziats- und Studienhaus und unternahm zu diesem Zwecke viele Reisen. Mehr als dreißig Jahre arbeitete Hofbauer an der Ausbreitung der Redemptoristen, erlebte aber eine Kette von Enttäuschungen. Ein Plan nach dem anderen scheiterte, und die wirklich zustande gekommenen Gründungen gingen der Reihe nach wieder verloren. Die Zeit war nicht günstig. Europa wurde ein Vierteljahrhundert von den Revolutionskriegen erschüttert, die Völker kamen nicht zur Ruhe.

Hofbauers persönliche Art machte die Sache nicht leichter. Diplomatie war nie seine starke Seite. Er pflegte seine Worte nicht auf die Goldwaage zu legen. »Wenn es ein Unternehmen für die Ehre Gottes galt und er dort keine Hilfe fand, wo er sie zuerst erwarten durfte, dann hatte er oft Mühe, seine Ungeduld zu meistern, . . . dann klang in der Tat aus seinen Briefen ein wenig der furor teutonicus heraus, der den Italienern von jeher auf die Nerven gegangen ist« (J. Hofer). Es gab Reibungen mit Untergebenen, Spannungen mit der Ordenszentrale und peinliche Verstimmungen. Die französischen Patres in Sankt Benno beschwerten sich, Hofbauer vernachlässige die Kontemplation und bringe durch zu viel äußere Tätigkeit Unruhe ins Haus. Innerkofler bemerkt dagegen, »daß der Mann der Tat nur sterilem Andachtsdusel und müßigem Gedankenbrüten abhold, nicht aber ein Feind des inneren Lebens war«. Wie es häufig bei tatkräftigen Männern der Fall ist, hatte Hofbauer ein cholerisches, leicht erregbares Temperament. Er wußte dies und sagte, seine Reizbarkeit gebe ihm immer wieder Gelegenheit, sich zu demütigen. Verhandlungen überließ er klugerweise dem sanften und formgewandten Pater Hübl, der auch mit schwierigen Partnern besser umzugehen wußte. Zacharias Werner sagte: »Hofbauer hat zuweilen ein Wesen, das man in seinem herrlichen Grunde kennen muß, um nicht dadurch abgeschreckt zu werden.« Anderseits konnte Hofbauer sein Herz fest in der Hand haben. Empörende persönliche Beleidigungen nahm er mit Ruhe hin. Als er einmal in einem Lokal für sein Waisenhaus sammelte, wurde er von einem Kartenspieler beschimpft und bespuckt. Hofbauer wischte sich den Speichel aus dem Gesicht und sagte: »Das war für mich. Nun geben Sie etwas für meine Waisen.« Aber bei Verfehlungen der ihm untergebenen Patres geriet er in heiligen Zorn. Wenn er in seiner Entrüstung einmal zu weit gegangen war, machte er den Schaden wieder gut. Bis an sein Ende hatte er mit dieser Schwäche zu kämpfen. »Das ist leider mein Fehler«, pflegte er zu sagen, »aber ich danke Gott dafür, daß ich ihn habe, denn sonst wäre ich versucht, aus lauter Respekt mir selber die Hand zu küssen.«

Die erste Niederlassung gelang ihm in Mitau im Herzogtum Kurland. Hofbauer reiste in seine Heimat, um für das neue Haus Geld und Nachwuchs zu besorgen. Vier Jungen und zwei Junglehrer schlossen sich ihm an. Daß er ohne behördliche Erlaubnis sechs junge Leute ins Ausland entführte, brachte ihn in Konflikt mit den Auswanderungsgesetzen. Der ganze Polizeiapparat wurde in Bewegung gesetzt, um den Staat vor dem drohenden Mannschaftsverlust zu bewahren. Für diesmal kam Hofbauer unbehelligt über die Grenze. Aber die österreichische Polizei vergaß ihn nicht. Als er drei Jahre später auf der Rückreise aus der Schweiz, wo er am Zürcher See eine Lateinschule gegründet hatte, durch Krakau kam, wurde er verhaftet. Länger als ein Vierteljahr hielt die Polizei ihn fest. Man genehmigte die Weiterreise nur, wenn die vier »abgeworbenen« Jugendlichen zuvor in ihre Heimat zurückgebracht würden. Das geschah denn auch. Unterdessen erinnerte sich die Polizei, daß Hofbauer mit den Jungen auch zwei Junglehrer nach Polen genommen hatte und daß später ein Neffe Hofbauers ohne behördliche Erlaubnis nach Warschau ausgewandert und in Sankt Benno ins Noviziat eingetreten war. Es nutzte nichts, daß Hofbauer beteuerte, die beiden Lehrer hätten die Kongregation wieder verlassen und sein Neffe sei durch seinen eigenen Vater gebracht worden. Die Polizei bestand auf der Zurückführung. Da riß dem Heiligen die Geduld. Der Polizeibericht meldet: »Bei dieser Gelegenheit erkühnte sich dieser Hofbauer, die k.k. österreichische Regierung sehr ungerecht und unbillig zu schildern und bediente sich höchst unanständiger Worte. Es ward für den Augenblick zwar hierüber hinausgegangen und demselben seine Hitze lediglich nur mündlich vorgehalten, so wie man ihn zur Mittagszeit auch abgehen ließ, um ihn den künftigen Morgen genau zu vernehmen.« Dazu kam es nicht mehr. Am Nachmittag gelang es Hofbauer, über die nahe Grenze auf preußisches Gebiet zu entkommen.

Der Wiener Nuntius Severoli empfahl Hofbauer an den Generalvikar der Diözese Konstanz, Freiherrn von Wessenberg: »In unsern vertrauten Gesprächen fand ich in ihm einen Mann, den ich nur mit wenigen zu vergleichen wage. Aus ihm leuchtet ein überragender Eifer für die katholische Religion, gepaart mit Wissen und Klugheit. Er ist von einer solchen Glut erfüllt, für Christus Seelen zu gewinnen, daß ich nicht daran zweifle, Gottes Vorsehung habe ihn für diese unglücklichen Zeiten aufgespart.« Bald stand Hofbauer dem jungen, reformeifrigen Wessenberg gegenüber. Die beiden so verschiedenen Männer waren sich sofort sympathisch. Wessenberg schrieb dem Wiener Nuntius: »Ich wurde von lebhafter Freude erfüllt, diesen hochwürdigen Pater ganz so zu finden, wie Eure Exzellenz ihn geschildert haben, aller Achtung und Förderung würdig. Die edlen Ziele des Institutes, das er auch in diesen Gegenden zu verbreiten wünscht, insbesondere die bessere Erziehung der Kinder und ihre Unterweisung in den Grundsätzen der katholischen Wahrheit und der christlichen Tugenden, entsprechen vollkommen den dringendsten Bedürfnissen der Gegenwart. Der Eifer, mit dem Hofbauer und seine Genossen diesem Werke sich widmen, scheint auch mir durchaus aufrichtig und rein zu sein. Daher habe ich mich mit größter Bereitwilligkeit dem P. Hofbauer angeboten, seine Pläne zu befördern.« Hofbauer seinerseits rühmt dem Nuntius den guten Empfang, den er bei Wessenberg fand, und fährt fort: »Zur größten Freude meines Herzens erkannte ich in diesem Prälaten sehr gute und gesunde Grundsätze, Eifer für die Ehre Gottes, für den Ruhm und die Erhöhung der heiligen Kirche und für das Heil der Seelen.«

In der neuen Niederlassung bei Jestetten, in der Nähe von Schaffhausen, entfaltete Hofbauer eine ähnliche Tätigkeit wie in Warschau. »Hier ist ein ungeheures Arbeitsfeld, von dem man ungezählte Früchte erhoffen darf«, schrieb er dem Wiener Nuntius. »Man muß nur die Netze geschickt auswerfen, dann wird eine große Menge von Fischen jeder Art gefangen werden. Wie hat sich der heilige Karl Borromäus abgemüht, wieviel hat er für die Schweizer gearbeitet, wie sehr lag ihm diese Nation am Herzen! Vielleicht sind unserer Zeit die Früchte seiner Sorgen und Mühen für dieses Volk aufbewahrt worden.«

Eine weitere Niederlassung wurde Hofbauer in dem Wallfahrtsort Triberg im Schwarzwald angeboten. Einige Patres begannen dort segensreich zu arbeiten, doch die Verhandlungen um die endgültige Überlassung des Hauses zogen sich lange hin und scheiterten schließlich am Widerstand Wessenbergs. Das anfängliche Wohlwollen des Konstanzer Generalvikars für Hofbauer hatte sich in bittere Feindschaft verwandelt. Manche Geistliche, die josefinischen oder aufklärerischen Ideen anhingen, bekämpften die Redemptoristen in Triberg und Jestetten und nahmen Wessenberg gegen Hofbauer ein. Daß Hofbauer einige seiner Kleriker vom Nuntius in Luzern zu Priestern weihen ließ, betrachtete der Gegner päpstlicher Nuntiaturen als eine

Beeinträchtigung der bischöflichen Rechte. Wessenberg ruhte nicht, bis die Redemptoristen Jestetten und Triberg verlassen hatten.
Hofbauer reiste nach Frankreich, wo Napoleon als erster Konsul regierte, um die Aussichten einer Niederlassung zu prüfen. Schließlich fand er eine Zuflucht beim Reichsfürsten Fugger in Babenhausen an der Günz, südlich von Ulm. Aber auch hier gab es Schwierigkeiten: »Das Volk ist gut, aber die Geistlichen und die Freimaurer sind unsere Feinde und predigen ohne Unterlaß gegen uns.« Hätte er nur ein großes Haus! »Hier würde ich Franzosen, Deutsche und Polen versammeln, überhaupt Jünglinge aus den verschiedensten Nationen, um sie der Reihe nach zu zweien in die Länder auszusenden, sobald Gott sie ruft ... Das Volk haßt überall die Irreligiosität, es hört die Wahrheit mit Freuden, es schließt sich eng an die Priester an, die ihm den Weg zum Himmel zeigen. Ich habe das überall erfahren, wohin mich die Stürme, die jetzt Europa aufwühlen, verschlagen haben. Wenn ich nur ein Haus hätte, wo ich in Freiheit meine Zöglinge heranbilden könnte! ... Wie sehr liegt mir das Gelingen dieser Pläne am Herzen! Wie wünsche und brenne ich, ans Ziel zu kommen! Wie könnte ich gleichgültig bleiben, wenn ich den beklagenswerten Zustand betrachte, in welchem sich die Religion in ganz Europa befindet! Alles hat sich gegen die katholische Kirche verschworen. Bei uns erscheinen beständig neue Bücher, die immer mehr die Maske lüften ... Frankreich ist ohne Schulen und Seminarien. Polen steht unter dem Joche einer akatholischen Macht, die auf Vernichtung der Religion abzielt ... Wie notwendig ist es, für alle diese Länder in katholischen Gegenden Pflanzschulen zu errichten!«
Hofbauer erwog den Gedanken, nach Kanada auszuwandern. An Pater Hübl schreibt er: »Du wirst mir sagen, der Weg nach Kanada ist lang. Macht nichts! Wenn wir nur etwas haben, wo wir bessere Zeiten abwarten und für das unglückliche Europa Missionäre heranbilden können. Aus dem Schwarzwald und aus Schwaben würden sich genug junge Leute uns anschließen; das Volk dieser Gegend wandert gern; ja, wir würden sogar Leute finden, um eine Kolonie zu gründen ... Es wird ohne Zweifel

etwas schwer werden, während des Krieges zwischen England und Frankreich eine Überfahrt zu finden . . . Nie bin ich zufriedener, als wenn ich an die Wälder Kanadas denke. Ich möchte gern meine armen Kinder versorgt sehen, bevor ich von dieser Welt scheide. Wir wollen alle zusammen arbeiten und ein Haus bauen. Wir studieren die geographischen Karten mit einem solchen Vergnügen, daß ihr uns für verrückt halten würdet. Aber was anfangen? . . . Die Natur leidet viel, aber man muß es verstehen, sie zu besiegen. Ich hoffe, daß wir mit der Gnade Gottes noch eines Tages glücklich sein werden.«

Inzwischen wurde Babenhausen dem Königreich Bayern einverleibt, wo der freigeistige Minister Montgelas regierte. Das Ulmer Landgericht verbot allen Pfarrern im bayerischen Schwaben, Redemptoristen zu geistlichen Verrichtungen einzuladen. Von den Kanzeln wurden Verordnungen verlesen, niemand dürfe bei den Patres zur Beicht gehen, niemand dürfe ihnen Meßstipendien oder Lebensmittel bringen. Es dauerte nicht lange, da wurden die Redemptoristen ausgewiesen. Hofbauer verlor die Fassung nicht. In einem Trostbrief an die Seinen heißt es: »Nur Mut! Gott ist der Herr, er lenkt alles zu seiner Ehre und zu unserem Wohle, und niemand kann ihm widerstehen. Alle Pläne der Menschen, mögen sie noch so geschickt angelegt sein, sie dienen nur, um seinen heiligen Willen zu erfüllen. Ich sehe, daß alles, was uns feindlich zu sein scheint, uns dahin führt, wo uns Gott haben will.« Vorübergehend glückte eine Niederlassung in Chur, doch wurden die Redemptoristen nach kurzer Zeit aus Graubünden ausgewiesen. Es ist Hofbauer nicht gelungen, das heißersehnte Noviziats- und Studienhaus zu gründen.

Bei all diesen Verdrießlichkeiten erlebte Hofbauer den allmählichen Untergang von Sankt Benno in Warschau. Es begann damit, daß die preußische Regierung verbot, Novizen aufzunehmen, die jünger als 24 Jahre waren. Durch diese Maßnahme war der Nachwuchs ernstlich in Frage gestellt und die Gemeinschaft zum Aussterben verurteilt. Weiteren Abbruch erlitten Hofbauer und die Seinen durch zahllose Verleumdungen: »Die Jakobiner verbreiten allerlei Mären über uns; im Theater werden wir verhöhnt; selbst der Klerus, mit Ausnahme des Bischofs, des Offizials und einiger Kanoniker, ist gegen uns. Öffentlich werden wir mit dem Galgen bedroht.« Mit dem Grimm der Feinde wuchs Hofbauers Kampffreudigkeit: »Das Wort Gottes wird ausgesät unter großen Stürmen und Hagelwetter und bringt reiche Frucht.« An Pater Passerat schreibt er: »Es ist ein gutes Zeichen, wenn der Feind lärmt, und ein sehr schlimmes, wenn er mit uns zufrieden ist . . . In der Verfolgung hat der Herr seine Kirche gegründet.« Denunziationen bei der Regierung brachten eine Untersuchungskommission nach Sankt Benno; ihre Arbeit aber förderte nichts zutage, das den Gegnern hätte dienen können. Und doch erlitten die Redemptoristen von seiten der preußischen Regierung manche Schikane und von seiten des Pöbels manche Schmähung. Auf diese bewegten Jahre zurückblickend sagte Hofbauer: »Manche haben sich niedergeworfen und meine Fußstapfen geküßt; und dreimal so viele haben mich mit Kot beworfen.«

Einen empfindlichen Verlust erlitt Hofbauer durch den Tod Pater Hübls, seines besten Freundes und Mitarbeiters. Inzwischen hatten die Franzosen in Warschau die Herrschaft übernommen. Als Marschall Davoust, der Militärkommandant von Warschau, in den Zeitungen las, die Redemptoristen seien »wegen öffentlicher Ruhestörung« aus Bayern und aus der Schweiz ausgewiesen worden, ließ er in Sankt Benno eine Haussuchung vornehmen und berichtete an Napoleon, der Generalvikar Hofbauer sei »ein sehr gefährlicher Mann«. Wurden die Bennoniten früher als fanatische Preußenfeinde hingestellt, so bezichtigte man sie jetzt deutschfreundlicher Gesinnung. Napoleon befahl die Ausweisung der Redemptoristen. Die Aufhebungskommission ging mit überfallartiger Schnelligkeit ans Werk. Plötzlich wurden während des Hauptgottesdienstes die Patres aus den Beichtstühlen und der Prediger von der Kanzel geholt. Die fast vierzig Mitglieder des Klosters wurden unter militärischer Bedeckung in Wagen über die Grenze gebracht. Nach vier Wochen Haft in der Festung Küstrin wurde die Gemeinschaft aufgelöst und jeder in seine Heimat abgeschoben. Hofbauer stand vor den Trümmern seines Lebenswerkes.

Noch zwölf Jahre waren Hofbauer gegeben, und die verbrachte er in Wien: Jahre segensreichen Wirkens, aber auch Jahre voller Sorgen und Bedrängnisse. Kaum hatte er die Stadt betreten, da bekam er es schon mit der Polizei zu tun. Er hatte auf seiner Durchreise in Brünn einem Bekannten zwei Bettsäcke und einen Koffer voll Kirchensachen aus Warschau zur Weiterbeförderung nach Wien anvertraut und damit den Verdacht der Brünner Polizei erregt, die in dem ärmlich gekleideten Priester einen Kirchendieb vermutete und sofort die Wiener Polizei verständigte. Als die Sendung in Wien eintraf, wurde sie beschlagnahmt und Hofbauer verhaftet. Nach dreitägiger Untersuchungshaft wurde er freigelassen, doch die Erhebungen dauerten noch Monate. Schließlich wurden die Paramente wieder herausgegeben.

In den ersten Jahren trat Hofbauer wenig hervor. Er wirkte als Aushilfspriester an der italienischen Kirche vor allem im Beichtstuhl. Als die Franzosen vor Wien standen, die Stadt beschossen und die Schlacht bei Aspern schlugen, betreute er in den Spitälern die Verwundeten. Im Jahre 1813 wurde er zum Kirchendirektor von Sankt Ursula und zum geistlichen Leiter der dortigen Klosterfrauen ernannt. In der Nähe bezog er in einem Hause, das den Ursulinen gehörte, eine Wohnung im zweiten Stock. Ein Augenzeuge beschreibt das Zimmer Hofbauers: »In ihm standen zwei Kästen, ein Tisch vor einem Kanapee für zwei Personen, einige Sessel, ein Bett, dem zur Seite ein Betstuhl stand und über diesem ein Kruzifix, eine Stockuhr, zwei große und ein kleines Heiligenbild an den Wänden. Dieses Zimmer nun diente dem P. Hofbauer sowohl als Empfangs- als auch Sprechzimmer; es war sein Schlafzimmer und sein Speisesaal; es war Hausoratorium und Beichtzimmer für die eine oder andere Person . . . Das Nebenzimmerchen dann, in dem sich eine Kommode mit zwei oder drei Schubladen befand, diente zur Aufbewahrung des Tischgerätes. Alles, was sich in diesen beiden Zimmern befand, zeigte eine solche Armut, Einfachheit und solches Alter, daß das Auge nichts erblickte, was es dem Weltgeiste nach hätte befriedigen können. Das war die berühmte Wohnung des P. Hofbauer in der großen Hauptstadt, mit der seine arme und einfache Kleidung in Übereinstimmung stand, so daß sein ganzes Äußeres und alles, was ihm gehörte, nicht derartig war, daß es die Weltleute hätte anziehen können. Alle seine Schönheit, sein ganzes anziehendes und wunderbares Wesen war innerlich, hatte seinen Sitz in der Kraft und Gnade seines Geistes« (P. Pajalich). Seine äußere Erscheinung schildert ein anderer Augenzeuge: »Sein mehr einfacher, man könnte sagen armseliger, aber immer reinlicher Anzug von fadenscheinigem, blauem, dunklem Tuch, seine unzarten Schuhe mit den dicken Sohlen, seine etwas vorgebeugte Haltung, sein breitkrämpiger, abgetragener Filzhut, dazu seine immer freundliche, herzlich wohlwollende Miene, sein argloses Lächeln, seine sanfte Stimme hatten sicher nichts Ehrfurchtgebietendes ... Merkwürdig ist mir, daß bei all der anscheinenden Unansehnlichkeit doch etwas Imponierendes hervortrat.«

Hofbauer zog die Jugend an wie ein Filippo Neri. Jeder hatte zu seiner Wohnung freien Zutritt. Meist besuchten ihn Studenten im Alter von achtzehn bis vierundzwanzig Jahren. »Wenn er von mühsamen seelsorglichen oder hilfebringenden Gängen bei Sturm und Schneegestöber nach Hause kam, besonders abends, und diese großen Kinder, oft zwanzig bis dreißig, schon vorfand, hängte er seinen alten Mantel an die Türe und grüßte die Leutchen mit den scheinbar nichts weniger als schmeichelhaften Worten: »Das ist mir ein Volk, das ist ein Gesindel!« Und das tat den Versammelten so wohl, als hätte er ihnen das höflichste Kompliment gemacht« (E. Veith). Nie fielen sie ihm lästig, zu welcher Stunde sie auch kommen mochten. Herzlich sprach er zu jedem, ratend, tröstend, helfend. Jedem reichte er etwas zu essen, Obst, Backwerk oder Brot. Etliche pflegte er zu den Mahlzeiten einzuladen. Die Hauptzusammenkünfte waren abends. Man diskutierte oder las aus einem kirchengeschichtlichen Buch vor. Von Zeit zu Zeit unterbrach Hofbauer die Lesung, um die Ansichten des Autors zu berichtigen oder zu ergänzen, auch, um geistvolle Bemerkungen und Reflexionen einzuflechten. Gern sah er, wenn die jungen Leute offen ihre Meinung, ihre Zweifel äußerten. An warmen Sommerabenden blieb man natürlich nicht im Zimmer. Ungeniert zog Hofbauer mit seiner Schar in den Prater oder auf die Basteien. Beim Spaziergang erzählte er fröhliche Geschichten. Sophie Schlosser, die mit ihrem Gatten öfters bei Hofbauer frühstückte, bekennt, daß »er, umgeben von seinen Schülern, der heiterste, wirklich kindlich-fröhliche Hausvater war«, und daß sie nie glücklichere Stunden hatte als bei ihm. Der berühmte Zacharias Werner sagte einmal zu Hofbauer: »Wann kann ich denn einmal zu dir kommen, um mich mit dir zu unterhalten? So oft ich komme, sind die jungen Bengel da.« Hofbauer erwiderte: »Diese jungen Bengel sind mir lieber als du.«

Im Jahre 1812 faßte Hofbauer den Entschluß, ein eigenes Erziehungsinstitut für adelige Knaben zu errichten. Adam Müller sollte die weltliche Leitung, Hofbauer die geistliche Leitung übernehmen. Als zweiter Direktor war der Protestant Friedrich von Klinkowström, ein Maler und Pädagoge aus Norddeutschland, vorgesehen. Alles war bis ins letzte vorbereitet, doch die Kabinettskanzlei lehnte ab. Später trat Klinkowström unter Hofbauers Einfluß zur katholischen Kirche über. Noch kurz vor seinem Tode erlebte Hofbauer, wie das geplante Erziehungsinstitut doch Wirklichkeit wurde und in das Haus einzog, das er selbst ausgesucht hatte.

Auf Hofbauers Anregung begründete Klinkowström die erste deutsche katholische Jugendzeitschrift. Neben unterhaltsam geschriebenen Aufsätzen über Wissenswertes aus Weltgeschichte, Naturwissenschaft, Länder- und Völkerkunde und Gewerbekunde brachte sie Kurzgeschichten, Rätsel, Spiele und viele, teils farbige Abbildungen. Hofbauer hatte die Bedeutung des Schrifttums für Erziehung und Volksbildung erkannt. Zwar griff er nie selbst zur Feder, unterstützte aber die Bestrebungen anderer. Schon in Warschau hatte er eine kleine Druckerei in Sankt Benno eingerichtet. In Wien regte er eine katholische Leihbücherei für das Volk an. Auch schuf er eine neue religiös-schöngeistige Zeitschrift: *Ölzweige,* für die er namhafte Autoren, Dichter und Gelehrte, als Mitarbeiter gewann. »Lieber Weniges und Gediegenes, als vieles und Spreu. Fürs Volk ist nur das Beste gut genug.« Diesem Grundsatz entsprechend brachte die Zeitschrift Erzählungen, Aufsätze, Biographien, Gedichte und Lieder mit Noten. Sie hatte solchen Erfolg, daß man sogar Neuauflagen drucken mußte. Auch im Ausland fand sie Anerkennung. Görres faßte den Plan, den Redemptoristen im Maintal ein Kloster mit einer

Druckerei zu verschaffen: Die Priester könnten literarische Werke verfassen oder herausgeben, die Laienbrüder den Druck besorgen.
Das wichtigste Mittel in Hofbauers Apostolat war die Predigt. Ehe er an die Kirche Sankt Ursula kam, wurde dort nur zwei-, dreimal im Jahr gepredigt. Er aber bestieg jeden Sonntag die Kanzel. Immer wieder sagte er ernst und nachdrücklich seinen Schülern: »Das Evangelium muß ganz neu gepredigt werden.« Veith bemerkt dazu: »Er empfand sehr tief, daß die Neuzeit neuer Formen der Heilspredigt bedürfe.« Wahrscheinlich hat Hofbauer aber weniger an neue *Formen* der Verkündigung gedacht, sondern eher daran, daß den Europäern die christliche Wahrheit, deren Kenntnis ihnen so sehr abhanden gekommen war, wie Heidenvölkern aufs neue gepredigt werden mußte. Ivo Zeigers Einsicht »Deutschland ist Missionsland« war schon anderthalb Jahrhunderte vorher Hofbauers Einsicht. Unkhrechtsberg, ein Schüler Hofbauers, bezeugt: »Öfters drückte er den feurigen Wunsch aus, daß doch Priester, von wahrhaft apostolischem Geist beseelt, aufstehen möchten, das heilige Evangelium gleichsam von neuem in verschiedenen Teilen der Welt, besonders in Deutschland, zu predigen, wo der Unglaube und die Gleichgültigkeit im Glauben stets mehr überhandnähmen.« Wie bereits Vinzenz von Paul, dachte Clemens Maria Hofbauer daran, von Übersee her das ungläubig gewordene Europa zu missionieren.
Hofbauer hielt keine thematischen Predigten. Sobald er die Kanzel bestiegen hatte, nahm er das Evangelienbuch in die Hand und las mit deutlicher Stimme das Evangelium des Sonntags vor. Schon beim Vorlesen streute er Erläuterungen ein, erklärte dann Satz für Satz den Text, verweilte bei einem Vers etwas länger, um eine Glaubenswahrheit oder ein Sittengebot herauszuarbeiten, stellte diesem evangelischen Grundsatz die herrschenden Irrtümer und Unsitten gegenüber, mahnte zur Umkehr und schloß mit einem Gebet. Auf diese Weise berührte er in einer einzigen Predigt die verschiedensten Gegenstände, brachte aber für jeden Hörer etwas zum Nachdenken. Das Ganze war jeweils improvisiert. Hofbauer schöpfte aus dem Vollen seines gläubigen Her-

zens und brauchte keine andere Vorbereitung als Meditation und Gebet. Er sprach nicht nach einem auswendig gelernten Konzept, sondern aus augenblicklicher Eingebung und innerer Ergriffenheit. Deshalb verfiel er nie in jenen hohltönenden Predigerton, der die Verkündigung wirkungslos verhallen läßt. Er verzichtete auch auf stilistische Aufmachung, sprach vielmehr schlicht und natürlich, wie es ihm gerade einfiel, wenig wählerisch in seinen Ausdrücken und ganz ungezwungen wie im Gespräch. Sein Deutsch ließ zu wünschen übrig, in der Regel sprach er Dialekt, dabei verfügte er über keinen großen Wortschatz. Diese anspruchslosen Predigten spotteten aller Regeln der Homiletik und Rhetorik. »Für Gebildete war der erste Gesamteindruck nicht günstig. Und doch hat Hofbauer auf der Kanzel ›gezogen‹ wie seit langem kein Prediger mehr in Wien« (J. Hofer). Man nannte ihn den wiederauferstandenen Abraham a Sancta Clara. Alte und Junge, Gebildete und Ungebildete, Arbeiter und Aristokraten drängten sich um seine Kanzel, füllten die Kirche und standen bis auf die Straße hinaus, um diesem Manne Gottes ergriffen zu lauschen. Viele wurden erschüttert und begannen ein neues Leben. Oft warteten unmittelbar nach der Predigt schon Hörer in der Sakristei, um bei ihm sich auszusprechen oder zu beichten.

Zwei Gründe erklären diesen Erfolg. Einmal spürten die Zuhörer die ungeheure Glaubenskraft, von der diese Predigten durchdrungen waren. Dann empfanden die Lauschenden, wie sehr diese schlichten, aber gläubigen Predigten in Gegensatz standen zu den zwar prunkvollen, religiös aber dürftigen Kanzelreden, wie sie damals üblich waren. Hofbauer scheute sich nicht, auch die weniger angenehmen Wahrheiten des Glaubens und die Strafgerichte Gottes zu verkünden. »Leider muß man streng predigen«, sagte er, »weil die Religion so verfallen ist. Auf der Kanzel muß man die Nüsse vom Baume schlagen, im Beichtstuhl mit Liebe und Sanftmut einsammeln.« Seit langem genierten sich die Prediger, Wahrheiten der Offenbarung darzustellen und mieden ängstlich alles Katholische. Statt dessen war es Mode, von »der milden Lehre Jesu« zu sprechen und seicht zu moralisieren. Hofbauer aber kümmerte sich nicht um josefinische Verordnungen und wagte es, von Hölle und Fegfeuer, von Buße und Beichte zu predigen, den Rosenkranz und die häufige Kommunion zu empfehlen, nach der Predigt den päpstlichen Segen zu erteilen oder einen Ablaß zu verkünden. Das alles war verpönt. Er tat es doch, obwohl er wußte, daß Geheimpolizisten anwesend waren, und damit rechnete, daß man ihn des Landes verweise. Eines Tages traf ihn wirklich ein Predigtverbot. Der sonst nicht leicht verzagte Missionar war zu Tränen bestürzt, als er sich plötzlich dieses Mittels, Seelen zu gewinnen, beraubt sah. Am nächsten Sonntag bestieg er wieder die Kanzel, verlas das Evangelium und sagte dann zu seiner zahlreichen Gemeinde: »Heute kann ich nicht predigen. Ich muß gehorchen. Ich werde aber bei der Messe den Heiligen Geist bitten, daß er euch sage, was ich predigen wollte.« Das Volk weinte laut auf und bestürmte in den nächsten Tagen die Behörden. Aber die Kanzel blieb dem Heiligen ein volles Jahr verschlossen.

Weniger auffallend, doch nicht minder wirkkräftig war Hofbauers Tätigkeit im Beichtstuhl und als Seelenführer. Zu seinen Beichtkindern gehörten einflußreiche Persönlichkeiten, Professoren, Politiker und Damen der Gesellschaft wie die gefeierte Gräfin Julie Zichy. Der unscheinbare Ordensmann war in den Palais der Aristokratie und in den Salons führender Staatsmänner ein gern gesehener Gast. Der Freimaurer Josef von Pilat, ein rühriger Politiker, Staatsbeamter und Publizist, trat unter Hofbauers Einfluß zur katholischen Kirche über. Er selbst bekennt: »Seiner väterlichen Sorgfalt verdanke ich es, daß ich mich wieder zum katholischen Leben bekehrte. Er wurde mein Beichtvater und blieb es bis zu seinem Tode.« Pilat wurde »der Laienapostel des Hofbauerkreises« (M. B.Schweitzer), ein Vorkämpfer für Religion und Kirche. Gentz schrieb ihm besorgt: »Es wird mir zuweilen himmelangst, wenn ich sehe, wie weit Sie diese Dinge treiben ... Warum quälen Sie sich ohne Unterlaß mit den Angelegenheiten der Kirche? Ich bin weit entfernt, Sie von der Religion trennen zu wollen; aber wahr ist es denn doch, daß der Laie, wenn er auch noch so viel Religion hat, die Kirche als solche wohl denen überlassen darf, die die Pflicht haben, für sie zu sorgen ... Soll die Kirche bestehen, so besteht sie sicher ohne Sie; alles, was

Sie versuchen, sie zu stützen, ist unnütz und eitel. Denn es hört kein Mensch auf Ihre Lehren, und Ihre Freunde sind in der peinlichen Notwendigkeit, alles, was Sie in diesem Fach sagen, schreiben und tun, zu verheimlichen oder sich auf bitteren Spott gefaßt zu machen.« Was hier der Freigeist Gentz an Pilat schrieb, war damals die Meinung der meisten, auch der Katholiken. Pilat entgegnete, Gentz »möchte sich gerne zur Religion nur in gewissen feierlichen Momenten erheben, sie dann aber wieder wochen- und monatelang beiseite legen. Dies geht nicht an . . . Die Religion so als ein festliches Kleid zu betrachten, das man allenfalls sonntags anzieht und dann wieder für die ganze Woche in den Schrank legt, das ist gerade das Verderblichste, worin leider so viele verfallen.«

Man sieht: Hofbauer war es gelungen, in diesem Manne eine Feuer zu entzünden. Pilat reichte die Flamme weiter. So schrieb er der Gräfin Fuchs: »Nehmen Sie diesen wahren Apostel des Glaubens, diesen würdigsten aller Priester, die ich kenne und die hier leider so selten sind, zu Ihrem Beichtvater. Sie werden gewiß großen Trost bei ihm finden. Ich beichte ihm wenigstens alle 14 Tage und manche Monate noch öfter und gehe immer neu gestärkt im Glauben und in der Tugend aus dem Beichtstuhle und vom Tisch des Herrn.« In einem anderen Brief: »Nehmen Sie unverzüglich P. Hofbauer zum Beichtvater an; ich weiß, was ich Ihnen hier rate, meine Liebe, und Sie werden es mir ewig Dank wissen. Ich kann Ihnen nicht mehr sagen, als daß ich immer eine Sehnsucht empfand, ihm zu beichten. Er ist ein wahrer Mann Gottes, ein Priester im vollen Sinne des Wortes, vor dem Sie Ihr Herz ausschütten können wie ein Kind vor seiner Mutter.« Der Hofschauspieler Baumann, der bei Pilat verkehrte, verschwand immer gleich, sobald Hofbauer eintrat. Er gestand offen, er könne den Blick dieses Mannes nicht ausstehen; es sei ihm, als müsse er ihm beichten und mit gewissen Lebensgewohnheiten brechen. Doch eines Tages kann Pilat der Gräfin Fuchs mitteilen: »Morgen früh führe ich Baumann, der an zwanzig Jahre nicht gebeichtet hat, zu P. Hofbauer, der ihn vorbereiten soll!«

In ähnlicher Weise führte jeder Jünger Hofbauers seinem Meister andere Jünger zu. Im Laufe der Jahre bildete sich in Wien um

Hofbauer ein Kreis, dem neben Studenten aller Fakultäten auch hohe Beamte, Gelehrte, Prälaten, Künstler, Schriftsteller und Diplomaten angehörten. Durch sie wirkte Hofbauers Geist in alle Bereiche des Lebens hinein. Der große Gelehrte und Kritiker Friedrich Schlegel aus Hannover, der 1808 in Köln katholisch geworden war, ließ sich in demselben Jahre in Wien nieder und wurde Hofbauers Beichtkind und Freund. Gern las er ihm seine neuen Arbeiten aus allen Gebieten der Geisteswissenschaften vor. Als er 1816 als österreichischer Legationsrat an den Bundestag in Frankfurt kam, blieb er mit ihm brieflich in Verbindung. Schlegels geistvolle Frau Dorothea, die Tochter des jüdischen Philosophen Mendelssohn, die mit ihrem Gatten konvertiert war, wurde ebenfalls Hofbauers Beichtkind. Ihr Sohn aus erster Ehe, Philipp Veit, unterbrach sein Studium an der Malerakademie in Dresden, um in Wien sich von Hofbauer im katholischen Glauben unterweisen zu lassen. In seinen Erinnerungen schreibt Veit, »dieser unvergeßliche große Diener Gottes« sei es gewesen, dem er »die eigentliche Belehrung und Vorbereitung zum Empfang der heiligen Taufe« verdanke. Veit ging nach Rom, wo er mit Overbeck, Cornelius und Schadow die Malerschule der Nazarener gründete und unter anderem die Dante-Fresken in der Villa Massimo schuf. Er trug sich mit dem Gedanken, Priester zu werden, doch Hofbauer riet ihm ab. So blieb Veit Maler, wurde später Direktor des Städelschen Kunstinstituts in Frankfurt und Lehrer Rethels, Steinles und Führichs.
Neben dem genialen Schlegel war Adam Müller einer der universalsten Geister der Romantik: Philosoph, Staatsrechtslehrer, Volkswirt, Historiker, Theologe und Ästhetiker. Als der gebürtige Berliner 1811 nach Wien kam, hatte er sich durch staatsphilosophische Werke bereits einen Namen gemacht. Er war schon sechs Jahre vorher zur katholischen Kirche übergetreten, bekannte aber, seit seiner Konversion sei er wohl mit voller Überzeugung, doch noch lange nicht mit voller Erkenntnis katholisch gewesen, das volle Verständnis der Kirche habe ihm erst Hofbauer erschlossen. Mit dem Heiligen zusammen plante er das oben erwähnte Erziehungsinstitut. Im Geiste des Heiligen schrieb er sein Buch *Von der Notwendigkeit einer theologischen*

Grundlage der gesamten Staatswissenschaften, in dem er ausführt, die Religion dürfe nicht auf das Privatleben beschränkt bleiben, sondern müsse alles durchdringen, die Gesellschaft, den Staat, die Politik und die Wirtschaft.
Der Ostpreuße Zacharias Werner, den wir als Bennonitenfeind in Warschau kennenlernten, hatte inzwischen sein Haupt mit Ruhm und Schande bedeckt. Mit seinen Dramen war er »der größte Bühnendichter zwischen Schiller und Grillparzer« (J. Nadler) geworden, über den Carlyle und Madame de Staël Essays schrieben. Mit seinem turbulenten Leben sorgte der dreimal Verheiratete und jedesmal wieder Geschiedene für Sensationen und Skandale. Im Jahre 1811 trat er zur Überraschung der europäischen Geisteswelt in die katholische Kirche ein. Bald darauf ließ er sich als Sechsundvierzigjähriger von Dalberg zum Priester weihen und kam nach Wien, wo der unbeholfene Mann sich an Hofbauer klammerte, dem er sich mit der Willfährigkeit eines Kindes überließ. »Gründlich katholisch geworden bin ich erst durch Hofbauer«, gestand er. Der Heilige regte ihn zu weiterem dichterischen Schaffen an und ermunterte ihn zum Predigen. Doch nahm er den exzentrischen Künstler in eine harte Schule, demütigte bei jeder Gelegenheit seinen Stolz und gewöhnte ihm die Extravaganzen beim Predigen ab. So verwies er ihm das häufige Zitieren von Gedichten auf der Kanzel: »Laß dich nicht auslachen und predige ordentlich!« Zur Zeit des Wiener Kongresses hatten Werners originelle Bußpredigten einen gewaltigen Zulauf. Die farbenreiche Sprache und der an Grobheit grenzende Freimut wirkten erfrischend. Könige und Prinzen drängten sich um seine Kanzel. Hofbauer nannte ihn »die Posaune Gottes«. Auch als Beichtvater und Exerzitienmeister hat Werner nach Hofbauers Zeugnis »viel genützt«. Er führte dem Heiligen manche Seelen zu. Seinen Beichtkindern pflegte er zu sagen: »Gehen Sie zu Pater Hofbauer, jenem großen Geisteslehrer, dann haben Sie mich nicht mehr nötig.« Selbst von der Kanzel erklärte er: »Ihr Wiener besitzt in Clemens Maria Hofbauer einen Mann, einen Priester, einen Diener Gottes, dem ich die Schuhriemen aufzulösen nicht würdig bin.«
Der schlesische Dichter Josef Freiherr von Eichendorff, der zwei

Jahre in Wien weilte, fand Hofbauer »voll Feuer, lustig«. Ein Berliner Freund Eichendorffs, der Romantiker Rudolf von Beyer, schreibt in einem Brief: »Eichendorff empfing, wie er verschiedentlich mir gegenüber betonte, stärkste Impulse aus dem Umgang mit einer überragenden kirchlichen Persönlichkeit, dem Pater Clemens Hofbauer.« – »Durch Hofbauer hat Eichendorff endgültig gelernt, die Welt und die Menschen mit dem Auge des unbestechlich am Heiligen orientierten Menschen zu sehen« (Fr. Heer). Auch Friedrich Stolberg, Johann Ringseis, Franz von Baader und Clemens Brentano verkehrten während ihres Wiener Aufenthaltes mit Hofbauer, dem sie wohl Vertiefung des Glaubens und Förderung der Frömmigkeit verdankten.

Außer den genannten Größen der Weltliteratur gingen viele kleinere Schriftsteller bei Hofbauer aus und ein und wurden von ihm geistig angeregt. Friedrich Schlosser, aus einer Frankfurter Patrizierfamilie, mit Goethe verwandt, kam als Vertreter seiner Vaterstadt zum Wiener Kongreß, wurde durch Hofbauers Einwirkung katholisch und blieb dem Heiligen brieflich verbunden. Er übersetzte geistliche Lyrik aus dem Lateinischen, Französischen, Englischen, Spanischen und Italienischen. Der Schriftsteller und Bibliothekar Anton Passy wurde Redemptorist und entfaltete unter Hofbauers Einfluß eine fruchtbare schriftstellerische Tätigkeit: Seine kirchengeschichtlichen und aszetischen Werke, seine Kirchenlieder und Andachtsbücher fanden weite Verbreitung. Ein anderes Mitglied des Hofbauerkreises, Johann Peter Silbert, verfaßte Gebetbücher, die mit der Tradition der Aufklärungszeit brachen, schrieb Erzählungen und Legenden und übersetzte religiöse Werke. Auch die Schriftstellerin und Übersetzerin der geistlichen Schriften Fénelons, Karoline Pichler, kam aus dem Hofbauerkreis.

Hofbauers Wirken brachte es dahin, daß an der Wiener Universität ein neuer Geist bemerkbar wurde. Dozenten und Studenten sagten sich von der Freigeisterei los, wurden gläubige Katholiken und sogar Priester. Der Mathematiker Dr. Johann Madlener bekehrte sich, studierte Theologie und trat bei den Redemptoristen ein. Johann Emanuel Veith, Doktor der Medizin und Direktor des Tierarzneiinstitutes in Wien, konvertierte aus dem Judentum und wurde einer der intimsten Freunde Hofbauers, den er fast täglich besuchte und der sein künftiges Leben entscheidend bestimmte. Veith entsagte allen Ämtern und Würden und wurde Redemptorist und Priester. Als Domprediger bei Sankt Stephan wirkte er reformierend auf den jungen Klerus. Er gilt als »einer der größten Homileten des neunzehnten Jahrhunderts« (E. Winter), trat auch als Novellist, Lyriker, Satiriker und Epigrammatiker hervor. Im Revolutionsjahr 1848 gründete er den österreichischen Katholikenverein und die Zeitung »Volksfreund« und wurde so ein Vorkämpfer der jung-katholischen Bewegung auf dem Boden der christlichen Demokratie. Auch der Philosoph Anton Günther verdankt seinen Priesterberuf Hofbauer. Der Heilige ermutigte seine religionsphilosophischen Studien und nannte ihn den »Augustinus« des Kreises. Sieben Schüler Hofbauers wurden Bischöfe, unter ihnen Professor Roman Zängerle, der später als Bischof von Seckau seine Diözese im Geiste Hofbauers reformierte, und Josef Othmar Rauscher, der als Jurist begann, unter Hofbauers Einfluß Theologie studierte, Erzieher des späteren Kaisers Franz Josef wurde und als Kardinal-Erzbischof von Wien die letzten Reste des Josefinismus überwand.

Gute Priester heranzubilden, darin sah Hofbauer zeit seines Lebens eine seiner Hauptaufgaben: »Die Geistlichen sind das Licht der Welt ... Es ist ein schrecklicher Stand. Wenn sie nicht recht fromm sind, so sind sie bald vom Satan verführt. Ein Geistlicher ohne den Geist der Buße und ohne Zerknirschung des Herzens ist ein Spiel des Satans ... Wie können Unheilige andere heiligen? Und wenn es geschieht, daß ein unheiliger Priester die ewige Wahrheit verkündigt, so verkündigt er sich selbst sein Gericht. Alle Irrtümer, welche die Kirche Gottes verheerten, sind durch unheilige Geistliche ausgebreitet worden ... Die heutigen Irrlehrer, Christus- und Gottesleugner, wer sind sie anders als Geistliche!«

In seiner Studentenzeit hatte Hofbauer solche fragwürdigen Priester zum ersten Male kennengelernt, und später sind ihm noch manche begegnet. Gefragt, wer ihn aus Polen vertrieben habe, antwortete er, seinen Talar schüttelnd: »Die Schwarz-

röcke! Falsche Brüder!« In Süddeutschland wiederholte sich für ihn diese Erfahrung, und auch in Wien waren seine schlimmsten Feinde josefinische Priester. »Wir Schwarzröcke sind an allem schuld«, pflegte er zu sagen, oder auch: »Alles Unheil, aller Skandal kommt vom Klerus.«
Die von Priestern verursachte Glaubensspaltung sollte durch Priester wieder beseitigt werden. So förderte er nach Kräften die Konvertitenbewegung. Friedrich Schlegel sprach die Hoffnung aus, die katholische Kirche werde durch die Konvertiten neubelebt werden, und Hofbauer erwartete, die Gläubigen im protestantischen Deutschland würden bald zur Mutterkirche zurückkehren: »Durch die göttliche Barmherzigkeit scheinen sie jetzt vorbereitet zu sein, das Licht aufzunehmen, das ihre Vorurteile gegen die Kirche zerstreut.« Voll Zuversicht blickte er in die Zukunft. »Jetzt gab er sich der kühnen Hoffnung hin, die Stunde der Wiedervereinigung habe geschlagen« (J. Hofer). Als Napoleon niedergerungen und der vielgeprüfte Pius VII. nach Rom zurückgekehrt war, wandte sich Hofbauer nach eingehenden Beratungen mit dem Nuntius in einer Denkschrift unmittelbar an den Papst, um Wege zu einer völligen Wiedervereinigung der getrennten Christenheit vorzuschlagen. Hofbauer behauptete immer, Rom kenne zu wenig die deutsche Eigenart und wisse deshalb die Deutschen nicht richtig zu behandeln. Bei seinem letzten Aufenthalt in Rom sprach er sich in diesem Sinne den Kardinälen und dem Papst gegenüber ganz offen aus. Dem evangelischen Verleger Friedrich Perthes, einem Schwiegersohn des Matthias Claudius, sagte Hofbauer: »Seitdem ich in Polen die religiösen Zustände der Katholiken und in Deutschland die der Protestanten habe vergleichen können, ist es mir gewiß geworden, daß der Abfall von der Kirche eingetreten ist, weil die Deutschen das Bedürfnis hatten und haben, fromm zu sein. Nicht durch Ketzer und Philosophen, sondern durch Menschen, die wirklich nach einer Religion fürs Herz verlangten, ist die Reformation verbreitet und erhalten. Ich habe das in Rom dem Papste und den Kardinälen gesagt, aber sie haben mir nicht geglaubt und halten fest daran, daß Feindschaft gegen die Religion es sei, welche die Reformation bewirkt habe.«

Um ein Haar wäre es damals wieder einem Priester gelungen, die Kirche zu spalten, wenn nicht Hofbauers Eingreifen es verhindert hätte. Wessenberg, Hofbauers Feind, plante allen Ernstes, eine von Rom unabhängige deutsche Nationalkirche zu gründen. In die Akten des Wiener Kongresses wurde ein § 13 eingeschaltet, in dem die Vorschläge Wessenbergs zum Kongreßbeschluß erhoben werden sollten. Kronprinz Ludwig von Bayern, der oft in Hofbauers schlichte Wohnung kam und einmal eine ganze Nacht hindurch sich mit dem Heiligen aussprach, bewirkte, daß der berüchtigte § 13 fiel. Auch von Frankfurt aus arbeiteten Hofbauers Freunde, namentlich Schlegel, für eine Abwendung des drohenden Schismas. Übrigens stand Hofbauer in engsten Beziehungen zum Vertreter des Heiligen Stuhles in Wien. Nuntius Severoli sagte von ihm: »Seht dort diesen Priester in seinem groben, einfachen Kleide; wenn er auch nach außen so schlicht erscheint, gibt es doch niemanden, der so gut die wichtigsten Geschäfte erledigen könnte. Manchmal begegnen einem in der Nuntiatur so schwierige Fragen, daß es kaum möglich scheint, sie zu lösen. Oft habe ich dann in solchen Dingen diesen guten Priester zu Rate gezogen und habe niemals Ursache gehabt, es zu bereuen, denn wo wir uns umsonst abgemüht hatten, da ist es der allbekannten Heiligkeit seiner Person, der überzeugenden Kraft seiner Gründe und der liebenswürdigen Einfalt seiner Rede gelungen, jeden Böswilligen zu bezwingen und die Herzen der angesehensten Männer auf seine Seite zu ziehen und das zu erreichen, was kurz vorher unmöglich schien.« Sogar Kardinalstaatssekretär Consalvi trat mit Hofbauer in persönlichen Verkehr, machte ihn zu seinem Beichtvater und ließ sich von ihm in vielen Angelegenheiten beraten.
Für die Zukunft seiner Kongregation hat Hofbauer in Wien nicht aufgehört zu arbeiten. Er bemühte sich darum, seine in alle Winde verstreuten Leute zu sammeln und Niederlassungen in Bayern, in Podolien, in der Walachei und auf dem Balkan zu gründen. Wieder schlugen alle seine Versuche fehl. Allein in Valsainte in der Schweiz kam durch Pater Passerat, den französischen Schüler Hofbauers, die Gründung eines Kollegs zustande. Die Hoffnung auf ein Haus in Wien gab Hofbauer nicht auf.

Seine Feinde aber versuchten, ihn kaltzustellen und aus Österreich zu verbannen. Er wurde von der Polizei überwacht und bespitzelt. Es gab ein unerquickliches Verhör vor dem Konsistorium, eine brutale Haussuchung und heimtückische Drohungen. Die niederträchtigen Machenschaften kränkten den alten Mann sehr. Der Aufenthalt in Wien war ihm schier verekelt. Während seine Widersacher Gutes mit Bösem lohnten, vergalt er Böses mit Gutem. Jeden Sonntag ging er zur Predigt eines Priesters, von dem er wußte, daß er ihn allenthalben verfolgte. Täglich betete er für seine kirchenpolitischen Gegner, vor allem für Dalberg und Wessenberg. Zu Dorothea Schlegel sagte er: »Nicht streiten, sondern beten! Es ist besser, man redet mit Gott von dem Sünder als mit dem Sünder von Gott.« Hofbauer urteilte scharf, aber er verurteilte niemand.
Eine Audienz Hofbauers beim Kaiser Franz brachte einen Lichtblick: Es wurde die Einführung der Kongregation in Österreich, die er sein Leben lang ersehnt hatte, endlich genehmigt und auf seine Bitte die Kirche Maria Stiegen, dieses Juwel der Gotik, den Redemptoristen überlassen. Es war des Heiligen letzte Freude. Er spürte den Tod nahen und versicherte wiederholt in den bestimmtesten Ausdrücken, das Einführungsdekret würde nicht früher unterzeichnet werden, als bis er vor Gott hingetreten sei. Und wirklich starb er, nachdem er alle Anstalten für die Einrichtung des Kollegs getroffen hatte. Das kaiserliche Dekret traf am Morgen nach dem Todestag an der Bahre des Heiligen ein.
In Maria Stiegen fand Clemens Maria Hofbauer sein Grab. Was er gesät, trug in den Jahrzehnten nach seinem Hingang reiche Frucht. Sein Geist lebte fort in Freunden und Schülern, auf Bischofsstühlen und Lehrkanzeln, in Klöstern und Redaktionen.

Johann Michael Sailer

(1751–1832)

Der kleine Hansmichel, Sohn des armen, kinderreichen Dorfschusters Sailer zu Aresing, war unter den sechzig Schülern seiner Klasse im Münchener Gymnasium in allen Fächern stets der Beste oder Zweitbeste. Nur im Religionsunterricht schnitt er, der später als theologischer Schriftsteller und Lehrer Epoche machte, auffällig schlecht ab. Die Seele des herzensfrommen Jungen, die nach dem lebendigen Wasser des Heils dürstete, mußte in dem stumpfsinnigen Schulbetrieb der damaligen Zeit mit seinem mechanischen Einpauken abstrakter Sätze vertrocknen. Was sollte er mit Examensfragen anfangen, die wissen wollten, wie oft bestimmte Worte im Katechismus vorkommen oder welches die Anfangsworte eines jeden Absatzes in dem vorgeschriebenen Lehrbuche seien? Einmal wurde die Preisfrage gestellt: »Was ist das Letzte im ganzen Canisius?« Alle, die antworteten: »Finis« oder »Amen«, fielen durch. Den Preis erhielt ein Schüler, dessen Antwort lautete: »Ein Engelkopf.« Die Vignetten des Buches zu kennen, schien wichtiger zu sein als seinen Geist und seine Wahrheit erfaßt zu haben.

Der Student, der sich auf das Priestertum vorbereitete, wurde immer stärker gewahr, wie sehr der Zeitgeist lebendigen Glauben erschwerte. Der Rationalismus, der nur noch gelten lassen wollte, was die Vernunft demonstrieren konnte, lehnte jede Offenbarungsreligion ab und beschränkte sich auf eine vom Glauben getrennte »natürliche« Moral. Selbst viele Theologen waren der platten Vernünftelei erlegen. Religion war ihnen nicht mehr Sache des Herzens, sondern allein des Kopfes. Sie vernachlässigten das Bibelstudium, dozierten eine bloß auf Nützlichkeit ausgerichtete Moral, gefielen sich in einem verknöcherten Scholastizismus und befehdeten einander mit gehässigen Polemiken. Das

Volk verirrte sich in Aberglauben, die Priester begnügten sich mit ausgehöhlten Andachtsformen, und von den Bischöfen mußte Sailer sagen, daß sie »noch immer mehr um ihre zeitlichen Rechte fechten als für ihre Herden sorgen«.

Angesichts dieser trostlosen Lage erkannte Sailer seine Aufgabe: »Da ich den Rationalismus überall verbreitet und überall Spuren seiner Verwüstungen fand, wohin ich blickte, so ward ich vom heiligen Eifer der Religion ergriffen und faßte den Entschluß, in Schriften, Predigten, Gesprächen, Vorlesungen diese Grundirrtümer mit den entgegengesetzten Grundwahrheiten zu bekämpfen, bis mich Gott von diesem Schauplatz abfordern würde ... Gerade das, was am meisten bestritten ward, das verteidigte ich am meisten.«

Für mehrere Jahrzehnte sollte Sailer als Universitätsprofessor zu Ingolstadt, Dillingen und Landshut Gelegenheit haben, seinen Vorsatz zu verwirklichen. Seine Stellung gab ihm einen entscheidenden Einfluß auf die Ausbildung des bayerischen Priesternachwuchses. Er nutzte ihn, um die Kirche, an der seine ganze Liebe hing, behutsam zu reinigen und zu erneuern.

Wer reformieren will, so lehrte Sailer die jungen Theologen, muß vorsichtig zu Werke gehn: »Alles Neue erregt Widerstand, indem es Miene macht, die alte Unwissenheit zu bestrafen und die alte Angewöhnung in ihrem Geleise stören zu wollen. Besonders erregt das Neue Widerstand in Sachen der Religion, weil da die Furcht vor Irrlehrern das Gemüt ergreift. Noch größeren Widerstand erreget das Neue in Sachen der Religion bei dem Volke, weil der Glaube mit dem früher erhaltenen Unterricht so innig verwachsen ist, daß man das Neue für Täuschung und Lüge hält. Aber den größten Widerstand erregt bei dem Volke das Neue in Sachen der Religion, wenn es mit dem Geräusche der Neuerung im Sturmmarsche durchgesetzt werden soll ... Es geht hier den Predigern, die dem Lichte so eilig zum Siege verhelfen möchten, wie den Generälen, die, ehe die Zeit den Hammer hebt zum Glockenschlage, den Sieg erzwingen wollen und nichts als ihre Niederlage beschleunigen. Sie setzen sich auch gar nicht in die Lage des Volkes, schneiden unbarmherzig sogenannte Vorurteile, die ihm tief eingewachsen sind, aus dem blutenden Herzen, und wenn der Schnitt geschehen ist, sehen sie erst, daß sie gesunde Teile ausgeschnitten haben.«

Aber aufschieben darf man die nötige Reform nicht: »Die eigentlichen Lehren der christlichen, katholischen Religion können nur dann in ihrer ganzen Wahrheit, Schönheit und Göttlichkeit ergriffen werden, wenn sie von allem Fremdartigen, das der Lauf der Zeit an die Andachts-, Bildungs- und Handlungsformen der einzelnen Christen hinangespült hat, geschieden werden.« Sailer weiß, »daß die von dem weisen Kanzler Gerson ersehnte allgemeine Reform an Haupt und Gliedern noch immer ein frommer Wunsch geblieben ist, ... daß die höheren Kirchenvorsteher, nur zu oft von niederen Geschäften gehemmt, an das hohe Werk der Kirchenverbesserung keine Hand anlegten«. Die Reform ist Pflicht nicht nur des Papstes, der Bischöfe und der Priester, sondern jedes Christen: »Jedes Glied der katholischen Kirche ist als solches verpflichtet, nach dem Maße seiner Erkenntnis, seiner Geisteskräfte, seines Wirkungskreises das Unkraut, das auf dem Acker der Kirche wächst, von dem Weizen zu sondern; das ohne Nachteil des Weizens Tilgbare zu tilgen; das übrige mit Gottes Geduld zu dulden und mit wachsamem Auge und kräftiger Wehr zu sorgen, daß auf dem Boden, auf dem er steht, der Feind nicht neues Unkraut säe.« Dieses Verhalten habe Christus selbst geboten. Fünffaches Unkraut sei zu bekämpfen: Laster, Heuchelei, Aberglaube, Unglaube und Zeitgeist. Dieses Unkraut wuchere auch heutzutage auf dem Acker der Kirche. »Es ist der Kirche nicht damit gedient, daß das tilgbare Unkraut verheimlicht oder gar als Weizen herausgehoben werde. Deshalb wird das Studium der Geschichte und besonders der Kirchengeschichte empfohlen, damit der gegenwärtige Zustand der Kirche mit den Zuständen der Vorzeit und mit dem Geiste der ursprünglichen Einsetzung verglichen und dadurch die Abweichungen von der Regel erkannt und behoben werden können.« Voraussetzungen der Reform, so lehrte Sailer, seien Wahrhaftigkeit und Freimut: »Ach! Seitdem die Wahrheit nicht mehr mit unverhüllter Stirne vor den Kirchenvorstehern erscheinen darf, sind viele Übel unheilbar geworden ... Wo Freiheit des Geistes ist, da ist auch Freimütigkeit, die den Großen wie den Kleinen die Wahrheit sagt.« Die

Reform müsse beim Klerus beginnen: »Wenn du andere verbessern willst, so fange bei dir selbst an; sei du selbst zuerst der bessere Mann. Wenn du das Christenvolk bessern willst, so bessere zuerst die Geistlichkeit, die Führer des Volkes, damit das Volk durch sie gebessert werden kann. Und wenn du die Geistlichen verbessern willst, so mache sie zuerst los von der Eigen- und Weltliebe, die sie böse macht.«

Sailer begnügte sich nicht, das zu verteidigen, was von den Gegnern der Kirche bestritten wurde; er hob auch jene Wahrheiten wieder hervor, die zwar nicht geleugnet, aber innerhalb der Kirche etwas in Vergessenheit geraten waren. Dieser Vorgang des »Vergessens« ist geistesgeschichtlich zu verstehen: Die Reform der Kirche im sechzehnten Jahrhundert gipfelte im Konzil von Trient, das die folgenden Jahrhunderte der Kirchengeschichte entscheidend prägte. »Nun waren aber die Fragestellungen und die Entscheidungen des großen Reformkonzils ganz durch die Angriffe der Gegner bestimmt. Das Konzil wollte und sollte die katholische Glaubenslehre nicht allseitig, sondern nur insoweit herausarbeiten, als sie bestritten wurde.« Da die vom Gegner bestrittenen Wahrheiten im Vordergrund standen, wurden die nicht angefochteten Wahrheiten in den Hintergrund gedrängt. So kam es, daß die rechtliche Gestalt und die hierarchische Verfassung der Kirche, weil von den protestantischen Reformatoren bestritten, von den katholischen Theologen besonders stark, ja streckenweise ausschließlich dargestellt wurden, »während das dem katholischen Kirchenbegriff mindestens ebenso wesentliche pneumatisch-innere Moment der Kirche als Leib Christi und Einheit aller Getauften im Heiligen Geiste, also die von den Neuerern nicht angefochtene ›unsichtbare‹ Seite der Kirche, weniger, ja teilweise überhaupt nicht ausdrücklich betont wurde. Es ist leicht einzusehen, daß diese zeit- und kontroversgeschichtlich verständliche Akzentverschiebung auf lange hinaus eine Verengung und Verarmung des durchschnittlichen katholischen Kirchenbegriffs mit sich brachte. Daher denn auch das Bemühen der größten katholischen Theologen seit anderthalb Jahrhunderten, eines Johann Michael Sailer, eines Johann Adam Möhler, eines Matthias Scheeben . . ., neben der hierarchischen Struktur der

Kirche auch ihren inneren Gehalt, ihre Geisterfülltheit wieder in das Bewußtsein der Zeit zu heben« (F. X. Arnold).
Sailer entriß die Theologie der Erstarrung und führte sie einer neuen Blüte entgegen, indem er zu den Urquellen des Christentums, zur Bibel und zu den Kirchenvätern zurückkehrte. Er lehrte seine Schüler, daß die wahre Frömmigkeit aus dem Herzen kommen müsse, und gab ihnen die Schriften der Mystiker in die Hand. Sailers Schüler Buchner schreibt in seinen Erinnerungen: »Die Leute hatten die äußere Übung beibehalten, aber den Sinn und Geist der Übung aus dem Auge verloren. Man mußte dem Volke wieder ganz bestimmt und deutlich sagen, die Religion sei zuerst und vorzüglich etwas Innerliches und die Anbetung Gottes müsse im Geiste geschehen und eine wahre Anbetung sein ... Das Äußerliche ohne das Innere, dieser reine Mechanismus, konnte Sailer nicht befriedigen ... Was die heiligen Lehrer ›das betrachtende Gebet‹ nennen, das hat niemand mehr, niemand im wahreren Sinne, niemand geistreicher geübt als Sailer. Dazu hat er uns durch Worte angehalten, wie er durch die Tat unser Vorbild und Beispiel geworden ist. Er forderte uns auf, dahin zu wirken, daß ein solches Beten allgemeiner werde, damit der Herr nicht unablässig zu der Klage genötigt werde: ›Dies Volk ehrt mich nur mit den Lippen, sein Herz aber ist ferne von mir.‹ ... Wie die Überfüllung der Kirchen mit allerlei Bildern und Devotionalien, so war ihm eine Überlastung der frommen Leute mit allerlei äußerlichen Übungen zuwider. Das erstere galt ihm als eine Verunstaltung statt Verzierung, und das letztere sah er für Mißgriff und nutzlose Plagerei an ... Sailer war gegen das Überwuchern des Äußerlichen. Er forderte überall Maß und Ziel, damit das Äußere der wahre Ausdruck des Innern sei und damit das Innere von der äußeren Übung einen Gewinn habe.«
Bei alledem vernachlässigte er keineswegs die äußeren Formen der Frömmigkeit und des Gottesdienstes. Er selbst feierte täglich das heilige Opfer mit einer Andacht, die alle Anwesenden ergriff. Mit seinen Büchern *Geist und Kraft der katholischen Liturgie* und *Kirchengebete, aus dem Missale übersetzt*, beide 1788 veröffentlicht, wurde er sogar ein früher Vorläufer der liturgischen Bewegung.

Sailer war sich darüber klar, daß »große Verbesserungen der Liturgie« vonnöten seien. Doch warnte er vor eigenmächtigen und voreiligen Veränderungen des Gottesdienstes. Er lehrte die jungen Priester und Theologiestudenten, »daß es ungleich besser ist, dem Buchstaben der stehenden Liturgie all den Geist einzuhauchen, den der untergeordnete Geistliche einhauchen kann und darf, als die Liturgie den willkürlichen Verbesserungen der einzelnen preiszugeben, die am Ende doch nur eine liturgische Anarchie herbeiführten und den Geist des Ganzen zerstörten«.
Auch auf dem Gebiet der Predigt wirkte Sailer als Erneuerer. Die geistlichen Wortführer der Aufklärung sprachen auf der Kanzel »lieber von Blitzableitern und Schutzblattern, von Kleebau und Baumzucht«. Sailer aber sagte seinen Schülern: »In der Schule, unter der großen Linde dort am Gemeindeplatz, in jedem Privatumgange möget ihr den Anlaß ergreifen, so oft ihr wollt, den Landmann über Blitzableiter und Schutzpocken, Kleebau und Baumzucht aufzuklären und ihm mancherlei Vorurteile freundlich und kräftig aus der Seele wegholen. Aber die christliche Kanzel sei der Lehre von dem ewigen Leben geweiht . . . Es jammert mich des Greises, der morgen sterben soll und heute die letzte Predigt in der christlichen Kirche hörend zum Christentode durch dein Gotteswort eingesalbt werden möchte – und muß dich von Kleebau und Kuhpocken sprechen hören! Es jammert mich der Mutter, die von dir lernen möchte, ihre Kinder in der Furcht des Herrn zu erziehen, und du ermunterst sie, durch Setzung neuer Bäume gesundes Obst zu ziehen. Es jammert mich der Witwe, die mit der Prophetin Anna das Heil der Welt anschauen möchte und in dir einen Simeon zu finden hoffte, der ihr das Heil der Welt in Christus vormalte, und nun sollte dir die Lebensmüde auf deiner Parforcejagd wider die Vorurteile der Stallfütterung nachfolgen und am Sonntage nichts von Gott und Christus, an den Feststagen des ewigen Lebens nichts von dem ewigen Leben hören. Oh, wenn Christus als Visitator generalis unsere deutschen Prediger musterte: ich denke, die himmlische Liebe würde der Geißel nicht entbehren können, um die Tempel Gottes von diesen Predigern zu reinigen.« Sailer ging auch hier wieder mit seinem Beispiel voran, predigte oft und predigte gut.

Er versah das Amt eines Universitätspredigers und bestieg auch gern in Pfarrkirchen die Kanzel. Er ließ es sich nicht nehmen, seinen neugeweihten Schülern die Primizpredigt zu halten.
Bei einer solchen Gelegenheit schilderte er den Priester als einen Kämpfer wider den Geist der Welt, der sein Leben lang zu streiten habe »wider den Leichtsinn des blinden Zeitalters, wider den Unglauben des falschsehenden Zeitalters, wider die Gottlosigkeit des tiefversunkenen Zeitalters«. Sosehr Sailer sich in entschiedener Frontstellung gegen den Zeitgeist wußte, sowenig ließ er sich davon abhalten, aufgeschlossen das Wertvolle der Kultur seiner Epoche zu bejahen, sich anzueignen und seinen Schülern zu vermitteln. Er war über alles »Moderne« auf dem Laufenden, ließ sich aber von Schlagwörtern nicht blenden. Sein Ja oder Nein richtete sich nicht danach, ob etwas neu oder alt, sondern danach, ob es wahr oder unwahr, gut oder böse ist.
Wie klar Sailer die Irrtümer der Aufklärung bekämpfte, ohne ihre echten Errungenschaften preiszugeben, zeigt sein Buch *Erziehung für Erzieher.* Sein Verdienst ist, vor einseitiger Bildung nur des Intellekts gewarnt und auf die zentrale Bedeutung der religiösen Erziehung hingewiesen zu haben. Der große, doch völlig anders gerichtete Pädagoge Diesterweg gab über das Buch folgendes Urteil ab: »Ein Produkt hoher, reinster Begeisterung für Menschenwohlfahrt durch Erziehung! Ein edler Geist spricht den Leser fast aus jeder Zeile an und beseelt ihn für die höheren Dinge ... Wer sich durch dieses Buch nicht gehoben, erglüht, begeistert fühlt, an dem ist wenig verloren; für die Anbahnung höherer Menschlichkeit ist er jedenfalls nicht geschaffen.«

»Um Menschen zu erziehen, sei selbst Mensch!« Diesen Imperativ seiner Erziehungslehre hat Sailer in großartiger Weise befolgt. Er war ein Mensch von einer so strahlenden Liebenswürdigkeit, daß er alle, die ihm nahten, unwiderstehlich anzog. Wir haben noch eine Menge Äußerungen seiner Schüler, die alle diese Anziehungskraft bezeugen. So schreibt Josef von Mets: »Sailer nahm mich gleich sehr liebreich auf und zog in kurzer Zeit mein ganzes Wesen an sich; an seiner Seite fühlte ich mich selig und ging jedesmal neu gestärkt und belehrt von ihm. Er hatte damals so einen heiteren Geist, sprach sich durchaus so liberal und lichtvoll aus, daß er mit Zauberkraft einnahm; auch teilte er sich jenen, die er offen und empfänglich fand, ganz mit.« Christoph von Schmid, der als Waise nach Dillingen kam, berichtet: »Wie schnell und bleibend Sailer die Verehrung, die Liebe und das Zutrauen der Studierenden gewann, ist zu bewundern, oder vielmehr nicht zu bewundern. Denn er war die lautere Freundlichkeit, die aus dem wohlwollendsten Herzen herrührte. Die Heiterkeit, die aus seinen Augen leuchtete, zeugte von einem Geist, der von keinen irdischen Leidenschaften getrübt wurde, sondern ganz himmlisch gesinnt war. Sein Angesicht verkündete den Frieden eines guten Gewissens. Nur ein reines Gewissen und das Vertrauen auf Gott kann immer so vollkommen heiter machen ... Der Augenblick, da ich Sailer das erstemal sah, bleibt mir unvergeßlich ... Ich faßte das größte Zutrauen zu ihm, und er war von dieser Zeit an für mein zeitliches und ewiges Wohl so väterlich besorgt als mein Vater und tat so viel für mich, daß mein eigener Vater nicht mehr, ja nicht so viel für mich hätte tun können.« Wieder ein anderer erklärte unmittelbar nach einem Besuch: »Sein ganzes Betragen ist höchst ungezwungen. Er ist die lautere Heiterkeit und Freundlichkeit, die bei ihm ganz und gar ungekünstelt und ihm zur Natur geworden. Ich konnte sogleich in den ersten Augenblicken ein solches Vertrauen zu ihm fassen, als sei er mir Vater oder Bruder.« Josef Guggemos bekannte: »Ich kenne keinen, der das zerknickte Rohr so aufzurichten und den glimmenden Docht so anzufachen verstand wie er. Er hatte die Gabe, die Geister zu unterscheiden, in Auszeichnung, stieß nie zurück, zog immer an, doch nie an sich oder an eine Partei, sondern immer nur an das Wahre, Gute, Schöne – an Gott, an Christus, an den Heiligen Geist und an seine Kirche.«

Diese faszinierende Macht versagte selbst dort nicht, wo ein junger Mann sich innerlich sperrte. Bezeichnend dafür ist die Mühelosigkeit, mit der Sailer den stolzen Westfalen Melchior Diepenbrock im Nu eroberte. Der junge Brausekopf war ein Sorgenkind seiner Eltern. Niemand verstand, wie Brentano sagte, diesen Topf ohne Henkel anzufassen. In keiner Schule konnte er sich der Ordnung fügen, weshalb er mehrmals die Anstalt wechseln mußte. Um so mehr liebte er wilde Jagden und tolle Streiche. Im Befreiungskrieg meldete sich der Fünfzehnjährige als Freiwilliger und wurde Leutnant. In die Garnison zurückgekehrt, wurde er wiederholt »wegen Insubordination« bestraft. Als ihm schließlich lebenslängliche Festungshaft drohte, nahm er den Abschied und zerbrach zornig seinen Degen. Selbstmordgedanken quälten ihn. Als seine Eltern Sailers ersten Besuch erwarteten, machte sich der Trotzige schimpfend davon: Er wollte mit dem »Pfaffen« nichts zu tun haben. Zufällig lief er ihm anderntags im Park dann doch in den Weg, und ein Gespräch von einer halben Stunde genügte, um das volle Vertrauen des jungen Stürmers zu gewinnen. Am nächsten Morgen beichtete Diepenbrock bei Sailer und empfing nach vielen Jahren zum erstenmal wieder die Kommunion. Als Student der Staatswissenschaft in Landshut, später als Sailers Sekretär in Regensburg weilte er viele Jahre in nächster Nähe des geliebten Meisters, und sein Andenken war ihm bis zum Tode heilig. Diepenbrock wurde als Bischof und Kardinal eine Zierde der Kirche.

Sailer war ein ausgezeichneter Dozent, der klar und anregend vorzutragen wußte. Er wünschte, daß seine Zuhörer die Wahrheiten der Religion nicht nur mit dem Kopfe erfaßten, sondern zugleich und besonders mit dem Herzen verstanden, innigst liebgewannen und zur Richtschnur ihres Handelns machten. Seine Worte wollten nicht bloß belehren, sondern zum Guten entflammen. Das bewirkten sie auch, da sie aus dem Herzen kamen, anschaulich aus der Lebenswirklichkeit schöpften, nie langweilten und oft die Hörer hinrissen.

Was auf die Studenten am meisten wirkte, war, wie sein Schüler Laurenz Schiffmann erklärt, »sein Privatumgang, seine ungemein interessante Persönlichkeit, der Reichtum der Literatur, der Schatz der Erfahrung, die sich als unnachahmliche Lebensweisheit ausprägten, seine väterlich wohlwollende Gesinnung, seine nichts Böses argwöhnende Herzensgüte.« All das erlebten die jungen Menschen am schönsten in jenen Stunden, die Sailer ihnen persönlich schenkte. Stets nahmen einige an seinen Mahlzeiten teil, und täglich war sein Zimmer voll von Besuchern. Er hatte nach den Worten Heinrich von Andlaws »immer Zeit und Lust, jedem das zu gewähren, dessen er gerade bedurfte, ohne Ungeduld, ohne geschäftige Eile – allen alles zu sein«.

Anschaulich schildert ein Augenzeuge die zwanglosen Spaziergänge, die der Professor täglich mit seinen Studenten unternahm: »Er verschmähte es nicht, wenn die Lust ihn ankam, mit uns um die Wette zu laufen . . . Bei Winterspaziergängen reizte er die Begleiter, gegeneinander feindlich in Schlachtordnung zu stehen und mit Schneeballen zu werfen, sich selber unbedenklich einer Partei anreihend. Wo er eine Eisbahn antraf, schliff er rüstig darüber weg . . . Allen war wohlgemut in seiner Nähe. War bei Schneegestöber oder Regenguß der Spaziergang verkümmert, so wurde die Erholungsstunde im Zimmer zugebracht. Ich weiß, zuweilen fand ich mich angeregt und von Sailer ermuntert, etwa eine possierliche Rede in der schweizerischen Mundart vorzudeklamieren, währenddessen der Professor auf dem Boden saß und vor Lachen weinend sich den Bauch hielt.« Sailer war ein prachtvoller Gesellschafter, begabt mit Witz und Humor. Er steckte voller Anekdoten, liebte gemeinsamen Gesang und erwies immer wieder seine Geschicklichkeit, eine Gesellschaft in Schwung zu bringen und alle in aufgeräumter Stimmung zu erhalten.

Sailer half seinen Studenten auch in materiellen Nöten. Er hatte seine eigene Studentenzeit, durch die er sich kümmerlich genug hindurchschlagen mußte, nicht vergessen. Bedürftige unterstützte er mit solcher Bereitwilligkeit, daß er oft selbst kaum noch Geld hatte. Er sorgte dafür, daß die jungen Akademiker, die winters zwei bis drei Stunden im ungeheizten Hörsaal aushalten mußten, einen warmen Raum für die Vorlesungen erhielten. Und als die Alumnen des Konvikts sich über die unzureichende Verpflegung beschwerten, war er es, der zu ihren Gunsten mit Erfolg vermittelte. Noch als Bischof verzichtete er auf den Kauf einer bequemeren Kutsche, die der Greis für seine anstrengenden Firmungsreisen nötig gehabt hätte, um einem jungen Schweizer das Studium zu finanzieren.

Solche Selbstlosigkeit trug viel zu seiner Beliebtheit bei. Wesentlicher aber war den jungen Männern die geistig-seelische Hilfe, die er ihnen bot. Dieser kluge Menschenführer, der sich jeder Eigenart anpaßte, vergewaltigte niemanden, beließ vielmehr jedem seine besondere Weise. Nach Schiffmanns Urteil besaß er »die Kunst, jeden Schüler auf allen Stufen der Bildung, in allen Lebensverhältnissen, bei den verschiedensten wissenschaftlichen Ansichten, politischen und religiösen Gesinnungen zu nehmen, wie er war, ohne sich ihm feindlich gegenüberzustellen; aber dann allmählich ihm das Herz abzugewinnen und ihn unvermerkt von Vorurteilen, Verkehrtheiten, Sünden und bösen Angewöhnungen loszumachen«. Sailers Methode war positiv, das Böse durch das Gute überwindend. Seinem Jünger Diepenbrock erklärte er: »In jedem Menschen, wenn er nicht vollends verstockt ist, findet sich doch noch ein lichter Fleck, ein Punkt für die Empfänglichkeit für das Gute; bei diesem soll man ihn fassen und ihn zu heben suchen, daß der Lichtpunkt sich erweitere und die Finsternis allmählich verdränge. Gott, der Heilige, hat so unendlich viel Geduld mit den Sündern; sollten wir sie nicht auch haben?« Im gleichen Sinne schrieb er an Clemens Brentano: »Wenn der Arzt heilen will, so adressiert er sich zuerst an das, was im Kranken noch gesund ist, um durch das Gesunde das Kranke zu überwinden.«

Sailers weitherzige Liebe war von der Klugheit geleitet, doch seine Klugheit selbst gründete wieder in der Liebe, die sich ganz dem andern schenkt. Schön verdeutlicht das ein Schüler: »Ein jeder, der mit Sailer näheren Umgang hatte, mochte glauben, von ihm insbesondere geliebt und umsorgt zu sein.« Noch Jahrzehnte nach Sailers Tod bezeugten viele ihrem einstigen Lehrer ihre Dankbarkeit. Selbst ein Nörgler, wie der verspätete Aufklärer Salat, beteuerte bei allen kritischen Bemerkungen gegen den Führer einer ihm widerwärtigen Bewegung stets seine uneingeschränkte Ehrfurcht vor dieser großgearteten Persönlichkeit. »Sailers Fähigkeit, junge Menschen erzieherisch zu beeinflussen, war genial. Er gehört zu den ersten geborenen Erziehern der Menschheitsgeschichte« (Ph. Funk).

Seine Schüler nannten ihn »Vater Sailer«, weil väterliche Güte der Grundzug seines Wesens und Wirkens war. Aber noch in einem weit umfassenderen Sinne hat er diesen Ehrennamen verdient. Er verwirklichte das Priestertum als eine geistliche Vaterschaft in vollkommener Weise, indem er ein würdiges Abbild war des Vaters im Himmel, von dem alle Vaterschaft auf Erden ihren Namen hat. Er konnte wie der Apostel Paulus seinen Söhnen sagen: »Ich bin in Christus Jesus durch das Evangelium euer Vater geworden.« Mit Recht wurde er schon von Zeitgenossen »ein Kirchenvater« genannt. Er zeugte neues Leben, das heute noch kräftig pulst. Wenn unsere Zukunft, wie ein moderner Autor meint, von einer neuen Konzeption des Wortes »Vater« abhängt, könnte die ehrwürdige Gestalt Sailers zu dieser Konzeption wesentliche Elemente beitragen.

Sailer wirkte weit über den Kreis der jungen Theologen hinaus. Durch seine stark besuchten Religionsvorträge für Hörer aller Fakultäten, seine Universitätspredigten, seine Privatvorlesungen und seine Beichtstuhltätigkeit gewann er Einfluß auch auf Studenten, die sich auf weltliche Berufe vorbereiteten. Auch beschränkte sich dieser Einfluß nicht auf die Dauer des akademischen Studiums, sondern setzte sich, nachdem die jungen Leute die Universität verlassen hatten, durch Briefwechsel und Besuche fort.

Schon bald sah der Meister seine Schüler in einflußreichen Stellen: auf Lehrstühlen und Kanzeln, auf Bischofssitzen und in Domkapiteln, in Ministerien und am Hofe. So vervielfachte sich das Gute, das dieser erleuchtete Reformator ausgesät, und sein Geist wurde überallhin getragen, um weiter Leben zu wecken. Christoph von Schmid wurde Domkapitular in Augsburg, Reformator des bayerischen Schulwesens und ein in alle Sprachen übersetzter Jugendschriftsteller. Eduard von Schenk konvertierte unter Sailers Einfluß und stieg, von Sailer empfohlen, zum bayerischen Innenminister empor. Der durch Sailer zum Glauben geführte Arzt und Naturphilosoph Johann Nepomuk von Ringseis wurde der Reformator des Medizinalwesens in Bayern. Als Erneuerer des kirchlichen Lebens arbeitete Freiherr von Wessenberg, der als Generalvikar von Konstanz viel Gutes wirkte, freilich auch oft danebengriff. (C. Gröber meint, seine jahrzehntelange Freundschaft mit dem ganz anders gearteten

Sailer habe ihn vielleicht vor dem Äußersten bewahrt). Sailer-Schüler waren auch J. F. von Allioli, Professor für Orientalistik und Exegese in München, bekannt durch seine von Sailer angeregte Bibelübersetzung, Martin Deutinger, der Münchener Generalvikar, und Heinrich Freiherr von Andlaw, der badische Politiker. Aus der langen Liste führender Männer der »Sailer-Schule« seien nur noch die beiden bedeutendsten genannt: Kardinal Diepenbrock und König Ludwig I. von Bayern. Sie alle empfingen die entscheidende Prägung von Sailer und blieben durch einen regen Briefwechsel mit ihm verbunden. Übrigens griff die Wirksamkeit der Sailer-Schule über die deutschen Grenzen hinaus. Bischof Laurenz Studach wurde der Neubegründer des katholischen Lebens in Schweden und Norwegen. Die Schweiz verdankt Sailer eine Reihe von tüchtigen Kirchenmännern und Hochschullehrern. Selbst in Amerika wirkten Jünger Sailers.

Es waren nicht nur junge Studenten, die in den Bann dieser starken Persönlichkeit gerieten. Unter Sailers Bewunderern finden sich viele Träger berühmter Namen. Der Dichter Friedrich Leopold Graf zu Stolberg, ein Mitglied des Göttinger Hainbundes und Freund Goethes, später im Kreise der geistreichen Fürstin Gallitzin zu Münster, war glücklich, Sailers Umgang genießen zu dürfen und schrieb über seinen Gast: »Er ist in seinem ganzen Wesen und in seinen Reden natürlich, offen, frei, herzlich. Daher den Kleinen wie den Großen wohl bei ihm wird . . . Seine ernste Gesinnung steht in schöner Verbindung mit seiner jugendlichen Munterkeit. Sein Umgang ist so interessant und lehrreich als ergötzend . . . Er ist ein ganz vortrefflicher Mann, den Natur und Gnade mächtig ausgerüstet haben.« Der geniale Kritiker und Philosoph Friedrich von Schlegel bekannte: »Ich lernte Sailer in Landshut kennen. Wenige Menschen haben mir nach einer so kurzen Bekanntschaft einen so tiefen und unauslöschlichen Eindruck hinterlassen wie Sailer. Er hat mir Liebe und Vertrauen eingeflößt.« Der Naturphilosoph Gotthilf Heinrich von Schubert äußerte, er verdanke Sailers Schriften viel, und nach persönlicher Begegnung mit dem von ihm Hochverehrten schrieb er an Ringseis: »Seitdem der ehrwürdige, teure Sailer mich segnete, ist mir, als würde mir das Beten und alles Gute leichter.« Der Naturforscher und Schriftsteller Henrik Steffens traf Sailer in Landshut und schreibt darüber in seinen berühmten Erinnerungen: »Seine offene, unbefangene Freundlichkeit übte eine religiöse Gewalt über mich aus . . . Wir schlossen uns innig aneinander . . . Eine für mich höchst wichtige Bekanntschaft, die geeignet war, ein wichtiges Moment in der Entwicklung meines Lebens zu bilden.« Friedrich Karl von Savigny, der Begründer der historischen Rechtswissenschaft, als Professor in Landshut in freundschaftlichem Verkehr mit Sailer, nannte seinen Kollegen »einen der herrlichsten, edelsten, kräftigsten Menschen, den ich ehren und lieben muß wie wenige«. An Jakob Grimm schrieb er: »Sailer ist mir noch immer der erste unter allen, die hier sind.« Und an Bang: »Er hat eine außerordentliche Verbindung mit Menschen aus allen Ständen: Alles ehrt und liebt ihn wie einen Vater, und nach allen Seiten strebt er auf gleiche Weise zu wirken, erweckend, belebend, befestigend, aus dem Innersten seines religiösen Gemüts . . . Er selbst erscheint so ganz ohne Stolz, ganz ohne Anspruch und Feierlichkeit, lustig, derb, kindlich.« Noch von Berlin aus wandte sich Savigny, Protestant wie Schubert, Steffens und andere von Sailers Verehrern, in Gewissenfragen an ihn um Rat und blieb, wie ein umfangreicher Briefwechsel zeigt, bis zu seinem Ende herzlich mit ihm verbunden. Bettina Brentano, die ein Jahr in Landshut bei ihrem Schwager Savigny weilte, schrieb ihrem Gatten Achim von Arnim, sie habe unter lauter Bärenhäutern nur einen Menschen kennengelernt: Sailer. »Er erzählt sehr einfach, aber nachdrücklich und schön.« Er könne ihr die Frau Rat Goethe ersetzen, die sie als ein Orakel der Lebensweisheit verehrt hatte. Mehrmals plaudert sie in ihren Briefen an Goethe von Spaziergängen, die sie mit dem »herrlichen« Sailer unternommen: »Heute war ich noch mit Sailer auf dem Berg, auf dem die Trausnitz steht . . . Sailer war mir der Liebste von allen. Im harten Winter gingen wir oft über die Schneedecke der Wiesen und Ackerflächen und stiegen miteinander über die Hecken von einem Zaun zum andern, und alles, was ich ihm mitteilte, daran nahm er gern teil, und manche Gedanken, die aus Gesprächen mit ihm hervorgingen, die hab' ich aufgeschrieben.« Ihr

Bruder Clemens Brentano, der Dichter, verkehrte mit Sailer in Landshut und in Westfalen und wandte sich unter seinem Einfluß wieder dem Glauben seiner Kindheit zu.
Zu der persönlichen Einwirkung auf Schüler und Freunde durch Gespräche und Briefe kam die schriftstellerische Tätigkeit, die ganz im Dienste der geistigen Erneuerung stand und deren Breiten- und Tiefenwirkung außerordentlich war. Namentlich Sailers Gebetbuch hatte einen ungeahnten Erfolg. Es war auch bei evangelischen Christen beliebt. Lavater, der schon länger mit Sailer innig befreundet war, empfahl es seinen Bekannten weit und breit. Dies veranlaßte den Berliner Literaten Nicolai zu der Behauptung, Sailer sei ein abgefeimter Proselytenmacher, der sich mit seinem Gebetbuch bei den Evangelischen einschleichen wolle. Dem atheistischen Agitator wurde von Sailer und Lavater eine überlegene Abfuhr zuteil. Die Verleumdung konnte dem Verhältnis der beiden Männer nichts anhaben. Lavater, dessen Freundschaft mit Goethe und andern bald in die Brüche ging, blieb dem jüngeren Sailer bis an sein Ende brüderlich verbunden, wie Besuche und Briefwechsel bezeugen. Schon damals war den wachen Geistern bewußt, daß die entscheidende Front des weltanschaulichen Kampfes nicht mehr zwischen Evangelischen und Katholischen, sondern zwischen Christen und Nichtchristen verlief. Die Nicolai-Kontroverse hatte das besonders deutlich gemacht. Darum wandte Sailer sich entschieden gegen die rationalistischen Religionsfeinde, betonte aber im Verkehr mit andersgläubigen Christen das Gemeinsame und nicht das Trennende. Er hatte ein herzliches Verhältnis zu Heinrich Jung-Stilling, Matthias Claudius und anderen Evangelischen. Die beiden ersten Biographien Sailers stammen von Protestanten: 1856 erschien die von Pastor Bodemann, 1864 die von Hermann Jacobi. Beide Werke bezeugen die Hochschätzung, deren sich Sailer noch lange nach seinem Tod in Kreisen des gläubigen Protestantismus erfreute. Man staunte, in diesem katholischen Theologen und Bischof evangelischen Geist verkörpert zu sehen. Sailer machte deutlich, daß vieles von dem, was man nur innerhalb des Protestantismus beheimatet glaubte, in der katholischen Kirche seinen legitimen Ort hat.

Als seinen hervorstechendsten Charakterzug heben alle, die ihn kannten, an Sailer die außerordentliche Gelassenheit und Heiterkeit hervor. Philipp Zech schreibt: »Ich habe in meinem Leben keinen Menschen gekannt, der unter allen Verhältnissen sich so zu beherrschen gewußt und eine so beständige Gemütsruhe gezeigt hätte wie der verstorbene Bischof von Sailer. Ob ich gleich mehr als 40 Jahre teils um, teils mit ihm lebte, so sah, noch hörte ich je eine eigentliche, auffallende Gemütsstörung an oder von ihm.«

Das bestätigt Karl Passavant: »Nicht leicht gab es einen Menschen, der sich unter allen Verhältnissen, bei Gesundheit und Krankheit, bei freudigen und betrübenden Ereignissen so gleich blieb wie er. Er war wie eine Quelle, aus der immer gleichmäßig reines Wasser ausströmte. Die friedliche, heitere Stimmung seiner Seele, die sich in jeder Tat, in jedem Worte, jedem Blicke aussprach, war bei ihm das Ergebnis einer ununterbrochenen Selbstbeherrschung und einer Erhebung des Gemütes. Mitten im heitersten Gespräche sammelte er sich zuweilen innerlich, und man sah ihm an, daß etwas in seiner Seele vorging. Dies war aber so natürlich bei ihm, als wenn ein Gärtner bei Betrachtung seiner Pflanzen zuweilen nach dem Himmel sieht.« Aufschlußreich ist Diepenbrocks Bekenntnis: »Elf Jahre habe ich in ununterbrochenem Verkehre mit ihm gelebt, die letzten acht Jahre als sein nächster Haus- und Tischgenosse . . . Ich war damals viele Jahre hindurch kränklich, reizbar, hypochondrisch und gar nicht immer guter Laune . . . Aber seine Liebe war nicht zu trüben, seine Geduld nicht zu ermüden . . . Ich habe ihn nie erzürnt oder verdrießlich, nie außer Fassung, nie leidenschaftlich bewegt gesehen . . . Aber nicht auf stoischer Unempfindlichkeit oder künstlicher Selbstabhärtung beruhte dieser seltene Gleichmut, denn nichts war Sailer fremder als dies, dessen Herz vielmehr mit den zartesten, klangvollsten Saiten der Empfindung und des Mitgefühls bespannt war. Der nie wankende Stützpunkt für seinen edlen, wahrhaft himmlischen Gleichmut lag in seinem tiefreligiösen Gemüte . . . Das durchscheinende Geheimnis seines inneren Lebens war die stete Gegenwart Gottes. Dieser sein ganzes Wesen beherrschende Zug nach innen oder nach oben war aber so weit entfernt von finsterer Kopfhängerei oder aszetischem Zwange, daß ich nie einen so gleichmäßig heiteren Menschen wie ihn gekannt habe ... Nicht ohne Mühe und heißen Kampf hatte er diese friedliche Höhe innerer Beschaulichkeit erklommen, die nicht quietistischer Seelenschlummer, sondern wachstes Leben, auch nicht Naturgabe, sondern wahre, einem lebhaften Temperament abgerungene Tugend war. Er selbst ... erzählte, wie er durch den dreifachen Glutofen der Gewissenszweifel, Glaubenszweifel und Seligkeitszweifel hindurchgeführt und geläutert, endlich in heiliger Furcht vor der eigenen Gebrechlichkeit und in gleich heiliger Zuversicht auf Gottes grenzenlose Erbarmung den Frieden der Gottinnigkeit errungen habe.« Andlaw sagte von Sailer: »Von Natur wohl ernst, bezwang er, sicher nicht ohne schwere Kämpfe, die angeborene Heftigkeit seines Wesens ... Im Umgange hatte Sailer die Heftigkeit ganz bezwungen ... Es lag in der kleinen, aber kräftigen Gestalt ... eine Tatkraft, welche wohl ebensogut hätte Länder regieren und Schlachten schlagen können.«

Diese Zeugnisse zeigen, daß Sailers sprichwörtlich gewordene Milde das Ergebnis schwerer innerer Kämpfe war und die Energie zum Kampf gegen äußere Feinde nicht ausschloß. Beide Eigenschaften zu bewähren, hatte Sailer im Laufe seines Lebens oft genug Gelegenheit. Denn so milde und gütig er war, mußte er doch viele gehässige Verfolgungen und Verleumdungen erdulden. In diesen Kämpfen offenbarte sich seine Seelengröße im schönsten Licht. Andlaw berichtet darüber: »Was mir in der Erinnerung an Sailer noch besonders haftet, ist ... dessen edle Feindesliebe ... Ich erinnere mich nie eines Wortes, das hätte ahnen lassen, daß er ... von erbitterten Feinden umgeben sei. Nie eine Silbe des Tadels, nie ein unfreundliches Urteil über Menschen ist mir aus seinem Munde erinnerlich, wohl aber wie oft der Anerkennung des Verdienstes auch der Feinde.« Alois Buchner erzählt: »Er schärfte es uns ein, daß wir nichts anderes zu erwarten hätten, als was Ihn, unsern Herrn und göttlichen Meister, getroffen: Widerspruch, Leiden und Verfolgungen. Dies sei das sicherste Zeichen der rechten Jüngerschaft Jesu.

Verfolgungen müßten kommen von offenbaren und heimlichen Feinden des Herrn, von Sadduzäern und Pharisäern, und wer noch nicht in einem ganzen Strome von Lästerungen getauft worden sei, der sei noch nicht recht getauft, d. h. er habe die Probe der Jüngerschaft Jesu noch nicht erhalten.« Sailer hat in einer Feuertaufe von Verfolgungen sich als ein echter Christusjünger erwiesen.

Die Verleumdungen, mit denen gewisse Katholiken versuchten, ihn zu vernichten, begannen schon in den Dillinger Jahren, als Sailer am Anfang seiner akademischen Laufbahn stand. Er wurde aus dem Hinterhalt der Häresie bezichtigt und als Aufklärer, Illuminat und Freimaurer verschrien – er, der dem Rationalismus und den geheimen Gesellschaften den Fehdehandschuh hingeworfen hatte. Seine Freundlichkeit wurde als jesuitische Verstellungskunst, sein Reformeifer als Herrschsucht hingestellt. War es nicht verdächtig, daß er Bücher protestantischer Autoren verschenkte, daß er mit Evangelischen auf vertrautestem Fuße stand, daß er als einziger Theologieprofessor seine Vorlesungen in deutscher Sprache hielt? Es waren einige von Sailers eigenen Kollegen, die mit ihren dunklen Machenschaften erreichten, daß ein Disziplinarverfahren gegen den Zweiundvierzigjährigen eingeleitet wurde. Das Protokoll der Untersuchungskommission verrät, welche Triebkraft hinter diesen Intrigen stand. Da sagte z. B. ein Prof. Lumpert aus: »H. Prof. Sailer hat beständigen zu freundschaftlichen Umgang mit den Studenten . . . Der zu frequente und zu freundliche Umgang des H. Prof. Sailer mit den Zöglingen macht diese stolz und unehrerbietig, ungehorsam gegen andersdenkende Professoren.« Tatsächlich standen Sailers Gegner bei den Studenten in geringem Ansehen. Ihr Kollegs waren schlecht besucht, während Sailers Hörsaal die Menge der Studenten nicht fassen konnte. Kein Wunder, daß die Jugend den menschlich sympathischen und geistvollen Lehrer jenen dürren Philistern, die mehr schlecht als recht dozierten, ohne weiteres vorzog. Von der Unfähigkeit dieser Kollegen hatte sich der Minister selbst überzeugt. Als er mit Sailer davon sprach, es sei das beste, diese Unfähigen zu entlassen, verteidigte Sailer sie, die später ihn selbst stürzen sollten.

Es ist erwiesen, daß Konkurrenzneid die Gegner Sailers in Bewegung setzte. Sie gönnten ihrem Amtsgenossen nicht seine Erfolge als Lehrer und Schriftsteller. Sie duldeten nicht, daß die Sonne seines Ruhmes ihr kleines Licht überstrahlte. Ekel überkommt einen, wenn man aus den Dillinger Akten die Entstehung dieses Spinnennetzes kleinlicher Machenschaften verfolgt.

Zu dieser Mißgunst gesellten sich sachliche Meinungsverschiedenheiten, die aus dem Gegensatz zwischen Sailers Reformbestrebungen und dem überlebten System herrührten. Ins Gewicht fiel auch der Umstand, daß Klemens Wenzeslaus, der Kurfürst von Trier, der zugleich Bischof von Augsburg und also Sailers Oberhirte war, von der Französischen Revolution aus seinem Lande vertrieben worden war und in Furcht und Mißtrauen sich um so leichter gegen den als aufgeklärten Jakobiner verlästerten Sailer einnehmen ließ. Als die Studenten von dem Verfahren gegen ihren Lieblingslehrer erfuhren, berieten sie sich, was sie zu dessen Schutze unternehmen könnten. Ehe es zu der geplanten Protestkundgebung kam, wurden sie von Polizei auseinandergetrieben. Dieses Ereignis, als Studentenverschwörung aufgebauscht, verschlimmerte Sailers Lage.

Die Intriganten erreichten, daß seine Wirksamkeit durch Regierungserlaß ganz erheblich eingeschränkt wurde. Die Pastoraltheologie, die bisher alle Theologen drei Jahre hindurch bei ihm zu hören hatten, wurde auf ein Jahr beschränkt. Ethik, bisher deutsch doziert, mußte er künftig lateinisch vortragen. Privatkollegien, die er abends hielt, wurden ihm untersagt. Ihr Hauptziel, die Entlassung Sailers, hatten die Gegner freilich nicht erreicht. Sailer las weiter, »liebevoll und freundlich wie vorher, als Muster der Feindesliebe«, wie Alois Wagner berichtet. Christoph von Schmid versichert, »daß Sailer nie ein Wort gegen seine Feinde sagte, sondern vielmehr uns, seinen Schülern, abwehrte, wenn wir uns tadelnd gegen sie äußerten, und daß er sie entschuldigte und an ihnen lobte, was zu loben war.«

Als das Schuljahr 1793/94 beendet war und die Herbstferien begannen, fuhr Sailer vergnügt in die Schweiz und besuchte seine Freunde. Voll frischen Mutes kehrte er zurück, sein Lehramt wieder fortzusetzen. Als er am ersten Morgen nach seiner Ankunft in Dillingen, mit dem Doktorornate bekleidet, sich in das feierliche Hochamt zur Eröffnung des neuen Studienjahres begeben wollte, überreichte man ihm auf der Treppe das Dekret seiner Entlassung. Sailer las es mit heiterer Ruhe: »Gut«, sagte er, legte seinen Doktormantel ab mit den Worten: »Den brauch ich also heut nimmer«, verabschiedete sich von seinen Freunden und reiste noch am selben Tage nach München.

Was war geschehen? Bis zu ihrer Auflösung hatte Sailer der Gesellschaft Jesu angehört. Ausgerechnet seine früheren Mitbrüder im Orden waren es, die den Schlag gegen ihn ausgelöst hatten. Die Ex-Jesuiten in Augsburg, die seit Jahren gegen Sailer wühlten, hatten enge Beziehungen zu einem Bankhaus und übten durch dieses auf den Kurfürsten, der gerade Geld brauchte, Druck aus: Der Bankier erklärte, er leihe das Geld nur, wenn Sailer entfernt würde.

Auch in München ließ man ihm keine Ruhe. Man belästigte ihn mit weiteren Schikanen, verbot ihm das Predigen und wies ihn schließlich aus dem Lande. Gelassen schrieb er einem Freund: »Die Wahrheit, Gott, wird den unendlichen Lästerungen ein Ziel setzen und meine Ehre so weit schützen, als es zu Gottes Ehre gut ist – und was will ich mehr?« Und in einem Brief an die Gräfin Stolberg-Wernigerode tröstete er sich: »Gott nahm mir durch Menschen die Last eines öffentlichen Amtes ab, und ich bin so glücklich, jetzt nichts zu sein. Zwar gebe ich meine Schulter gern her, wenn mir seine Hand wieder ein Amt aufladen sollte. Aber, solange er mich frei läßt, will ich es auch bleiben. Indessen hab ich doch auch ohne Amt immer etwas zu tun.« Der Unermüdliche füllte die »Brachjahre« aus mit schriftstellerischen Arbeiten und Reisen.

In dieser Zeit finden wir ihn häufig im Allgäu. Dort entstand damals eine Erweckungsbewegung, die von einigen Priestern aus der Schule Sailers getragen war und die man geistesgeschichtlich als eine Gegenströmung gegen den Rationalismus der Aufklärung und gegen eine sehr veräußerlichte Art der Frömmigkeit im damaligen Katholizismus verstehen muß. »Was in diesen Männern vorging, ist kein ›Aftermystizismus‹, sondern eine Erscheinungsform des Pietismus, d. h. einer nach innen gerichteten

Frömmigkeit, wie sie auch in der katholischen Kirche Heimatberechtigung allezeit beansprucht hat ... Die meisten dieser Priester waren Geist von seinem Geist, und er stand zu ihnen« (H. Schiel). Unglücklicherweise verirrten sich zwei dieser Priester in Schwärmerei und fielen von der Kirche ab, obwohl Sailer ihnen zugerufen hatte: »Euer Streben und Trachten nach Heiligung im Heiligen Geiste ist gut. Aber all das bleibt Euch möglich und unverwehrt, ja geboten, innerhalb der Kirche! Bleibet in der Kirche!« Die Vorgänge leiteten Wasser auf die Mühlen jener, die Sailer als unkirchlich und unkatholisch verdächtigten. Jahrelang wurden Sailer und seine Schüler von der Inquisition behelligt. Sailer selbst erklärte zu dieser neuen Welle der Verfolgung: »Die vornehmste Absicht der Lästerer ging nur dahin, den Professor Sailer auch noch als Sektenstifter um alle, auch die unschuldigste Tätigkeit zu bringen.«

Wie es zu geschehen pflegt, bewirkten die Verleumdungen auf die Dauer das Gegenteil von dem, was sie bezweckten. Als der Minister Montgelas an die Macht kam und in Bayern einen kulturpolitischen Umschwung zugunsten des aufgeklärten Liberalismus herbeiführte, wurde Sailer als Professor an die Landesuniversität berufen. Die Regierung hielt ihn für den freigeistigen Theologen, für den seine Gegner ihn ausgaben. Zu spät erkannte man, wie sehr man sich in Sailer getäuscht hatte. Jetzt wurde er, den kirchliche Kreise nach wie vor mit Mißtrauen betrachteten, von den aufklärerischen Parteigängern der Regierung als »Finsterling«, »Obskurant« und »Römling« verschrien. Die Polizei bespitzelte ihn und öffnete seine Korrespondenz. Eine Schar von Denunzianten war emsig im Dunkeln tätig. Selbst Napoleon, mit dem Bayern im Bunde stand, warnte vor Sailer als einem staatsgefährlichen Mann. Doch alle Versuche, ihn von seinem Lehrstuhl zu entfernen, schlugen fehl.

Dafür genossen seine Widersacher den Triumph, seine Erhebung auf den bischöflichen Stuhl von Augsburg vereitelt zu haben. Sobald Sailers Kandidatur zur Sprache kam, entfesselten sie einen neuen Feldzug von Verleumdungen, der bis an die römische Kurie getragen wurde. Man durchstöberte seine veröffentlichten Schriften nach Irrtümern, und da man keine fand, legte man den

Finger auf das, was darin stehen müßte, aber nicht darin stand. Man agitierte in Rom, damit seine Werke auf den Index gesetzt würden, und holte Gutachten gegen ihn ein von Leuten, die ihn nur vom Hörensagen kannten. Daß er mit vielen Protestanten in vertrautem Briefwechsel stand, daß hervorragende evangelische Christen seine Schriften öffentlich rühmten, sprachen diese Tatsachen nicht laut gegen seine Treue zur katholischen Kirche? Die Vorwürfe aus der Dillinger Zeit, obwohl längst entkräftet, wurden wiederaufgefrischt. Auch sein Verhältnis zu den Erweckten im Allgäu wurde einer neuen Überprüfung unterzogen.

Sailer war keineswegs auf eine Mitra erpicht. Als Fürst Hardenberg, der preußische Staatskanzler, sich persönlich bemühte, ihn zu glänzenden Bedingungen für den freigewordenen Erzbischofssitz von Köln zu gewinnen, lehnte er ab. Jetzt aber mußte er sich verteidigen. Seine Ehre war besudelt, sein Werk in Gefahr, alle seine Schüler mit ihm in Verruf gebracht. Wenn er jetzt schwieg, konnte der Schaden unermeßlich werden. Er hatte sein ganzes, nun fast siebzigjähriges Leben in den Dienst der Kirche gestellt. Ihm war es zu verdanken, daß im katholischen Deutschland der christliche Geist erstarkt war. Doch gerade von jener Seite, von der er Anerkennung zu erwarten hatte, begegnete man ihm voll Argwohn, und statt ihn zu unterstützen, arbeitete man ihm entgegen. »In den achtziger Jahren schrieb Nicolai die Lüge in ganz Deutschland herum, daß ich die Protestanten suche auf schelmische Weise katholisch zu machen . . . Jetzt sagt man, ich möchte die Katholischen zu Sektierern machen.«

Sailers Verteidigung, männlich und freimütig, hinterließ in Rom einen starken Eindruck. Auch rührten sich mächtige Freunde des Verkannten. Es dauerte nicht mehr lange, bis er zum Dompropst, Generalvikar, Weihbischof und Koadjutor von Regensburg erhoben wurde. Die bischöfliche Würde bedeutete für ihn die Rechtfertigung seiner Auffassung eines katholischen Christentums.

In seiner neuen Stellung war es Sailer möglich, seine Reformbestrebungen mit weit größerer Autorität zu verwirklichen als bisher. Er machte sich frisch ans Werk, trotz seines hohen Alters noch voll Feuer und Kraft. Noch ein ganzes Jahrzehnt war ihm gegönnt, für die Kirche zu arbeiten. Erst 1829 wurde er Bischof von Regensburg, doch schon als Koadjutor und Weihbischof trug er, da sein Vorgänger auf dem Regensburger Stuhl durch Krankheit arbeitsunfähig war, die Last des Bistums allein.

Er fand die Diözese in einer beklagenswerten Lage. Der Minister von Schenk zeichnet uns ein Bild der traurigen kirchlichen Verhältnisse, wie sie die von Montgelas durchgeführte Säkularisation der Kirchengüter zur Folge hatte: »In Bayern waren vom Anfange des neunzehnten Jahrhunderts an fast alle Glieder der hierarchischen Ordnung gebrochen oder gelähmt; die bischöflichen Stühle verwaisten allmählich, die sie umgebenden Kapitel starben aus oder verstummten; die Pfarreien wurden mehr als Ämter des Staates denn der Kirche betrachtet, daher fast ohne Unterschied nur vom Staate vergeben; die Abteien und Klöster waren aufgelöst; die geistlichen Bildungsanstalten, insbesondere die bischöflichen Klerikalseminarien, hatten gleiches Schicksal mit den Bistümern gehabt; endlich wurde selbst das sichtbare Oberhaupt der katholischen Kirche von dem Oberhaupte der damaligen Weltherrschaft, Papst Pius VII. von Napoleon, . . . in Banden gehalten und so die Einheit der Kirche ihres Mittelpunktes und Leiters beraubt.«

Schon als Professor in Landshut hatte Sailer in dieser Bedrängnis eine kirchenpolitisch entschiedene Stellung eingenommen. »Bei aller ihm innewohnenden Klugheit, Mäßigung und Liebe zum Frieden trat er . . . durch offenes Bekenntnis seiner Überzeugung in Rede und Schrift dem Druck und den Umgriffen der Staatsgewalt gegenüber auf die Seite der angefeindeten Kirche und verteidigte ihre Rechte mit nie nachlassendem Eifer . . . Der Staat sollte nicht der Kirche, die Kirche nicht dem Staate untergeordnet sein, beide sollten in kräftigem Einklang wirken zum Segen der Menschheit. Weder Ultramontaner noch Febronianer, verwarf er ebensosehr die Herrschaft der Geistlichkeit – nicht des Geistes – über die weltlichen Angelegenheiten oder über die Gewissen mit weltlichen Mitteln, als die Herrschaft der weltlichen Macht über rein geistliche Angelegenheiten« (E. v. Schenk). Sailer blickte weit genug, auch die Vorteile zu sehen, welche die Enteignung der geistlichen Territorien der Kirche bot. Im Verlust äußerer Machtmittel erblickte er eine Befreiung von ebenso vielen Fesseln. Wie viele Mißstände hatten sich daraus ergeben, daß Bischöfe und Äbte zugleich weltliche Fürsten waren! So urteilte Sailer über die Säkularisation: »Von unten her war's ein großes Unrecht, von oben her ein großes Recht.« Anderseits war er sich dessen bewußt, daß die Zerschlagung der Kirchenorganisation Folgen hatte, die geeignet waren, das Mark der Kirche zu zerstören. Schon in Landshut hatte er auf den Priestermangel hingewiesen, seine Ursachen freimütig dargestellt und die Mittel zur Abhilfe gegeben. Seinen kirchenpolitischen Scharfblick verraten die prophetischen Worte, die er 1813 in Pfronten sprach: »Der gegenwärtige Krieg kann große Änderungen hervorbringen. Vielleicht will man wieder die alte Ordnung der Dinge herbeiführen, und dann wird man auch wieder die alten, wenngleich verkehrten Mittel und Werkzeuge zur Hand nehmen. Religion, Katholizismus muß gar manchen zum Deckmantel dienen, unter dem man weltliche, politische Zwecke zu erreichen strebt. Die Weltlichen erlauben sich zu viel im Geistlichen, die Geistlichen machen Übergriffe ins Weltliche. In gewissen Punkten kommen die geistlichen und weltlichen Politiker miteinander überein, wie Herodes und Pilatus: ›Und von diesem Tage an wurden sie Freunde.‹ Wir müssen uns auf alles gefaßt machen und nichts fürchten. Vielleicht kommen die größten Verfolgungen, wie sie vorhergesagt sind, daß sie am Ende der Zeiten kommen werden.«

Vorerst blieben die Verfolgungen aus. Tatsächlich wurde »die alte Ordnung der Dinge« wiederhergestellt, Montgelas gestürzt und ein Konkordat mit dem Heiligen Stuhl geschlossen. Dem Staat wurden allerdings wichtige Rechte in kirchlichen Angelegenheiten zugestanden, so die Besetzung entscheidender geistlicher Ämter. Es hing viel davon ab, welche Gesinnungen der Monarch hegte.

Unter diesen Umständen mußte die Thronbesteigung Ludwigs I. glückverheißend wirken. Sailer hatte ihm in Landshut Privatvorlesungen erteilt und behielt durch einen umfangreichen Briefwechsel sowie durch seine Bücher, die Ludwig mit Begeisterung las, einen nicht zu unterschätzenden Einfluß auf den Thronfolger. Als Kronprinz hatte Ludwig sich für Sailers Erhebung zum Bischof eingesetzt. Jetzt als König erwies er seinem alten Lehrer seine unaufhörliche Huld und eine rührende Aufmerksamkeit für sein persönliches Wohlergehen. Es bestand ein einzigartiges Vertrauensverhältnis zwischen dem Wittelsbacher und dem Schustersohn, das sich wohltuend auf die Beziehungen zwischen Staat und Kirche auswirkte. Ludwig, die Erneuerung der Kirche zu fördern gewillt, ließ sich vor der Ernennung von Bischöfen, Domkapitularen, Seminarvorstehern und Universitätsprofessoren, bei der Wiederherstellung von Klöstern und bei der Reform des höheren Schulwesens von Sailer beraten. Als die Landesuniversität von Landshut in die Hauptstadt verlegt wurde, bewirkte Sailers Einfluß, daß Görres, Schelling, Ringseis und Baader berufen wurden und München zu einem Kulturzentrum ersten Ranges aufstieg.

Viel zu tun blieb Sailer für die innere Erstarkung seiner Kirche. Wie sehr die Dinge da im argen lagen, ersieht man aus seinen *Pastoralerinnerungen an den gesamten Klerus der Diözese Regensburg* vom Jahre 1823. Da heißt es unter anderem: »Nachdem die Wiederherstellung der kirchlichen Ordnung ... in unserem ganzen Königreiche bewerkstelligt worden ist, soll nun auch der Geist dieser Kirchenordnung in den Seelsorgern, ihren Amtsgehilfen und den einzelnen Gliedern der christlichen Gemeinden erweckt und somit die Erneuerung des Innern mit der Einrichtung des Äußern in Einklang gebracht werden.« Vor allem solle »jeder Geistliche von lebendiger Erkenntnis seines hohen Berufes durchdrungen werden«. Das gelte um so mehr, als »in den Tagen des verwaisten Kirchenzustandes Kälte eintreten und mit der Kälte Selbstsucht, Weltgeist und Zuchtlosigkeit herrschend werden mußten«. Die Pastoralerinnerungen machen aus den Zuständen im Klerus kein Hehl. Sailer tadelt »rohes, hartes, stolzes, auffahrendes und anmaßendes Betragen ..., Habsucht, Zank und Prozeßsucht«.

Auch im Volke waren, nach den Ausführungen des Generalvikars Sailer über die »Zeichen der Zeit«, die Zustände wenig er-

freulich. Sailer stellt fest, »daß in den großen Städten, Märkten und leider bald auch in großen Dorfgemeinden die Grundlehren der Religion . . . vergessen, . . . bezweifelt, . . . endlich als Märchen verachtet, als Unsinn verspottet werden«. Er spricht von der zunehmenden »Versäumnis des öffentlichen Gottesdienstes«, vom »Sinken der schönen Zucht des öffentlichen Lebens«, vom »Sinken des häuslichen Lebens«, von der materialistischen Gesinnung weiter Schichten des Volkes in Ausdrücken, die jedem für immer die Lust verderben, das abgedroschene Loblied auf »die gute alte Zeit« zu singen.
Noch erschütternder klingt das Hirtenschreiben, das der besorgte Bischof fünf Wochen vor seinem Tode an sein Bistum richtete und das an Deutlichkeit nichts zu wünschen übrigläßt: »Zwar ist es die Bestimmung der Kirche Christi auf Erden, daß sie kämpfe mit dem Bösen, und sie hat gekämpft vom Anbeginn an und wird kämpfen bis ans Ende der Zeiten. Aber darin stimmen doch alle besonnenen Beobachter überein, daß der Kampf in unseren Tagen eine drohendere Gestalt angenommen, daß die feindlichen Angriffe heftiger, allgemeiner geworden als je zuvor seit dem Sturze des alten Heidentums. Denn der Unglaube, der in früheren Zeiten einem Geächteten glich, sich scheu verbarg, hat nun gleichsam Bürgerrecht und Ehrenrang in der Gesellschaft erhalten und ist unter dem Namen Zeitgeist eine öffentliche Macht geworden.« Auf die Darstellung der Lage, die sich auf die vielen Berichte der Seelsorger stützt, läßt Sailer mutige Worte der Wegweisung folgen: »Sollen wir verzagen in dieser Stellung? Das sei fern! Denn unser Herr, dem alle Macht gegeben ist im Himmel und auf Erden, Er hat gesagt: ›Ich bin bei euch alle Tage bis ans Ende der Welt.‹ Er hat gesagt: ›Die Pforten der Hölle werden meine Kirche nicht überwältigen.‹ Oder sollen wir etwa im Vertrauen auf diese mächtige Verheißung die Hände müßig in den Schoß legen? Das sei wiederum fern! Denn Er hat auch gesagt: ›Ich habe euch erwählt und gesetzt, daß ihr hingeht und viele Frucht bringt.‹ Er hat Fluch und Wehe ausgesprochen über den faulen, nichtswürdigen Knecht, der das ihm anvertraute Pfund vergräbt, anstatt damit zu wuchern.« Sailer mahnt die Geistlichen, dafür zu sorgen, daß der Weltgeist keinen Teil an ih-

nen habe: »Der ist fürwahr ein schlechter, ehrloser Krieger, der mit dem Feinde im Einverständnisse lebt.« Er fordert von den Priestern »Zurückgezogenheit von der Welt und ihren Zerstreuungen«, damit sie Muße finden zu ernstem Studium und Gebet. »Es ist fürwahr wichtiger als viele glauben, daß der Priester nicht nur durch Frömmigkeit, sondern auch durch gediegenes Wissen sich auszeichne.« Der Bischof empfiehlt den Seelsorgern Geduld gegen die Verirrten, Sorgfalt für die noch Unverdorbenen, gewissenhafte Verwaltung des Bußsakramentes und aufopfernde Erziehung der Kinder. Seine Mahnungen haben bis heute nichts von ihrer Gültigkeit eingebüßt.

Sailer wachte über Amtsführung und Lebenswandel der Geistlichkeit, ließ als erster wieder Priesterexerzitien halten und bereiste visitierend, firmend und predigend das weitausgedehnte Gebiet seines Bistums. Er kam in Gegenden, die seit Jahrzehnten keinen Bischof mehr gesehen. Unterstützt von seinem heiligmäßigen Generalvikar Michael Wittmann war er rastlos tätig, alles in Christus zu erneuern.

Es war ihm nicht mehr vergönnt, alle Früchte seiner Arbeit in die Scheuern einzubringen. Statt dessen wurden seine letzten Tage noch beschattet von schweren Sorgen. Das Staatskirchentum, dessen Gegner er stets gewesen, erhob sich drohend und rief den Achtzigjährigen auf den Kampfplatz. Trotz seines freundschaftlichen Verhältnisses zu Ludwig I. war Sailer kein willfähriger Hofbischof. Er schwieg nicht, wenn er die Freiheit der Kirche gefährdet sah, erhob vielmehr Einspruch gegen manche von München verfügte Maßnahmen und wandte sich unerschrocken gegen die autokratischen Neigungen des Königs. Selbst Krankheit bewog ihn nicht, die Pflicht, welche die ernste Lage von ihm forderte, andern zu überlassen. Noch fünf Tage vor seinem Tode schrieb der mutige Bischof an Ludwig, er hoffe, der König werde nicht verlangen und nicht dulden, daß die Gewissensfreiheit gekränkt und ihm etwas zugemutet werde, das ihn in die Notwendigkeit versetzen könnte, das Wort des Apostels auf sich anzuwenden: »Man muß Gott mehr gehorchen als den Menschen.«

Ungebrochene Kraft spricht aus den Sätzen eines der letzten Briefe Sailers: »Es steht der Kirche ein ernster Kampf – der ernsteste mit vielen ihrer eigenen Verblendeten – bevor, und ein solcher Zeitpunkt verdient es wohl, daß, wer Kraft in seiner Seele fühlt, sich rüste und mit geschürzten Lenden auf den Kampfplatz trete, die Schar der Jünglinge um sich sammle, damit sie nicht in der Zerstreuung dem Feinde in die Hände fallen, sondern unter der Fahne der Einheit streiten und siegen.«

Diesen kräftigen Mann vermochte der Tod nicht mit einem Hieb zu fällen. Ein Schlaganfall nach dem andern kam über ihn, manchmal sah es aus, als ob seine letzte Stunde gekommen sei, doch jedesmal erhob er sich wieder. Bis zuletzt »blieb die Lebendigkeit seines Geistes unverändert und die Heiterkeit seiner Laune unverwüstlich« (E. v. Schenk). »Er starb, wie er gelebt, ruhig und freundlich lächelnd und mit vollem Bewußtsein.« Seine letzten Worte waren: »Wie Gott will. Herr, hier bin ich.«

John Henry Newman

(1801–1890)

In Anthologien und Lesebüchern begegnet man häufig einem Kapitel, das als ein Muster englischer Prosa und als die beste Beschreibung weltmännischer Haltung seit je bewundert wurde. Junge Briten lernen es auswendig, und in aller Welt kennt es jeder, der einmal ernsthaft dem Studium der englischen Kultur oblag. Es beginnt mit den Worten: »Es ist schon fast die Definition eines Gentleman zu sagen, er sei einer, der niemals Schmerz zufügt.« Der Verfasser dieses literarischen Kabinettstücks ist John Henry Newman. Man kann sagen, er habe, indem er das Charakterbild des idealen Gentleman entwarf, Zug um Zug ein Selbstporträt geschaffen. Er besaß alle Eigenschaften dieses Gentleman in vollendeter Weise. Seine Höflichkeit und sein Charme rissen Geister wie Matthew Arnold zu Worten höchster Bewunderung hin. Die Noblesse seiner Gestalt läßt ihn als die feinste Blüte gesellschaftlicher Kultur in England erscheinen.

Der Sohn eines Londoner Bankiers genoß in einer vornehmen Privatschule, was man früher eine standesgemäße Erziehung nannte. Er hatte ein leicht erregbares Gemüt, doch abgesehen von einigen frühen Anwandlungen war er keineswegs romantisch veranlagt. Es ekelte ihn vor Gefühlsüberschwang, von rauschartigen Erlebnissen wollte er nichts wissen, und in allem zeigte er eine bemerkenswerte Sachlichkeit. Dieser nüchterne Zug, gepaart mit starker Empfindungskraft und Seelentiefe, blieb auch für den Erwachsenen charakteristisch. Er liebte die Naturwissenschaften, holte sich in Oxford einen Preis in Mathematik und trug sich noch als Vierundvierzigjähriger, als er plötzlich ohne Existenz war, mit dem Gedanken, Ingenieur zu werden. Zugleich war er musikalisch begabt und komponierte unter anderem eine komische Oper. Noch im Alter spielte er leidenschaftlich gern und mit Meisterschaft Violine. Auch seine literarische Begabung trat früh hervor. Mit elf Jahren schrieb er ein Spottdrama, eine Satire und zwei Zeitschriften mit den Titeln *Spion* und *Antispion.*

Was an dem jungen Newman neben einer ungewöhnlich reichen Begabung auffiel, war ein ausgeprägter Ehrgeiz. Schon mit sechzehn Jahren bezog er in der Absicht, Jurist zu werden, die Universität Oxford, mit der er dreißig Jahre lang verbunden bleiben sollte. Nachdem er sein erstes Examen mit Auszeichnung bestanden hatte, strebte sein »auf Ruhm so bedachtes und vor Mißerfolgen so furchtsames Herz« (dies sind seine eigenen Worte) in der Vorbereitung auf das Schlußexamen die höchsten Ehren an. An seine Schwester schrieb er damals: »Ich kann nicht lange an die Prüfung denken, ohne daß der Wunsch in mir aufsteigt, mich darin auszuzeichnen.« Über seinen Fleiß erzählt er: »Ich blieb die Ferien über in Oxford, stand . . . um fünf oder sechs auf, nahm mir kaum Zeit für die Mahlzeiten. Zwanzig Wochen vor der Prüfung paukte ich durchschnittlich mehr als zwölf Stunden täglich.« Er war noch nicht zwanzig, als er in die Schlußprüfung ging, während das gewöhnliche Alter zweiundzwanzig war. Seine Kommilitonen waren sicher, daß Newman mit Auszeichnung bestehen werde. Ein Freund schrieb ihm: »Wenn Du diesen Brief erhältst, wirst Du gewiß Dich und das Kolleg mit Ruhm überhäuft haben.« Doch der Überarbeitete verlor den Kopf: »Meine Nerven ließen mich ganz im Stich, und ich brach zusammen.«

Trotz des Mißerfolges kam ihm »die kühne Idee, sich um eine Fellowstelle in Oriel zu bewerben – zu jener Zeit das Ziel des Ehrgeizes für alle aufstrebenden Männer in Oxford und nur für die erreichbar, welche die höchsten Ansprüche in der akademischen Laufbahn machen konnten«. Diesmal bereitete er sich nicht vor. Statt dessen vertrieb er die Zeit mit Anatomie, Mineralogie, Geologie, Chemie, komponierte Musikstücke und begann Persisch zu lernen – lauter Dingen, die mit seinem Fach nichts zu tun hatten. Seine Freunde »waren sicher, daß es mit einem zweiten Mißerfolg enden würde«. Doch der Einundzwanzigjährige bestand glänzend und wurde zum Fellow des Oriel-Kollegs gewählt. Bald folgte die Ernennung zum Tutor und öffentlichen Examinator. Newman jubelte über diesen »Wendepunkt« seines Lebens, dieses Ereignis, das ihn »aus Dunkelheit und Not zu Ruhm und Ansehen hob«.

Der Ehrgeiz, so stark er den jungen Newman auch vorwärtstreiben mochte, war ihm indessen nicht der stärkste Impuls. Mit der ihm eigenen Aufrichtigkeit schrieb der Student an seinen Bruder: »Es ist mein tägliches Gebet, und ich hoffe, es kommt von Herzen, daß ich hier keinerlei Ehren erlangen möchte, wenn sie mir den geringsten Anlaß zur Sünde geben sollten.« Die Werte der religiösen Welt standen für ihn an erster Stelle. Dies war freilich nicht von Anfang an so. In einer sehr liberalen Familie aufgewachsen – sein Vater war Freimaurer –, befand er sich bis zu seinem sechzehnten Lebensjahre in einem Seelenzustand, den man kaum anders als religionslos bezeichnen kann. Er selbst gesteht: »Ich wollte gern tugendhaft sein, aber nicht fromm. In der letzten Vorstellung war etwas, was ich nicht mochte.« Im Jahre 1816 aber erfuhr er eine Bekehrung, die seinen Geist mit einem entschiedenen Glauben an Gott erfüllte und von der er selbst bemerkt, sie sei erfolgt unter »Eindrücken von dogmatischem Charakter, die, dank Gottes Barmherzigkeit, niemals ausgelöscht oder verdunkelt worden sind«. Bezeichnenderweise handelte es sich bei dieser Bekehrung nicht um eine gefühlsbetonte »Erwekkung«, wie sie von manchen englischen Sekten angestrebt wurde, sondern um eine zunächst vorwiegend intellektuelle Erkenntnis, die dann freilich sein ganzes Herz ergriff und seine Haltung grundlegend änderte. Fortan war er ein homo religiosus, der sein Leben immer stärker, immer radikaler auf die Wirklichkeit Gottes ausrichtete.

Newman wurde ein Heiliger, ohne aufzuhören, die Eigenschaften des kultivierten, vornehmen, feinnervigen Menschen, des Gentleman, zu haben. Auch ihm könnte man den Namen geben, den Leigh Hunt dem heiligen Franz von Sales beilegte: den Namen eines *Gentleman Saint.* Kultur und Heiligkeit schließen sich nicht notwendig aus, obwohl die eine ohne die andere bestehen kann. Newman selbst hat nachdrücklich darauf hingewiesen, daß der Gentleman, so wie er ihn beschrieb, das Ergebnis nicht der Religion, sondern einer rein weltlichen Kultur ist, und daß alle seine Tugenden in Wirklichkeit nur Sublimierungen eines Hauptlasters sind, nämlich des Stolzes. Nicht zu Unrecht hat man gesagt, Newman habe das bestechende Bild des Gentleman nur gezeichnet, um es zu verwerfen. Der ganze Zusammenhang, aus dem die Lesebücher und Anthologien seine *Definition eines Gentleman* herausreißen, macht deutlich, daß der Wert des Menschen, von der Ewigkeit her gesehen, in Eigenschaften besteht, die dem Gentleman, wenn er nicht zugleich ein Heiliger ist, völlig fehlen, daß andererseits die natürlichen Vollkommenheiten des Gentleman nur durch Heiligkeit zu wahren Vollkommenheiten werden. Der Gentleman, der nicht zugleich Christ ist, besitzt mit seiner Hilfsbereitschaft, Freundlichkeit, Milde, Leutseligkeit, Geduld nur den Schein der Nächstenliebe, da ihm der Quellgrund dieser Tugend, die Gottesliebe, fehlt. Er meidet Laster nur, weil seine gesteigerte Selbstachtung dies erheischt. Er ist bestrebt, mit seiner Umgebung in gutem Einvernehmen zu leben, weil sein ästhetisches Gefühl vor der Möglichkeit von Zusammenstößen zurückschreckt. Sein Urteilen und Handeln wird gelenkt nicht vom Gewissen, sondern vom Geschmack. Er verhält sich sozial nicht um des Nächsten willen, sondern um seiner selbst willen.

Was Newman in seiner achten Vorlesung *Über die Idee einer Universität* meint, hat er in einem anderen Zusammenhang in zugespitzter und heilsam schockierender Weise ausgedrückt, indem er dem bürgerlich gesitteten Menschen ein asoziales und unästhetisches Menschenkind gegenüberstellt und das entscheidende Plus oder Minus auf einer von den meisten ignorierten Ebene sieht: »Ein Bettelweib, faul, zerlumpt, schmutzig und nicht übermäßig wahrheitsliebend«, ist, wenn es fromm ist, in Gottes Augen wertvoller als »der musterhafte, gerechte, aufrichtige, edelmütige, ehrbare, gewissenhafte Mann, der alle diese Tugenden nicht von einer übernatürlichen Macht, sondern nur von Natur besitzt«.

Newman war in erster Linie ein Heiliger, und jede Deutung, die in ihm vor allem den Gentleman sieht, geht am Entscheidenden vorbei. Es scheint, daß die ganze hochstehende Oxford-Kultur und das weltliche Idol des Gentleman die größte Versuchung seines Lebens war. Newmans seelische Größe und zugleich seine Bedeutung für die Geistesgeschichte liegen darin, daß er diese Versuchung in stetem Kampf überwand, indem er in seinem Denken und in seinem Leben über die Grenzen des Gentleman-Ideals hinausschritt, um dem Gottmenschen ähnlich zu werden und so das Gentleman-Ideal nicht aufzuheben, sondern in einer höheren Dimension zu vollenden. Wir mögen ihn »Gentleman Saint« nennen, aber der Ton muß auf »Saint« liegen. Newman selbst stellte sein Leben unter das Wort: »Lieber Heiligkeit als Frieden!«

Nachdem Newman die Rechtswissenschaft mit der Theologie vertauscht hatte, wurde er als Dreiundzwanzigjähriger zum Diakon der anglikanischen Kirche geweiht. Er war sich der Bürde seines Amtes bewußt: »Ich werde die Verantwortung für Seelen bis zum Tage meines Todes tragen.« Er hielt es sogar für möglich, er werde »als Missionar in einem fremden Lande sterben«. Als Kurat der Oxforder St.-Clemens-Pfarre, die jenseits der Magdalenenbrücke lag und meist aus armen, ungebildeten Leuten bestand, entwickelte er einen ungewöhnlichen apostolischen Eifer. Er nahm sich vor, jedes einzelne seiner 2000 Pfarrkinder zu besuchen, war viele Nachmittage bei jedem Wetter unterwegs und gewann durch seine aufopfernde Arbeit die Liebe und das Vertrauen der Armen, deren geistlicher Vater er zwei Jahre lang sein durfte. »Ich bin mehr als je von der Notwendigkeit überzeugt, die ärmeren Klassen häufig zu besuchen.« So schrieb er damals. Das ist schon derselbe Newman, der später während der Choleraepidemie in der Umgegend Birminghams tapfer die niedrigsten Dienste für die kranken Arbeiter verrichtete; derselbe Newman, der jahrzehntelang mit seinen Oratorianern sich des Industrieproletariats in Birmingham und London annahm; derselbe Newman, der einem vornehmen römischen Monsignore einen eisigen Absagebrief schrieb: »Sie laden mich ein, in Ihrer Kirche in Rom ›zu einer Zuhörerschaft zu predigen, die gebildeter ist, als es je in England der Fall sein könnte‹. Das einfache Volk in Birmingham aber hat Herz und Gemüt. Auch diese Leute haben

Seelen. Ich habe weder Lust noch Anlage für jene Art von Arbeit, die Sie mir zugedacht haben.« Dieser Newman begab sich noch im Alter von achtundachtzig Jahren persönlich in eine Fabrik, um für die Rechte junger Arbeiterinnen einzutreten. Das ist nicht der volksfremde Aristokrat, für den Newman manchmal ausgegeben wurde. Man braucht nur die einfachen Predigten zu lesen, die er seiner Oxforder Pfarre hielt, um zu wissen, daß dieser große Geist sich dem schlichtesten Menschen verständlich machen konnte.

Wenn auch seine eigentliche Lebensarbeit den gebildeten Schichten gewidmet war, hatte er doch stets ein Herz für die Arbeiterklasse. Keineswegs sah er Bildung als ein Privileg der Reichen an. 1873 schrieb er: »Das Problem für die Staatsmänner dieses Zeitalters ist, wie die Massen gebildet werden sollen.« Anderseits spottete Newman über die unrealistischen Heilslehren mancher Volksbeglücker, »die man der Arbeiterklasse anbietet, sagen wir zum Beispiel in einem strengen Winter, wenn Schnee die Erde bedeckt, das Thermometer sinkt, der Brotpreis steigt, der Zentner Kohle 20 d kostet und man arbeitslos ist«. Das Wort »niedere Klassen« kommt bei ihm nicht vor. Deutlich erklärt er: »Jeder hat in der Gesellschaft seinen Platz. Es gibt Unterschiede zwischen den Pflichten und Unterschiede zwischen den Personen, die sich für die einzelnen Pflichten eignen. ›Hoch‹ und ›Niedrig‹ sind nur Namen, und zwar solche, die böses Blut machen. Ich würde lieber von Rängen der rechten Hand und von Rängen der linken Hand sprechen, die alle auf *einer* Ebene stehn.« Bezeichnenderweise haßte Newman das Kirchenstuhlsystem, das den Wohlhabenden im Gotteshaus besondere Plätze vorbehielt.

Newman war eine echt priesterliche Natur. Er suchte nicht sich, sondern das Heil der Menschen. Darauf beruhte der Eindruck der Predigten, die er als Universitätsprediger und Vikar der Universitätskirche St. Marien hielt. Ein Ohrenzeuge sagt: »Das Wunderbarste war die vollständige Ausschaltung seiner Person ... Dadurch wurde jede seiner Predigten zu einer Predigt über die Objektivität der offenbarten Wahrheit.« Ein anderer Zeitgenosse, Dean Church, bestätigt das: »Seine Predigten ließen den Hörer an das denken, was der Redner sagte, und nicht an die Predigt noch an den Prediger.« Und Aubrey de Vere kennzeichnete Newman damals mit den Worten: »In seinem Gesicht war ein entschiedener Ernst, ein Ernst, der einen solchen Menschen befähigt, sowohl von andern etwas zu fordern als sich selbst für das hinzugeben, was die Gerechtigkeit an beschwerlichem Dienst und Opfern verlangen mag.«

Schon bald sollte Newman seine Fähigkeit, ohne Rücksicht auf sich selbst Opfer zu bringen, in einer Auseinandersetzung mit dem Vorsteher seines Kollegs beweisen. Auch als Universitätslehrer zeigte er sich als ein Seelsorger, dem Standesdünkel verhaßt war. Newman wollte keinen Massenbetrieb, sondern ein persönliches Verhältnis zu den Studenten. Äußerst zuwider waren ihm die »Kavalierstudenten«. So nannte man die Söhne aus reichen, adeligen Häusern, die zu keinem andern Zweck nach Oxford gekommen zu sein schienen, als zu faulenzen und durch Verschwendung und törichte Streiche aufzufallen. Newman sprach öffentlich gegen sie, behandelte sie mit großer Geringschätzung und schloß sie von seinen Privatunterweisungen aus. Um so mehr Zeit und Sorgfalt widmete er den fleißigen und vielversprechenden Studenten. In sein Tagebuch schrieb er damals: »Es ist zu wenig religiöse Unterweisung vorhanden. Ich möchte mich als Diener Christi betrachten. Wenn sich mir keine Gelegenheiten bieten, den mir Unterstellten in geistlicher Hinsicht Gutes zu tun, wird es eine ernste Frage werden, ob ich im Unterricht fortfahren soll.« Newman faßte im Gegensatz zum Vorsteher sein Tutorenamt als ein seelsorgliches Amt auf. Lieber verzichtete er auf seine Stelle, als daß er in diesem Punkte ein Zugeständnis gemacht hätte.

Nachdem er sich vom Kolleg gelöst hatte, unternahm er eine Reise zum Mittelmeer. Reisen vermögen den Menschen in besonders eindringlicher Weise daran zu erinnern, wie vergänglich alles Irdische ist und wie sehr sein ganzes Leben einem Unterwegs-Sein gleicht. Newmans Gemüt scheint damals in gesteigerter Erregung gewesen zu sein. Er fühlte, daß ein Lebensabschnitt abgeschlossen war und die Zukunft mit großen Möglichkeiten, aber dunkel vor ihm lag. Doch voll Vertrauen auf Gottes Führung ging er voran. Er sah Rom, aber seine Vorurteile erlaubten ihm nur eine oberflächliche Berührung. »Das römisch-katholische System habe ich schon immer so verachtet, daß ich es jetzt, da ich es sehe, nicht noch mehr verachten kann . . .« In Sizilien wurde er plötzlich krank. »Das Fieber war höchst gefahrvoll. Eine Woche lang gab meine Umgebung mich auf, und ringsum starben die Leute daran. Doch während der ganzen Zeit hatte ich das zuversichtliche Gefühl, daß ich genesen würde. Ich sagte . . . im halben Delirium: ›Ich glaube, Gott hat noch ein Werk für mich.‹ . . . Als ich auf dem Weg nach Palermo war, so schwach, daß ich nicht allein gehen konnte, saß ich auf meinem Bett, in Tränen aufgelöst und nur noch fähig zu sagen, ich könne nicht anders als glauben, Gott habe noch etwas für mich daheim zu tun . . . Es ist bemerkenswert, daß sich im selben Augenblick, wo ich nach England zurückkehrte, ein neues und weiteres Tätigkeitsfeld vor mir öffnete.«

Kaum hatte Newman wieder den Boden Englands betreten, als Keble in Oxford eine aufsehenerregende Predigt hielt, in der er ausführte, die englische Nation sei im Begriff, vom Christentum abzufallen, und die Geistlichkeit aufrief, das drohende Unheil aufzuhalten. Newman stimmte diesem heftigen Angriff gegen die Zeitströmungen in Kirche und Staat begeistert zu und schlug Keble vor, sich mit ihm und einigen andern zu vereinigen, um in Flugschriften und Predigten den Liberalismus und das Staatskirchentum zu bekämpfen und die anglikanische Kirche im Geiste der Urkirche zu erneuern. Sofort machten sich die Oxford-Männer ans Werk, die notwendige »zweite Reformation« zu beginnen. Newman wurde der Führer einer religiösen Bewegung, welche die bedeutendste in den nichtkatholischen Ländern des neunzehnten Jahrhunderts werden sollte.
J. A. Froude schildert uns den Eindruck, den seine Erscheinung auf ihn machte: »Er war mittelgroß, schmächtig und mager, sein Kopf war groß. Das Gesicht wies auffallende Ähnlichkeit mit dem Julius Cäsars auf . . . Ich habe oft über die Ähnlichkeit nachgedacht und bin der Meinung, daß sie sich auch auf das Temperament bezieht . . . Beide wurden von der Natur gebildet,

um Menschen zu beherrschen, beide besaßen die Eigenart, Freunde und Feinde leidenschaftlich zu erregen.«

Shairp erzählt: »Der Mittelpunkt, von dem seine Macht ausging, war die Kanzel von Sankt Marien mit jenen wunderbaren Nachmittagspredigten. Er hielt sie Sonntag für Sonntag, Jahr für Jahr . . . Seine Kraft zeigte sich vor allem in der neuen und ungewohnten Art und Weise, mit der er alte Wahrheiten, die wohl alle Christen anerkannten, die aber die meisten nicht mehr fühlten, zum Leben erweckte . . . Wie wurde, wenn er redete, die alte Wahrheit wieder neu! Wie griff sie in einem vorher nie geahnten Sinne einem ans Herz!« Ein anderer Zeitgenosse bestätigt diesen Eindruck: »Wir fühlten, daß seine Worte die eines Sehers waren, der Gott sah und die Dinge Gottes. Die Sprache, in die er seine Gedanken kleidete, war tief und doch einfach, streng und doch ungemein überzeugend. Seine Rede drang in unsere Herzen wie die Botschaft eines, der eine Vision hatte und das nur von ihm geschaute Bild seinen Hörern mitteilte.« Auch Sir Francis Doyle spricht von Newmans gewaltigem Einfluß: »Der außergewöhnliche Geist jenes großen Mannes zog alle an wie ein Magnet . . . Niemals habe ich so predigen gehört . . . Er riß seine Hörer mit sich fort.«

So formvollendet und gefühlvoll sie auch waren, legten es diese Predigten doch nicht darauf an, dem Hörer bloß ästhetischen Genuß zu verschaffen und ihn in eine gehobene Stimmung zu versetzen. Alle rhetorischen Mittel, die Newman so meisterhaft beherrschte, stellte er in den Dienst eines einzigen Zieles: der Reform des Menschen. Er forderte nicht, dieses oder jenes Gebot zu erfüllen, sondern arbeitete darauf hin, die ganze innere Haltung zu ändern. Wie sehr seine Predigten selbst Widerstrebende in Bann zu schlagen vermochten, zeigt das Beispiel des W. G. Ward. Diesem damals ungläubigen Manne hatten Freunde oft gesagt, er müsse unbedingt Newman hören, doch jedesmal hatte er mit wegwerfender Handbewegung abgelehnt, solchen »Fabeln« sein Ohr zu leihen. Als er eines Sonntagnachmittags mit einem Freund an der Marienkirche vorbeispazierte, drängte ihn jener, sich die eben beginnende Predigt doch einmal anzuhören; schaden könne es ja nicht, und wenn ihm die Predigt nicht gefallen sollte, brauche er nicht wieder hinzugehen. Ward ließ sich überreden, und die Predigt wurde für sein ganzes Leben entscheidend. Er bekehrte sich und wurde später ein führender Mann der katholischen Kirche Englands.

Mit der gleichen Sprachgewalt, die Newman auf der Kanzel zu Gebote stand, führte er die Feder. Mit eindringlichen Worten rückte er in seinen Flugschriften die Glaubenswahrheiten ins Licht, die in Vergessenheit geraten waren, und mit Sarkasmus und Satire geißelte er jene, die das Heilige an den Zeitgeist verraten hatten. Um Newmans Rolle recht zu würdigen, muß man bedenken, daß unter den Gelehrten und Kirchenmännern des Anglikanismus sehr unterschiedliche theologische Ansichten herrschten. Die Oxford-Bewegung hatte zahllose Gegner, aber auch ihre Anhänger waren untereinander keineswegs einig. Es gab in Oxford, dieser »Stadt der Verwirrung«, wie Newman sie nannte, kaum zwei Personen, die in Glaubensfragen gleicher Meinung waren. Bei einer Kirche, die weder katholisch noch protestantisch sein wollte, jedoch über keine Lehrautorität verfügte, die ihr Glaubensgut nach beiden Seiten klar hätte abgrenzen können, war ein solcher Zustand ebensowenig verwunderlich wie die Tatsache, daß sie der liberalistischen Aufweichung schutzlos preisgegeben war. Angesichts dieser Lage hätte ein weniger klarer Kopf verwirrt werden müssen. Newman aber ging seinen Weg in bewundernswerter Gradlinigkeit.

Sein Ausgangspunkt waren die ersten vier Jahrhunderte der christlichen Kirche, mit denen er sich in langen und gründlichen Studien vertraut gemacht hatte. In der Frühkirche sah er das Ideal des Christentums verwirklicht, von dem die anglikanische Kirche sich nicht entfernen dürfe. Newman suchte das englische Volk zu der Auffassung zu erziehen, daß Werke und Leben der Väter der wahre Schlüssel zu christlicher Frömmigkeit und Rechtgläubigkeit seien.

Gleich in seiner ersten Flugschrift verteidigte Newman die Lehre von der apostolischen Nachfolge, die in der Staatskirche nicht allgemein anerkannt war: »Ich bin nur einer von Ihnen, ein Geistlicher ... Doch sprechen muß ich; denn die Zeiten sind sehr schlimm, aber niemand spricht dagegen ... Gestehen wir nicht alle die Gefahr zu, in welche die Kirche geraten ist, sitzen aber doch jeder in seiner Klause . . .? Darum lassen Sie mich gewähren, wenn ich es versuche, Sie aus der Zurückgezogenheit hervorzuholen . . ., damit wir alle jene träge Haltung abschütteln, die Herr über uns geworden ist . . . Sollten Regierung und Land ihre Kirche so weit vergessen, daß sie sie ihrer zeitlichen Ehren und ihres Unterhalts beraubten, worauf wollen Sie den Anspruch auf Ehrerbietung und Achtung gründen, den Sie bisher Ihren Herden gegenüber erhoben? . . . Worauf sollen wir unsere Autorität begründen, wenn der Staat uns im Stich läßt? . . . Ich fürchte, wir haben den wirklichen Grund vernachlässigt, auf den unsere Autorität gebaut ist – unsere apostolische Nachfolge . . . Christus hat Seinen Aposteln Seinen Geist gegeben; sie wiederum legten ihre Hände denen auf, die ihnen nachfolgen sollten; und diese wieder anderen; und so ist die heilige Gabe auf unsere gegenwärtigen Bischöfe gekommen, die uns zu ihren Gehilfen und, in gewissem Sinn, zu ihren Stellvertretern ernannt haben . . . Das christliche Priestertum ist eine Nachfolge . . . Wenn der Geist der Apostel auf Ihnen ruht, so ist dies zweifellos eine große Gabe. Halten Sie sie in Ehren! . . . Sprechen Sie von Ihrer Gabe! . . . Es hat sich die Vorstellung verbreitet, daß man Ihnen Ihre Macht nehmen könne . . .. Man glaubt, sie beruhe auf dem Eigentum der Kirche, und man weiß, daß man politisch die Macht hat, dieses Eigentum zu konfiszieren. Man ist in der irrigen Vorstellung befangen, daß greifbarer Nutzen, Annehmlichkeit für Ihre Herde und dergleichen Ihre göttliche Sendung bezeugen. Klären Sie die Leute in dieser Sache auf! . . . Doch wenn Sie meine Auffassung der Sache nicht annehmen, . . . so ergreifen Sie auf alle Fälle Partei! Länger neutral bleiben, das wird selbst ein Parteiergreifen sein . . . Enthaltung ist in stürmischen Zeiten unmöglich.«

Die Bischöfe der Staatskirche zeigten sich ob solch ungewohnter Töne befremdet. Ihre Verstimmung wuchs, als spätere Flugschriften die kalvinistischen Neigungen gewisser Würdenträger verurteilten. Geradezu bestürzt waren sie, als sie Newmans Worte lasen: »Wenn es auch für das Land ein düsteres Ereignis wäre, könnten wir den Bischöfen keinen gesegneteren Abschluß ihrer Laufbahn wünschen als die Vernichtung ihrer Güter und das Martyrium.« Das wirkte auf diese würdigen geistlichen Lords, die keineswegs den Ehrgeiz hatten, Märtyrer zu werden, wie eine Bombe. Von verschiedenen Seiten wurden Newman und die Seinen »Kinder der Finsternis« und »Propheten einer Pest« genannt. Man verschrie die Oxford-Bewegung als ein »Werk Satans«, als ein fein angelegtes Manöver, die anglikanische Kirche zu romanisieren.

Newman machte aus seiner Gesinnung kein Hehl: »Mein Herz ist auf seiten Roms, weil und soweit es treu bewahrt, was wir tatsächlich weggeworfen haben.« Er hielt es für notwendig, zu zeigen, »daß alles, was an Rom einnimmt, unser sein könnte, sobald wir nur wollen«. Zugleich aber wünschte er, daß »man energisch auf die unübersteiglichen Schranken zwischen uns und Rom hinweist«. Er war überzeugt, daß die wahre Kirche katholisch und apostolisch sein muß. Die Frühkirche sei die Grundlage der anglikanischen Kirche. Dagegen seien Rom und der Protestantismus von der ursprünglichen Kirche abgeirrt, indem sie die apostolische Lehre durch willkürliche Zutaten entstellten. Zwischen ihren falschen Extremen gehe die anglikanische Kirche den wahren »Weg der Mitte«.

Bald indessen wurde Newmans Theorie durch mehrere aufeinanderfolgende Schläge erschüttert. Den ersten Stoß erhielt sie durch einige geschichtliche Tatsachen, die ihm beim Studium der geistigen Auseinandersetzungen in der Frühkirche auffielen. Newman war keiner von jenen trockenen Historikern, die sich in eine entlegene Vergangenheit versenken, um die Gegenwart zu vergessen; vielmehr brachte sein lebendiger Geist Vergangenes und Gegenwärtiges in Beziehung zueinander. Die geistigen Kämpfe früherer Epochen zogen ihn gerade deshalb so mächtig an, weil es im Grunde damals um die gleichen Fragen ging, die auch in späteren Zeiten die Gemüter bewegten, und weil es damals die gleichen Parteien gab, die auch später immer wieder zusammenstießen. Wie aber erschrak er, als er Parallelen entdeckte, die er nicht erwartet hatte! Wie im sechzehnten und im neunzehnten Jahrhundert gab es auch im vierten Jahrhundert zwei extreme Richtungen, zwischen denen eine dritte die Mitte zu halten suchte. Aber die Kompromißpartei wurde von den alten Konzilien verworfen. Newman kam die Erkenntnis, daß die Anglikaner der Neuzeit dieselbe Stellung einnahmen wie die Monophysiten, Donatisten und Semiarianer des Altertums, während Rom damals dasselbe war wie heute. Das legte eine schreckliche Vermutung nahe: Sind nicht die Anglikaner Schismatiker und Häretiker wie jene Irrlehrer des Altertums? Ist die wahre Kirche nicht dort, wo Rom ist?

Newman war ein zu vorsichtiger Forscher, um sich von voreiligen Schlüssen unbesonnen fortreißen zu lassen. Er wehrte sich redlich gegen die aufkommenden Zweifel an der Echtheit seiner angestammten Kirche. Sorgfältig prüfte er die sich aufdrängenden Fragen: Kann sich die anglikanische Kirche, die das Papsttum ablehnt, noch auf die Väter berufen, die sich doch auf die Seite des Papstes geschlagen hatten? Wem anders verdanken die Anglikaner ihren Glauben an Christus als wahren Gott und wahren Menschen zugleich als dem Papst, der diesen Lehrsatz auf dem Konzil zu Chalzedon durchsetzte? Hat nicht der Stuhl Petri, der in allen Streitigkeiten damals die entscheidende Lehrautorität war, eine wichtigere Stellung, als die anglikanische Kirche glaubt? Wenn die ersten allgemeinen Konzilien gültig sind, müssen auch die späteren, einschließlich des Konzils von Trient, gültig sein. Es gibt keinen Grund, die frühen Konzilien anzunehmen und die neueren abzulehnen, wie es die anglikanische Kirche doch tut.

Newmans Unsicherheit blieb seinen Anhängern nicht verborgen. Schon schickten sich die radikaleren unter ihnen an, zur römischen Kirche überzutreten. Da unternahm Newman einen verzweifelten Schritt, um sie in der anglikanischen Kirche zurückzuhalten. Er veröffentlichte eine Flugschrift, in der er den Nachweis versuchte, daß die 39 Artikel der anglikanischen Kirche mit der Lehre des Konzils von Trient übereinstimmten, folglich die römische Lehre der anglikanischen nichts Wesentliches voraushabe. In weniger als vierzehn Tagen waren 2500 Exemplare der Schrift verkauft. Der Erfolg war ungeheuer, die Wirkung aber für Newman niederschmetternd. Die Freunde zeigten sich erschrocken, die Feinde wütend. Es hagelte Angriffe auf die

Oxford-Bewegung im Unterhaus und in der Presse. Newmans Traktat wurde von der Universität verurteilt, von den Bischöfen verdammt. Die amtlichen Vertreter des Anglikanismus lehnten also den katholischen Charakter der Kirche von England ab. Diesem zweiten Schlag folgte sofort ein dritter. Newman erfuhr von den Bestrebungen, einen anglikanischen Bischofssitz in Jerusalem einzurichten. Praktisch war ein englischer Bischof in dieser Stadt ein Hirt ohne Herde, aber man gab vor, der Bischof könnte sich jenen Juden, die möglicherweise getauft werden wollten, sowie den preußischen Protestanten und den Monophysiten widmen. Die wahren Motive lagen indessen auf einer ganz anderen Ebene: Die Engländer suchten in Jerusalem ein Mittel politischen Einflusses gegenüber dem orthodoxen Bischof, der dort die Russen, und dem lateinischen Bischof, der Frankreich vertrat. Newman fragte ironisch, warum man denn nicht statt eines Bischofs einen Konsul ernenne; dann profaniere man wenigstens nicht die Religion zu politischen Zwecken. Das eigentliche Ziel der Aktion sei doch, den Weg nach Indien zu sichern. Die Kirche solle »fein artig sein, den Mund halten und etwas für ihren guten Herrn, den Staat, tun«. Was von ihr verlangt wurde, war nichts anderes als den Unterschied zwischen Protestanten, Monophysiten und Anglikanern zu verwischen und ihren Glauben preiszugeben. Dagegen erhob Newman feierlich Protest. Es nutzte nichts. Er mußte es erleben, daß seine Kirche mit diesem Schritt auch ihren apostolischen Charakter verleugnete. – Fortan verzichtete Newman darauf, sich öffentlich über kirchliche Fragen auszulassen. Aber auch jetzt dachte er noch nicht, er müsse die anglikanische Gemeinschaft verlassen. Er versuchte sogar, einzelne Personen, die an der Kirche von England irre geworden waren, von dem Weg nach Rom abzuhalten: Auch die englische Kirche habe Gnaden, Heilige und erhabene Lehren; auch die römische Kirche habe zahllose Menschlichkeiten und Fehler, die einen Konvertiten enttäuschen könnten. Zwar taucht in einem seiner Briefe die Vorstellung auf, »daß wir Rom verbessern würden, wenn wir uns ihm anschlössen, nachdem wir drei Jahrhunderte lang protestiert und nichts ausgerichtet haben«. Doch gleichzeitig schreibt er einer Dame, die sich entschlossen hatte, katholisch zu werden: »Ich glaube, Sie waren übereilt mit Ihrem Entschluß. An eine so große Sache wie einen Religionswechsel sollte man nicht ohne Jahre des Gebetes und der Vorbereitung denken. Auch glaube ich nicht, daß es, im allgemeinen, Gottes Weg für den einzelnen ist, eine Religion um einer anderen willen zu verlassen – es gleicht so sehr einer Betätigung des Privaturteils.«

Es dauerte noch zwei Jahre, bis er ganz überzeugt war, daß die anglikanische Kirche nicht die wahre sei, folglich auf seine Pfarre verzichtete, das geistliche Gewand ablegte und sich fortan als Laien betrachtete. »Ich könnte mich nicht ohne Heuchelei noch länger für einen Lehrer und Vorkämpfer unserer Kirche ausgeben.« Aber noch waren nicht alle Zweifel gegen die römische Kirche beseitigt, und es sollten noch zwei weitere Jahre vergehen, ehe er den letzten Schritt vollzog. Einstweilen tappte er im Niemandsland umher, einsam und in Qualen. »Alles ist gegen mich. Möge nicht auch noch Er als Gegner hinzukommen!« Die Trennung von seiner Mutterkirche schnitt durchs Herz: Er hatte sie retten und stützen wollen, er hatte sie verteidigt und geliebt. Aber jetzt mußte er sie verlassen, nicht aus irgendeiner persönlichen Verbitterung, sondern aus der Gewißheit, daß er in ihr nicht das Heil gewinnen konnte. Er handelte nicht unter dem Druck von Gefühlen, sondern unter der Notwendigkeit der Tatsachen: »Als ich die Tatsachen der Geschichte für mich betrachtete, da fiel das ganze englische System auf allen Seiten rings um mich zusammen, der Boden zerbröckelte unter meinen Füßen . . . Tief in die Geschichte eindringen, heißt aufhören, ein Protestant zu sein.«

Newman hatte Oxford verlassen und sich aufs Land zurückgezogen, um in der Stille betend, fastend und forschend zur Klarheit zu kommen. Äußerlich lebte er in beschaulicher Ruhe, doch sein Inneres war bewegt von einem geistigen Ringen, dessen heroische Größe seine Briefe aus jener Zeit ahnen lassen: »Der Herr mahnt uns, die Kosten zu berechnen. Wie kann man sagen, ob es Seine Stimme ist oder die eines trügerischen Geistes? Es ist eine Regel in geistlichen Dingen, eine Anregung zu etwas Außergewöhnlichem zunächst zurückzuweisen, aus der Gewißheit heraus, daß sie wiederkehren wird, wenn sie vom Himmel stammt ... Aufschub scheint mir der Weg, auf dem die Menschen vorwärts geführt werden. Je mehr Hast, desto weniger geht's voran.« An Keble: »Der Verlust von Freunden, was für ein großes Übel ist das! Der Verlust von Stellung, Namen, Achtung – ein solcher Widerspruch zu mir selbst, ein solcher Triumph für andere! Es ist nichts Erhebendes, zu widerrufen, was ich gesagt habe, einzureißen, was ich aufzubauen suchte. Und ferner, was mir ganz das Herz zerreißt, die seelische Verwirrung, in die ein Glaubenswechsel meinerseits so viele stürzen würde!« An seine Schwester: »Ich gebe eine Versorgung auf, die keine Pflichten einschließt und allen meinen Bedürfnissen gerecht wird. Weshalb in aller Welt tue ich das, es sei denn, weil ich glaube, daß es von mir verlangt wird? Ich habe ein großes Einkommen aus meinen Predigten; ich setze es, gelinde gesagt, aufs Spiel ... Ich habe einen guten Namen bei vielen; ich opfere ihn mit voller Überlegung. Ich habe bei noch mehr Leuten einen schlechten; ich erfülle ihnen ihre ärgsten Wünsche und verschaffe ihnen den Triumph, den sie am meisten begehren. Ich betrübe alle, die ich liebe, beunruhige alle, die ich belehrt oder gestützt habe. Ich gehe zu Menschen, die ich nicht kenne und von denen ich sehr wenig erwarte. Ich mache mich selbst zu einem Ausgestoßenen, und das in meinem Alter. Oh, was kann es anders sein als eine strenge Notwendigkeit, was dies veranlaßt?« An Coleridge: »Aus welchem möglichen Grunde könnte ich eine bloße ›Vorliebe‹ für die römische Kirche gegenüber unserer eigenen haben? Ich war kaum je, nicht einmal im Ausland, in einem ihrer Gottesdienste. Ich war kaum je in meinem Leben eine Stunde lang mit einem Römisch-Katholischen in einem Zimmer. Ich habe mit keinem in Briefwechsel gestanden. Ich kenne absolut nichts von ihnen, abgesehen von dem Äußeren, das so wenig anziehend ist ... Meine Gewohnheiten, meine Neigungen, meine Gefühle sind von den ihren, wie sie sich nach außen hin zeigen, so verschieden, wie man sich nur vorstellen kann.« Und wieder an Keble: »Ich habe keine Sympathie für die römischen Katholiken ... Ich kehre mein Antlitz durchaus der Wildnis zu.«

Noch war der Wahrheitssucher nicht von allen Lehren Roms

überzeugt. Beteten die Katholiken nicht die heilige Jungfrau Maria und die Heiligen an? Haben sie nicht die ursprüngliche Lehre durch spätere Neuerungen verfälscht? »Ich entschloß mich, nicht durch meine Einbildungskraft, sondern durch meine Vernunft mich leiten zu lassen.« So machte er sich aufs neue ans Studium der Dogmengeschichte. Dabei kam er zu bedeutenden Ergebnissen, die er in seinem Buch *Über die Entwicklung der christlichen Lehre* niederlegte. »Keine Lehre wird definiert, bis sie verletzt wird.« Erst Häresien machten es erforderlich, die Lehre von der Dreifaltigkeit zu formulieren. Ähnlich »wurde die Idee von der allerseligsten Jungfrau mit dem Voranschreiten der Zeit von der römischen Kirche vertieft. Dies geschah auch mit allen andern christlichen Ideen.« Der Menschengeist kann die Offenbarung nur nach und nach im Laufe der Zeit erfassen. Die »neuen Wahrheiten« sind im Grunde nur »bewußt gewordene Wahrheiten«. Es handelt sich nicht um Zusätze und Entstellungen, sondern um eine Entwicklung, die das früher Erkannte nicht verdunkelt, sondern erhellt, nicht berichtigt, sondern bekräftigt. Die Offenbarung entfaltet sich stufenweise in der Geschichte, wie es im Gleichnis vom Senfkorn angedeutet wird. Das Künftige war schon im voraus lebendig, das Alte blieb im Späteren beständig. »Entwicklung beweist Leben.« Es gibt also keine reine Kirche des Anfangs und keine verzerrte Kirche der späteren Zeit. Die Kirche der Väter ist nicht abschließende Grenze, sondern eröffnender Ursprung, nicht unüberbietbare Norm, sondern erstes Stadium. Was aber unterscheidet wahre Entwicklung von Mißbildung, Auswuchs und Verfall? Die wichtigste Garantie für echte Entwicklung, zugleich die Garantie für den Zusammenhang der Kirche in Zeit und Raum durch alle Epochen hindurch und über alle Länder hinweg, also für ihren apostolischen und katholischen Charakter, für ihre Einheit, ist die unfehlbare Autorität des Stuhles Petri. »Entweder ist eine objektive Offenbarung nicht gegeben worden, oder sie ist mit den Mitteln versehen worden, ihre Objektivität der Welt einzuprägen.« Wo waren alle die früheren Ansichten Newmans geblieben? Hatte er nicht Rom verachtet als die Religion des Aberglaubens, des Antichrist, voll Betrug, Sophisterei, Gewalttat und Sittenlosigkeit? Jetzt bewies

Newman mit vielen Zeugnissen aus den ersten drei Jahrhunderten, daß diese modernen Vorwürfe schon gegen die Frühkirche erhoben wurden. Das Verhältnis der Kirche zu den Irrlehrern und das Urteil ihrer Gegner über sie sei heute wie damals das gleiche. Auch das beweise, daß die heutige römische Kirche identisch sei mit der Kirche der Väter. Sie sei immer dieselbe geblieben, während die Häresien sich veränderten und sich fortwährend spalteten. Die Kirche der Oxford-Bewegung sei nur »eine Kirche auf dem Papier«, aber die Kirche Roms sei die lebendige Kirche Christi.
Das Buch über die Entwicklung war fast vollendet, als ein katholischer Pater durch Littlemore kam, »ein einfacher, wunderlicher Mann, ein Italiener . . . Es ist ein Zufall, daß er herkommt«, doch es scheint, »wie ein Ruf von außen«. In seine Hände legte der vierundvierzigjährige Newman das katholische Glaubensbekenntnis ab. Bald darauf empfing er von Bischof Wiseman das Sakrament der Firmung, und mit dieser Stärkung (er sollte ihrer noch sehr bedürfen) begab er sich nach Rom.

»Es war, als hätte ich nach stürmischer See den Hafen erreicht.« Mit diesen Worten äußerte sich der Konvertit über das Glück, das er jetzt empfand. Es sollte nicht lange ungetrübt bleiben. In Wirklichkeit hatte er »den Fuß auf fremdes, unbekanntes Land gesetzt, wo ihm die Sitten und Gebräuche der Einwohner, ja, selbst die Sprache, um sich mild auszudrücken, ungewohnt vorkamen« (J. L. May). Die Katholiken Englands waren eine verachtete Minderheit, durch jahrhundertelange Entrechtung verschüchtert, ohne politische Macht, von der Kultur der Nation ausgeschlossen. Sie gehörten in ihrer großen Mehrheit dem Proletariat an, und selbst unter ihren Führern war kaum einer, den man einen Gentleman hätte nennen können. Der empfindsame und hochkultivierte Oxford-Gelehrte bewegte sich unter diesen rauhen Gesellen zunächst etwas unbeholfen, und wenn auch die Leiter der katholischen Kirche den hervorragendsten Theologen des Anglikanismus, der in der ganzen Welt bekannt war, mit unverhohlener Freude empfingen, begegneten sie ihm doch mit spürbarer Zurückhaltung und Vorsicht.

Schon die ersten Monate nach seinem Übertritt wurden von schmerzlichen Erfahrungen überschattet. Seine heißgeliebte Schwester Harriet brach den Verkehr mit ihm ab. Selbst seine Mutter wandte ihm vorwurfsvoll den Rücken, so daß Newman nach ihrem Tode schreiben konnte: »Mir wäre nichts kostbarer gewesen als ihre Zuneigung und ihre Anerkennung; doch wurde mir weder das eine noch das andere zuteil.« Neben der Verständnislosigkeit seiner Familie mußte Newman von seinen Freunden bekümmerte Klagen, von der Öffentlichkeit Spott und Schmähungen über sich ergehen lassen. Man warf ihm Unehrlichkeit vor, ihm, der die Redlichkeit selber war. Man bestritt die Konsequenz seines Charakters, obwohl es für ihn inkonsequent gewesen wäre, in der anglikanischen Kirche zu bleiben. Newman hatte solche Vorwürfe vorausgesehen; trotzdem verletzten sie ihn tief. Das Bitterste aber erduldete er von jenen, deren Glaubensgenossen er geworden war. Sein Weg in der katholischen Kirche war eine erschütternde Tragödie. Es ergreift uns Bewunderung, wenn wir sehen, wie er diesen Weg trotz allem unbeirrbar weiterschritt: »Ich hatte als Katholik mehr Prüfungen und Leid denn als Anglikaner. Doch nicht einen Augenblick wünschte ich mich zurück.«

Im Kolleg der Propaganda zu Rom fiel ihm das Zusammenleben mit den jungen Studenten schwer, und in späteren Jahren bekannte er, es sei keine Kleinigkeit für ihn gewesen, im Alter von 46 Jahren noch einmal die Schulbank zu drücken, dazu in einer Atmosphäre, die so ganz anders war als die von Oxford, und in einem Land, dessen Sprache er erst zu lernen hatte. Der kirchliche »Apparat« bereitete ihm Unbehagen. Bald lief eine aufgeregte Beschwerde der amerikanischen Bischöfe über seine *Entwicklung der christlichen Lehre* in Rom ein. Ohne das Buch gelesen zu haben, zitierten römische Theologieprofessoren einzelne Stellen daraus, um gegen das Ganze zu sprechen und es als häretisch zu verurteilen. Newman rechnete allen Ernstes mit der Möglichkeit, daß sein Werk auf den Index kommen könnte. War er auf einem falschen Wege, in der Annahme eines Irrtums, in die katholische Kirche gelangt? Papst Pius IX. hatte Newman zuerst liebenswürdig empfangen, doch bald machten sich ein Argwohn und eine Kälte bemerkbar, die den der Wärme und Anteilnahme Bedürftigen mit Traurigkeit und Heimweh erfüllten. Er kam sich einsam, mißverstanden, übergangen vor: »Es geht nichts über einen alten Freund. Neue Freunde können einen nicht so lieben, selbst wenn sie es wollten; sie wissen nichts von einem . . . Selbst jene, die von mir viel halten, haben nur vage, ganz schattenhafte und phantastische Vorstellungen von mir . . . Was aber auch die Leute hier für mich tun können und was nicht, zu einem werde ich immer wieder hingezogen, zu Ihm, ›der mich mein ganzes Leben lang bis zum heutigen Tag ernährt hat‹, dessen wunderbaren Schutz ich unter diesen neuen Verhältnissen genauso erkenne wie früher, und der mir so viel geben kann, wie kein Mensch zu geben imstande ist.« In einem anderen Briefe schrieb er: »Ich muß alles Ihm überlassen. Er weiß, was Er mit mir vorhat.«

Zum Priester geweiht, kehrte er nach England zurück, um dort das Oratorium des heiligen Filippo Neri zu gründen. Die Organisation der neuen Niederlassung in Birmingham, der bald eine zweite in London folgte, war für ihn eine schwere Aufgabe. »Manchmal ruht die Last der Verantwortung und der Verlassenheit so schwer auf mir, daß kein Schmerz größer sein könnte.« Als Newman auf Drängen Wisemans nach London kam, um eine Reihe von Fastenpredigten zu halten, fand er das Kirchenschiff fast menschenleer. Herber traf ihn der Ausgang des Achilli-Falles: Ein voreingenommenes Gericht verurteilte den unerschrokkenen Verteidiger der Kirche zu einer Geldstrafe. Mehr noch als die großen Prozeßkosten bedrückte den Schuldlosen die Schande. Seine Knabenschule in Edgbaston blühte, das war wenigstens ein Trost für ihn. Doch auch hier mußte er erleben, daß der unbeliebten Wirtschafterin wegen alle Lehrkräfte kündigten. Ein Lichtblick kam, als Wiseman ihn aufforderte, eine neue englische Ausgabe der Heiligen Schrift zu veranstalten. Newman machte sich voll Freude über diesen ehrenvollen und ihm ganz gemäßen Auftrag sofort an die Arbeit, sammelte eine Gruppe von Übersetzern und schrieb selbst eine Einführung. Er war schon ein Jahr emsig an dem Werk tätig, als auch diese Mühe vereitelt wurde: Ein Protestbrief einiger amerikanischer Bischöfe,

die ein Konkurrenzunternehmen vorbereiteten, nötigte ihn, jäh abzubrechen.
Die tiefsten Enttäuschungen erlebte Newman bei seinen zahlreichen Bemühungen, die so dringend notwendige Wiederbegegnung der Kirche mit der Kultur, der Theologie mit den übrigen Wissenschaften anzubahnen. Er wußte, daß die lange Trennung beiden Teilen nicht gut bekommen war: Die Kultur war weithin verweltlicht, und am Katholizismus haftete der Makel der Rückständigkeit. Diesen unnatürlichen Zustand zu überwinden, war Newman wie kein anderer geeignet und gewillt: »Ich habe nicht den geringsten Zweifel, daß die katholische Kirche und ihre Lehre unmittelbar von Gott stammen; aber ich erkenne auch deutlich, daß in gewissen Kreisen eine geistige Enge herrscht, die nicht von Gott kommt.« Mit jenen katholischen Kreisen, die ängstlich auf Bewahrung des Hergebrachten bedacht waren und päpstlicher sein wollten als der Papst, stieß der reformfreudige Newman mehrmals heftig zusammen.
Den ersten Konflikt erlebte er, als er nach Dublin gesandt wurde, dort eine katholische Universität zu gründen. Newman hatte vom Wesen einer Universität ganz bestimmte Vorstellungen, die er in öffentlichen Vorträgen darlegte: Eine Universität ist nicht dazu da, bloß fachliches Wissen mitzuteilen, das sich in klingende Münze umsetzen läßt. Sie soll die jungen Menschen nicht zu Spezialisten abrichten, sondern zu tüchtigen Mitgliedern der menschlichen Gesellschaft erziehen und bilden. Deshalb muß sie alle Wissenschaften, einschließlich der Theologie, umfassen. Nähme man aus ihrem Lehrplan die Theologie heraus, so würde man sie ihres Herzstücks berauben. Andererseits betont Newman: »Wenn eine Universität eine unmittelbare Vorbereitung für diese Welt ist, laßt sie sein, was sie bekennt. Sie ist kein Kloster. Sie ist kein Konvikt. Sie ist vielmehr ein Ort, um Weltmenschen für die Welt auszurüsten. Wir können diese unmöglich davon zurückhalten, sich in die Welt hineinzustürzen ... Aber wir können sie ausrüsten gegen das Unvermeidliche. Man kann nicht lernen, in stürmischen Gewässern zu schwimmen, wenn man nie hineingegangen ist.« Was der junge Mensch braucht, ist nicht so sehr Bewahrung, sondern viel mehr Bewährung. Deutlich sah

Newman, daß der Versuch, die Glaubensfestigkeit der jungen Studenten durch Abkapselung von der Welt zu sichern, nur das Gegenteil bewirkt: Nach dem Verlassen der Universität sind die jungen Menschen erst recht jenen Gefahren ausgesetzt, vor denen man sie am meisten bewahren wollte. Newman kam es darauf an, Katholiken zu erziehen, deren Kultiviertheit den Söhnen Oxfords nicht nachstand. Er sah Beschränktheit, Engstirnigkeit und Weltfremdheit nicht als notwendige Begleiterscheinungen geistlicher Erleuchtung an, sondern als eine Gefahr für den Glauben. Unglücklicherweise gab es führende Kirchenmänner, die andere Ansichten hegten. Newman hielt dieser engen Haltung entgegen, daß ein Mensch seine Pflicht gegen Gott nicht erfüllen kann, wenn er nicht zugleich der Pflicht gegen seine Mitmenschen nachkommt.

Seinem Traum, ein neues Oxford auf irischem Boden zu errichten, stellten sich gewaltige Hindernisse entgegen, an denen er schließlich zerstob. Die irischen Bischöfe waren mehr für eine Art Seminar als für eine Universität in Newmans Sinn. Freizügige Bildung erschien ihnen als ein Greuel. Auch wollten sie sich von diesem englischen Konvertiten nichts sagen lassen. Kurzentschlossen besuchte Newman die Bischöfe der Reihe nach und kämpfte zäh gegen ihre Opposition. Trotz Verständnislosigkeit, Eifersucht und gehässiger Ablehnung war er rastlos tätig. In wenigen Jahren überquerte er 56mal das Meer zwischen England und Irland. Es gelang ihm, die philosophische und die medizinische Fakultät zu eröffnen, hervorragende Lehrer zu gewinnen, eine Universitätskirche zu bauen und eine eigene Zeitung herauszugeben. Doch im ganzen wurde die »irische Kampagne« ein Fehlschlag. Der von den unaufhörlichen Reibereien Zermürbte legte das Rektorat nieder und kehrte enttäuscht nach England zurück.

Ein neues Tätigkeitsfeld eröffnete ihm *The Rambler*, eine literarische Zeitschrift für die katholische Laienwelt. Sie trat ein für Religion und Geistesfreiheit, für ein Zusammenwirken der theologischen und der profanen Wissenschaften, für sozialen und politischen Fortschritt. Aufgeschlossen allem Neuen, wollte sie den englischen Katholizismus aus dem Ghetto herausführen. Neben

Lord Acton und Döllinger arbeitete auch Newman mit, zeitweilig als Herausgeber. Als die Zeitschrift, die den konservativen Katholiken unerwünscht war, in Rom verdächtigt wurde, gab es Schwierigkeiten, welche Newman zwangen, die Redaktion aufzugeben. Bald darauf brachten die Gegner ihre Stimme für immer zum Schweigen.

Der große Gegenspieler Newmans war Wisemans Nachfolger auf dem Erzbischofssitz von Westminster, Kardinal Manning. Als die Universität Oxford auch Nichtanglikanern ihre Tore öffnete, befürchtete Manning, daß Katholiken nach Oxford gingen und dort durch die Berührung mit dem religionsfeindlichen Geiste, der an der Universität stark geworden war, ihren Glauben verlören. Newman dagegen dachte, daß eher umgekehrt die Nichtkatholiken vom katholischen Glauben berührt, auf jeden Fall die Katholiken gefestigt würden, wenn man in Oxford ein katholisches Kolleg gründe. Newmans Plan war zweifellos realistischer, da strebsame Katholiken sich kaum hätten abhalten lassen, nach Oxford zu gehen. Bischof Ullathorne ging auf den Vorschlag ein und sandte die Oratorianer nach Oxford. Dort kaufte Newman ein Grundstück und begann, alles Erforderliche zu veranlassen. Im gleichen Augenblick vereitelte Manning das Unternehmen, indem er Katholiken kurzerhand verbot, in Oxford zu studieren. Newman saß auf dem Trockenen und mußte das Grundstück mit beträchtlichem Verlust verkaufen. Das ganze Drama wiederholte sich zwei Jahre später etwas heftiger. Ein römischer Prälat schrieb damals: »Newman ist der gefährlichste Mann in England . . . Sein Geist muß zermalmt werden.« Newman aber äußerte gelassen: »Die Dinge, die wirklich von Nutzen sind, werden nach dem Willen Gottes doch zu ihrer Stunde getan und zu keiner anderen. Versucht man zu unrechter Zeit, was an sich recht ist, so wird man vielleicht zum Häretiker oder Schismatiker. Vielleicht ist, was ich erstrebe, wahr und gut, aber es kann Gottes Wille sein, daß es erst in hundert Jahren geschieht . . . Wenn ich gestorben bin, sieht man vielleicht, daß mich manche abhielten, ein Werk zu tun, das ich wohl hätte tun können. Gott waltet über allem.« Newmans unerschütterliches Vertrauen, daß die Wahrheit durch die ihr eigene Macht sich eines Tages doch durchsetzen wird, fand glänzende Belohnung, in diesem Falle freilich erst nach seinem Tode. Leo XIII. verwarf Mannings Politik in der Oxford-Frage und forderte genau das, was Newman erstrebt hatte.

In einem andern Streit mit Manning durfte Newman es erleben, daß seine Meinung siegte. Es handelte sich um die Frage der päpstlichen Unfehlbarkeit, die auf dem Vatikanischen Konzil erörtert wurde. Manning trat für eine möglichst weitgehende Fassung der Unfehlbarkeitsdefinition ein. Wenn es nach ihm gegangen wäre, hätte das Konzil den Glaubenssatz aufgestellt, die weltliche Macht des Papstes sei gottgewollt und notwendig. Newman dagegen war als Berater des Bischofs Ullathorne der Ansicht, der Kirchenstaat sei keinesfalls notwendig und eine Dogmatisierung der Unfehlbarkeit, falls man sie in diesem so ungeeigneten Augenblick überhaupt vornehmen wolle, nur mit gewissen Einschränkungen möglich. Diese Einstellung trug kaum dazu bei, ihn beim Vatikan zur persona grata zu machen, ja, es gab Leute, die ihn als einen Feind des Papsttums hinstellten. Das Unfehlbarkeitsdogma wurde verkündet, doch nicht im Sinne Mannings, sondern mit den Einschränkungen, die Newman befürwortet hatte: Der Papst sei ohne Irrtum, wenn er als Oberster Lehrer für die ganze Kirche in Glaubens- und Sittenfragen feierlich eine Wahrheit als Glaubenssatz verkünde. Durch das protestantische England fuhr ein Sturm der Entrüstung. Gladstone behauptete öffentlich, das menschliche Gewissen sei durch Rom in Gefahr, geknechtet zu werden. Ein Katholik könne unmöglich ein treuer Staatsbürger sein. Newman antwortete in dem *Offenen Brief an den Herzog von Norfolk*, daß die Instanz des Gewissens in der katholischen Kirche ihr volles Recht behalte.

Newman wußte um die Unzulänglichkeit und Fragwürdigkeit alles menschlichen Erkennens und Wollens wie nur je ein Skeptiker. Aber gerade aus dieser Skepsis am nur Menschlichen wußte er auch, wie sehr wir, zumal in Glaubensdingen, der Autorität bedürfen. Er hat unter dem Menschlichen in der Kirche tief gelitten, aber er hat nie am Göttlichen in der Kirche gezweifelt. In seiner Lehre wie in seinem Leben vereinigte er in bewundernswerter Weise Gewissensfreiheit und Glaubensgehorsam. Gerade das Gewissen, das manchen aus der Kirche herausführte, trieb Newman in die Kirche hinein. Gerade das Studium der Geschichte, das manchen zum Hasser Roms machte, veranlaßte Newman, Rom zu lieben. Und es bleibt immer denkwürdig, daß dieser so individualistisch veranlagte Geist sich vorbehaltlos der katholischen Gemeinschaft einordnete, daß dieser so kritische Kopf sich ohne Zögern der Autorität unterwarf. Dabei verband seine Haltung, was so schwer zu vereinigen ist: »die zugleich klarste, kühlste kritische Einsicht in die Mißstände und Fehlentwicklungen in der Kirche und die unumgängliche Notwendigkeit vieler Reformen – und die leidenschaftliche, den ganzen Menschen ergreifende und durchbebende Hingebung und Treue gegen ›Rom‹ in der ganzen schweren Belastung dieses Begriffs« (I. F. Görres).

Daß Newman trotzdem immer wieder auf Ablehnung stieß, lag zum Teil an seiner politischen Haltung. Man hat bisher von Newman die Vorstellung gehegt, als sei er politisch uninteressiert gewesen. Doch nannte schon Laski Newman »einen fähigen politischen Denker«, und Sorel wies darauf hin, daß eine seiner Ideen bereits sechzig Jahre früher von Newman vorweggenommen wurde. Przywara bemerkt, Newman habe »fast als geborener Politiker« die Ereignisse der Zeit verfolgt. Eine ausführliche Darstellung und Würdigung freilich haben »Newmans politische Gedanken« erst 1957 in dem Buch von Terence Kenny gefunden. »Es ist bei weitem nicht der Fall, daß Newmans Religion ihn von einer Anteilnahme an Politik fernhielt. Viel näher kommt man der Wahrheit, wenn man sagt, daß gerade seine Religion ihn drängte, sich Gedanken über Politik zu machen« (T. Kenny). Seine politische Haltung ist gekennzeichnet durch »resoluten Realismus und Vermeiden aller Arten von Romantik« (T. Kenny). Das Wissen um die Folgen der Erbsünde hinderte ihn, jenen allzu sonnigen Optimismus zu teilen, dem viele seiner Zeitgenossen sich über die Zukunft der Menschheit hingaben. Im Grunde war Newman konservativ, doch hat er sich notwendigen Veränderungen nicht verschlossen. Die Heraufkunft der Demokratie hat er begrüßt, eine Rückkehr zu mittelalterlichen Staatsformen ausdrücklich verworfen: »Die Existenz der Kommunisten macht die jetzige Lage gewaltig verschieden von der des Mittelalters.« Man hat Newman bald einen Anti-Liberalen, bald einen Liberalen genannt. Die Verwirrung rührte daher, daß man die verschiedenen Arten des Liberalismus nicht hinreichend unterschied. »Die Kraft und Ernsthaftigkeit des Angriffs Newmans auf den Liberalismus in der Religion kann kaum bezweifelt werden, doch ist es ein Irrtum, zu denken, Newman habe stets den Liberalismus in der Politik bekämpft . . . Newman stand auf der Seite der liberalen Katholiken . . . Er bestand darauf, daß der moderne Staat seinen Gliedern in keiner Weise eine bestimmte Religion oder deren Lehren aufzwingen darf. Begeistert bejahte er den weltlichen Staat und begnügte sich nicht damit, seine augenblickliche Notwendigkeit als etwas Bedauernswertes zu ertragen und zuzugeben. Es ist unmöglich, Newman zu beschuldigen, er habe für seine Kirche eine Freiheit fordern wollen, die auf andere auszudehnen er nicht bereit gewesen wäre . . . Der tolerante, in religiösen Fragen neutrale Staat war nicht etwas, das nun einmal gekommen war. Er sollte kommen, und Newman fand, entsprechend seinen lange gehegten politischen Ideen, für ihn eine Rechtfertigung . . . Newman war sein Leben lang der Meinung, daß der Gebrauch von Zwang in der Religion . . . zwecklos oder verhängnisvoll ist . . . Eben weil er in wichtigen politischen Fragen kein Reaktionär war, rief Newman in der anglikanischen und in der katholischen Kirche große Feindschaft gegen sich hervor« (T. Kenny).

Der Hauptgrund für diese Feindschaft lag allerdings woanders, nämlich in der Eigenart seines philosophischen und theologischen Denkens. Sein Genius eilte seiner Zeit zu weit voraus, als daß er von ihr sogleich hätte verstanden werden können. Sein originaler Geist unterschied sich zu sehr von der herrschenden Schule, als daß er sofort hätte Anerkennung finden können. Diese Lage bestimmte das Schicksal seines reichen schriftstellerischen Schaffens, dessen literarischer Rang zwar schon von Zeitgenossen gerühmt wurde, dessen volle Bedeutung zu würdigen jedoch erst dem folgenden Jahrhundert vorbehalten blieb. Mitten in die selbstzufriedene Sattheit des viktorianischen Zeitalters hinein rief Newman die Worte: »Der Glaube schließt wesensmäßig das Wagnis ein. Das wäre eine sehr eigene Art von Wagnis, mit dem keinerlei Risiko, keinerlei Gefahr, Angst, Ungewißheit verknüpft wäre. Darum ist der Glaube vor anderen Gnadengaben ausgezeichnet und das besondere Mittel zu unserer Rechtfertigung, weil wir den Mut haben, etwas zu wagen.« Das ist nicht die betuliche Sprache einer biedermeierlichen Frömmigkeit, sondern die Äußerung eines realistischen und kühnen Geistes. »Worin Newman als religiöser Denker zukunftsträchtig ist, das ist die Entbürgerlichung eines verbürgerlichten Christentums, die Entsicherung eines bürgerlich gesicherten Christentums und einer christlich gesicherten Bürgerlichkeit. Nur ein entbürgerlichter Christengott und ein entbürgerlichter Christus werden sich mit dem Atheismus entbürgerlichter Massen im Ernst messen können« (G. Söhngen).

Sein Denken richtet sich auf das Anschauliche und Praktische, zieht reale Erfassung durch das Bild der begrifflichen Erfassung durch das Zeichen vor. Er geht »abstrakten und metaphysischen Begriffsgebilden wie Gespenstern aus dem Wege« (G. Söhngen), ist in »seinem Mißtrauen gegen Syllogismen und logische Regeln . . . auch als Philosoph durchaus Engländer« (Th. Haecker). Von ihm gilt, was er von seinem Freunde Froude sagte: »Er hatte einen scharfen Blick für abstrakte Wahrheiten, aber als echter Engländer hielt er sich fest an das Reale und Konkrete.«

Diese Eigenart seines Geistes befähigte ihn, den Glauben auf eine neue Weise zu begründen. Bezeichnenderweise gab ihm ein persönlicher Vorfall den Anstoß, seinen *Versuch zu einer Lehre der Zustimmung* zu schreiben. Ein englischer Physiker und Mathematiker, der erkannt zu haben glaubte, daß nicht einmal die Ergebnisse der exakten Wissenschaft sicher feststehen, fragte Newman, wie dann die Dogmen der Kirche dem Menschen als absolute Gewißheit erscheinen könnten. Newman ging in seiner Antwort nicht von einer abstrakten Theorie und einem im voraus konstruierten System aus, sondern vom Leben, von der bunten Vielgestalt der Erfahrungstatsachen. Er konnte sich auf seine eigene Erfahrung berufen: »Ich hatte eine große Abneigung gegen papierene Logik . . . Es war nicht die Logik, die mich voranbrachte ... Alle Logik der Welt würde micht nicht rascher nach Rom geführt haben, als es wirklich geschah ... Das beste Argument ist jenes, das aus dem Herzen stammt.«

Man darf Newman nicht dahin mißverstehen, als ob er einer bloßen Gefühlsreligion das Wort geredet hätte. Davon hat er nie etwas gehalten: »Religion als ein bloßes Gefühl ist für mich ein Traum und ein Spott.« Schon in seiner anglikanischen Zeit schrieb er über die religiöse Schwärmerei: »Ein Mensch von solcher Seelenhaltung denkt nicht einfach an Gott, wenn er zu ihm betet, sondern beobachtet, ob er die angemessenen Gefühle hat oder nicht; er glaubt nicht und gehorcht nicht, sondern erachtet es für ausreichend, wenn er bemerkt, daß er das ist, was er warm und geistlich gestimmt nennt.« Sein Leben lang kämpfte Newman gegen die Verflüchtigung der religiösen Wirklichkeit durch das Gefühl ebenso wie gegen die Verflüchtigung der religiösen Wirklichkeit durch die Vernunft. Er meinte, man solle den Glauben gegen rationalistische Gegner nicht rationalistisch verteidigen. Aber auch das Gefühl hielt er für untauglich, den Glauben sicher zu begründen. Wenn er vom Herzen als dem Organ religiöser Erkenntnis spricht, meint er die Mitte der Person: Der Glaubensakt wird vollzogen weder durch eine Verstandesoperation noch durch eine Gefühlswallung, sondern durch eine persönliche Entscheidung des ganzen Menschen, die im Gewissen gründet und den Charakter eines Wagnisses hat.

Als Newman seine *Zustimmungslehre* nach unsäglichen Mühen, inneren Spannungen und äußeren Schwierigkeiten endlich zum Abschluß gebracht hatte, veröffentlichte er sein Werk anspruchslos als einen »Versuch« und betonte: »Es ist ein militärisches Spähtruppunternehmen.« Tatsächlich hatte er sich weit vorgewagt, sich von allgemein anerkannten Ansichten der thomistischen Philosophie entfernt und schon Erkenntnisse ausgesprochen, die erst im folgenden Jahrhundert die große Wende der modernen Philosophie herbeiführten. Newman war sich der Kühnheit seines Buches bewußt und fragte sich mit einiger Sorge, wie die Kirche seine ungewohnten Anschauungen wohl aufnehmen würde. Er fürchtete, daß »ein paar Pedanten über ihn kommen könnten, die viel wissen und wenig verstehen«, weil er sich

nicht der herkömmlichen Ausdrucksweise der Scholastik bediente, ein Schwarm zünftiger Theologen, die »sich nach der Schablone bewegen und keinen dulden wollen, der nicht dasselbe tut . . . Sie wickeln das unglückliche Kind in Wickelzeug und Kissen, . . . legen noch einen Haufen Decken darauf . . . und schließen das Fenster, damit kein Hauch frischer Luft seine Haut streife.« Die Ahnung trog nicht: Als der Zensor nach der Durchsicht der ersten Druckbogen ob all des Neuen und Ungewohnten von der Angst gepackt wurde und den Dienst kündigte, war Newman wie vom Schlag getroffen und bat ihn kniefällig, bis zum Ende mit ihm durchzustehen.
In Newmans Tagebuch findet sich folgende Eintragung: »Seit ich Katholik bin, habe ich mich stets angestrengt, habe ich gearbeitet und mich abgemüht, nicht für einen Menschen auf Erden, hoffe ich, sondern für Gott im Himmel; aber immerhin mit dem starken Wunsche, denen zu gefallen, die mich an die Arbeit stellten. Nach dem hohen Urteil Gottes habe ich, wenn auch in anderer Weise, ihr Lob gewünscht. Doch ich habe es nicht nur nicht erlangt, sondern bin verschiedentlich geringschätzig und unfreundlich behandelt worden. Weil ich mich nicht vorgedrängt habe; weil es mir nicht eingefallen ist zu sagen: Seht, was ich tue und getan habe!; weil ich leeres Geschwätz nicht weitererzählt, Großen nicht geschmeichelt und mich nicht zu dieser oder jener Partei bekannt habe – deshalb bin ich eine Null. Ich habe in Rom keine Freunde. Ich habe in England gearbeitet, um mißdeutet, verhöhnt und verleumdet zu werden.« In ebenso niedergeschlagener Stimmung (auch Heilige haben solche Stunden) faßte er seinen Lebensweg in einem Brief an einen geistlichen Mitbruder zusammen: »Mit 20 Jahren wurde ich durch meinen Mißerfolg beim Examen von dem Aufstieg an der Universität abgeschnitten. Mit 30 Jahren wurde ich dadurch, daß man mir das Tutorenamt nahm, gehindert, mir im Kuratorium Auszeichnungen zu erwerben. Als ich 40 war, wurde ich praktisch aus der anglikanischen Kirche hinausgeworfen. Mit 50 wurde ich durch die Schmach des Achilli-Urteils aus der sogenannten Gesellschaft ausgestoßen. Und so werde ich wohl mit 60 bei den Katholiken und vor allem bei den kirchlichen Behörden mein Ansehen ver-

lieren. Das bedrückt mich: Was wird geschehen, wenn ich 70 Jahre alt sein werde? Soll ich Sie alle verlieren und einsam zurückbleiben? Oder wird unser Haus bis auf den Grund niederbrennen? Oder werde ich von irgendeiner quälenden Krankheit heimgesucht werden? . . . Doch ich glaube gewiß, daß ich alle Schwierigkeiten überwinden werde, wie ich bis jetzt durch alle gut hindurchgekommen bin.« Solche Anfälle von Melancholie waren bei dem empfindsamen Mann nicht eben selten. Doch stets raffte er sich in humoristischen Bemerkungen wieder auf: »Man kann mich in den Schrank stellen, aber man kann mich nicht daran hindern, daß ich hinausschaue.«

Unbeachtet, vergessen, ein erloschener Stern, ein kleiner Griechischlehrer an einem billigen Internat im Industriegebiet um Birmingham, eine ausgemergelte Figur in fadenscheinigem Schwarzrock – so lebte Newman dahin. Er war bereits in sein siebentes Jahrzehnt getreten und erwartete vom Leben nichts mehr als einige weitere Nackenschläge, die Gott ihm schicken würde, um ihn ganz reif für den Himmel zu machen.
Doch eines Tages fand er zu seiner Verwunderung seinen Namen in einer Zeitschrift erwähnt. Aus der Feder des volkstümlichen Romanschriftstellers Charles Kingsley las er folgende Auslassung: »Wahrheit um ihrer selbst willen war nie die Tugend des römischen Klerus. Pater Newman sagt ja, daß sie nicht nötig sei und im großen und ganzen eigentlich nicht angewandt werden soll. Gerissenheit ist die Waffe, die der Himmel den Heiligen gegeben hat.« Newman wies diese grundlose Verleumdung in einem Brief an die Herausgeber zurück. Darauf veröffentlichte Kingsley eine Entschuldigung, die in Wirklichkeit die Beleidigung nur noch vergrößerte: »Dr. Newman hat mit stärksten Worten die Meinung bestritten, die ich seinen Worten beigemessen habe. Es liegt daher an mir, mein tiefes Bedauern über mein so arges Mißverstehen auszudrücken.« Damit gab sich Newman nicht zufrieden. Sagte Kingsley, »es verschafft mir Erleichterung, daß Sie das, was Sie sagten, nicht so meinen«, so entgegnete Newman: »Was heißt *meinen,* ich habe es doch nie *gesagt!«* Newmans Antwort war so treffend, daß sie sofort von keinem

Geringeren als Richard Holt Hutton bewundert wurde. Dieser liberale Protestant schrieb in seinem *Spectator:* »Mr. Kingsley hat gerade auf seine eigenen Kosten denen, die eine geistige Freude am Spiel großer Meister des Sarkasmus haben, ein wahrhaft literarisches Vergnügen bereitet, indem er Newman aus seiner Zurückgezogenheit hervorholte und so bewies, daß einer der größten englischen Schriftsteller und vielleicht der größte Meister köstlichen und feinen Spotts in der englischen Sprache immer noch im vollen Besitz seiner Kräfte ist, welche zu seiner wundervollen Beherrschung jener feinen und gefährlichen Waffen notwendig sind. Vielleicht ist Mr. Kingsley ein zu hilfloses Opfer für die volle Entfaltung von Newmans Kräften, doch ein geeigneteres protestantisches Opfertier für Newmans Messer konnte wohl kaum gefunden werden.« Das wollte Kingsley nicht auf sich sitzenlassen. Er veröffentlichte eine Streitschrift, welche die Verleumdung der Doppelzüngigkeit wiederholte und ihr noch viele andere Beschuldigungen Newmans und der katholischen Priester überhaupt hinzufügte.

Die Engländer lieben es, einem Kampfe zuzuschauen, gleich, ob er mit Füßen, Fäusten oder Federn ausgetragen wird; nur muß er »fair play« sein. Mit angehaltenem Atem verfolgten sie den Fortgang des Duells zwischen Kingsley und Newman. Der Herausgeforderte holte jetzt zu einem großangelegten Gegenangriff aus. Es ging um seine und um des katholischen Priestertums Ehre. »Mr. Kingsley fragt: ›Was meint Dr. Newman eigentlich?‹ Nun wohl, er soll seine Antwort haben . . . Ich muß den Schlüssel zu meinen ganzen Leben geben. Ich muß zeigen, was ich bin, auf daß man erkenne, was ich nicht bin . . . Es ist nicht angenehm, jedem zu offenbaren, was von meinen frühen Jahren an in mir vorging, . . . jeden um meine innersten Gedanken, ja um mein Verhältnis zu meinem Schöpfer wissen zu lassen. Aber ich darf nicht dulden, daß man mich ins Gesicht hinein Lügner und Schurke nennt. Ich würde meine Pflicht gegen meinen Glauben oder gegen meinen guten Namen nicht erfüllen, wenn ich es zuließe.«

Innerhalb von sieben Wochen erschien in Fortsetzungen die glänzende *Apologia pro vita sua*, eines der großen Meisterwerke englischer Prosa. Niemals hat ein Mensch sein Leben und seine geistige Entwicklung überzeugender und packender dargestellt. Niemals ist das Florett blitzender Satire meisterlicher geführt worden. Das Buch trägt den Stempel eines überlegenen Geistes und zugleich eines redlichen und klaren Charakters. Es kennzeichnet Newmans menschliche Größe, daß er keinen Groll gegen seinen Gegner hegte, ihn, so weit es ging, zu entschuldigen suchte und nach seinem Tode eine Messe für ihn opferte. Solche Feindesliebe zeigte Newman auch in anderen Fällen: Er verteidigte jene, die ihn geschmäht, und betete für sie.

Mit einem Schlage hatte Newman seine alte Stellung wiedergewonnen. Ganz England bejubelte seinen unbestrittenen Sieg. Er wurde bewundert von der geistigen Elite, gleich welcher Partei, geliebt von den Frommen, gleich welcher Konfession. Die *Apologia*, die mit einem Gebet für die Wiedervereinigung im Glauben schloß, zerstreute viele Vorurteile gegen die katholische Kirche und rief eine Konversionsbewegung hervor.

Es sollte nicht mehr lange dauern, bis er auch in weithin sichtbaren Zeichen vor England und vor der ganzen Weltkirche rehabilitiert wurde. Oxford ehrte ihn, den es einst verdammte und verstieß, indem es ihn zum Ehrenmitglied des Trinity College ernannte. Rom erhob ihn, den lange Zeit Verdächtigten, vom einfachen Priester zum höchsten Rang der Kirche und verlieh ihm den Purpur. »Das ist *mein* Kardinal!« rief Papst Leo XIII., der in Newman einen Vorkämpfer sah seines eigenen Programms, der Versöhnung von Kirche und Kultur.

Newman war glücklich. »Die dunklen Wolken sind nun endgültig von mir genommen!« sagte er freudig bewegt. Doch als er den fürstlichen Ehren, die ihn erwarteten, entgegensah, befiel den bald achtzigjährigen scheuen Mann doch Bangnis und Unsicherheit. Zitternd und verwirrt machte er sich auf die Reise zu den Feierlichkeiten in London und Rom. Aber er hielt sich glänzend und überraschte alle durch die Frische seines Geistes und das Feuer seiner Ansprachen.

Der späte Ruhm verdarb ihn nicht. Noch ein Jahrzehnt war ihm zu leben vergönnt, und er verbrachte es in der gleichen schlichten

Anspruchslosigkeit und zwischen den gleichen einfachen Wänden seines Oratoriums wie die Jahrzehnte vor seiner Erhebung, alltägliche Pflichten in Demut und Liebe erfüllend.
Als er in sein neunzigstes Jahr gekommen war, nahte sich ihm sanft der Tod. Pater Ryder schreibt in seinen Erinnerungen an Newman: »Eine arme, bedürftige Person, die ihm fremd war, hatte eines Tages an der Pforte des Hauses ein seidenes Halstuch mit einigen Zeilen der Hochschätzung für ihn abgegeben. Das war vor vielen Jahren geschehen, ehe er Kardinal wurde, in jener Zeit, in der er oft beiseitegesetzt wurde, zu einer Zeit auch, in der er selbst arm war . . . Er verwahrte das Halstuch als etwas, das ihm teuer war, durch mehr als dreißig Jahre. Als er in der Erwartung des Todes sich zu Bett legte, ließ er sich das Tuch bringen und tat es an, und obgleich die Ärzte sagten, er brauche es nicht, behielt er es und starb damit.«

Wilhelm Emmanuel von Ketteler

(1811–1877)

Als einmal eine Mutter, die über ihren mißratenen Sohn tief bekümmert war, sich an Bischof Ketteler um Rat wandte, erhielt sie die Antwort: »Ich verzweifle gar nicht an dem Jungen. Ich war noch viel schlimmer! Ich taugte gar nichts!« Tatsächlich hatte niemand geahnt, daß der junge Freiherr, der auf einem der alten Wasserschlösser Westfalens heranwuchs, einmal Priester und der größte deutsche Bischof des neunzehnten Jahrhunderts werden sollte.

In der Schule zeigte Wilhelm von Ketteler, außer in Leibesübungen, nur mäßige Leistungen. »Im Katechismus war er regelmäßig einer der letzten« (O. Pfülf). Beängstigend wirkte seine unbändige Leidenschaftlichkeit. In den nicht eben seltenen Ausbrüchen seines Jähzorns warf er mit niedrigsten Ausdrücken um sich, wälzte sich auf der Erde herum oder zerbiß ein Trinkglas. Ein Mitschüler erinnerte sich später: »Er war in hohem Grade heftig. Er konnte keinen Widerspruch ertragen und hatte oft Streit mit seinen Kameraden. Trotzdem wurde man schnell mit ihm gut Freund, da er doch im Grunde gut war und da er nichts nachtrug . . . Alles, was er tat, geschah mit ungeheurem Feuer. Er war in allem rasch und energisch.«

Als Student der Rechtswissenschaft tat Ketteler sich in einem Korps hervor. Er ließ sich in allerlei Ehrenhändel ein, bis er eines Tages in einem Duell verwundet wurde.

Wissenschaftliche Lorbeeren hat Ketteler auf der Universität nicht geerntet. Auch als Referendar bei der Regierung in Münster fiel er kaum durch besondere Leistungen auf. Um so größeres Ansehen gewann er in der Gesellschaft. Die jungen Damen bewunderten den hochgewachsenen Mann mit dem kühnen, fast trotzigen Blick. Niemand konnte sich dem Eindruck seiner imposanten Erscheinung entziehen. Er war der beste Tänzer, ein schneidiger Reiter, ein treffsicherer Schütze. Er liebte und wurde geliebt, und hätten sich nicht Vermögensumstände hindernd dazwischengeschoben, so hätte er damals geheiratet. In die subalterne Beamtentätigkeit konnte sich seine Kraftnatur nur schwer hineinfinden. Die langweiligen Regierungssitzungen ödeten ihn an, und er äußert sich recht unwillig »über dieses Komödienwesen«.

Es waren freilich nicht solche Gefühle, die Ketteler bewogen, den preußischen Staatsdienst zu verlassen. Den Anlaß dazu bot vielmehr ein Ereignis, das die Katholiken Deutschlands und besonders die Adligen Westfalens in höchste Erregung versetzte: die Verhaftung des Erzbischofs von Köln, Clemens August Freiherrn Droste zu Vischering. Damals schrieb er seinem Bruder: »Einem Staate, der die Aufopferung meines Gewissens fordert, will ich nicht dienen.« Er nahm seinen Abschied und verfolgte fortan mit Aufmerksamkeit die kirchenpolitischen Kämpfe. In einem Brief aus jener Zeit äußerte er: »Man könnte Lust bekommen, Geistlicher zu werden, nur um in diese kirchlichen Zerwürfnisse miteinzugreifen.« Er fügte zwar hinzu, das sei kein rechtes Motiv, doch der Gedanke, Priester zu werden, hatte ihn berührt.

Das eben geweckte kirchliche Bewußtsein des jungen Ketteler wurde bald vertieft und verstärkt während eines einjährigen Aufenthalts in München. Der arbeitslose ehemalige Beamte verkehrte rege mit Josef Görres. Eine allmähliche aber tiefgreifende Verwandlung ging in seinem Innern vor sich. Er begann sich für religiöse Bücher zu erwärmen, las Heiligenleben, und eine bisher unbekannte Welt tat sich vor seinen erstaunten Augen auf. In der Schule der Heiligen lernte der Brausekopf, sich in Zucht zu nehmen. In einem Brief aus jenen Jahren bekennt er: »Entbehren und Entsagen im Dienste und zur Ehre Gottes ist unsere Parole geworden.« Zur Selbsterkenntnis gelangt, begann er entschlossen, seine Eigenliebe zu bekämpfen. Ein gewaltiges inneres Ringen setzte ein, dessen Siegen immer wieder beschämende Niederlagen folgten. »So aus mir selbst herausgeschlagen, sollte man doch glauben, sei nun nichts leichter, als nicht mehr seine eigene Ehre, sondern die Ehre Gottes zu suchen – aber diesen einfachen

Schluß in sich zur Wahrheit zu machen, ist doch so unendlich schwer. Doch Gott kann auch das geben, und darauf vertraue ich.« Nach Jahren der Unklarheit über die Berufswahl, nach qualvollem Schwanken und langer Selbstprüfung entschloß sich Ketteler endlich. Der dreißigjährige Jurist setzte sich noch einmal auf die Schulbank und begann in München sein theologisches Studium. Drei Jahre später wurde er im Dom zu Münster zum Priester geweiht.

»Von dem Augenblick an, wo ich in den geistlichen Stand getreten bin, habe ich mir gesagt: Von nun an darfst du auf Erden kein anderes Interesse mehr haben als das Seelenheil der Menschen und die Linderung ihrer Not.« Mit diesem Bekenntnis aus späteren Jahren hat Ketteler erklärt, worin er die Aufgabe seines Berufes sah. In welcher Kraft er diese Aufgabe bewältigte, zeigt ein Brief, den er als Kaplan im ländlichen Beckum schrieb: »Menschenkraft vermag nichts auf einem so hohen geistigen Gebiete. Aber daran liegt nichts, wenn wir nur die Gotteskraft, die in uns und durch uns wirken will, nicht behindern. Gott gebe uns ein demütiges, einfältiges Herz: Das ist die Bedingung des Wirkens des göttlichen Geistes in uns; bis dahin ist unser Rennen ein eitles Vertrauen auf eigene Kräfte.«
Als ihm die Pfarre Hopsten übertragen wurde, schrieb Ketteler voll Glück: »Mit der Stellung, die mir Gott jetzt überwiesen, habe ich das Höchste erreicht, was ich mir auf Erden erdenken konnte.« Wie sah diese Stelle aus? Eine reizlose Sandgegend, ein bettelarmes Bauernvolk, ein verfallenes Pfarrhaus, eine verlotterte Gemeinde. Als er ankam, empfing man ihn mit Flüchen und Steinwürfen. Doch das alles konnte ihn nicht abschrecken. Er sah nur die Seelen, die ihn brauchten. In seiner ersten Predigt in Hopsten versprach er: »Ich will euch dienen mit meiner Zeit, mit meinem Einkommen und Vermögen, mit den Kräften meines Leibes, mit meinem Verstande, mit meinem Herzen.« Er machte sein Versprechen wahr. Bald kannte er alle Mitglieder seiner Gemeinde. Er nannte jeden mit Vornamen, setzte sich mit den Bauern an einen Tisch, sprach plattdeutsch mit ihnen und langte mit in die Schüssel. Er packte mit seinen starken Fäusten zu, wo Not

am Mann war, und bald hatte sein resolutes Wesen ihm die Achtung aller verschafft. Als Hungersnot und Typhus die Gemeinde heimsuchten, brachte er den Armen und Kranken Hilfe. Die Vereine, Bruderschaften und Andachten, die Ketteler einführte, fanden Anklang, eine Volksmission hatte Erfolg, und nach zwei Jahren war die Pfarre umgewandelt.
Gegen seinen Willen wurde Ketteler seinen lieben Hopstenern entführt nach Berlin, wo er Propst von St. Hedwig wurde. Ketteler verkehrte nicht in den Kreisen des Adels, sondern unter den Armen. Wie schon in Beckum brachte er auch in Berlin den Bau eines Krankenhauses zustande. Er hatte in der preußischen Hauptstadt noch nicht recht Wurzel geschlagen, als er abermals gegen seinen Wunsch versetzt wurde: Der Papst erhob den Achtunddreißigjährigen auf den Stuhl des heiligen Bonifatius.
Als der neue Bischof von Mainz zum erstenmal auf der Kanzel seines Domes stand, erklärte er, er wolle sich besonders den Sündern, den Armen, den Eltern und den Priestern widmen. »Ich bekenne, daß ich von jetzt an mit allem, was ich bin und habe, nicht mir, sondern euch gehöre. Ich bekenne, daß ich verpflichtet bin, jeden Überfluß, jedes Wohlleben in meiner Einrichtung zu vermeiden und alles, was ich aus dem Einkommen erübrige, zu milden Zwecken zu verwenden.« Ein Zeitgenosse bezeugt, wie sehr der Bischof sein Versprechen hielt: »Ein harter Strohsack mit Decke war jahrzehntelang sein Bett. Die Nachtruhe maß er sich, um Zeit für seine vielen Arbeiten zu gewinnen, nur spärlich zu ... Außer den notwendigen Möbeln, Kleidungsstücken und Büchern schaffte er sich nichts an. Eine Equipage hatte er nie gehalten ... Seine einfachen, groben Schuhe waren bald das Gespräch der Leute, mehr noch sein einfacher Tisch.« Große Empfänge und »Diplomatische Diners« hat er nie gegeben, aber die Kinder der Waisenhäuser lud er jährlich mehrmals ein zu einem Fest in seinem Garten. Auf Weihnachten pflegte er die Kinder der Armen in seinem Hause zu bescheren. Am zweiten Ostertag speisten stets zwölf bis achtzehn arme alte Männer bei ihm.

»Der arme neue Bischof von Mainz wird eine harte Arbeit bekommen«, bemerkte Kardinal-Erzbischof Geissel von Köln.

»Mainz ist tief herunter. Gott helfe dem neuen Hirten, es zu heben! Nur Kraft und Entschiedenheit werden es können.« Kraft und Entschiedenheit hatte Ketteler schon im verlotterten Hopsten bewiesen. Was ihm in der kleinen Pfarre gelang, sollte ihm jetzt auch auf einem größeren Felde gelingen.
Er begann mit einer Aufgabe, die Pius IX. in seinem ersten Brief an den neuen Bischof ihm besonders ans Herz gelegt hatte: die Geistlichkeit zu einem priesterlichen Lebenswandel zurückzuführen. Wie notwendig die Reform des Klerus gerade im Bistum Mainz war, davon überzeugte den Bischof die erste Umschau in seinem Sprengel. Ketteler war ein wahrer *episcopus* (d.h.: einer, der aufmerksam umherschaut), und nichts entging seinem scharfen Blick. Dem Bischof Blum von Limburg schrieb er damals: »Das Volk ist noch so wunderbar empfänglich, aber die Priester, diese vielen erbärmlichen Mietlinge!« Es galt, den Hebel bei der heranwachsenden Priestergeneration anzusetzen. Sofort hatte Ketteler die Hauptquelle erkannt, aus der sich das Übel über sein Bistum ergoß: die theologische Fakultät zu Gießen, an der die künftigen Priester der Diözese Mainz ohne bischöfliche Aufsicht bei unkirchlichen Professoren Theologie studierten. Es war Kettelers erste Tat nach seiner Bischofsweihe, diese fragwürdige Fakultät kurzerhand trockenzulegen, indem er, unbekümmert um das Wutgeheul der Kirchengegner, das theologische Studium am Priesterseminar zu Mainz wiedereröffnete und seinen Priesterkandidaten verbindlich vorschrieb. Der evangelische Historiker Böhmer in Frankfurt schrieb damals: »Ketteler hat mir schon zur Parlamentszeit imponiert und bald nach seinem Amtsantritte sich in meinen Augen dadurch seiner Stellung gewachsen gezeigt, daß er seine Theologen aus dem freimaurerischen Gießen entfernte. Auch hat er Kraft und Edelsinn genug, um, wenn's nottut, mit westfälischer Derbheit dazwischenfahren zu dürfen.«
Nachdem Ketteler die kirchliche Erziehung und Ausbildung des Priesternachwuchses gesichert hatte, ging er daran, die älteren Mitglieder seines Klerus zu bessern. 1852 erließ er ein Rundschreiben an seinen Klerus: »Ich habe länger als ein Jahr gewartet, beobachtet und angesehen, um nicht voreilig zu werden.

Jetzt, glaube ich, ist die Zeit da, meine gesammelten Bemerkungen Ihnen mitzuteilen ... Ich ahnte nicht, daß ein katholischer Priester in einem katholischen Lande von einem katholischen Volke verachtet werden könne. Erst seit ich hier bin, habe ich Erfahrungen gemacht, die mich nur zu oft an die Worte des Herrn erinnerten: Wenn das Salz schal wird, ist es zu nichts mehr nütze ... Ich kann nicht verhehlen, daß ich seit Antritt meines bischöflichen Amtes eine Seite der Leiden der Kirche kennengelernt habe, die mir bis dahin ganz und gar verborgen geblieben war, nämlich die Leiden, die ihr von ihren eigenen Priestern zugefügt werden ... Ich verkenne nicht die für mich daraus entstehenden Pflichten.« Nachdem er seine trüben Erfahrungen dargelegt hatte, beschwor er seinen Klerus mit dringenden Mahnungen: »Entweder soll das katholische Volk Priester haben oder keine Priester, aber nicht Burschen unter dem Schein von Priestern. Ich beschwöre Sie bei Ihrem Gewissen ..., auch mitzuwirken, daß der priesterliche Geist in jenen Priestern erhalten werde, die ich aus dem Seminar entlasse und die dann unter Ihrer Aufsicht in das erhabene, aber auch gefahrvolle Leben der Seelsorge eintreten ... Ich wähle absichtlich diese mildere Form einer allgemeinen Bitte und Ermahnung, geliebte Brüder, um Ihnen dadurch Gelegenheit zu geben, die bestehenden Übelstände ohne persönliche Zurechtweisung abzustellen.«

Um die Kirchenzucht im Klerus wiederherzustellen, wandte Ketteler verschiedene Mittel an. Er entfernte unfähige Pfarrer aus ihrem Amt, indem er sie zum Verzicht auf ihre Stelle nötigte, versammelte regelmäßig sämtliche Dechanten zu Konferenzen und führte jährliche Priesterexerzitien ein für alle Geistlichen der Diözese, an denen er selbst teilnahm. Die Wirkung blieb nicht aus. Schon 1853 bemerkte ein kirchenfeindlicher Minister: »Übrigens hat Ketteler das Verdienst, und der Großherzog von Hessen erkennt es an, daß er unter seine schlechten Geistlichen Zucht und Ordnung gebracht hat.«

Wichtig für die Reform des Bistums wurden Kettelers Hirtenschreiben, die der Bischof nicht nur von den Kanzeln verlesen, sondern auch durch den Druck verbreiten ließ. »Selten wohl hat ein neuzeitlicher Bischof in seinen Pastoralschreiben so unmittelbar und frisch von der Leber, so offen, ungeschminkt und frei von jeglichen Opportunitätsrücksichten über alle möglichen aktuellen Verhältnisse und Fragen sich ausgesprochen wie Ketteler« (J. Mumbauer). Weitere Mittel der Erneuerung waren häufige Visitationen, die den Bischof alle drei Jahre in jede Pfarrei führten, große Volksmissionen, ein neuer Katechismus, ein neues Gebet- und Gesangbuch, die Einführung von Orden, die Gründung und Förderung kirchlicher Vereine und Organisationen, nicht zuletzt die katholische Schule. In die Lehrerschaft brachte Ketteler einen neuen Geist durch regelmäßige Exerzitien, an denen zwei Drittel der katholischen Lehrer des Bistums teilnahmen. Die Wiener Zeitschrift »Vaterland« konnte unmittelbar nach Kettelers Tod feststellen: »Der Bischof Wilhelm Emmanuel war der Reformator seiner Diözese.« Tatsächlich gelang es Ketteler in den 27 Jahren seines Episkopates, das Bistum von Grund auf zu erneuern.

Es darf nicht verschwiegen werden, daß Kettelers Arbeit für die Reform beträchtlich belastet wurde durch eine gewisse Mißstimmung, die sich im Klerus gegen ihn breitmachte, und durch starke Spannungen zwischen ihm und seinem Domkapitel. Die Ursachen für diese Reibereien waren zum Teil sachlicher Art, insofern manche Reformpläne des eifrigen Bischofs bei der Geistlichkeit auf entschiedene Ablehnung stießen. Der Hauptgrund aber lag in Kettelers aufbrausendem Temperament. Die Lage spitzte sich so sehr zu, daß das Domkapitel sich 1860 gezwungen sah, dem Bischof ein mahnendes Schreiben zu schikken.

Auf diesen freimütigen Brief schrieb Ketteler eine Antwort, in der sich Würde und Demut in schöner Weise paaren: »Ich beschränke mich darauf auszusprechen, daß ich die Heftigkeit, mit der ich wiederholt Rügen . . . kundgegeben habe, als Fehler und Sünde anerkenne und immer als solche anerkannt habe. Ich bezweifle nicht die gute Absicht, die Sie bewogen hat, mir Ihre Ansicht hierüber auszusprechen. Der Vorfall wird mir ein ernstlicher Antrieb sein, gegen diesen Fehler zu kämpfen.«

In allen Streitigkeiten, mochten diese auch noch so scharfe Formen annehmen, verhielten sich beide Parteien vorbildlich. Das

Domkapitel stand, trotz wiederholter interner Auseinandersetzungen mit dem Bischof (von denen nichts an die Öffentlichkeit drang), im Kampf gegen äußere Feinde treu an seiner Seite. Und Ketteler zögerte nicht, wenn Rom eine Streitfrage gegen ihn zugunsten des Domkapitels entschieden hatte oder wenn erfahrene und zuständige Männer seiner Umgebung ihn eines Besseren belehrten, sich zu beugen. Er war zäh, aber nicht stur. Leicht fiel es ihm freilich nicht, auf langgehegte Pläne zu verzichten, und noch oft ging sein Temperament mit ihm durch. »Ich kann mir wohl denken«, schrieb ein Beobachter, »daß die westfälische Eisennatur den aus weicherem Metall geschmiedeten Herzen des rheinischen Klerus hie und da etwas schwerfallen mag.« Es ist charakteristisch, daß Ketteler sich *nicht* aufregte, wenn seine Person verleumdet und verunglimpft wurde, wohl aber, wenn man die *Sache*, die er verfocht, in den Staub zog. Immer wieder fragten die hessischen Staatsanwälte bei ihm an, ob sie gegen die Urheber gemeiner Beschimpfungen und ehrenrühriger Lügen gerichtlich vorgehen sollten, aber stets lehnte er dankend ab. Ketteler hat nie eine Beleidigungsklage in eigener Sache angestrengt. Hinter Kettelers rauher Schale lag eine Fülle vom Güte, Gutmütigkeit und zärtlichster Teilnahme verborgen. Aber daß seine Zornausbrüche das Reformwerk gefährdeten, sah Ketteler selber ein, und er kämpfe gegen seinen Charakterfehler an. Dem geistlichen Vorsteher einer Anstalt seiner Diözese schrieb er: »Das ist die allerwichtigste Eigenschaft eines Vorstehers: unermeßliche Geduld und unerschütterliche Festigkeit. Den ersten Punkt fühle ich um so mehr, je mehr er mir selbst abgeht, und in Verbindung damit, je reicher ich in zunehmendem Alter an Erfahrung werde ... Selig die Sanftmütigen, denn sie allein setzen alles durch.« Domdekan Heinrich, ein vertrauter Freund Kettelers, versichert, Bischof Wilhelm Emmanuel habe in späteren Jahren »jene Milde des Charakters, nach der er allezeit gestrebt«, erlangt. »Ich weiß, wie sehr er sich Mühe gab, gerade jene Tugenden zu gewinnen, die seinem natürlichen Temperament am schwierigsten waren ..., wie sehr er sich in der Tugend der Geduld und Sanftmut übte ... Er hatte schwere Kreuze zu tragen, schwere Kämpfe, schwere Kränkungen an seiner Ehre zu erdulden ... Aber er hat es in der Geduld so weit gebracht, daß er zuletzt selbst das Härteste ... mit demütiger und ergebener Geduld ertrug.« Ein Pfarrer bezeugt: »Der Bischof war in den letzten Jahren von außerordentlicher Milde und Herablassung und hatte jenen stürmischen Eifer, den er in den ersten Jahren seines bischöflichen Amtes manchmal zeigte ... und wodurch hie und dort bisweilen unangenehme Auftritte hervorgerufen wurden, vollständig verloren.«

Auf dem ersten Katholikentag zu Mainz im Revolutionsjahre 1848 nahm am 4. Oktober auch Ketteler, damals noch Pastor von Hopsten, das Wort: »Eine Aufgabe für die nächste Zukunft rege ich in Ihrem Herzen nochmals an, die Aufgabe der Religion bezüglich der sozialen Verhältnisse. Die schwerste Frage, die bei allen gesetzlichen Bestimmungen, bei allen Staatsformen noch nicht gelöst ist, das ist die soziale Frage ... Es wird sich zeigen, daß der katholischen Kirche die endliche Lösung der sozialen Frage vorbehalten ist; denn der Staat, mag er Bestimmungen treffen, welche er will, hat dazu nicht die Kraft.« Das war Kettelers erstes öffentliches Wort zur sozialen Frage, die ihn fortan nicht mehr loslassen sollte.
Bereits im nächsten Monat, am 19. November 1848, begann Ketteler in Mainz eine Reihe von sechs Predigten über *Die großen sozialen Fragen der Gegenwart*. Darin heißt es zur Lage: »Das Volk und die Armen sind vielfach in die Reihen der Kirchenfeinde getreten ... Wird die Kirche dem hereinbrechenden Unglauben entgegen noch imstande sein, den alten Gottes- und Christusglauben unserer Väter aufrechtzuerhalten? ... Wird sie in der allgemeinen Not und Hilflosigkeit noch Rat, Hilfe und Trost zu erteilen wissen? Wir antworten furcht- und zweifellos: Ja!« Ketteler sagt, daß die Kirche gerade zur Lösung »der wichtigsten Frage der Gegenwart, der sozialen«, die Mittel besitzt, und zwar in ihrer Lehre, die turmhoch über den Zeitmeinungen steht. Er legt dann im Anschluß an Thomas von Aquin die kirchliche Lehre über das Eigentum dar: »Nimmermehr kann die Kirche dem Menschen das Recht zuerkennen, mit den Gütern der Welt nach Belieben zu schalten und zu walten, und wenn sie vom

Eigentum der Menschen spricht und es beschützt, so wird sie immer die drei (ihren Eigentumsbegriff wesentlich konstituierenden) Momente vor Augen haben: daß das wahre und volle Eigentumsrecht nur Gott zusteht, daß dem Menschen nur ein Nutzungsrecht eingeräumt worden und daß der Mensch verpflichtet ist, bei der Benutzung die von Gott gesetzte Ordnung anzuerkennen . . . Die falsche Lehre vom starren Rechte des Eigentums ist eine fortgesetzte Sünde wider die Natur, indem sie kein Unrecht darin sieht, *das* zur Befriedigung der ungemessensten Habsucht, der ausschweifendsten Sinnenlust zu verwenden, was Gott zur Nahrung und Bekleidung aller Menschen bestimmt hat; inden sie eine Gefühllosigkeit gegen das Elend der Menschen erzeugt, wie sie kaum unter Tieren sich vorfindet; indem sie einen fortgesetzten Diebstahl für Recht erklärt: denn nicht bloß der ist ein Dieb, der fremde Güter stiehlt, sondern auch der, der fremde Güter für sich zurückbehält. Der berüchtigte Ausspruch: ›Das Eigentum ist Diebstahl‹ enthält neben einer großen Lüge zugleich eine furchtbare Wahrheit.« Die Dinge zu ändern sei der Kommunismus nicht geeignet, denn er rufe einen Kampf aller gegen alle hervor. Auch der Staat sei nicht imstande, die Wohlfahrt der Menschheit zu begründen. Allein das Christentum befähige die Menschen, »die Wurzeln aller sozialen Übel, die Habgier und Selbstsucht, auszureißen.« Der christliche Glaube sei allen sozialen Theorien überlegen, vorausgesetzt, daß er nicht im Herzenskämmerlein bleibt, sondern sich weithin sichtbar der Welt manifestiert: »Dieser Glaube muß seine Wahrheit durch *Taten* beweisen! . . . Um die sozialen Übel zu heilen, genügt es nicht, daß wir einige Arme mehr speisen und kleiden und dem Armenvorstande einige Taler Geld mehr zusenden.« Ketteler fordert mehr als bloß karitative Tätigkeit: Er will eine Revolution der Gesellschaft, aber nicht von außen her durch Gewalt, sondern von innen her durch eine neue Gesinnung. Was Ketteler schon in Mainz erklärte, griff er noch einmal 1849 auf in einer Predigt in Berlin: »Es ist eine große Aufgabe der Zeit, die furchtbare Kluft zwischen arm und reich wieder auszufüllen, und wehe uns, wenn sie nicht ausgefüllt wird! Dann werden Jahre kommen, gegen die das Jahr 1848 nur ein Tand und Spielwerk war.

Diese Kluft kann aber nur *der* Geist wieder ausfüllen, der in der ersten Christengemeinde wirkte.«

Im Jahre 1864 erschien Kettelers Buch *Die Arbeiterfrage und das Christentum.* Es schildert die Lage des Arbeiterstandes und ihre Ursachen, kritisiert die Vorschläge, die von liberaler und radikaler Seite zur Lösung der sozialen Frage gemacht wurden, und zeigt im Christentum die Mittel, dem Arbeiter zu helfen. Durch gesperrten Druck hebt Ketteler folgenden Satz hervor: »Es ist keine Täuschung darüber mehr möglich, daß die ganze materielle Existenz fast des ganzen Arbeiterstandes, also des weitaus größten Teiles der Menschen in den modernen Staaten, die Existenz ihrer Familien, die tägliche Frage um das notwendige Brot für Mann, Frau und Kinder, allen Schwankungen des Marktes und des Warenpreises ausgesetzt ist. Ich kenne nichts Beklagenswerteres als diese Tatsache . . . Das ist der Sklavenmarkt unseres liberalen Europa.« Wieder kommt es Ketteler darauf an, zu zeigen, daß »alle Bestrebungen der Arbeiter eitel und vergeblich sind, wenn nicht Religion und Sittlichkeit ihre Grundlage bilden«.

Den gleichen Gedanken führte er aus in einer Rede vor 10000 Arbeitern auf der Liebfrauenheide bei Offenbach 1869: »Die unbedingte Freiheit auf allen Gebieten der Volkswirtschaft . . . hat den Arbeiterstand in eine ganz verzweifelte Lage gebracht. Durch Auflösung aller alten Verbindungen wurde der Arbeiter gänzlich isoliert und lediglich auf sich angewiesen. Jeder Arbeiter stand mit seiner Arbeitskraft, die sein ganzes Vermögen ausmacht, allein da. Ihm gegenüber aber stand die Geldmacht, welche in demselben Maße dem Arbeiter gefährlich wird, wie ihr Inhaber ohne Gewissen, ohne Religion ist und sie daher nur zur Befriedigung des Egoismus benutzt. Die Grundsätze der modernen Volkswirtschaft hatten die entgegengesetzte Wirkung bezüglich der Menschenkraft in dem Arbeiter und der Geldmacht des Kapitalisten. Der Arbeiter mit seiner Kraft wurde isoliert, die Geldmacht dagegen wurde zentralisiert . . . Die Arbeiter zu organisieren, um mit gemeinschaftlicher Anstrengung ihre Interessen und Rechte geltend zu machen, ist daher berechtigt und heilsam, ja notwendig, wenn der Arbeiterstand nicht ganz erdrückt werden soll von der Macht des zentralisierten Geldes ... Die Arbeiter haben Führer nötig ... Wer gibt ihnen die Garantie, daß diese Führer nicht Verführer und Betrüger werden, wenn sie keine Religion haben? Diese Führer reden ständig davon, wie die großen Kapitalisten oft den Arbeiterstand für ihren Egoismus unbarmherzig ausbeuten. Aber diese Arbeiterführer sind selbst Menschen mit derselben Natur, wie die Kapitalisten sie haben. Wenn ein Mensch, der die Macht des Kapitals zu seiner Verfügung hat, seine Arbeiter rücksichtslos zu seinem Vorteile ausnützt, sofern er ohne Religion und ohne Gott ist – wer gibt diesen Arbeitern die Gewißheit, daß nicht auch ein sogenannter Volksfreund sie ebenso ausbeuten werde lediglich zu seinem Interesse, wenn er ein gewissenloser, ein gottloser, ein religionsloser Mensch ist? Gerade wie die Geldmacht sie ausgebeutet hat, so werden solche Volkführer sie ausbeuten ... Ihr seht ja, wie immer wieder unter diesen Männern, die sich an die Spitze der Arbeiterbewegung stellen, die heftigsten Kämpfe ausbrechen, ... wie sich dann diese Männer gegenseitig all die Selbstsucht vorwerfen, die sie noch eben den Kapitalisten vorgeworfen haben. Das kann auch nicht ausbleiben. Ohne Religion verfallen wir alle dem Egoismus, wir mögen Kapitalisten oder Arbeiter sein, und beuten unsere Nebenmenschen aus, sobald wir die Macht dazu haben.« Ketteler bejaht den Streik als ein Mittel, Lohnerhöhung durchzusetzen. Er macht aber den Arbeitern klar, daß die Lohnerhöhung ihre Grenze an der Rentabilität des Unternehmens hat und daß der höchste Lohn keinen höheren Lebensstandard gewährleistet, wenn er in Wirtshäusern durchgebracht wird. Für den an mechanische Fabrikarbeit gebundenen Menschen sei die Versuchung, nach saurer Arbeit eine Entschädigung in Ausschweifungen zu suchen, besonders groß. Nur eine hohe sittliche Kraft befähige den Arbeiter, mäßig und sparsam zu bleiben, und nur die Religion vermöge diese sittliche Kraft einzuflößen. »Nicht der Kampf zwischen dem Arbeitgeber und dem Arbeiter muß das Ziel sein, sondern ein rechtmäßiger Friede zwischen beiden. Die Gottlosigkeit des Kapitals, das den Arbeiter als Arbeitskraft und Maschine bis zur Zerstörung ausnützt, muß gebrochen werden. Sie ist ein Verbrechen am Arbeiterstande ... Die Geldmacht ohne Religion ist vom Bösen, aber auch die Arbeitermacht ohne Religion. Beide führen zum Verderben.«

Noch in seinem Todesjahr wies Ketteler in einem Hirtenbrief darauf hin, daß die Arbeiterklasse ihre Ziele nicht ohne die Religion erreichen könne: »Die unselige Verirrung unserer Zeit ist die, daß man sich dem Wahne hingibt, die Menschen ohne Religion und Christentum glücklich machen zu können. Es gibt Wahrheiten, die wie Glieder einer Kette zusammenhängen und deshalb nicht auseinandergerissen werden können, weil Gott sie verbunden hat. Dazu gehören folgende: Es gibt für uns keine wahre Sittlichkeit ohne Gott, keine rechte Gotteserkenntnis ohne Christus, keinen wahren Christus ohne Kirche. Wo die Kirche fehlt, geht die wahre Erkenntnis Christi verloren. Wo Christus fehlt, geht die wahre Erkenntnis Gottes verloren. Wo die wahre Erkenntnis Gottes fehlt, geht die Sittlichkeit zugrunde. Wo aber die Sittlichkeit fehlt, da gibt es überhaupt kein Mittel, wahres Menschenwohl zu befördern; da gibt es auch kein Mittel, das Volk wohlhabend zu machen. Da werden die Menschen von den Leidenschaften beherrscht; da werden Habgier und Sinnlichkeit die Tyrannen, die alles knechten; da werden im Dienste dieser Tyrannen bald die Mächtigen die Schwachen unterdrükken, bald die Schwachen sich gegen die Mächtigen erheben und, wenn sie siegen, denselben Tyrannen ihrer Leidenschaften dienen; da wird Kampf ohne Ende zwischen reich und arm fortbestehen; da ist der Friede auf Erden unter ihnen unmöglich. So innig und untrennbar hängt der Wohlstand des Volkes mit der Religion und Sittlichkeit zusammen.«

Doch schon 1865 sagte Ketteler in einer Predigt: »Religion und Sittlichkeit *allein* reichen *nicht* aus, um die Arbeiterfrage zu lösen. Gewiß, der Staat muß mithelfen, die Kirche muß helfen, die Gemeinde muß helfen, alles muß die Hand dazu reichen, um *den* Stand vor dem Verderben zu schützen, vor dem der Zahl nach alle anderen Stände zusammengenommen beinahe verschwinden und der durch seine Bedeutung in der Gesellschaft jedem anderen Stande völlig gleichkommt. Für den Staat, für die ganze Gesellschaft kann es in unseren Tagen kaum ein höheres Interesse geben, als den Arbeiterstand vor dem Verderben zu bewahren.« Kettelers Gedanken über die soziale Frage haben sich seit 1848 von der Ablehnung der Staatshilfe entwickelt bis zu einem Ja zur Staatshilfe. Wohl hält er nach wie vor daran fest, daß die Arbeiterfrage ohne Religion und Sittlichkeit nicht zu lösen ist.. Aber er sieht jetzt auch, daß für Religion und Sittlichkeit im Arbeiterstand erst einmal die Voraussetzungen geschaffen werden müssen. Ein Verhungernder schreit nicht nach dem eucharistischen Brot, sondern nach dem irdischen Brot. Der Mensch braucht ein Mindestmaß an materiellen Gütern, um sittlich leben zu können. In Elendsquartieren häufen sich die Gelegenheiten zu schweren Sünden. In seinem Bericht über die *Fürsorge der Kirche für die Fabrikarbeiter* für die Fuldaer Bischofskonferenz 1869 legt Ketteler dar, daß ein elendes Proletariat »für die Gnaden des Christentums, solange sie nur auf dem Wege der gewöhnlichen Pastoration geboten werden, im großen und ganzen vollkommen unempfänglich und unzugänglich ist . . . Es müssen zuerst Einrichtungen zur Humanisierung dieser verwilderten Massen geschaffen werden, bevor man an deren Christianisierung denken kann.« Ketteler machte in seinem Fuldaer Bericht wie in seiner Rede auf der Liebfrauenheide konkrete Vorschläge: Er bejahte Gewerkschaften, Arbeiterorganisationen, Volksbanken, Produktivgenossenschaften. Er forderte von den Arbeitgebern, die Kinderarbeit abzuschaffen, die Frauenarbeit einzuschränken, die Sonntagsruhe einzuhalten und die Arbeitszeit zu verkürzen. Er setzte sich ein für den Bau von Arbeiterwohnungen, zu denen nach Möglichkeit ein Garten gehören sollte. Er machte Vorschläge zur Versorgung der Arbeitsunfähigen und Kranken. Bei alledem schwebte ihm das Wohl der Arbeiter*familie* vor, denn nur in einem gesunden Familienleben können Sittlichkeit und Religion gedeihen. In seinem »politischen Programm« von 1873 verlangte er unter anderem: »Einführung der Börsensteuer, der Einkommensteuer für Gründungs- und Aktiengesellschaften, korporative Reorganisation des Arbeiterstandes und des Handwerkerstandes, gesetzlichen Schutz der Arbeiterkinder und Arbeiterfrauen gegen die Ausbeutung der Geldmacht, Aufstellung von Inspektoren zur Kontrolle der zum Schutz des Arbeiterstandes erlassenen Gesetze.« Die Reaktion der Börsenkreise und der Nationalliberalen auf Kettelers Programm war entsprechend heftig. Unter den maßlosen Beschimpfungen war diese aus der »Nationalzeitung« noch die mildeste: »Bischof Ketteler ist nicht ein Politiker, sondern ein ganz gewöhnlicher Demagoge, schlimmer und gefährlicher als Lassalle.«

Daß man den katholischen Bischof mit dem sozialistischen Agitator Lassalle in eine Linie stellte, war nicht ganz ohne Grund. Kettelers Kritik richtete sich weniger gegen den radikalen Sozialismus, sondern viel stärker gegen den Liberalismus. Im Liberalismus sah er den Quell allen Übels in der Gesellschaft, den Vater auch des Sozialismus, der die liberalistischen Thesen konsequent zu Ende dachte und nun gegen den Liberalismus anwendet. Ketteler »schonte die Radikalen ebenso geflissentlich, wie er die Liberalen geflissentlich bei jeder Gelegenheit angriff« (F. Vigener). Lassalle, der Begründer der sozialistischen Arbeiterbewegung in Deutschland, scheint trotz seines Religionshasses und seiner sittlichen Verirrungen dem Bischof nicht unsympathisch gewesen zu sein. »Das Hauptverdienst und die eigentliche Bedeutung des genialen Mannes hat Ketteler darin erkannt, daß er ›mit unerbittlicher Schärfe und Wahrheit‹ den Nachweis des grausamen Gesetzes erbracht hat, wonach der Arbeiterstand großenteils mit seiner ganzen Existenz auf die tägliche nackte Lebensnotdurft beschränkt war« (O. Pfülf). Dieses »eherne Lohngesetz«, daß der Arbeiterlohn nur zum Existenzminimum des jeweiligen Tages ausreichte, hat Ketteler von Lassalle übernommen, ferner die Ansicht, daß die Arbeiterfrage »eine Arbeiter-Ernährungsfrage« ist und daß die Lage des vierten Standes durch die volkswirtschaftlichen Grundsätze des Liberalismus verschuldet wurde. Das Wort »Klassenbewußtsein«, das Lassalle und die Führer der Arbeiterbewegung so gern verwendeten, vernahm Ketteler, wie er schrieb, »immer nur mit innerer Befriedigung«. Wie Lassalle erblickte Ketteler das Heil in Produktivgenossenschaften, versuchte selbst, solche zu gründen, und trat deshalb in Briefwechsel mit Lassalle. Der Sozialist sah manche seiner Ideen in Kettelers Buch *Die Arbeiterfrage* bestätigt und las auf einer Versammlung der Radikalen verschiedene Stellen aus dem Werk des Bischofs vor. Ein Ohrenzeuge schreibt: »Er war dabei ganz in Ekstase. Das Publikum zollte anhaltenden Beifall.« Noch lange nach dem Tode Lassalles urteilte Ketteler über ihn: »Das Bemühen, die trostlose Lage zu verbessern, in welche die Grundsätze der modernen Volkswirtschaft den Arbeiter gebracht haben, . . . ist gewiß nicht im Widerspruch mit dem Geist des Christentums, sondern ihm vollkommen entsprechend. Überdies sind die Ansichten Lassalles in ihrem Urteil über jene Volkswirtschaftslehren, die nur den Geldmännern zum Nutzen sind, wohlbegründet, und auch in ihrem positiven Teile enthalten sie ohne Zweifel viel Wahres.«

Ketteler war nicht der erste unter den deutschen Katholiken, der die Arbeiterfrage erörterte. Auch hatten seine Reden vom Jahre 1848 noch nicht eigentlich sozialpolitischen, sondern ethisch-religiösen Charakter. Erst in den sechziger Jahren begann Kettelers soziales Denken sich in Richtung auf eine Sozialpolitik zu entwickeln, blieb aber ohne besondere Originalität. Diese Feststellungen lassen die überragende Bedeutung Kettelers unberührt. Sie liegt in der Tatsache, daß er als *Bischof* seine mächtige Stimme zugunsten des Proletariats erhob, längst ehe Industrialisierung und Arbeiterelend in Deutschland ihren Höhepunkt erreichten. Seine Stellung und sein Charakter waren es, die seinen Worten zur sozialen Frage lauten Widerhall verschafften. Ketteler schärfte das soziale Gewissen der deutschen Katholiken und regte sie an, sich eingehender mit der Arbeiterfrage zu beschäftigen.

Im Jahre 1877, vier Monate vor Kettelers Tod, legte sein Neffe Graf Galen dem Reichstag die Grundzüge zu einem eingreifenden Arbeiterschutzgesetze vor. »Es war der erste sozialpolitische Antrag, der beim Reichstage eingereicht wurde, das Zentrum die erste von allen Parteien, welche die Inangriffnahme des Arbeiterschutzes beantragte« (F. Greiffenrath). Damals wurde der Antrag von den liberalen Parteien mit Hohn abgelehnt. Doch war die Bewegung nicht aufzuhalten. Der Ruhm, dem Arbeiterschutzgesetze zum Siege verholfen zu haben, gehört den katholischen Reichstagsabgeordneten. Kettelers Anteil an der Arbeiterschutzgesetzgebung ist unbestritten. Mit Recht konnte 1893 der

Zentrumsabgeordnete Franz Hitze vor dem Reichstag erklären, nachdem die Invaliditäts- und Altersversicherung eingeführt und die Arbeiterschutznovelle vom Parlament angenommen war: »Ich bekenne mich heute noch vollständig zu den Anschauungen, wie sie Bischof von Ketteler vertreten hat. Wir werden immer auf diese große Sozialpolitik zurückkommen. Wir werden immer Ketteler als denjenigen bezeichnen, den man noch zu seinen Lebzeiten als ›christlichen Kommunisten‹ bezeichnet hat. Er legte den Grundstein zu jener katholischen sozialen Lebensreform, ohne die unsere heutige Gesetzgebung nicht denkbar wäre.« Auch Papst Leo XIII., der 1891 mit seiner Enzyklika *Rerum novarum* die Entproletarisierung des Proletariats forderte, rühmte die Verdienste Kettelers mit Worten hoher Anerkennung, gestand, daß er dankbar seinen Spuren gefolgt sei und nannte ihn seinen »großen Vorgänger«. »Ketteler erkannte, daß die Lösung des Fabrikproblems nicht durch eine Wiederbelebung der alten Standes- und Gesellschaftsordnung zu finden sei, sondern neuer Formen und Verbände bedürfe; ferner, daß zur Erreichung dieses Zieles nicht nur der moralische Appell an den einzelnen, sondern auch die tatkräftige Hilfe des Staates nötig sei, und daß der Staat als Hüter des Gemeinwohls sich dieser Aufgabe nicht entziehen dürfe« (P. Jostock). Durch die erste Erkenntnis unterschied sich Ketteler von der christlich-sozialen Bewegung vor ihm, die konservativ an den verklärten Bildern der alten Zeit hing; durch die zweite Erkenntnis unterschied er sich von den Liberalisten, die von einer Einmischung des Staates in soziale und wirtschaftliche Fragen nichts wissen wollten. »Mag Ketteler in den Einzelheiten auch nicht Pfadfinder absolut neuer Ideen sein, zweifelsohne hat er sich aber als Bahnbrecher und Verwerter allerersten Ranges erwiesen, da er die Synthese von sozialen Lebensforderungen im höchsten Dienste geistig-sittlicher Werte in den Vordergrund gestellt und ethisch begründet hat« (L. Lenhart).

Das Wort »Kirchenpolitik« hat für viele einen unangenehmen Klang. Gegner der Kirche verbinden mit ihm massive Vorstellungen von »klerikalem Machthunger«, während manche gute

Christen das Gefühl haben, kirchenpolitische Tätigkeit entspreche nicht dem Wesen und der Aufgabe der Kirche. Den spiritualistisch gesinnten Christen ist zu sagen, daß die Kirche dem Befehle Christi entsprechend ihre Zelte nicht auf dem Berge Tabor aufschlägt, sondern mitten in den Niederungen dieser Menschenerde; den Kirchengegnern, daß die immer wieder aufgestellte Behauptung, die Kirche strebe nach Macht, ganz und gar stimmt. Natürlich strebt die Kirche nach Macht! Dazu ist sie ja da, das ist ihre Aufgabe: in den Seelen zu herrschen.

Aber Christi Reich ist nicht von dieser Welt. Seine Stärke beruht nicht auf Düsenbombern und Atomwaffen, und nur ein Stalin, der nichts vom Wesen der Kirche ahnt, vermag höhnisch zu fragen: »Der Papst? Wieviel Divisionen hat denn *der*?« – während noch ein Napoleon wußte, daß man in den Machtkämpfen der Welt auch mit der rein geistigen Macht der Kirche rechnen muß, und seinen Gesandten in Rom anwies: »Behandeln Sie den Papst wie eine Macht, die 200000 Bajonette hinter sich hat!« Solange die Kirche als eine geistige Macht besteht und solange es Staaten gibt, welche diese geistige Macht sich dienstbar machen oder einschränken oder völlig vernichten wollen, so lange gibt es auch notwendig eine Kirchenpolitik.

Christi Reich ist nicht von dieser Welt, aber es ist *in* dieser Welt. Die Kirche braucht Menschen, die ihre Mysterien feiern, ihre Sakramente spenden und ihre Lehre verkünden, und sie braucht Häuser, in denen ihre Mysterien gefeiert, ihre Sakramente gespendet und ihre Lehre verkündet wird. Ihre Diener sind aber zugleich Bürger weltlicher Staaten, und ihre Häuser stehen auf dem Boden staatlicher Territorien. Solange die Kirche als eine sichtbare Körperschaft besteht, so lange sind zwischen ihr und den Staaten Konflikte möglich, und so lange gibt es auch notwendig eine Kirchenpolitik.

Die Kirchenpolitik ist so alt wie die Kirche selbst. Sie versucht, bald in Zusammenarbeit, bald in Auseinandersetzung mit dem Staat, die äußeren Voraussetzungen dafür zu schaffen oder zu erhalten, daß die Kirche ihre religiöse und erzieherische Aufgabe in Freiheit leisten und der Christ ungehindert ein christliches Leben führen kann. Das einzige Motiv der Kirchenpolitik ist also die Seelsorge. Wie töricht ist es, den »politischen Katholizismus« anzugreifen und zu fordern, die Kirche solle sich auf ihre seelsorglichen Aufgaben beschränken! Der sogenannte »politische Katholizismus« will ja nichts anderes, als der Seelsorge den notwendigen Raum verschaffen oder erhalten.

Für Ketteler trafen alle Umstände zusammen, die geeignet sind, einen großen Kirchenpolitiker zu machen. Er war zutiefst ein Seelsorger, und der Eifer für die Seelen, der ihn zu einem geistigen Wegweiser in den sozialen Kämpfen werden ließ, trieb ihn auch auf das Feld der politischen Auseinandersetzungen. Er hatte von Natur einen starken Gerechtigkeitssinn, verbunden mit einem unerschütterlichen Kampfgeist, zugleich aber auch »jene Unbefangenheit und Freiheit des Abwägens, welche die eigentliche Substanz des Politischen ausmacht« (Th. Bauer). Er lebte in einer Zeit, in der die Kirche ihre äußeren Grundlagen bedroht sah wie nie zuvor, in der ihr aber zugleich die heraufkommende Demokratie neue Möglichkeiten der Kirchenpolitik bot. Das Kölner Ereignis von 1837 hatte die deutschen Katholiken und auch Ketteler zu politischem Selbstbewußtsein erweckt. Die Revolution und das Frankfurter Parlament des Jahres 1848 boten den deutschen Katholiken und auch Ketteler die Gelegenheit, diesem politischen Selbstbewußtsein nach außen Geltung zu verschaffen. Man war der Meinung, das Freiheitsjahr müsse auch für die Kirche die Freiheit bringen.

Daß Ketteler als Abgeordneter in die Frankfurter Nationalversammlung gewählt wurde, geschah gegen seinen Wunsch, doch er folgte dem Auftrag, und zwar als Seelsorger: »Nur ein kirchliches Interesse konnte mich bestimmen, die Wahl anzunehmen . . . Unter Kirche verstehe ich nur die Anstalt zur Erlösung und Beseligung der Menschen, und das kirchliche Interesse, das ich hier (in Frankfurt) verfolgen wollte, ist die Freiheit der Kirche, um ihr die Mitteilung der ihr anvertrauten geistlichen Güter möglich zu machen. Nicht für mich wollte ich diese Freiheit der Kirche, sondern für das Volk, das seinen Glauben behalten will. Ich konnte in dieser Absicht um so unbedenklicher das Mandat annehmen, weil ich dieselbe Freiheit für alle Konfessionen fordern wollte.« In der Paulskirche nahm Ketteler seinen Platz anfangs auf der äußersten Linken. Ein Augenzeuge schildert ihn als »eine hohe, mächtige Gestalt, mit scharfgeschnittenem Gesicht, auf dem sich furchtloser Tatendrang ausspricht«. Bald aber wechselte Ketteler zur Rechten über, als er gewahrte, daß die großspurig redenden Freiheitsmänner drauf und dran waren, eine Tyrannei aufzurichten, die schlimmer war als die der absolutistischen Fürsten. Damals notierte er: »Das Volk hat nicht gekämpft, um im Namen der Volkssouveränität geknechtet zu werden, sondern um unmittelbarer sich selbst zu bestimmen.« Als Ketteler am 18. September 1848 in einer Rede vor dem Parlament die Schulfreiheit forderte, begründete er seine Forderung mit dem Elternrecht und mit der Selbstverwaltung der Gemeinden. Die Wirkung dieser Rede blieb beschränkt, da alles unter dem Eindruck der Revolte stand, bei der an jenem Tage zwei prominente Abgeordnete niedergemetzelt wurden. Um so mächtiger zündete die Rede, die Ketteler am Grabe dieser Opfer hielt. Sie wandte sich rasch von den Toten zu den Lebenden und wurde zu einem mutigen politischen Wort gegen die radikalen und liberalistischen Hintermänner der Mörder. Ihr Schwerpunkt lag in der Feststellung, daß die Ideale Freiheit, Einheit und Humanität nicht ohne, sondern nur mit Christus verwirklicht werden können.

Der erste kirchenpolitische Kampf Kettelers richtete sich gegen das Staatskirchentum. Bereits als Propst in Berlin bekam Ketteler einen Vorgeschmack davon, was es bedeutet, wenn ein bürokratischer Staat es sich herausnimmt, die Kirche selbst zu regieren wie irgendeinen anderen Zweig der Verwaltung. Von seinem Bischof, dem Kardinal Diepenbrock, verlangte Ketteler die Aufhebung des staatlichen Statuts für St. Hedwig. Er schrieb, er wolle sich nicht »an dem Verbrechen beteiligen, eine Vollmacht des Staates in Dingen anzuerkennen, die vermöge göttlichen Rechtes der Kirche übertragen sind«.

Schlimm lagen die Dinge in Hessen-Darmstadt. Ketteler schreibt darüber: »Ich fand, als ich Bischof wurde, hier einen Zustand einer durch Verordnungen geschaffenen Bevormundung der Kirche, wie er – abgesehen von der oberrheinischen Kirchenprovinz – wohl in keinem anderen Lande der Welt in solcher Ausdehnung vorhanden war ... Eine der landesherrlichen Verordnungen war ein förmliches Organisations-Edikt mit allen Detailbestimmungen, wie für eine weltliche Behörde, für den Bischof, Domkapitel, Dekane usw. Eine andere übertrug ohne weiteres die Besetzung sämtlicher Stellen auf den Landesherrn ... Eine andere wieder enthielt die Organisation der Kirchenvorstände ..., wodurch eigentlich jedes Recht der Bischöfe auf die Kirchenvorstände vernichtet wird. Eine andere ... bestimmt die Verwaltung des gesamten Kirchenvermögens und des gesamten Kirchenbauwesens, wodurch die oberste Entscheidung in die Hände des Ministers gelegt wird, so daß ... der Bischof nur als eine dem Ministerium untergeordnete Mittelbehörde erscheint.«

Ketteler schrieb eine Denkschrift für das hessische Ministerium, in der er forderte, »daß die Kirche alle ihre Angelegenheiten selbständig ordnen und verwalten dürfe und nur den allgemeinen Gesetzen unterworfen werde.« Nach langwierigen Verhandlungen gelang es ihm, in einer Übereinkunft mit dem hessischen Staat wichtige bischöfliche Rechte anerkannt zu bekommen.

Ketteler hat nicht nur die Gegner der Kirche klug und entschieden in ihre Schranken gewiesen, sondern auch wesentlich dazu beigetragen, die deutschen Katholiken politisch zu aktivieren. Er rief sie auf, sich an den Wahlen zu beteiligen, in den parlamentarischen Gremien mitzuarbeiten und sich zu organisieren, »damit wir in Deutschland auch einen katholischen Volkswillen, eine katholische öffentliche Meinung erlangen. Diese fehlt uns, und deshalb ist das katholische Interesse ohne die ihm gebührende Vertretung auf allen Landes- und Nationalversammlungen.« Wie kein anderer Bischof jener Zeit erkannte Ketteler die Wichtigkeit der Presse. Er war unermüdlich im Verfassen und Herausgeben aktueller Druckschriften, die volkstümlich und klar geschrieben waren, oft viele Auflagen erreichten und zu einer wichtigen Waffe im Geisteskampf wurden. Gelegentlich schrieb er auch Artikel für die Tagespresse. Er sagte, wenn der heilige Paulus heute lebte, würde er sicher eine Zeitung herausgeben. Um die katholischen Journalisten zu einer geistigen Macht zusammenzuschließen, »um Einheit und Kraft in die katholische Tagespresse zu bringen«, schrieb der Bischof sein Buch *Freiheit, Autorität und Kirche,* das 1862 erschien. Darin unterzog er die Schlagworte und Phrasen der Zeit einer kritischen Prüfung. Vor allem untersuchte er, was es mit der »Freiheit« auf sich habe, für welche die Liberalisten zu kämpfen vorgeben. Der Bischof erklärt, auch er sei für Freiheit, auch er hasse Tyrannei. Doch sei die Freiheit bei den Liberalisten am wenigsten gewährleistet. Die zwei politischen Heerlager der Gegenwart seien nicht »Konservative« und »Liberale« – diese Namen seien nur vieldeutige Schlagworte. Man müsse vielmehr unterscheiden zwischen jenen, die eine zentralistische Staatsallmacht wollen, mag sie nun in monarchistischen, bürokratischen, konstitutionellen oder demokratischen Staaten herrschen, und jenen, die glauben, daß es dem Volke überlassen bleiben muß, »das, was es selbst tun kann, in seinem Haus, in seiner Gemeinde, in seiner Heimat, auch selbst zu besorgen und zu vollbringen«. Ketteler läßt keinen Zweifel darüber, daß er zur letzteren Partei gehört. Schonungslos entlarvt er den Liberalismus, der zwar viel von Freiheit und von den Rechten des Volkes *spricht,* aber das gerade Gegenteil *tut.* »Der moderne Liberalismus ist Absolutismus unter dem Scheine der Freiheit, . . . intolerante, rücksichtslose Zentralisation, Allgewalt des Staates auf Kosten der individuellen und korporativen Freiheit.«

Ketteler äußerte sich nicht allein über kirchenpolitische Fragen, über das Verhältnis von Staat und Kirche, sondern auch über Fragen der internationalen Politik, über das Verhältnis der Politik zur Sittlichkeit und zur Religion. Das geschah besonders in seinem Buch *Deutschland nach dem Kriege von 1866.* Diese Schrift, »die bedeutendste in der Reihe der Veröffentlichungen Kettelers« (F. Vigener), beginnt mit einer Betrachtung und Beurteilung der jüngsten geschichtlichen Ereignisse, um dann grundsätzliche Fragen zu beantworten. Die Erörterungen Kettelers sind von einer solchen Klarheit und Zeitüberlegenheit, daß die Schrift über den unmittelbaren Anlaß hinaus gültig bleibt.
Ketteler deutet den Krieg von 1866 als »ein Symptom jener Krankheit, an der das ganze europäische moderne Staatswesen

durch seine falschen Staatsdoktrinen darniederliegt«. Er macht auf die »bedenkliche Erscheinung« aufmerksam, »daß die Regierungen nur durch eine glänzende äußere Politik, nur durch Siege und Ruhm die inneren Schäden, an denen sie leiden, die Krankheiten ihrer inneren Zustände zudecken können«. Ein ganzes Kapitel widmet Ketteler dem Borussianismus, in dem er eine Ursache des Krieges gegen Österreich sah. »Unter Borussianismus verstehen wir eine fixe Idee über den Beruf Preußens«, die Vorstellung einer dem preußischen Staate gestellten Weltaufgabe, die sich mit Naturnotwendigkeit vollziehen müsse und der man sich nicht im Namen des Rechtes oder der Geschichte entgegenstellen dürfe. Da diese Idee auf eine beliebige Ausdehnung der preußischen Macht hinausläuft, sieht Ketteler in ihr »Gefahren für den Frieden Europas«: »Sie ist ihrer ganzen Natur nach aggressiv gegen alles, was sich diesem naturnotwendigen Berufe entgegenstellt. Diese Kriegserklärung ist aber um so gefährlicher, weil der Inhalt dieses Berufes ganz willkürlich ist ... Wo ist bei solcher Willkür noch eine Grenze? Solchen Theorien gegenüber ist kein Recht und kein Staat mehr gesichert. Warum soll dieser naturnotwendige Gedanke am Main stehenbleiben, warum an der Donau? Diese Anschauungen sind aber auch überaus gefährlich für Preußen. Wenngleich das Bemühen, einen beliebigen doktrinären Parteigedanken als die geschichtliche Notwendigkeit eines Landes mit dem absoluten Rechte der Angliederung hinzustellen und dadurch jede Rechtsverletzung zu sanktionieren, in dieser Art noch nicht dagewesen ist, so finden sich doch Anklänge dazu in anderen Ländern reichlich vor. Nicht Preußen allein ist in der Welt; es gibt auch noch andere Völker mit Selbstbewußtsein. Wer will es ihnen wehren, daß auch sie unter einem anderen Namen eine gleiche Theorie ausbilden?« Und nun folgen die wichtigsten Sätze des Buches: »Wenn man für den Verkehr der Völker und Staaten einen Ausnahmemaßstab anlegt, als ob hierfür andere Gesetze bestünden als die der gewöhnlichen Sittlichkeit und des gewöhnlichen Rechtes; wenn man sich der Täuschung hingibt, daß in der höheren Politik recht, gut, ja notwendig sein könne, was im Privatleben schlecht, unrecht und verwerflich ist; wenn man, mit einem Worte, von den Geboten

Gottes absieht und für so hohe Dinge andere Gebote, die gewissermaßen höher liegen sollen, aufstellt – so müssen solche Folgen notwendig eintreten. Dadurch verfällt die hohe Politik sofort der Menschenwillkür, sie wird . . . eine Politik, bei welcher der Egoismus das einzige maßgebende Gesetz ist. Sie wählt sich dann beliebige Ziele, die von der göttlichen Ordnung abweichen, und sie verfolgt diese Ziele mit allen Mitteln nach dem Grundsatz: Der Zweck heiligt die Mittel . . . Dieser Grundsatz herrscht in jenem von der Religion abgetrennten Völkerrechte. Die Beziehungen der Völker ruhen wesentlich auf denselben Grundlagen wie die Beziehungen der einzelnen Menschen untereinander, auf der Verwirklichung des Gebotes: Was du nicht willst, daß dir geschehe, das tue auch einem anderen nicht . . . Ein Völkerrecht ohne Gottesrecht ist ein permanenter Kriegszustand oder nur eine Waffenruhe, die dem Kriege aller gegen alle vorausgeht. Dem Prinzip nach ist es Krieg, weil es kein Moment in sich trägt, das in seiner Ausgestaltung Frieden unter den Völkern gründen könnte . . . Das ist die ›Politik der Interessen‹ statt jener der Gerechtigkeit.«

Ketteler blickte erstaunlich weit in die Zukunft. »In der Bismarckschen Lösung der deutschen Frage sah er, mit einer wahrhaft prophetischen Gabe, den Grund unsagbaren Elends und Unheils für Deutschland und für Europa« (E. Deuerlein). Dabei steigt er in eine Höhe der Betrachtung, von der er *mehr* überschaut als nur Mitteleuropa und nur das neunzehnte Jahrhundert. Er findet Worte von apokalyptischer Wucht, wenn er in prophetischer Vision den totalitären Staat kommen sieht: »Es steht am Himmel ein finsteres Gestirn . . .: die Vergötterung der Menschheit in der Form des Gott-Staates . . . Auf den Versuch des einzelnen Menschen, sich über Gott zu erheben, folgt der Versuch, die Menschheit über Gott zu erheben . . . Nach so vielen Anzeichen der Zeit können wir wohl annehmen, daß wir in dieser Entwicklung begriffen sind, ja daß dies der tiefste Grund vieler Erscheinungen der Gegenwart ist . . . Für diesen Versuch, die Menschheit zu vergöttern, ist keine andere Form zu finden als die des Staates – und zahllose Richtungen der Zeit laufen, wie viele kleine Bäche, in diesen einen Strom zusammen: der Gott-

Staat, der Staat ohne Gott, der Staat als die Darstellung des reinen Menschentums und als seine höchste Verwirklichung und Verherrlichung. Das ist das Wesen des modernen Staates. Die letzte und höchste Empörung, zu der es folglich die Menschen treiben können gegen Gott, ehe alle, die daran Anteil nehmen, in den ewigen Abgrund stürzen, sucht sich in diesem Gott-Staate zu verwirklichen ... Das schwarze Gestirn ist schon lange aufgegangen in der Idee des absoluten Staates. Es scheint in diesem Augenblick etwas zu sinken, es kann aber durch Weltereignisse sich plötzlich wieder furchtbar erheben und eine große Macht auf einige Zeit gewinnen ... Sollte dies eintreten, so wäre das ein Zeichen, daß jene Zeiten furchtbarer zerstörender Kämpfe nahen, von denen die heiligen Schriften reden.«

Doch dieser dunkle Ausblick auf den gottlosen und menschenverachtenden totalitären Staat, wie er später im Bolschewismus und im Nationalsozialismus Gestalt gewann, dieser Kassandraruf ist nicht Kettelers letztes Wort: »Wir huldigen nicht jener finsteren Weltanschauung, die bei jedem ungerechten Ereignisse sofort nur an die strafende Gerechtigkeit Gottes denkt ... Wir wollen nicht mürrisch, wehklagend und träge den Zeitereignissen gegenüberstehen. Mag eine Zulassung Gottes noch so schmerzlich sein, sie ist in seiner Absicht heilsam ... Mit dieser freudigen Zuversicht sollen wir Christen allen Neugestaltungen in der Welt mutig entgegensehen. Dadurch werden wir vor jenem Pessimismus bewahrt, vor jener traurigen und jede gute Tatkraft lähmenden Weltanschauung, die immer glaubt, es sei mit der Welt zu Ende, wenn Gott sie nicht nach unseren kurzsichtigen menschlichen Ansichten leitet.«

Mit Recht hat man von Ketteler gesagt: »Seine ›Idee‹ vom Staat ... ist nicht Theorie und Doktrin, sondern lebendige Anschauung im Blick auf reale politische Kräfte, Tendenzen, Aufgaben und Gestaltungsmöglichkeiten« (Th. Bauer). So kann es nicht überraschen, daß sich Ketteler, trotz seiner großdeutschen Gesinnung und trotz seiner Kritik an Preußen, in seiner Schrift *Deutschland nach dem Kriege von 1866* auf den Boden der neugeschaffenen Tatsachen stellt und den kleindeutschen Bundesstaat unter Preußens Führung anerkennt. Viele haben ihm das damals übelgenommen. Doch hat Ketteler mit seiner Haltung einen hohen Grad von Klugheit bewiesen, genauer gesagt: von jener Tugend, die Thomas von Aquin *sollertia*, Josef Pieper »Wendigkeit und Sachlichkeit im Unvermuteten« nennt, und deren gerade der Staatsmann bedarf. Daß Ketteler keine Windfahne war, sondern sich mit aller Macht gegen eine Entwicklung stemmte, die er für verhängnisvoll hielt, solange noch Hoffnung bestand, die Dinge aufzuhalten; daß er neben der wünschenswerten Wendigkeit der Anpassung auch die notwendige Tapferkeit des Widerstandes besaß, das bewies er während der beiden Ereignisse, welche seine letzten Lebensjahre ausfüllten: auf dem Vatikanischen Konzil und im Kulturkampf.

Ein dogmenloses Christentum ist ebenso unmöglich wie eine dogmenlose Weltanschauung. Selbst der Liberalismus, der schärfte Gegner dogmatischer Bindungen, hat seine Dogmen, deren wichtigstes lautet: Die Freiheit des Menschen ist auf keinem Gebiete einer gottgesetzten Autorität unterworfen. Kein Wunder, daß sich in liberalistischen Kreisen ein Sturm der Entrüstung erhob, als verlautete, Pius IX. wolle die Bischöfe des Erdkreises zu einem Konzil nach Rom einladen und die Lehre von der Unfehlbarkeit des Papstes als Dogma verkünden. Eine feierliche Proklamation der päpstlichen Autorität stand in schroffstem Gegensatz zum liberalistischen Zeitgeist und mußte als eine Herausforderung empfunden werden. Professoren hielten Reden über die Bedrohung der freien Wissenschaft, Politiker erklärten, ein unfehlbarer Papst sei staatsgefährlich, und die Presse verkündete laut, die Freiheit des Geistes sei in Gefahr.
In dieser Lage veröffentlichte Ketteler seine Schrift über das bevorstehende Konzil, die viele von der Zwangsvorstellung befreite, der Papst wolle die Geistesfreiheit vernichten. An der päpstlichen Unfehlbarkeit hatte Ketteler nie gezweifelt. Schon 1868 sagte er in einer Predigt: »Die allgemeinste Ansicht fast aller Katholiken ist es, daß, wenn der Papst über Glaubenssachen für die ganze Kirche eine feierliche Entscheidung gibt, diese nicht irrig sein könne. Dieser Ansicht schließen wir uns entschieden an.«
Bevor Ketteler zum Konzil nach Rom aufbrach, erließ er einen

Abschiedsbrief an seine Diözese: »Wir haben alle Ursache, mit Zuversicht, mit Vertrauen, mit großer geistiger Freude der Versammlung entgegenzugehen.« Nach seiner Ankunft in Rom nahm Ketteler noch einmal in einer Ansprache Stellung zu den von manchen geäußerten Befürchtungen: »Woher dieses Mißtrauen? Aus rein natürlichem Ursprung. Alles, was Menschen tun, kann Bedenken erregen. Im Konzil wirken Menschen. Wenn wir nur sie im Auge haben, können wir vielleicht Bedenken haben. Aber nach unserem Glauben gibt die Entscheidung nicht Menschengeist, sondern Gottes Geist.« Mit dieser Gesinnung nahm Ketteler seinen Platz in dem Rat der siebenhundert Bischöfe.

Kettelers gläubig-vertrauende Haltung ist um so bemerkenswerter, als er selbst starke Bedenken hegte gegen die von vielen Bischöfen gewünschte Dogmatisierung der Unfehlbarkeit. Schon auf der Konferenz der deutschen Bischöfe zu Fulda 1869, die dem Konzil voranging, hatte Ketteler seinen Standpunkt dargelegt. Die deutschen Bischöfe hatten sich seiner Meinung angeschlossen und in einer Eingabe an den Heiligen Stuhl erklärt, sie stimmten zwar der Lehre von der päpstlichen Unfehlbarkeit zu, hielten aber ihre Dogmatisierung im gegenwärtigen Zeitpunkt für nicht angezeigt. Diese Haltung nahmen Ketteler und die meisten deutschen Bischöfe auch während der Konzilsverhandlungen ein.

Ketteler bejahte die päpstliche Autorität, wünschte aber, das Konzil solle sie nur im Zusammenhang mit den Rechten der Bischöfe darlegen und definieren. Aus Gewissensüberzeugung war er einer der geistigen Führer der Konzilsminderheit, die einen langen und dramatischen Kampf gegen die Mehrheit focht und schließlich unterlag. Fast ein Jahrhundert später hat das Zweite Vatikanische Konzil die Einseitigkeit des Ersten Vatikanums zu korrigieren gesucht, indem es die Lehrgewalt des einzelnen Bischofs und des Kollegiums der Bischöfe stärker betonte. Ketteler bekannte: »Ich glaubte in allen Vorverhandlungen nur zwei Pflichten erfüllen zu müssen: erstens mir unter Gebet und Studium ein möglichst richtiges Urteil über die schwebenden Fragen zu bilden; zweitens das, was ich auf diesem Wege als wahr er-

kannt hatte, mit der größten Entschiedenheit auszusprechen. Beide Pflichten glaube ich erfüllt zu haben.« Wenn auch die Minderheit ihre Ansichten nicht durchsetzen konnte, war ihr Kampf doch nicht vergeblich. Durch ihre Einwürfe wurden in der Entscheidung ungesunde Extreme, welchen es damals an Verfechtern nicht fehlte, verhütet und größere Genauigkeit und Bestimmtheit erzielt.
Wie sehr das Ringen um die Erkenntnis der Wahrheit den Bischof von Mainz seelisch aufwühlte, davon vermitteln seine Briefe aus Rom eine Ahnung: »Wir stehen jetzt ganz nahe vor dem Schluß . . . Ich habe hier eine ernste und vielfach schwere Zeit erlebt. Es war eben eine Torheit, es anders zu erwarten, da ja die höchsten Lebensakte der Kirche des Kreuzes unmöglich ohne Kreuz sein können. Das Kreuz ist auch zugleich in unserem Leben wie im Leben der Kirche das Mysterium.. « Kettelers Ringen steigerte sich bis zu dem Fußfall vor dem Papst, den er kurz vor der endgültigen Entscheidung mit einigen anderen Bischöfen aufsuchte und anflehte, die Definition des Dogmas nur mit bestimmten Einschränkungen vorzunehmen. Doch auch dieser ungewöhnliche Schritt vermochte nicht den Gang der Dinge aufzuhalten. Am 17. Juli 1870 schrieb Ketteler dem Papst: »Um nicht in der meiner ganzen Seele widerstrebenden Lage zu sein, mit *Non placet* zu stimmen, bleibt mir kein anderes Mittel, als noch heute abend von der mir erteilten Erlaubnis zur Rückreise Gebrauch zu machen. Bevor ich aber abreise, drängt es mich, Dir in aller Demut die Erklärung abzugeben, daß ich mich den Entscheidungen des Konzils ebenso unterwerfe, als wenn ich mit *Placet* hätte stimmen können.« Pius IX. hat dem Bischof seine Haltung nicht verübelt; er hat vielmehr in späteren Jahren Ketteler wiederholt mit besonderer Auszeichnung bedacht und ihn »einen würdigen Bischof«, sogar »einen Heiligen« genannt.
Ein halbes Jahr nach der Abreise hat Ketteler die Gründe seines Verhaltens öffentlich in einer Druckschrift ausgesprochen (man hatte ihm nämlich vorgeworfen, er sei »schmählich gekniffen«): »Meine Gründe, an der letzten öffentlichen Sitzung nicht teilzunehmen, waren einfach diese: Es durfte in dieser Sitzung nur mit *Placet* oder *Non placet* gestimmt werden, ohne jegliche Motivie-

rung. Ich konnte ... unmöglich mit *Non placet* stimmen, weil ich dadurch den Schein auf mich geladen hätte, ein Gegner der Lehre von der Unveränderlichkeit der höchsten Lehrentscheidungen des Oberhauptes der Kirche zu sein. Da ich dieser Lehre mit voller Entschiedenheit beistimmte ..., mußte ich, um nicht mein Gewissen zu verletzen, diesen Schein meiden. Ich glaubte aber auch nicht, mit *Placet* stimmen zu sollen, weil ich erstens einen solchen Beschluß für inopportun hielt; weil ich zweitens zur Vermeidung von Mißverständnissen einige Zusätze wünschte, und weil ich drittens der Meinung war, daß die Lehre der Kirche in ihrer Vollständigkeit und nicht teilweise von dem Konzil der Welt verkündigt werden müsse ... Daher glaubte ich ... meinem Gewissen zu genügen, indem ich mich der Abstimmung enthielt, fest entschlossen, der Entscheidung des Konzils mich unbedingt zu unterwerfen.«

Am Tag nach der Verkündigung des Unfehlbarkeitsdogmas brach der Deutsch-Französische Krieg aus, und wenige Wochen später eroberte Viktor Emmanuel Rom. Die Vorsehung hatte es gefügt, daß im gleichen Augenblick, in dem der Papst mit dem Kirchenstaat seine weltliche Macht verlor, seine geistliche Macht die höchste Bekräftigung fand.

In einer Predigt im Mainzer Dom erklärte Ketteler: »Es versteht sich von selbst, daß Bischöfe, die an die Leitung allgemeiner Konzilien durch den Heiligen Geist glauben, ihre eigene Ansicht immer nur mit der Absicht geltend machen, sich dem allgemeinen Urteil des Konzils zu unterwerfen. So haben zu allen Zeiten katholische Bischöfe auf den allgemeinen Kirchenversammlungen gehandelt; so auch die deutschen Bischöfe und ihre Mitbrüder auf dem Vatikanischen Konzil. Sie haben alle denkbaren Schwierigkeiten, alle möglichen Einwendungen und Bedenken im Interesse einer gründlichen Erörterung mit aller Entschiedenheit hervorgehoben, und sie haben dann, nachdem diese Erörterung so lange fortgesetzt worden war, bis kein Bischof sich mehr zu Wort meldete, sich der endgültigen allgemeinen Entscheidung unterworfen.« Am 15. September 1870 erschien ein gemeinsames Hirtenschreiben von 17 deutschen Bischöfen, die fast alle der Minderheit angehört hatten. Auch Ketteler hatte unterzeichnet.

Die entscheidende Stelle lautet: »Solange die Beratungen dauerten, haben die Bischöfe, wie es ihre Überzeugung forderte und es ihrer Amtspflicht entsprach, ihre Ansichten mit unumwundener Offenheit und mit der notwendigen Freiheit ausgesprochen, und es sind hierbei, wie dies bei einer Versammlung von nahezu 800 Vätern kaum anders zu erwarten war, auch manche Meinungsverschiedenheiten hervorgetreten. Wegen dieser Meinungsverschiedenheiten kann aber die Gültigkeit der Konzilsbeschlüsse in keiner Weise bestritten werden ... Wir erklären ..., daß dieses Konzil ebensowenig wie irgendeine andere allgemeine Kirchenversammlung eine neue, von der alten abweichende Lehre aufgestellt oder geschaffen, sondern lediglich die alte ... Wahrheit entwickelt, erklärt und den Irrtümern der Zeit gegenüber ausdrücklich zu glauben vorgestellt hat.«
In einem besonderen Buche erläuterte Ketteler 1871 die Lehre von der päpstlichen Unfehlbarkeit im Sinne des Vatikanums. Immer wieder verteidigte er Papst und Konzil gegen Angriffe. 1875 sagte er in einer Rede: »Je mehr die Welt auseinandergeht und zerfällt, desto beruhigender und beglückender ist der Gedanke, daß wir einen Einheitspunkt im Primat besitzen.«

Der Ausgang des Deutsch-Französischen Krieges vollendete Bismarcks Werk: 1871 trat der preußische König als Kaiser an die Spitze Klein-Deutschlands. Ketteler stellte sich sofort loyal auf den Boden des neuen Reiches. Doch sah er auch die Gefahren. Nach den militärischen und politischen Siegen Preußens begann der Chauvinismus seltsame Blüten zu treiben. Ketteler hat seine Vaterlandsliebe oft genug bewiesen, aber »jener falsche Nationalhochmut, jene bornierte Deutschtümelei, die mit Verachtung auf andere Völker herabblickt«, war ihm stets zuwider. Als nationalistische Kreise Sedanfeiern veranstalteten und von der Kirche verlangten, sich daran mit Glockengeläut und Festgottesdiensten zu beteiligen, wies Ketteler dieses Ansinnen zurück. Schon 1867 hatte er geschrieben: »Das ist eine beklagenswerte Richtung, der Religion und den Dienern der Religion zuzumuten, allen Gewalttaten der Politik gewissermaßen eine religiöse Weihe zu geben. Für wie viele Siege sind schon Dank-

gottesdienste gefeiert worden!« Manchen sei die Religion nur dazu gut, als ein Mittel zu fragwürdigen politischen Zwecken mißbraucht zu werden: »Machiavelli hat dies geradezu ausgesprochen, indem er die Frechheit hatte, zu sagen, der Fürst müsse dem Volke gegenüber Religion zeigen, er brauche selbst aber keine Religion zu haben ... Wir wünschen wahrhaft nicht solche Könige wieder, die sich die allerchristlichsten nennen und als solche gepriesen werden, die Kirche und Religion aber nur beschützen, um sie zu Werkzeugen ihrer Politik zu machen.«
Die zweite Gefahr sah Ketteler in den zentralistischen und absolutistischen Tendenzen des neuen Reiches. Um mitzuhelfen, diese Gefahr abzuwenden, wurde er Mitglied des Reichstags. Er wollte sein Mandat nur so lange ausüben, wie die Reichsverfassung beraten wurde und es dann niederlegen. Im Herbst 1871 griff Ketteler die von Treitschke beantragte Erweiterung der Reichsrechte an und vertrat mit Nachdruck den föderalistischen Standpunkt der Zentrumsfraktion. Später, als der offene Kampf gegen die Kirche bereits begonnen hatte, schrieb Ketteler: »Wir zweifeln nicht, daß das letzte Ziel des Fürsten Bismarck nur darauf gerichtet ist, die preußische Staatsverfassung und das innere preußische Staatsrecht wieder von allen freiheitlichen Elementen, die sich seit 1837 und 1848 eingeschlichen haben, vollständig zu säubern und das alte monarchisch-absolutistisch-militärische Preußentum, wie es vor jener Periode bestand, wiederherzustellen ... Dieses altpreußische monarchische System ... soll auf ganz Deutschland ausgedehnt werden. Das ist der Schlüssel zum Verständnis der Politik des Reichskanzlers. Diesem absolutistisch-monarchischen System verdankt Preußen seine Macht ... Deshalb muß das preußische Staatswesen wieder von allen fremden Elementen gereinigt werden, die in den letzten dreißig Jahren eingedrungen sind. Diesen Reinigungsprozeß leitet nun der Kulturkampf ein. Das ist seine wahre Bedeutung. Zuerst muß das preußische Staatswesen wieder von allen Freiheiten und Rechten befreit werden, welche die katholische Kirche seit 1837 errungen hat.«
Kettelers Hauptbestreben in den Tagen der Reichsgründung war darauf gerichtet, daß die Religionsbestimmungen der preußi-

schen Verfassung von 1849 in die Verfassung des neuen Deutschen Reiches aufgenommen würden. Schon am 1. Oktober 1870 hatte er deshalb einen Brief an Bismarck gerichtet, der aber unbeantwortet blieb. Als nun das Zentrum im Reichstag den Antrag stellte, den Artikel 15 der preußischen Verfassung, der die freie Bewegung der staatlich anerkannten Religionsgesellschaften gewährleistete, in die Reichsverfassung aufzunehmen, griff Treitschke den Antrag unter leidenschaftlichen Ausfällen gegen die katholische Kirche an. Ketteler antwortete in einer würdigen Rede: »Ich werde kein Wort aussprechen, welches ich nicht gerade so in vollem Maße auch für die Protestanten und für alle Konfessionen gelten lasse ... Ich betrachte unseren Antrag als eine *Magna charta* des Religionsfriedens in Deutschland. Damit sind die Gegensätze nicht verwischt auf dogmatischem Gebiet, aber damit sind diese Gegensätze ausgewiesen aus den politischen Versammlungen. Dieser Religionsfriede ist nicht zu erzielen (wie manche glauben), daß wir die bürgerliche Gesellschaft von der Religion trennen, auch nicht dadurch (wie es andere glauben), daß man die bekämpft, die an einem christlichen Bekenntnis treu festhalten. Dieser wahre festbegründete Religionsfrieden ist vielmehr nur dadurch zu erlangen, daß wir den verschiedenen religiösen Ansichten und den berechtigten Bekenntnissen volle Parität gewähren, dem einen Bekenntnis wie dem andern.« Die Reichstagsmehrheit lehnte den Antrag des Zentrums ab.

Von welchen Komplexen die Politik der deutschen Regierung damals bestimmt war, wurde dem Bischof Ketteler in zwei Unterredungen mit dem Kanzler deutlich. Anschließend notierte Ketteler: »Am 16. November 1871 morgens im Reichstag eine halbe Stunde, abends in seiner Wohnung eineinhalb Stunden Gespräch mit Bismarck ... Er glaubt an eine Koalition der Katholiken in den verschiedenen Ländern gegen das Reich ... Staatsgefährlichkeit des Dogmas (der päpstlichen Unfehlbarkeit).« Ausführlicher äußert sich Ketteler in einem späteren Aufsatz über seine Unterredung mit Bismarck: »Damals fand ich den Reichskanzler ganz von dem *einen* Gedanken beherrscht, daß seinem Werke von Rom her Gefahr drohe, daß von dort, wie von einem Mittelpunkt aus, eine einheitliche Leitung gegen das Deutsche Reich stattfinde und daß der erste und nächste Angriffspunkt in diesem Kampfe die preußisch-polnischen Länder seien. Mich erschreckte damals dieser Wahn im Kopfe eines so einflußreichen und energischen Mannes im Hinblick auf das Unheil, das möglicherweise aus einem solchen Phantasiegebilde für Deutschland entstehen könnte. Aber alle Versuche, ihn von seinem Irrtum zu überzeugen, blieben gänzlich ohne Erfolg.« Als der Kampf gegen die Kirche bereits in vollem Gange war, griff Bismarck den Bischof von Mainz in einer Herrenhausrede an, in der er sich über Kettelers politische Ziele ausließ. Ketteler entgegnete: »Wie unrichtig und willkürlich alles ist, was Fürst Bismarck über die Bedeutung meines Programms . . . sagt, erhellt daraus, daß ich vom Jahre 1848 bis jetzt nie eine andere Stellung für die Kirche in Deutschland in Anspruch genommen habe, als wie sie in der Frankfurter Reichsverfassung und in der preußischen Verfassung den christlichen Konfessionen gewährt worden ist.«

In rascher Folge kamen die Kulturkampfgesetze für Preußen, die zum Teil auch Reichsgesetze wurden oder von andern deutschen Staaten nachgeahmt wurden. 1871 wurden die Geistlichen durch den Kanzelparagraphen in ihrer Redefreiheit beschränkt, 1872 die kirchlichen Schulen der Staatsaufsicht unterstellt und die Niederlassungen verschiedener Orden aufgelöst, 1873 Ausbildung und Anstellung der Geistlichen der staatlichen Aufsicht unterstellt, 1875 alle Staatsleistungen für die Kirche gestrichen, ferner alle Orden, die nicht der Krankenpflege dienen, aufgelöst und alle Ordensleute ausgewiesen. Die Zivilehe wurde für ganz Deutschland vorgeschrieben, die Verwaltung des Kirchenvermögens den Staatsbehörden übertragen und die kirchliche Disziplinargewalt dem Papst entzogen. Da die Bischöfe sich weigerten, die Gesetze auszuführen, waren 1874 von den zwölf preußischen Bistümern acht verwaist. Fünf Bischöfe saßen im Gefängnis: die Erzbischöfe von Posen-Gnesen und von Köln, die Bischöfe von Trier, von Paderborn und von Münster. Das Bistum Fulda wurde nach dem Tod des Bischofs nicht neu besetzt. Der Bischof von Breslau entging der Verhaftung nur da-

durch, daß er sich auf seinen im Österreichischen gelegenen Sommersitz begab. Der Bischof von Limburg wurde »abgesetzt« und verbannt. Ein Viertel aller Pfarreien war ohne Seelsorger, die Priesterseminarien und Konvikte waren geschlossen.
In schneidigen Broschüren beleuchtete Bischof Ketteler die Hintergründe des Kulturkampfes. Was beabsichtigen die neuen Gesetze? »Trennung der Kirche von Rom, Vernichtung der bischöflichen Gewalt, volle Herrschaft des Staates über den Klerus, ... ein abgestumpftes, byzantinisches Kirchentum, brauchbar zu jeder Unterdrückung des Volkes ... Die Kirche kann nimmermehr dulden, daß man den katholischen Priester zu einem Diener und Werkzeug der Staatspolizei herabwürdigt.« Doch die Absichten der Kirchenfeinde scheiterten an dem Widerstand des katholischen Volkes. Die Bischöfe bildeten, nicht zuletzt durch Kettelers Einfluß, eine geschlossene Schlachtreihe, und je mehr man die Verbindung der deutschen Katholiken mit ihren Oberhirten und mit dem Papst trennen wollte, um so enger wurde sie. Der passive Widerstand forderte schwere Opfer, doch er wurde tapfer durchgehalten. In seiner Schrift *Warum können wir zur Ausführung der Kirchengesetze nicht mitwirken?* erklärte Ketteler: »In vielen Pfarrkirchen ist der Gottesdienst eingestellt, viele Kranke sterben ohne Sakramente und werden ohne Priester beerdigt, viele Kinder entbehren des priesterlichen Unterrichts. Das sind große, schmerzliche Entbehrungen für das katholische Volk ... Wenn wir Bischöfe aber aus Mutlosigkeit oder des Friedens wegen die Gesetze zur Ausführung brächten, so wäre die Kirche Deutschlands in Gefahr, eine Staatsanstalt zu werden. Sie würde dann vielleicht in einer späteren Zeit, statt unserem deutschen Volke die Segnungen des Christentums und die Freiheit der Kinder Gottes zu spenden, ein serviles Werkzeug zur Unterdrückung der Freiheit des Volkes werden.«
In Mainz begann der Kulturkampf damit, daß die Polizei den Jesuiten die Ausübung ihrer Seelsorgetätigkeit, das Beichthören und den Schulunterricht verbot. Sofort schrieb Ketteler an das hessische Ministerium: »Es ist den Jesuiten verboten worden, Beicht zu hören. Dazu gibt weder das Reichsgesetz noch die Verordnung des Bundesrates einen Anhalt. Diese Maßregel greift

so tief in die Rechte des Gewissens der einzelnen Katholiken ein, daß ich ihre Durchführung für moralisch unmöglich halte. Keine Staatsgewalt kann das Recht haben, in meinen Gewissensangelegenheiten mir zu verbieten, dort Rat zu suchen, wo es mir beliebt.«

1874 protestierte Ketteler gegen die neuen Kirchengesetzentwürfe für Hessen-Darmstadt beim Staatsminister und wies auf die Rechtsgarantien hin, welche die Katholiken Hessens für die freie Ausübung ihrer Religion und die Selbständigkeit ihrer Kirche geltend machen konnten: »Diesem christlichen und deutschen Rechte steht die aus gewissen modernen Philosophenschulen hervorgegangene Lehre entgegen, daß die Rechtsstellung und die Freiheiten der bestehenden Konfessionen lediglich von dem Willen und Wink der jeweiligen politischen Gewalt abhängig seien und daß Katholiken wie Protestanten nur so viel Recht auf deutscher Erde haben, als ihnen in jeder neuesten Kammersession zugesprochen oder übriggelassen wird.« Nach einer juristischen Kritik der einzelnen Gesetzesvorlagen schloß Ketteler: »Die katholische Kirche kann leben und wirken unter allen politischen Verhältnissen, unter allen staatlichen Verfassungen, wenn sie nur Freiheit gewähren. Möge man daher fortschreiten zu einer vollständigen Trennung von Kirche und Staat; wenn man nur redlich Freiheit auf allen Gebieten, vor allem auf dem Gebiete der Erziehung und des Unterrichts gewährt, so wird die katholische Kirche dann vielleicht große materielle Verluste erleiden, aber sie kann bestehen und leben. Dagegen unter einem System, das ihr die von Gott verliehene Freiheit entzieht, sie und ihre Diener zu Werkzeugen der weltlichen Gewalt macht, die religiöse Erziehung selbst des Klerus . . . unterdrückt und sie . . . zu einem Zustande der Erniedrigung verurteilt – unter einem solchen Systeme kann sie nicht bestehen. Sie hat da nur die Wahl zwischen allmählichem Untergang oder dem Martyrium. Die Wahl des letzteren kann für einen Katholiken, für einen Bischof, der von der Göttlichkeit des Christentums und der Wahrheit seiner Kirche überzeugt ist, nicht einen Augenblick zweifelhaft sein.«

Der Protest des Bischofs blieb ohne Erfolg. Rücksichtslos

wurde, was er in langen Jahren aufgebaut, zerstört. Zahllose Schulen, in denen Priester oder Ordensschwestern wirkten, wurden geschlossen, die Geistlichen und Nonnen ins Ausland verjagt. Selbst das Knabenseminar in Mainz, die dortige Marienschule und das bischöfliche Konvikt in Dieburg – drei Häuser, die Ketteler mit großen persönlichen Opfern gegründet hatte – wurden von der Regierung geschlossen. Mit bitterer Ironie schrieb Ketteler in einem Brief: »Man wird mir alle meine blühenden Anstalten zerstören. Nichts ist ja kulturwidriger als Anstalten, wo junge Leute *nicht* an Leib und Seele ruiniert werden!« Das Mainzer Priesterseminar wurde durch das Verbot, neue Studenten aufzunehmen, zu langsamem Tode verurteilt. Das neue Schulgesetz nahm der Diözese die Konfessionsschule, das katholische Schulvermögen und den Einfluß auf die Lehrerbildung.

In einer Ansprache auf dem Rochusberg sagte damals der Bischof: »Die Familie wird in dem Maße immer wichtiger, als die anderen Werkzeuge Gottes in ihrer Tätigkeit gehemmt sind, wie in der Gegenwart. Es können Zeiten kommen, wo die Familie fast alle Funktionen des Priestertums übernehmen muß . . . Euch Eltern benutzt Christus zur Erhaltung seiner Kirche. Die Väter kann man nicht sperren, die Mütter können nicht in die Verbannung geschickt werden; die Eltern brauchen kein staatliches Examen zu machen, und es bedarf zu ihrer Anstellung als Religionslehrer ihrer Kinder keiner Anzeige und staatlichen Bestätigung. Darum, ihr lieben christlichen Väter und Mütter, gedenket eures hohen Amtes!« Auch in Broschüren belehrte Ketteler die Eltern über ihre jetzt besonders wichtigen Pflichten in der Erziehung ihrer Kinder.

Natürlich versäumten die Antiklerikalen nicht, den kampfesmutigen Bischof mit einer Schmutzflut von gehässigen Broschüren zu überschütten. Ketteler bemerkte zu den Verleumdungen der Gegner: »Sie mögen unsere wirklichen Grundsätze bekämpfen, wenn sie sie für unrichtig halten; wir werden bei ihnen dasselbe tun. Ein redlicher geistiger Kampf ist unser Anteil auf Erden. Sie sollen uns aber nicht verleumden, uns nicht Grundsätze unterstellen, die wir nicht haben, und nicht Verbrechen andichten, die

wir gewiß nicht minder verabscheuen wie sie selbst.« Ketteler zog es immer vor, mit offenem Visier zu kämpfen. Er fand, eine gute Sache habe es nicht nötig, durch persönliche Beleidigungen verteidigt zu werden. Öffentlich mißbilligte er, daß eine in Genf erscheinende katholische Zeitschrift sich in Beschimpfungen gegen Bismarck und andere nichtkatholische Staatsmänner erging. Er beobachtete gerade in seinen Schriften zum Kulturkampf eine auffallende Mäßigung. Selbst die *Allgemeine Evangelisch-Lutherische Kirchenzeitung* erkannte seine »große Klugheit und Vorsicht bis in die einzelnen Ausdrücke« an. Ein Zeitgenosse bezeugt: »Er war mit Ängstlichkeit darauf bedacht, daß in dem Widerstand gegen die Gesetze nicht weiter gegangen werde, als unbedingt notwendig erschien, und die Haltung, die er persönlich . . . beobachtete, war die der strengsten Defensive und der ausschließlichen Passivität. Gewiß war nicht Mangel an Mut das Motiv dieser Haltung. Der in der Tat ›streitbare‹ Bischof hätte wohl anders gehandelt, wenn er seinem Naturell hätte folgen wollen. Aber er wollte seinen Diözesanen und seinen Priestern nicht mehr Opfer auferlegen als notwendig, und er wollte alles vermeiden, was die ohnehin schon so schwer zerrüttete staatliche Ordnung noch mehr zu schädigen geeignet war. Diese sorgfältige und vorsichtige Zurückhaltung ließ sich ganz besonders in den Worten beobachten, mit welchen der Bischof vor den verschiedenen hessischen Gerichten sich verteidigte. Es war ein Opfer, das er für die ihm anvertrauten Seelen brachte, wenn er sich so ruhig und sanft über seine bischöfliche Amtsführung vor Richtern verantwortete, die er nach dem kirchlichen Rechte und nach dem bisherigen Staatsrechte nie und nimmer als kompetent anerkennen konnte. Gewiß wäre ihm eine andere, minder reservierte Haltung leichter geworden.«
Im Frühjahr 1876 mußte sich Ketteler vor einem hessischen Gericht verantworten wegen des Staatsverbrechens, daß er, ohne der Behörde davon Anzeige zu geben, einen Pfarrer zum Dechanten ernannt und geduldet hatte, daß in Kastel nach dem Tode des Pfarrers der Kaplan die ganze Seelsorge ausübte. Der Bischof wurde zu einer Geldstrafe verurteilt. Zahllose Schikanen brachte Kettelers silbernes Bischofsjubiläum. Feinde der Kirche gaben

aus diesem Anlaß drei »Festschriften« voller Schmähungen heraus. Gegen die katholischen Gymnasiasten von Mainz, die ohne hohe Genehmigung dem Bischof durch eine Abordnung eine Glückwunschadresse überreichen ließen, wurden große Untersuchungen eingeleitet; die Unterzeichner der Adresse wurden bestraft und die »Hauptrădelsführer« auf ein Jahr von sämtlichen Gymnasien ausgeschlossen. Der Magistrat und die Stadtverordneten von Münster in Westfalen schickten dem großen Sohn der Stadt zu seinem Bischofsjubiläum ein Glückwunschschreiben, das ihn als »eifrigen Vertreter der Rechte der katholischen Kirche« und als »würdigen Nachfolger des heiligen Bonifatius« feierte. Der Regierungspräsident von Münster verhängte deshalb über jedes beteiligte Magistratsmitglied eine Disziplinarstrafe. Eine Berufung der Betroffenen beim Oberpräsidenten nutzte nichts. In dem Erlaß, der in allen Zeitungen stand, hieß es, die Strafe bestehe zu Recht, denn das Glückwunschschreiben »konnte bei der notorischen Stellung, welche der Adressat dem Staate gegenüber auf kirchenpolitischem Gebiete einnimmt, nur als eine ganz außerhalb der Zuständigkeit der städtischen Kommunalbehörden liegende politische Demonstration angesehen werden, und zwar in einem der Staatsregierung feindlichen Sinne«. Ketteler sah in diesen Worten einen Angriff auf seine Ehre als Staatsbürger und veröffentlichte eine gepfefferte Verteidigung gegen den Vorwurf der Staatsfeindlichkeit. Jetzt fühlte sich der Oberpräsident gekränkt und erhob gerichtlich Beleidigungsklage gegen den Bischof. Ketteler kam persönlich zum Prozeß nach Münster. Er wurde zu einer Geldstrafe von 300 Mark verurteilt.

Als Bischof Wilhelm Emmanuel im Juni 1877 von einer Romreise heimkehrte, fühlte er sich plötzlich unsäglich müde. Er kam noch bis nach Burghausen. Bei den Kapuzinern dort legte sich der hünenhafte Mann zum Sterben nieder. Die Kämpfe der letzten Jahre hatten seine robuste Gesundheit erschüttert. Seine Kräfte waren vorzeitig aufgezehrt. Nach Wochen geduldigen Leidens hauchte er seine tapfere Seele aus. Es war ihm nicht beschieden, das Ende des Kulturkampfes zu erleben, und das Gelobte Land einer neuen Gesellschaftsordnung lag noch fern. Aber er durfte es von weitem schauen, stehend auf einem hohen Berge, mit ausgestrecktem Arm den Nachrückenden die Richtung weisend und sie mit jener Zuversicht erfüllend, in welcher er die Worte schrieb: »Meine ganze Seele hängt an den neuen Formen, welche die alten christlichen Wahrheiten in der Zukunft für alle Verhältnisse des Menschengeschlechtes schaffen werden.«

Papst Leo XIII.

(1810–1903)

Mitten im Zeitalter der Revolutionskriege, als sich unter gewaltigen Umwälzungen ein neues Europa ans Licht rang, wurde in dem abgelegenen Felsennest Carpineto im südlichen Kirchenstaate Joachim Pecci geboren. Dort in den Volskerbergen, fern von den kriegerischen, politischen, sozialen und geistigen Erschütterungen, wuchs er auf, als viertes von sieben Kindern einer mäßig begüterten Bürgerfamilie. »Mehr für das Tatsächliche als für Werte des Gemüts und der Phantasie veranlagt« (K. Löffler), zeigte sich der geweckte Junge schon früh politisch interessiert. Er studierte in Rom Jura und Theologie und promovierte zum Doktor beider Rechte. Seine Briefe aus jener Zeit berühren kaum einmal religiöse Dinge, wohl aber beschäftigen sie sich ausgiebig mit den politischen Vorgängen im kurialen Rom. Man hat daraus voreilig den Schluß gezogen, die Religion habe im Herzen Peccis nicht die Mitte eingenommen; dabei übersah man die Tatsache, daß Jugendliche sich durchweg sehr scheuen, ihre Frömmigkeit auf der Zunge zu tragen. Ein liberaler Historiker urteilt über Pecci: »Er ist Kirchenmann, nicht aber religiöse Persönlichkeit. Was ihn aus dem Innersten heraus vorwärtstreibt, ist juristisch-politischer Art . . . Selbst als Papst ist er in erster Linie eine kirchenpolitische, nicht eine religiöse Persönlichkeit« (W. Goetz). Dieses Urteil unterliegt offensichtlich einem Systemzwang: Da man Religion und Politik für Gegensätze hält, findet man es unmöglich, sie könnten beide zusammen einen Geist bewegen. Bei Pecci war das aber der Fall.

Gleich nach seiner Priesterweihe wurde Pecci, noch nicht 28 Jahre alt, zum apostolischen Delegaten von Benevent ernannt. Diese Exklave des Kirchenstaates war ein vernachlässigtes Gebiet, in dem Räuber ihr Unwesen trieben. Hier gab es für den jungen Statthalter viel zu tun. Beherzt griff er durch, anders, als man von dem eleganten und zarten Herrn erwartet hatte. Er brachte die verkommene Verwaltung in Schwung, organisierte die Polizei, ließ die Zufluchtsstätten der Briganten auf den Adelssitzen ausheben, baute Straßen und hob den allgemeinen Wohlstand. Auch als apostolischer Delegat in Perugia bewährte sich Pecci. Er reformierte den Behördenapparat, meisterte geschickt die soziale Not, führte Kornhäuser und Sparkassen ein und veranlaßte die Pockenimpfung. Nachdem er sich im Dienste der päpstlichen Staatsregierung als ein hervorragender Verwaltungsmann und Organisator betätigt hatte, wurde er im Alter von 33 Jahren zum Erzbischof und Nuntius in Brüssel ernannt.

Vom jungen belgischen Staat und von der katholischen Bewegung dort wußte Pecci bis dahin noch nichts, er kannte keine moderne Sprache und begann das Erlernen des Französischen erst auf der Reise zu seinem neuen Wirkungsort. Seine Mission endete nach zweieinhalb Jahren mit einem Mißerfolg. Durch sein Verhalten im belgischen Schulkampf hatte sich Pecci so unbeliebt gemacht, daß die liberale Regierung von der römischen Kurie in schroffer Form seine Abberufung forderte. Der Papst versetzte den unglücklichen Nuntius auf den Bischofsstuhl von Perugia. Mochte man auch Pecci mit der Versicherung trösten, Magistrat, Klerus und Volk Perugias hätten ihren ehemaligen Gouverneur zum Bischof gewünscht, – für den ehrgeizigen Mann, der zielstrebig von Stufe zu Stufe aufgestiegen war, bedeutete diese Veränderung einen Schlag. Gleichwohl durfte er seinen Aufenthalt in Belgien als einen großen Gewinn für sich buchen. Zum ersten Male sah er das brausende Leben der modernen großstädtischen Zivilisation, das Aufstreben der Industrie, die Arbeit der parlamentarischen Demokratie, die Kämpfe der katholischen Bewegung. Ehe er sein Bistum übernahm, vertiefte er diese Eindrücke durch Reisen nach Köln, London und Paris. Ein herrlicher Aufschwung erfaßte damals die Katholiken Belgiens, Frankreichs, Englands und Deutschlands, ein reges soziales, politisches und religiöses Leben entfaltete sich, und voll Selbstbewußtsein unternahmen es die katholischen Führer, an der Neuordnung in Staat und Gesellschaft entscheidend mitzuwirken. Eine ganz neue Welt ging Pecci auf. Aufmerksam um sich blickend, erlebte er die Auswirkungen der Ideen eines Montalembert, Lacordaire, Ozanam, Veuillot und Dupanloup, eines Newman und Ward, eines Görres, Baader und Buß. Er erkannte den Wert organisatorischer Zusammenschlüsse und planmäßiger Aktion. Voll keimfähiger Gedanken kehrte er aus dem industriellen und parlamentarischen Europa in den Kirchenstaat zurück.

Dort waren die Verhältnisse freilich ganz anders und keineswegs erfreulich. Unter dem klerikalen und absolutistischen Regime, das von den Errungenschaften der neuen Zeit nichts wissen wollte, lag Weltliches wie Geistliches hoffnungslos darnieder. Die kirchlichen Zustände entsprachen jenen, mit denen die Reform in Frankreich und am Rhein schon im siebzehnten Jahrhundert aufgeräumt hatte: »der ganze kirchenpolitische Organismus des Mittelalters in herkömmlicher Geltung, aber keine Seelsorge« (M. Spahn). Das Bistum, dem Pecci von jetzt an 32 Jahre lang als Bischof vorstehen sollte, war nicht besser daran als die anderen ringsum. Doch Pecci sollte seine Beobachtungen über das frische kirchliche Leben jenseits der Alpen nicht umsonst gemacht haben. Entschlossen nahm er die Reorganisation und Reform der umbrischen Kirche in seine Hand.

Als sich im Herbst 1849 achtzehn Bischöfe zu Spoleto zu einer Provinzialsynode versammelten, war Pecci ihr geistiges Haupt. Er entwarf und schrieb die Beschlüsse. »Wir fordern viel in den schwierigen Zeiten.« Dieses Wort machte er zum Leitmotiv der Statuten. Es gelte angestrengt und praktisch zu arbeiten. Vor allem seien die guten Sitten wiederherzustellen und die Geistlichen zu disziplinieren. Man müsse der erschreckenden Unwissenheit in religiösen Dingen Herr werden. Die Kirche solle ihren Einfluß in der Schule geltend machen. Als Mittel christlicher Volkserziehung sollten Vereine, Lesezirkel und Zeitungen gegründet werden. Predigt, Katechismus und Seelsorge seien den heutigen Bedürfnissen anzupassen und zu verstärken. Um den Priesternachwuchs wissenschaftlich auszubilden und den Klerus fortzubilden, seien Vereinigungen und Akademien ins Leben zu rufen.

In eindringlichen Hirtenbriefen brachte Pecci eine Maßregel der

Synode nach der anderen seinen Gläubigen nahe und tat selbst alles, um die Reformbeschlüsse auszuführen. Die Ergebnisse waren nicht überwältigend. Nach jahrelanger eifrigster Tätigkeit zeichnete Pecci in seiner Ansprache zu Beginn seiner zweiten Visitation des Bistums ein düsteres Bild der Lage: Der Glaube sei allenthalben geschwächt. Wohl nehme die Kirche im Volk noch eine Stellung ein, doch nicht mehr als lebenspendende Kraft, sondern bloß infolge gesellschaftlichen Herkommens. Fast niemand nehme sie aus Herzensbedürfnis in Anspruch, sie habe keine Macht mehr über die Geister. Die Menschen seien gleichgültig, unwissend und sittlich schlaff, sie hielten weder den Sonntag noch die Fasten noch das Osterfest. Um die religiöse Erziehung der Kinder kümmere sich keiner. In vollen Zügen atme man aus Zeitungen und Büchern den Geist des Unglaubens und der Zügellosigkeit. Mit einem Wort: Das Volk hat sich der Kirche innerlich entzogen.

Ein katholisches Vereinswesen, von dem die Synode so viel erhofft hatte, konnte Pecci in Umbrien nicht schaffen. Die Arbeiterklasse Mittelitaliens war noch nicht auf einer bildungs- und organisationsfähigen Stufe. »Bourgeoisie und Kleinadel beherrschten die Lage. Deren Angehörige aber waren ... gleichgültig, in geistiger Hinsicht nur noch Modemenschen oder, soweit sie idealistischen Trieb hatten, der Kirche durch das achtzehnte Jahrhundert und durch die Abneigung gegen das Pfäffische im italienischen Klerus geistig schon entrückt« (M. Spahn). Die Wühlarbeit antiklerikaler Kreise tat das übrige. Da die meisten die kirchliche Lehre nie richtig kennengelernt hatten und überdies ohne Herzensberatung gelassen wurden, versanken sie in religiöse Lauheit. Viele wollten noch gute Katholiken sein, ließen sich aber aus Mangel an geistlicher Betreuung von der Kirche abdrängen. Sie wurden der Hauptgegenstand von Peccis Hirtensorge.

Im Jahre 1866 sprach er zu seinen Geistlichen darüber. Sie sollten das Beispiel guter Werke geben und aus der Kraft des Glaubens und der Liebe leben. Hingabe an den Gottesdienst sei das wichtigste, aber nicht das einzige. Um den gegnerischen Angriffen gewachsen zu sein, müsse der Priester fleißig studieren. Auch das

Volk sei gründlicher zu schulen. Disput solle man meiden, andere nicht zensurieren, die Kanzel nicht zu verletzenden Reden mißbrauchen. »Der Priester ist ausgesandt, Seelen zu ihrem ewigen Ziele zu führen. Deshalb darf er sich weder in den Dienst der Welt stellen noch sich in Parteipolitik oder Intrigen mischen, die ihn von seiner eigentlichen Aufgabe ablenken würden. Er soll brüderliche Einigkeit und Frieden schaffen. Also darf er nicht Zwietracht entfachen, Parteien begünstigen oder die Wunden aufreißen, mit denen das gegenwärtige Geschlecht so schmerzhaft geschlagen ist. Seine Pflicht ist, den ihm anvertrauten Schatz himmlischer Wahrheiten zu hüten und mit Sanftmut allen verständlich zu machen . . . Er muß zeigen, daß allein die Religion das Heil und die Besserung für die Übel der Gegenwart finden kann.«

Diese Worte sind deutlich auf die politische Lage gemünzt, die damals viele Italiener in seelische Kämpfe zwischen Vaterlandsliebe und Kirchentreue stürzte. Die Dinge wurden besonders verworren durch die antiklerikale Entwicklung, welche die nationale Einheitsbewegung nahm. Noch Gioberti dachte an einen Bund der italienischen Staaten mit dem Papst an der Spitze und glaubte an eine Versöhnung von Kirche und moderner Kultur, von Katholizismus und liberaler Demokratie. Pecci sympathisierte mit solchen Ideen. Er hatte Gioberti in Brüssel persönlich kennengelernt, hatte herzlichen Umgang mit ihm gepflogen und war in Perugia noch einmal freundschaftlich mit ihm zusammengetroffen. Selbst Pius IX. steuerte in den ersten Jahren seiner Regierung einen liberal-konstitutionellen Kurs, wurde aber durch die Revolution, die ihn 1848 zur Flucht aus Rom zwang, zu einer schroff reaktionären und absolutistischen Haltung gedrängt. Mit Rücksicht auf Österreich, gegen das die italienischen Patrioten zum Kampfe aufriefen, und aus Abneigung gegen die demokratischen Tendenzen der Einheitsbewegung lehnte Pius IX. es ab, an die Spitze Italiens zu treten. So bildete sich der Nationalstaat ohne den Papst, ja gegen den Papst, denn ein Italien, dem das mittelitalienische Territorium des Kirchenstaates fehlte, war ein Torso. Angesichts der Haltung des Papstes wurden die antiklerikalen Kräfte in der nationalen Bewegung immer rabiater. Pecci selbst hatte das Toben der Revolution in Perugia erlebt. Noch wurde das Gebiet durch österreichische und französische Truppen, also durch verhaßte Fremdlinge, dem Papst erhalten. Doch die italienische Bewegung, ideologisch von Mazzini, politisch von Cavour und militärisch von Garibaldi vorwärtsgetrieben, drängte unaufhaltsam ihrem Ziele zu. Im Jahre 1860 wurde Perugia von piemontesischen Truppen erobert, Umbrien dem jungen Königreich Italien einverleibt. Aufgefordert, sich für die neue Regierung auszusprechen, bekundete Kardinal Pecci dem Papste seine Treue.

Die neuen Machthaber erließen sofort eine Reihe kirchenfeindlicher Gesetze. Die geistlichen Gerichte wurden aufgehoben, viele Klöster geschlossen und deren Insassen vertrieben, die kirchliche Schulaufsicht abgeschafft, der Religionsunterricht in den Schulen unmöglich gemacht, die Kirchengüter verstaatlicht, die Zivilehe vorgeschrieben, der Klerus auf dürftige Besoldung gesetzt und zum Militärdienst herangezogen. Peccis Proteste verhallten wirkungslos.

König Victor Emmanuel verordnete 1863, daß fortan alle Ernennungen zu geistlichen Stellen von seiner Genehmigung abhängig sind, ferner, daß päpstliche und bischöfliche Verordnungen ohne Placet des Königs keine Rechtskraft haben. Gegen diese Vergewaltigung der Kirche protestierte Pecci im Namen der umbrischen Bischöfe in einem Schreiben an den König: »War der göttliche Auftrag an Petrus und seine Nachfolger, die ganze christliche Herde zu weiden, auf Erden zu lösen und zu binden, etwa an die Bedingung geknüpft, daß sie damit beginnen müßten, die Zustimmung einer weltlichen Gewalt einzuholen? War die allen Aposteln gegebene göttliche Sendung, allen Völkern zu predigen und sie in den göttlichen Geboten zu unterweisen, vielleicht dem Gutdünken der bürgerlichen Behörden oder ihren Einschränkungen unterworfen? Weit entfernt davon, erduldeten Petrus und die Apostel wie so viele tapfere Hirten, die ihrem Beispiel folgten, aus keinem anderen Grunde den Martertod, als weil sie Christi neues Gesetz verkündeten, ohne danach zu fragen, ob dies von der Welt verboten wurde, und aller Behinderung und Verfolgung irdischer Obrigkeit zum Trotz. Die Unabhängigkeit der päpstlichen und bischöflichen Gewalt hat ihren Ursprung in Gott. Wer sie angreift oder mißachtet, verleugnet Gott. Wer ihr Hindernisse entgegenstellt, oder, wie im vorliegenden Falle, die freie Ausübung ihrer Gewalt durch Zwang verhindert, stellt eine menschliche Einrichtung über die göttliche und macht aus einer irdischen Gewalt den Richter über eine göttliche Einrichtung.«

Des Kardinals Pecci vertrauliche Briefe aus jenen kritischen Jahren »zeigen bei Festigkeit der Prinzipien Eleganz, Höflichkeit und Liebenswürdigkeit gegen die neuen Machthaber« (K. Löffler). Der Minister Rattazzi kennzeichnet den Bischof von Perugia so: »Ein Mann von großer Kraft, ein Regent von hohem Ernst unter den denkbar mildesten äußeren Formen, ein entschiedener und unbeugsamer Charakter.« Mit der Zeit gewährte die Regierung dem Bischof mehr Spielraum, ließ seine Seelsorge unbehindert und behandelte ihn mit Hochachtung.

Sobald das Vatikanische Konzil, das auch Pecci zu seinen Vätern zählte, die geistliche Autorität des Papstes dogmatisch formuliert hatte, verlor Pius IX. seine weltliche Macht. Der letzte Rest des Kirchenstaates wurde erobert, und Rom wurde die Hauptstadt des jungen Italien. Natürlich hat Pecci gegen den Raub protestiert. Er hielt die weltliche Macht des Papstes für eine unerläßliche Voraussetzung dafür, daß der Nachfolger Petri sein geistliches Amt in wahrer Freiheit ausüben könne. Wir urteilen darüber heute anders. Die reaktionäre Politik des Kardinalstaatssekretärs Antonelli hat Pecci freilich nicht gebilligt.

Nach dem Tode des ihm mißgünstigen Antonelli begab sich Kardinal Pecci nach Rom. Pius IX., der sich seinem Ende nahe fühlte, ernannte ihn zum Kardinalkämmerer. Mit diesem Amte war die Leitung der Papstwahl verknüpft, doch war alter Überlieferung nach der Inhaber kein Kandidat für die Tiara. Man meinte damals, Pius IX. habe Pecci die Wahl verderben wollen. Wie dem auch sei, der Kardinalkämmerer ging schon nach dem dritten Wahlgang aus dem Konklave als Papst Leo XIII. hervor. Die Mehrheit hatte ihn als einen Gemäßigten der mittleren Linie gewählt.

Pecci hatte auf diesen Tag geharrt. Doch als die Wirklichkeit da war, stürzten ihm die Tränen aus den Augen, sein Gesicht wurde weiß wie eine Kalkwand, und er war einer Ohnmacht nahe. Man fürchtete, der seit längerer Zeit Kränkelnde werde die Krönung nicht erleben. Am Krönungstage schrieb ein Beobachter, der den 68jährigen Greis aus nächster Nähe sah: »Wie ich die hagere, gebückte Gestalt mit den schneeweißen Haaren betrachtete, da dachte ich mir: zwei Jahre, drei Jahre; wenn es gut geht, vier Jahre; wenn Gott ein Wunder tut, fünf Jahre; aber darüber hinaus wird seine Regierung nicht dauern« (A. de Waal). In Wirklichkeit währte sie über fünfundzwanzig Jahre.
Seine erste Aufgabe sah der neue Pontifex darin, Kirche und Kultur miteinander zu versöhnen. Pius IX. hatte mit seinem *Syllabus*, einer schroffen Verurteilung der Zeitirrtümer, den Eindruck hervorgerufen, als stehe die katholische Kirche im Widerspruch zu allen politischen und wissenschaftlichen Errungenschaften des achtzehnten und neunzehnten Jahrhunderts. Liberale Autoren erblickten in jener aufsehenerregenden Verlautbarung einen »Absagebrief an die moderne Kultur«, eine »amtliche Kriegserklärung an den modernen Staat«. Daß ultramontane Kreise, besonders in Frankreich, den Syllabus auf die allerstrengste Weise auslegten, brachte nur Wasser auf die Mühlen der Kirchengegner. Zwar fand die weitherzige Deutung des Bischofs Dupanloup die ausdrückliche Billigung Pius' IX., doch änderte das nichts daran, daß das Papsttum beim Tode Pius' IX. zu keiner einzigen europäischen Regierung mehr in freundlichen Beziehungen stand, mit mehreren Staaten in erbitterter Fehde lag und von Gebildeten wie Ungebildeten mit Spott und Verachtung überschüttet wurde. Die Gegner nannten ihren Kampf gegen die Kirche einen Kampf für die Kultur.
Pecci selbst war es gewesen, der als junger Bischof nach der 48er Revolution den Papst um eine Zusammenstellung und Verurteilung der Zeitirrtümer, namentlich des Liberalismus und des Sozialismus, gebeten hatte. Doch das lag nun fast drei Jahrzehnte zurück, und in der Zwischenzeit hatten sich seine Ansichten allmählich gewandelt. Hatte Pecci in seinen frühen Bischofsjahren die Geschichte seines Jahrhunderts als einen Kampf zwischen

Gott und Belial gesehen, so erkannte er jetzt in ihr viel ehrliches Streben und ernstes Sehnen. Die Abwehr von Irrtümern war notwendig, aber es genügte nicht, rein negativ das zu verdammen, was an den liberalen, demokratischen und sozialistischen Ideen verkehrt war; man mußte auch die berechtigten Anliegen, die in den modernen Strömungen laut wurden, positiv würdigen und als Anliegen der Kirche darstellen. Wollte das Papsttum beim Aufbau der modernen Welt eine führende Stellung einnehmen, so konnte es das nicht durch passives Abseitsstehen erreichen, sondern durch aktive Mitarbeit, nicht durch verbittertes Grollen, sondern durch praktische Vorschläge.

Schon in den letzten Jahren seines Wirkens als Bischof von Perugia hatte Pecci das Verhältnis von Kirche und Kultur in Hirtenbriefen erörtert. Er nannte es die »Hauptfrage«: »Müßte sie zum Schaden der Kirche gelöst werden, so bliebe uns keine Möglichkeit, dem Abfall ihrer Söhne Einhalt zu gebieten. Sie würden eine Institution verachten, die sie zwänge, Barbaren und Ungebildete zu bleiben.« In dem letzten Hirtenbrief, den er als Bischof von Perugia schrieb, erklärte er die Anklage, die Kirche predige Weltflucht und wolle von der materiellen Kultur nichts wissen, für gegenstandslos und unbewiesen. Alle materielle Kultur beruhe auf Arbeit, und die Arbeit habe die Kirche immer geboten und gepflegt, geehrt und geheiligt. Sie begrüße auch den Fortschritt der Naturwissenschaften. Geradezu hymnisch klingt das Loblied, das Pecci auf die Errungenschaften der modernen Technik anstimmt. Schön, majestätisch, glorreich und mächtig ist der Mensch, der die Kräfte der Natur in seinen Dienst zwingt. »Die Kirche, diese liebevollste Mutter, die all das sieht, denkt so wenig daran, dem Hindernisse zu bereiten, daß sie bei diesem Anblick vielmehr froh ist und jubelt.« An der Spitze ihrer heiligen Schriften steht die Weisung: »Unterwerft euch die Erde!« Darum hat sie den Fortschritt der Naturwissenschaften nicht zu fürchten. Man wendet ein, der Syllabus zeige, daß die Kirche keinen Frieden mit der modernen Kultur wolle. Aber Pius IX. hat sich nur gegen jene Kultur ausgesprochen, die das Christentum ausrotten will, nicht gegen die wahre Kultur. Anerkennend beugt sich Pecci vor den Helden des modernen Fortschritts, vor Rousseau und Galilei, Faraday und Linné, Fontanelle und Volta, ja vor »jener hohen Stufe von Adel und Glanz, auf der wir den Menschen jetzt sehen«.

Den gleichen Geist wie dieser letzte Hirtenbrief atmet Leos erste Enzyklika, die zwei Monate nach seiner Papstwahl erschien. Hier erklärt er als sein Regierungsprogramm die Verständigung von Kirche und Kultur. Ohne die modernen Errungenschaften der Kultur könne die Kirche ihre Sendung in dieser Welt nicht erfüllen. Umgekehrt sei die Kultur auf die Hilfe der Kirche angewiesen, denn die Kirche sei Schirm und Hort der ewigen und unwandelbaren Grundsätze der Sitte und Gerechtigkeit, sei Nährerin, Lehrerin und Mutter der Kultur. Sie trage in ihrem Schoße die mächtigsten Heilmittel gegen alle Übel, die auf der menschlichen Gesellschaft lasten. Nicht lange nach diesem Rundschreiben erklärte Leo XIII., es sei sein Plan, die wohltätige Aktion der Kirche und des Papsttums freigebig mitten in die heutige Gesellschaft zu tragen. Seine vornehmste Sorge sei es, die Vorurteile der Völker gegen die Kirche zu zerstreuen und die Anklagen wider sie wegzufegen.

In der Enzyklika *Immortale Dei* schrieb der Papst: »Da alles Wahre notwendig von Gott ausgehen muß, bejaht die Kirche alle wirklichen Errungenschaften der Forschung als eine Spur des göttlichen Geistes. Und da es in der Natur der Dinge keine Wahrheit gibt, die dem Glauben an die göttlich geoffenbarten Lehren widerstreiten könnte, vielmehr vieles sich findet, was sie unterstützt, und da jede wissenschaftliche Errungenschaft uns ein Ansporn sein kann, Gott selbst zu erkennen oder zu loben, wird sie alles, was zur Erweiterung der Grenzen unseres Wissens gewonnen wird, stets beifällig und mit Freuden begrüßen. Wie die anderen Zweige der Wissenschaft, so wird sie auch jene begünstigen und fördern, deren Zweck die Erforschung der Natur ist. Bei diesen Studien wird man die Kirche nicht als Gegnerin finden, wenn der menschliche Verstand Neues entdeckt. Sie hat nichts dagegen, wenn man das zu erhöhen sucht, was zur Zierde und Annehmlichkeit des Lebens beiträgt. Aller Trägheit und Rückständigkeit feind, will sie vielmehr, daß der Menschengeist durch seine Ausbildung reiche Früchte trage. Sie regt an zu jeder

Kunst und Fertigkeit, und durch ihren Einfluß richtet sie diese Bestrebungen auf die Veredelung des Menschen und sein Heil.«

Leo XIII. hat die Behauptung, die Kirche sei kulturfeindlich, nicht nur in Worten, sondern auch in Taten entkräftet. Die katholische Bewegung in Frankreich, Belgien und Deutschland, die wegen ihrer demokratischen Tendenzen von den konservativen Päpsten Gregor XVI. und Pius IX. mehr unterdrückt als gefördert worden war, erkannte er als seine wegbahnende Vorläuferin an. Diese Bewegung hatte erkannt, daß es für Katholiken unsinnig sei, zu sagen: Der moderne Staat und die moderne Kultur sind in der Wurzel gottlos, deshalb verweigern wir beiden unsere Mitwirkung. Auch der neue Papst hielt es für fruchtbarer, sich mit der modernen Welt auseinanderzusetzen, als sich schmollend in ein Ghetto zurückzuziehen. Das war »die große Tat Leos XIII.: Er verband das Papsttum mit der katholischen Bewegung. Er übernahm die Führung« (W. Goetz).

Bereits im ersten Jahre nach seinem Regierungsanstritt erhob Leo XIII. den englischen Priester und Schriftsteller John Henry Newman zum Kardinal. Mit diesem Schritt legte der Papst ein weithin sichtbares Bekenntnis ab zur Offenheit der neuzeitlichen Kultur gegenüber, denn gerade dieser Offenheit wegen war der große Newman jahrzehntelang von integralistischen Mitbrüdern verdächtigt, verleumdet und in seiner Tätigkeit behindert worden. Newman selbst und alle seine Freunde empfanden die Verleihung des roten Hutes als eine Rehabilitation. Auch Leos Huldigung an Montalembert, den liberalen Führer der französischen Katholiken, der zu seinen Lebzeiten in Rom nicht immer persona grata war, wurde als ein Zeichen der neuen Richtung verstanden.

Noch größeres Aufsehen erregte es, als Leo die vatikanischen Geheimarchive für Forscher aller Konfessionen und Nationen öffnete. Bisher war jeder, der dort eintrat, ohne weiteres exkommuniziert. Leo aber sagte: »Wir haben keine Angst, Dokumente zu veröffentlichen.« Denen, die ihm vorhielten, die Maßnahme sei verwegen, gewisse Akten seien nicht für Menschenaugen, antwortete er kopfschüttelnd: »Kleine Geister! Kleine Geister!«

Ihn erfüllte ein sieghaftes Vertrauen in die innere Kraft der Wahrheit. Über die Pflicht des Historikers äußerte er, sie bestehe darin, nichts Unwahres zu sagen, nichts Wahres zu verschweigen, auch dann nicht, wenn das Ergebnis zu Lasten der Kirche und des Papsttums gehe.

Der Lehre des heiligen Thomas von Aquin widmete Leo XIII. eine eigene Enzyklika. Die Werke dieses großen Kirchenlehrers seien unerläßlich zum Studium der Theologie und könnten auch anderen Wissenschaften Licht geben. Sie zeigten, daß Glaube und Vernunft, Philosophie und Theologie, Naturwissenschaft und Religion einander nicht zu widersprechen brauchten. Das thomasische System, das freilich an der Quelle zu studieren sei, solle die Norm für alle kirchlichen Studien sein. Manche fragten damals: »Soll die Wissenschaft stille stehn? Soll in der Erkenntnis das Mittelalter das letzte Wort haben?« Doch solchen Besorgnissen entgegenete die Enzyklika schon im voraus: »Wenn wir bei den scholastischen Doktoren irgendeine eitle Spitzfindigkeit vorfinden oder eine schwach begründete These oder einen Widerspruch mit einer sicheren Errungenschaft des modernen Denkens, kurz etwas, das aus irgendeinem Grunde unannehmbar ist, so ist es selbstverständlich, daß wir solches unsere Zeitgenossen nicht lehren dürfen.« Auch beeilte sich der Papst, seiner angelegentlichen Empfehlung der thomasischen Methode die Worte hinzuzufügen: »Mit diesen Ausführungen wollen wir gewiß nicht die Bestrebungen jener gelehrten und praktischen Männer mißbilligen, die ihren ganzen Fleiß, ihre ganze Gelehrsamkeit und all die modernen Errungenschaften verwenden, um die Philosophie weiter auszugestalten; wir wissen wohl, daß dies den Fortschritt der Wissenschaft fördert.« Die Erkenntnisse der Neuzeit benutzen, heiße nicht, vom Geist des heiligen Thomas abgehen, im Gegenteil. Die Lehre des Aquinaten sei für den Staat ersprießlich und dem Fortschritt in den Naturwissenschaften nicht feindlich.

Leos Programm und Tätigkeit entsprangen ganz dem Geist des heiligen Thomas, dessen Theologie als Wissenschaft des Übernatürlichen in vollendeter Freiheit dem Natürlichen, auch der Kultur, dem Staat und der Wirtschaft, ihr selbständiges Recht zuteil werden läßt. In fortschreitender Klarheit erkannte Leo XIII. die Selbständigkeit des Staates und der Kultur neben der Kirche. »Es wirkt geradezu befreiend, mit welch echt katholischer, urchristlicher Aufgeschlossenheit der Papst verkündet, daß nicht die Kirche allein, freilich ebensowenig der Staat die Schwierigkeiten meistern könne. Beide zusammen im Bunde mit einer frei sich regenden Gesellschaft, in der auch die Arbeitnehmer vertreten sind: nur so kann das Riesenwerk gelingen« (J. Lortz).

Für einen Mann, der im absolutistischen und klerikalistisch regierten Kirchenstaat groß geworden war, bedeutete es keine Kleinigkeit, der Eigenart des konstitutionellen und parlamentarischen Staates in einer pluralistischen Gesellschaft gerecht zu werden. Von der bloß taktischen Inanspruchnahme demokratischer Freiheiten wie Schul-, Presse- und Vereinsfreiheit für die Kirche bis zur grundsätzlichen Anerkennung der Demokratie durch den Papst war ein weiter Weg. Dieser Weg führte mitten durch den Kulturkampf hindurch.

Wie das neugeschaffene Italien in den Jahren nach seiner Gründung, so erließ auch Preußen in den Jahren nach der Gründung des Deutschen Reiches eine Reihe kirchenfeindlicher Gesetze. Die kirchliche Schulaufsicht wurde abgeschafft, Ordensniederlassungen verboten, alle Ordensleute mit Ausnahme der krankenpflegenden ausgewiesen, die diplomatischen Beziehungen zum Heiligen Stuhl abgebrochen, die päpstliche Jurisdiktion für die katholische Kirche Deutschlands aufgehoben und die Vorbildung des Klerus unter staatliche Kontrolle gestellt. Jede Anstellung eines Geistlichen sollte den Staatsbehörden angezeigt werden. Das Vermögen »unrechtmäßig« besetzter Stellen wurde beschlagnahmt. Allen Geistlichen wurden die Bezüge gesperrt, bis sie die Gesetze anerkannt hatten. Die preußischen Bischöfe weigerten sich standhaft, an der Ausführung der »Kulturkampf«-Gesetze mitzuwirken. Infolge dieses passiven Widerstandes, den die katholische Bevölkerung einmütig unterstützte, waren in Preußen neun Bistümer und tausend Pfarreien verwaist, etliche Bischöfe lagen im Gefängnis, mehrere Bischöfe lebten im Exil. Die Zentrumspartei war entschlossen, den passiven Widerstand durchzuhalten, bis die »Maigesetze« völlig beseitigt seien. Leo XIII. aber hielt es für richtiger, die Seelsorge möglichst bald wiederherzustellen und ging diplomatischer vor. Durch freundliche Gesten gegenüber Kaiser Wilhelm I. und Reichskanzler Bismarck trug er zu einer Besserung der Atmosphäre bei, und durch Zugeständnisse wie Duldung der Anzeigepflicht kam er der preußischen Regierung entgegen. Diese Haltung brachte ihm große Erfolge ein.

Die Regierung erkannte die »friedliche Gesinnung Seiner Heiligkeit« an, ein preußischer Gesandter wurde wieder beim Heiligen Stuhl ernannt, neue Gesetze brachten Erleichterungen, und der Kronprinz besuchte den Papst. Als 1885 der Besitz der Carolinen- und Palaos-Inseln im Stillen Ozean zwischen Deutschland und Spanien umstritten war, bot Bismarck dem Papst das Schiedsrichteramt an, und Leo löste die Frage so, daß Deutschland ebenso zufrieden war wie Spanien. Im folgenden Jahre sprach Bismarck im Abgeordnetenhaus rückhaltlos seine Verurteilung der Maigesetze aus: »Es bleibt jeder Friedensversuch ein Modus vivendi, das heißt ein Versuch, miteinander in Frieden zu leben . . . Ich mache diesen Versuch nicht nur zu dem Papst, sondern auch zu unsern katholischen Landsleuten, daß sie ehrlich dazu die Hand bieten werden, auf dem Raum, welchen wir freimachen von dem Schutt, den die Maigesetze darauf gelassen haben, – denn Trümmer sind sie ja nur noch – den Friedenstempel mit uns zu errichten.« Gesetzesnovellen führten zum Abbau der Kulturkampfgesetze. Der Kritik der Kirchenfeinde entgegnete Bismarck: »Für entbehrlich halte ich den Kirchenstreit, wenn er hiermit beigelegt werden kann . . . Ich muß dem Versuch, meine katholischen Landsleute ihres Bekenntnisses wegen dauernd zu vergewaltigen, meine Mitwirkung versagen.«

In einem Schreiben an den Erzbischof von Köln erklärte Papst Leo, »daß von jenen harten Gesetzen so viel abgeschafft und verändert wird, daß es scheint, sie werden weniger schwer zu ertragen sein. Immerhin wird der Apostolische Stuhl stets alle Vorsorge und Umsicht anwenden, daß ein solcher Stand der Dinge, der noch nicht der beste ist, noch weiter und umfassender verbessert werde. Anderseits mahnen uns das Bewußtsein unseres apostolischen Amtes wie auch die Regeln der praktischen Klugheit, ein gegenwärtiges und sicheres Gut der zweifelhaften und unsicheren Erwartung eines größeren Gutes vorzuziehen.« Wie jedem vernünftigen Politiker war auch Leo der Spatz in der Hand lieber als die Taube auf dem Dach.

Im Jahre 1887 erklärte Leo XIII. vor den Kardinälen die Aufgabe, die ihm die Lage der Kirche in Preußen gestellt, für »erledigt«. Dankbar gedachte er dabei der Unterstützung durch die Bischöfe und die katholischen Parlamentarier. »In der Tat wurde bald die Wegräumung der größten Unzuträglichkeiten erreicht; dann kam man Schritt für Schritt in verschiedenen Punkten überein; und jüngst wurden durch ein neues Gesetz die Bestimmungen der früheren Gesetze teils von Grund aus aufgehoben, teils sehr gemildert. Somit ist jenem erbitterten Kampfe, der die Kirche schädigte und dem Staate keinesfalls nützte, ein Ende gesetzt.« Der Papst erinnerte in dieser Ansprache an das Erreichte: »daß man in Preußen aufgehört hat, die Gewalt des römischen Papstes in der Regierung der Kirche als eine ausländische Macht zu betrachten, daß den Bischöfen die Freiheit in der Regierung ihrer Diözesen zurückgegeben wurde, daß die Priesterseminare wiederhergestellt sind und mehreren religiösen Orden das Recht zur Rückkehr in die alte Heimat und in die alten Gerechtsame gewährt wurde.«

In demselben ersten Jahrzehnt des Pontifikats, in dem Leos praktische Staatskunst sich erfolgreich bemühte, die abgerissenen Fäden zu den Staaten wieder anzuknüpfen, brachte Leos theoretische Denkkraft jene großartige Reihe programmatischer Rundschreiben hervor, die heute noch als eine der wichtigsten Quellen christlicher Staatsphilosophie gilt. Von allen Päpsten der neueren Zeit hat Leo XIII. die meisten Enzykliken verfaßt, und die bedeutendsten von ihnen sind Fragen der politischen Ethik gewidmet. Ihre schöne, würdige und kraftvolle Sprache hat zu ihrer weltweiten Wirkung nicht minder beigetragen wie ihre hochherzige und doch grundsatzfeste Haltung.

Die Enzyklika von 1881 über *Kirche und weltliche Obrigkeit* stellt die Pflichten der Regierenden und die Pflichten der Bürger dar. Leo geht aus vom Ursprung und Wesen der Staatsgewalt. Im

Gegensatz zu utopischen oder pessimistischen Auffassungen sieht er in der Staatsgewalt den rechtmäßigen Machtanspruch des in der Sozialnatur des Menschen begründeten politischen Verbandes. Weil »die politische Gewalt von Gott kommt«, sind die Menschen im Gewissen gebunden, der Obrigkeit zu gehorchen. »Dann allein haben die Menschen nicht zu gehorchen, wenn etwas von ihnen verlangt wird, was dem Naturrecht oder dem göttlichen Recht offenbar widerstreitet.« Die Kirche verlangt Gehorsam selbst gegenüber der heidnischen Obrigkeit. So zeigte der Papst die sittliche Grundlage der politischen Macht, aber auch ihre Begrenzung und Bindung.
In der Enzyklika von 1885 *Über die christliche Staatsordnung* lehrt Leo XIII., ganz im Sinne des heiligen Thomas von Aquin, daß die weltliche Gewalt auf allen Gebieten des diesseitigen Lebens selbständig und keineswegs der Oberherrschaft der Kirche unterworfen ist: »Gott hat die Sorge für das Menschengeschlecht unter zwei Gewalten geteilt, unter die kirchliche und die staatliche; die eine leitet die Sorge für die himmlischen Dinge, die andere die für die irdischen. Jede ist in ihrer Art die höchste: beide haben bestimmte Grenzen, in denen sie sich halten, Grenzen, die durch ihre Natur und die ihnen gestellte Aufgabe bestimmt werden. Es zieht sich gleichsam ein Kreis um sie, in dem die Tätigkeit einer jeden sich selbständig bewegt . . . Alles, was in den Bereich des bürgerlichen Lebens und in den der Politik fällt, das muß von Rechts wegen der staatlichen Gewalt unterliegen, da Jesus Christus befohlen hat, dem Kaiser zu geben, was des Kaisers ist, und Gott, was Gottes ist.« Hier und noch öfters in späteren Kundgebungen stellt der Papst fest, daß die Kirche nicht die Absicht hat, sich in rein politische Dinge einzumischen und irgendetwas vom staatlichen Recht an sich zu reißen. Weiter aber heißt es: »Wenn sich Regenten zu ungerechter Herrschaft fortreißen lassen, wenn sie durch Rücksichtslosigkeit oder Hochmut sündigen, wenn sie das Volk schlecht beraten, so sollen sie wissen, daß sie vor Gott einst Rechenschaft ablegen müssen . . . Alles, was im Staate am meisten das allgemeine Wohl zu fördern vermag: die nützlichen Einrichtungen gegen die Willkür der Fürsten, die das Volk schlecht beraten; alle Maßregeln, die das Eingreifen der Staatsge-

walt in die Verhältnisse der Gemeinden oder in die der Familien verhindern; alles, was die persönliche Würde des Menschen fördert, was die Rechtsgleichheit unter den einzelnen Bürgern erhält – das alles hat die katholische Kirche ins Leben gerufen, begünstigt und stets geschützt.«

In derselben Enzyklika fordert der Papst die Katholiken zu politischer Aktivität auf: »Es ist für das Gemeinwohl bedeutsam, daß die Katholiken auf kluge Art in der Kommunalverwaltung mitarbeiten . . . Es wäre nützlich und lobenswert, wenn die Katholiken ihre Aktionen auch über die Grenzen dieses engeren Feldes hinaus ausdehnten und die großen Aufgaben des Staates übernähmen . . . An den staatlichen Angelegenheiten keinen Anteil nehmen, wäre ganz allgemein ebenso tadelnswert, wie dem Gemeinnutz jegliche Anteilnahme und Mitarbeit zu versagen. Das gilt um so mehr, als die Katholiken gerade durch ihre Lehre verpflichtet sind, sich diesen Aufgaben uneigennützig und gewissenhaft zu unterziehen. Wenn sie müßig bleiben, werden leicht jene die Zügel in die Hand nehmen, deren Ansichten nicht gerade große Hoffnungen auf Besserung der Lage erwecken . . . Die Katholiken haben gerechte Gründe dafür, sich mit Politik zu befassen: Sie tun dies und müssen dies tun, nicht um das zu billigen, was an den politischen Institutionen zu tadeln wäre, sondern um aus diesen Institutionen das Beste herauszuholen, um, so gut es geht, auf echte und wahre Weise das Gemeinwohl zu sichern.«

Zu dieser Stelle bemerkt erläuternd ein Dominikaner: »Diese Teilnahme an der Politik hat als wesentliches Ziel die bessere Sicherung des Gemeinwohls. Oberstes Ziel ist nicht, die Rechte der Kirche oder der Katholiken zu verteidigen« (Suavet).

Das Rundschreiben von 1888 *Über die menschliche Freiheit* wendet sich gegen die liberalistischen Freiheitsidole. Leo weist die Ansicht jener zurück, die behaupten, »das Leben und die Moral des Privatmannes hätten sich nach den göttlichen Gesetzen zu richten, nicht aber das öffentliche Leben im Staate; es sei erlaubt, in der Staatsverwaltung von den Geboten Gottes abzuweichen, auch brauche man bei der Gesetzgebung auf sie keine Rücksicht zu nehmen«. Nein, die Gebote Gottes gelten auch in der Politik. Das schließt Toleranz nicht aus. Leo XIII. äußert

sich darüber ähnlich wie Fénelon: »Die Kirche hat nichts dagegen, daß die öffentliche Gewalt etwas duldet, was der Wahrheit und Gerechtigkeit zuwider ist, wenn es sich darum handelt, ein größeres Übel zu verhindern oder ein wahres Gut zu erlangen oder zu schützen. Selbst der unendliche, gütige Gott, der alles kann, duldet in seiner weisen Vorsehung manches Übel in der Welt, teils, damit nicht größere Güter verhindert werden, teils, damit nicht noch größere Übel entstehen. Die Staatsregierungen sollen hierin den Regierer der Welt nachahmen ... Doch muß die Duldung des Bösen, die zu den Geboten politischer Klugheit gehört, unbedingt in jenen Grenzen sich halten, die der Zweck des Staates, nämlich das Gemeinwohl, verlangt. Wenn sie dem öffentlichen Wohl schadet und noch größere Übel verursacht, darf sie also nicht angewendet werden, weil unter solchen Umständen kein Gut mehr erreicht wird.«
Weit entfernt davon, eine Feindin der Freiheit zu sein, habe die Kirche die wahre Freiheit immer verteidigt: »Jede Freiheit kann nur insofern als rechtmäßig betrachtet werden, als sie eine größere Möglichkeit zum sittlichen Handeln bietet.« Die republikanische Staatsform wird als eine berechtigte Möglichkeit bejaht: »Wo die Staatsgewalt die Untertanen unterdrückt und ausbeutet, so daß das Volk unter ungerechter Gewalt stöhnt oder die Kirche ihrer Freiheit beraubt wird, ist es erlaubt, eine andere Staatsverfassung anzustreben, in welcher Freiheit gewährt wird ... Auch ist es keine Pflichtverletzung, eine Staatsverfassung vorzuziehen, die durch ein Parlament gemäßigt ist ... Die Kirche verwirft keine jener verschiedenen Staatsformen, solange sie aus sich geeignet sind, das Gemeinwohl zu besorgen ... Es ist gut, sich am öffentlichen Leben zu beteiligen ..., ja die Kirche billigt es sehr, daß die einzelnen ihre Kräfte in den Dienst des Gesamtwohls stellen und nach Kräften zum Schutze, zur Erhaltung und zur Blüte des Staates beitragen.« Nur für Italien, von dessen Regierung er die Wiederherstellung des Kirchenstaates forderte, hielt es Leo XIII. wie sein Vorgänger für richtiger, daß Katholiken sich nicht aktiv am politischen Leben beteiligten.
Anfangs hatte Papst Leo die Bildung von politisch-kirchlichen Parteien befürwortet; später aber kam er zu der Erkenntnis, daß

eine politische Partei ihrer Natur nach nicht kirchlich oder konfessionell sein darf, sondern ein Bestandteil des staatlichen Lebens ist. Er mißbilligte die katholische Partei in Frankreich, weil sie nur die Interessen der Kirche verteidigen, in allen staatlichen Fragen aber neutral bleiben wollte. Die Katholiken sollten sich »mit allen anständigen Menschen« zusammentun, um das Gemeinwohl zu fördern. Dem Bischof von Grenoble schrieb Leo XIII.: »Zwar müssen wir an den Dogmen festhalten und uns vor einem Kompromiß mit dem Irrtum bewahren. Dennoch verlangt die christliche Klugheit, daß wir in unserem Bestreben, Gutes zu schaffen, die Andersgläubigen nicht zurückstoßen, ja, mit ihnen zusammenarbeiten.« Der Papst verbot, Männern ihren katholischen Namen zu bestreiten, weil sie sich einer republikanischen Partei anschlössen: Sie bedienten sich damit nur eines Rechts, das jedem Katholiken zustehe. In politischen Fragen sei das Urteil jedes Katholiken grundsätzlich frei und seinem Gewissen anheimgegeben.

Geistliche sollten sich vom Parteikampf freihalten – eine Mahnung, die leider nicht überall befolgt wurde. Leo selbst suchte 1887 auf Bismarcks Bitten zugunsten der Septennatsvorlage (Bewilligung des Militäretats für sieben statt für drei Jahre) auf das Zentrum einzuwirken, freilich vergeblich. Windthorst machte klar, daß das Zentrum in rein politischen Dingen nicht den Weisungen des Heiligen Stuhles folgte. Der Papst konnte dieses Nein um so eher widerspruchslos hinnehmen, als es grundsätzlich seiner eigenen Auffassung entsprach. Mehrfach wies er den französischen, portugiesischen, spanischen, bayerischen und ungarischen Klerus darauf hin, daß der Priester sorgfältiger als jeder andere Bürger die staatliche Macht achten und dem Cäsar geben müsse, was des Cäsars sei. Kolumbien gegenüber erblickte er »keine Schwierigkeit« dabei, die kirchliche Gerichtsbarheit aufzuheben, ausgenommen für rein kirchliche Vergehen Geistlicher. Alle anderen Rechtsstreitigkeiten sowie Strafprozesse, an denen Kleriker beteiligt waren, wurden an die weltlichen Gerichte verwiesen, »in Erwägung der Zeitumstände, der Notwendigkeit rascher Rechtspflege und der Mängel, mit denen die kirchlichen Justizmittel behaftet sind«.

Als Bischof noch hatte Pecci die Trennung von Kirche und Staat bekämpft, als Papst fand er sie unter Verhältnissen wie in Nordamerika natürlich und erträglich. Als Ende 1889 in Brasilien durch eine Revolution der Kaiser gestürzt und die Republik ausgerufen wurde, erließen die neuen Machthaber sofort ein Gesetz zur Trennung von Staat und Kirche, führten die obligatorische Zivilehe ein und schafften die katholischen Feiertage sowie den Religionsunterricht in Staatsschulen ab. Trotzdem hat Leo wenige Monate später die brasilianische Republik offiziell anerkannt. Die Lage der Kirche war unter der Republik wesentlich besser als unter dem staatskirchlichen Kaisertum. Zum erstenmal im neunzehnten Jahrhundert konnte 1890 in Sao Paulo eine freie brasilianische Bischofskonferenz zusammentreten. Die Kirchenämter konnten fortan ohne staatliche Bevormundung besetzt werden. Das kirchlich-katholische Leben blühte auf.
Über die staatsbürgerlichen Pflichten des Christen erließ Leo 1890 eine besondere Enzyklika. Wieder weist er hier auf die Grenze der Staatsmacht hin: »Wenn die Staatsgesetze sich offen gegen das göttliche Recht auflehnen, ... dann ist Widerstand Pflicht, Gehorsam aber Verbrechen.« Und wieder fordert er grundsätzlich von den Katholiken, sich politisch zu engagieren, um den christlichen Grundsätzen im öffentlichen Leben Geltung zu verschaffen. Die Laien sollten die Verteidigung und Verbreitung des Glaubens nicht dem Papste und den Bischöfen überlassen, sondern in der gegenwärtigen Unordnung der glaubenslosen Welt selbst aktiv werden. »Vor dem Feinde zurückzuweichen oder zu verstummen, ist das Zeichen eines Feiglings oder eines Menschen, der an dem Glauben, den er bekennen soll, zweifelt. Beides ist eine Schmach und ein Unrecht gegen Gott, beides gereicht dem einzelnen wie dem Staate zum Verderben und nützt nur den Feinden des Glaubens, da die Feigheit der Guten die Frechheit der Schlechten besonders reizt. Diese Gleichgültigkeit der Christen ist um so tadelnswerter, als die falschen Anschuldigungen und die verderblichen Irrtümer meistens leicht zurückgewiesen werden können ... Mut ist des Christen Kennzeichen ... Der Christ ist zum Kampfe geboren.«
Das Rundschreiben war vor allem für die Katholiken Frank-

reichs wichtig. Leo wollte ihnen nicht mehr politische Entsagung oder eine bloß taktische Aktion in der Kammer zumuten, sondern ihnen wirkliche nationale Mitarbeit ermöglichen. Bisher standen die französischen Katholiken, aufgesplittert in reaktionäre, legitimistische, bonapartistische und neutrale Gruppen, in unfruchtbarer Gegnerschaft zur Republik. Um der Einheit willen forderte Papst Leo sie auf, sich rückhaltlos auf den Boden der Verfassung und der republikanischen Staatsform zu stellen. Den Kardinal Lavigerie, einen feurigen Redner, beauftragte er, die französischen Katholiken zur Aussöhnung mit der Republik zu bewegen. Lavigerie begann seinen Werbefeldzug mit dem berühmten Toast auf die Republik, den er zu Algier in Gegenwart der Offiziere des französischen Mittelmeergeschwaders ausbrachte. Die katholischen Reaktionäre schrien empört auf. Sie mußten sich von Leo XIII. eines besseren belehren lassen.

In seinem Rundschreiben an die Franzosen vom Jahre 1892 erklärte der Papst, die Kirche erstrebe keine Herrschaft über den Staat. Wohl habe sie eine Lehre vom Staat entwickelt; indessen setzten die von der Theologie festgestellten Prinzipien nicht voraus, daß die Welt so unwandelbar werde, wie sie selber es sein müßten. Sie passe sich vielmehr der Umwelt an. Von einer geschichtlichen Notwendigkeit gedrängt, dürfe eine Nation ihre politische Ordnung umgestalten. Kirchenpolitischer Kampf sei *kein* Grund, eine Änderung der Verfassung anzustreben, wohl aber ein tiefgreifender Wandel in der sozialen Struktur eines Volkes. Die Kirche stehe in solchem Falle der Nation nicht im Wege, denn sie verkünde zwar den göttlichen Ursprung der Staatsgewalt, aber nicht den einer jeden Staatsform. Nicht einmal die Trennung von Staat und Kirche weise sie ab. Wo diese Trennung aus der Geschichte erwachse, billige sie das. Wo sie freilich in einem katholischen Lande wie Frankreich künstlich herbeigeführt werden soll, lehne die Kirche sie ab. Noch einmal forderte Leo die französischen Katholiken auf, sich der Republik zu unterwerfen. Die Form der Staatsverfassung sei gleichgültig, Gehorsam gegen die Obrigkeit aber notwendig.

Die Monarchisten unter den französischen Katholiken, in der Vorstellung vom Bund zwischen Thron und Altar aufgewachsen, konnten das päpstliche Ja zur Demokratie nicht verstehen. Aber andere fanden, daß Leo XIII. seine Zeit begriffen habe. Von den Fürsten und Königen enttäuscht, habe die Kirche den Weg zum Volke zurückgefunden, das ihr allezeit die Treue hielt. Jahrelang blieb das Fürstenportal des Vatikans geschlossen, weil kein König mehr nach Rom kam. Da öffnete Leo es von neuem, und hindurch zog ein Arbeiterzug, der über die Alpen gekommen war, um den Segen des Papstes zu holen wie einst die Herrscher ihre Kaiserkrone.

Bei aller Achtung, die Papst Leo XIII. vor den Errungenschaften der modernen Kultur bekundete, konnte er doch nicht verhehlen, daß ein großer Teil der Bevölkerung von ihnen ausgeschlossen blieb. Sein christliches Gewissen drängte ihn, für die Entrechteten und Enterbten, die Erniedrigten und Beleidigten laut seine Stimme zu erheben. Er sah in der Unterjochung und Ausbeutung weißer oder schwarzer Sklaven eine himmelschreiende Ungerechtigkeit, ein Verbrechen gegen die Menschenwürde und eine Schande für das christliche Europa.

Leo XIII. war nicht der erste Papst, der gegen die Sklaverei protestierte. Als im sechzehnten Jahrhundert mit der Entdeckung der Neuen Welt der Sklavenhandel gewaltig anschwoll, hat Papst Paul der Dritte dieses Verbrechen verurteilt und verboten – doch ohne Erfolg. Die Kolonien in Amerika brauchten Arbeitskräfte, und da die Indianer sich für die schwere Arbeit als zu schwach erwiesen, holte man das »Menschenmaterial« aus Afrika. Im Innern des Schwarzen Erdteils jagte man Neger, fing sie wie wilde Tiere, trieb sie zu Tausenden zur Westküste, verfrachtete sie auf Schiffe und importierte diese gewinnbringende Ware in die amerikanischen Kolonien. In kürzester Zeit überstieg der gewerbsmäßige Sklavenhandel den des Altertums und des Orients. In dreieinhalb Jahrhunderten wurden dreißig Millionen Afrikaner nach Amerika eingeführt, ebenso viele gingen auf den Sklavenjagden und Transporten zugrunde. Auf diesem furchtbaren Geschäft beruhte der Reichtum zahlloser Familien und Staaten, die sich christlich nannten.

Päpste wie Pius V., Clemens VIII., Urban VIII., Benedikt XIV.,

Pius VII. und Gregor XVI. wandten sich gegen die Sklaverei. Auch Quäker, Methodisten, Philanthropen und andere christlich oder humanitär gesinnte Gruppen kämpften für die Abschaffung. Zu Anfang des neunzehnten Jahrhunderts verbot ein Gesetz, Negersklaven in die Vereinigten Staaten von Amerika einzuführen. Doch die Plantagenbesitzer der Südstaaten halfen sich, indem sie auf die merkwürdige Einrichtung der Sklavenzucht verfielen. Ein inneramerikanischer Sklavenmarkt entwickelte sich, es gab bald sklavenzüchtende und sklavenabnehmende Staaten, und die einen wie die andern gründeten ihren Wohlstand auf diesem abscheulichen Menschenhandel. Über der Frage der Sklaverei kam es zum amerikanischen Bürgerkrieg, der vier Jahre lang tobte. Mit dem Sieg der Nordstaaten 1865 hatte die Sklaverei in Nordamerika ein Ende.

In Südamerika bestand die Sklaverei noch weiter. Zwar hatte es in Brasilien schon Bemühungen zugunsten der Negersklaven gegeben, doch zu einer wirklichen Befreiung war es noch nicht gekommen, da die interessierten Kreise widerstanden. Da erließ 1888 Papst Leo XIII. eine Enzyklika an die brasilianischen Bischöfe, in der er ihre bisherige Arbeit für die Aufhebung der Sklaverei lobte und sie zu weiterer Aktion aufmunterte. In erschütternden Worten schilderte der Papst die Greuel der Sklavenjagden: Dörfer werden überfallen, junge Menschen gewaltsam ihren Familien entrissen, Vater und Mutter vor ihren Augen ermordet. Wenn sie nicht vorher schon auf den Sklavenpfaden, die mit Gebeinen von Negern besät sind, elend zugrunde gehen, werden sie auf den Sklavenmärkten wie Vieh verkauft. Leo konnte sich für Einzelheiten seiner Schilderung auf die neueren Berichte von Afrikaforschern stützen. Sodann spricht er von dem Los der Sklaven auf den brasilianischen Kaffeeplantagen und beklagt es, daß noch hundert Millionen unter der Peitsche erbarmungsloser Herren leiden. Gegenüber diesen Zuständen weist Leo nachdrücklich auf die drei unverlierbaren Menschenrechte hin, die keinem Menschen genommen werden dürfen: das Recht, über die eigene Person zu verfügen; das Recht, nach eigenen Gesetzen zusammenzuleben; schließlich das Recht, Eigentum zu erwerben und zu besitzen. Der Papst hatte Erfolg. Sofort nach der Enzyklika wurde in Brasilien die Sklaverei gesetzlich abgeschafft.

Leos Rundschreiben für die Freiheit der schwarzen Sklaven gilt heute als »eine unvergängliche soziale Tat« (O. Schilling) und wurde schon damals so empfunden. Unmittelbar nach seiner Veröffentlichung traf in Rom eine Schar schwarzer Christen aus dem inneren Afrika ein. Sie wurden von Kardinal Lavigerie, dem Erzbischof von Karthago und Algier, dem Papst vorgestellt als ehemalige Sklaven, die von Missionaren losgekauft wurden, und als die ersten Zentralafrikaner, die seit Jahrhunderten vor dem Stellvertreter Christi erschienen. Der Kardinal sagte dabei: »Ohne daß irgendetwas sie das hätte voraussehen lassen, trafen sie in Rom ein an demselben Tage, an dem deine Stimme die Welt an die Pflichten der Menschlichkeit erinnerte, die man so grausam verletzt, und an die Christenpflicht, diesem Schrecken ein Ende zu bereiten. Am Grabe der Apostelfürsten Peter und Paul, welche die Aufhebung der Sklaverei und die von Christus geschenkte Freiheit verkündeten, haben sie dein Wort gehört. Es scheint ihnen, als hörten sie nochmals den in deiner geheiligten Person fortlebenden und zur Belehrung und Regierung der Kirche gesetzten Petrus . . . O heiligster Vater, mit welchen Segenswünschen werden eines Tages die Schwarzen Afrikas deinen Namen segnen! Wie teuer wird er ihnen bleiben im Laufe der Jahrhunderte, wenn sie wissen werden, mit welcher Vatergüte du zur Zeit, wo alle noch gleichgültig gegen ihr Schicksal waren, deine Stimme zu ihren Gunsten erhoben hast; mit welcher apostolischen Liebe du für sie Gerechtigkeit und Frieden gefordert hast!« Sichtlich tief ergriffen antwortete Leo und äußerte erneut sein Mitgefühl mit den geknechteten Afrikanern.

Der geniale Lavigerie hat als Begründer der »Weißen Väter« und als Primas von Afrika außerordentlich viel Gutes für den Schwarzen Erdteil getan. Er war es, der eine internationale Bewegung gegen die Sklaverei entfachte und mit rastlosem Feuereifer durch Schriften und Reden dafür warb. Er reiste in die europäischen Hauptstädte und verhandelte mit den Staatsmännern. Er schickte bewaffnete Freischaren, halb Orden, halb Militär, in die Sahara, damit sie die bedrohten Siedlungen vor Überfällen

schützten und gegen die Sklavenjäger kämpften. Es gelang ihm, durch den König von Belgien 1889 die Mächte zu einem Antisklavereikongreß in Brüssel zusammenzubringen. Auf diesem Kongreß kam ein internationales Abkommen zustande, in dem sich die Regierungen verpflichteten, durch wirksame Gesetze den Sklavenhandel zu bekämpfen und die eingeborene Bevölkerung Afrikas zu schützen.
Leo XIII. hat Lavigeries Feldzug gegen die Sklaverei finanziell, diplomatisch und moralisch unterstützt. Ein Zeitgenosse berichtet von Papst Leo: »Mit welcher unausgesetzten tatkräftigen Aufmerksamkeit er die Antisklavereibestrebungen überhaupt verfolgt, zeigte die Anordnung einer Jahreskollekte am heiligen Dreikönigentage in der ganzen katholischen Welt zugunsten der Antisklavereibewegung« (J. Weinand). An Kardinal Lavigerie schrieb Leo: »Ein großes und schwieriges Werk haben wir Dir aufgetragen, damit Du alles, was in Deiner Macht steht, treulich aufbieten mögest, um die Knechtschaft so vieler und so unglücklicher Menschen in Afrika zu verhüten.«

Neben den Millionen schwarzer Sklaven gab es Millionen weißer Sklaven: die ausgebeuteten Proletarier der Industriegesellschaft, deren Lage Leo XIII. in seiner Enzyklika *Rerum novarum* mit der Sklaverei verglich. Der Papst ergriff in diesem Rundschreiben *Über die Arbeiterfrage* die Partei des Proletariats gegen seine Unterdrücker. Es wurde von allen Enzykliken Leos die berühmteste und folgenreichste. Noch siebzig Jahre später würdigte Johannes XXIII. in *Mater et Magistra* die Verdienste seines Vorgängers und schrieb: »Während sich manche nicht scheuten, der Kirche vorzuwerfen, sie tue nichts, als den Armen Ergebung in ihr Elend und den Reichen herablassende Mildtätigkeit zu predigen, zögerte Leo XIII. nicht, offen einzutreten für die Unantastbarkeit der Rechte der Arbeiter und sie zu schützen.«
Rerum novarum erschien im Frühjahr 1891. Man hat gefragt, warum der Papst »erst so spät« sich zur Arbeiterfrage geäußert habe. Man könnte eher umgekehrt sagen, daß das Wort des Oberhauptes der Kirche erstaunlich früh kam. Die Entfaltung und Ausdehnung der Industrie- und Maschinenwelt setzte erst

nach 1891 mit vervielfachten Produktionsziffern ein, die alles bisher Geleistete weit überflügelten. Damit gewann die Arbeiterfrage eine vorher nicht gekannte Dringlichkeitsstufe und Allgemeinheit. Mit Recht wurde festgestellt, »daß das Erscheinen von *Rerum novarum* gerade mit dem Anbruch des eigentlichen großindustriellen Zeitalters zusammenfiel« (P. Jostock). In den meisten Industrieländern bildeten sich die sozialistischen Parteien erst nach dem Erscheinen von *Rerum novarum.* In Italien und Spanien wurden die sozialistischen Arbeiterparteien erst 1892, in England und Belgien, den ältesten Industriestaaten, sogar erst 1893 gegründet. Die deutsche Sozialdemokratie bestand schon länger, war aber bis 1890 durch innere Spaltungen und durch staatliche Unterdrückung in ihrer Ausbreitung und Wirksamkeit behindert. Erst nach der Preisgabe des Sozialistengesetzes im Jahre 1890 und nach der Verkündigung des Erfurter Programms im Jahre 1891 nahmen die Sozialdemokratische Partei und die Gewerkschaften in Deutschland einen gewaltigen Aufschwung. Im Jahre 1891 wurde auf dem Internationalen Arbeiterkongreß in Brüssel der 1. Mai zum Weltfeiertag der Arbeit proklamiert. *Rerum novarum* erschien also zum gleichen Zeitpunkt, zu dem die Arbeiterklasse in ihrer Gesamtheit ihr Selbstbewußtsein fand und sich auf breitester Grundlage organisierte. Übrigens ist *Rerum novarum* keineswegs die erste Erklärung des Papstes zur Arbeiterfrage. Fast ein halbes Jahrhundert hindurch, ehe *Rerum novarum* erschien, hat Leo XIII. immer wieder seine Stimme für die Proletarier erhoben, zuerst als Bischof, dann als Papst. *Rerum novarum* steht nicht am Anfang, sondern am Ende zahlreicher bedeutsamer Äußerungen und Entscheidungen zur sozialen Frage, bildet also »Abschluß, Höhepunkt und Zusammenfassung der Soziallehre Leos XIII.« (W. Schwer).

In Belgien, jenem Land des europäischen Kontinents, in dem sich die neue Dynamik der Industriewirtschaft am frühesten bemerkbar machte, fand der junge Pecci den ersten Kontakt zu sozialen Problemen und ihren Lösungsversuchen. In Perugia wagte er sich selbst an die schwierige Aufgabe heran, Arbeitgeber und Arbeiter gesellschaftlich zusammenzuführen, und zwar in den von ihm begründeten »Gärten des heiligen Filippo Neri«. Im Jahre

1847 hielt er an seine Diözesanen eine Ansprache über »soziale Kultur«. In den 60er Jahren beschäftigte er sich mit Schriften französischer Sozialpolitiker wie Veuillot, Dupanloup und Montalembert. In seinem Hirtenbrief von 1877 schreibt Pecci: »Die neueren, vom Unglauben angesteckten Schulen der Volkswirtschaft betrachten die Arbeit als höchste Aufgabe des Menschen und schätzen ihn selber nur als eine Maschine, deren Wert von ihrer Produktivität abhängt. Daher die völlige Gleichgültigkeit gegen den sittlichen Wert des Menschen; daher der entsetzliche Mißbrauch der Armut und Schwachheit von seiten solcher Leute, die es verstehn, sie zu ihrem Vorteil auszunutzen . . . Einzig bedacht, die Menschen an das Irdische gekettet zu halten und sie darin zu versenken, zu begraben, stumpft man in diesen armen Opfern der wieder heidnisch gewordenen Arbeit das geistige Leben ab. Alles, was den Menschen erhebt und ihn zu dem macht, was er nach Gottes Willen sein soll: König der Schöpfung, Kind Gottes, Erbe des Himmels, es verschwindet dem Blicke und sinkt in Vergessenheit. Dagegen läßt man allen sinnlichen und tierischen Trieben im Menschen die Zügel schießen.« Die Kirche sei dagegen, daß Kinder aus Gewinnsucht in die Fabriken geschleift, die Mütter vom häuslichen Herde geschleppt und die Männer durch Mangel an Erholung abgestumpft und entmenscht werden. Ginge es nach ihrem Sinne, so würde man die Sonntage nicht nur Tage des Herrn, sondern auch Tage des Menschen nennen können.

Gleich nach Antritt seines Pontifikats, am 11. März 1878, hielt Leo XIII. eine Ansprache an eine Vereinigung junger Arbeiter und Handwerker aus Paris. In ungewöhnlich bewegter Sprache sagte er seinen kräftigen Schutz für die Arbeitervereine zu. Tatsächlich erschien noch im gleichen Jahre, am 28. 12. 1878, die Enzyklika *Über den Sozialismus*, welche die Irrtümer des Sozialismus verurteilt und die Bischöfe auffordert, sich der Arbeiter und ihrer Organisationen liebevoll anzunehmen. Auch in der Enzyklika von 1884 befürwortet Papst Leo die Arbeitervereine: »Den Leuten, die sich durch ihrer Hände Arbeit das tägliche Brot sauer verdienen müssen, gebührt wegen ihrer gedrückten Lage vor allen anderen Liebe und Trost . . . Mit nicht geringer Freude erfüllt es uns, daß schon an mehreren Orten Schutzvereine gegründet worden sind. Sie haben es sich zur Aufgabe gemacht, den immerhin achtbaren Proletariern zu helfen.« Schon in diesen Verlautbarungen bejaht Leo XIII. das Koalitionsrecht der Arbeiter, das damals noch keineswegs überall anerkannt war und das er später in *Rerum novarum* ausführlicher begründen sollte.

Ein anderes, damals noch ebenfalls von verschiedenen Seiten bestrittenes Recht der Arbeitnehmer verteidigte Leo 1887, als ihm 1600 französische Arbeiter unter Führung des Sozialpolitikers Graf Albert de Mun huldigten. In seiner Ansprache an diese Abordnung des französischen Proletariats formulierte der Papst das Recht der Arbeiter auf Staatshilfe: »Zweifellos ist das Eingreifen des Staates nicht unerläßlich notwendig, wenn sich in den Verhältnissen zwischen Arbeit und Industrie nichts vorfindet, wodurch die Sittlichkeit, die Gerechtigkeit, die Menschenwürde und das häusliche Leben des Arbeiters verletzt werden. Aber wenn das eine oder andere dieser Güter verletzt oder bedroht wird, dann vollbringt der Staat ein Werk des sozialen Heils, wenn er in der ihm zustehenden Weise und in gerechtem Maße einschreitet; denn ihm steht es zu, die wahren Interessen der ihm unterstellten Bürger zu schützen und zu wahren.« Leo erinnerte daran, daß er seit Beginn seines Pontifikates nicht abgelassen habe, die Grundbedingungen der gesellschaftlichen Ordnung aller Welt zu verkünden, und daß er die Arbeit der sozialen Kongresse in Frankreich, Italien, Deutschland, Belgien und der Schweiz mit Aufmerksamkeit verfolge. Er versicherte, er wolle nicht aufhören, auf die Besserung des Loses der Arbeiter hinzuwirken.

Im Jahre 1889 erschienen trotz Behinderungen durch die antiklerikale italienische Regierung nicht weniger als 10000 französische Arbeiter vor dem Papst, appellierten an die Staaten um Gerechtigkeit und baten den Pontifex um autoritatives Einschreiten: »Herr, rette uns, wir gehen zugrunde!« Leo XIII. hielt vor ihnen eine Ansprache, in der er die Reichen beschwor, ihren »unersättlichen Drang nach Reichtum, Pracht und Vergnügungen zu zügeln«, und den Staat an seine Pflicht erinnerte, »durch kluge und gerechte Gesetze die Interessen der Arbeiterklasse zur Geltung zu bringen«: Namentlich nennt er Jugendschutz, Einschränkung der Frauenarbeit, Sonntagsruhe und Familienschutz als Ziele sozialer Gesetzgebung. »Dies alles fordern Gemeinwohl, Gerechtigkeit und Naturrecht. Den Arbeitgebern ist es vorgeschrieben, den Arbeiter als ihren Bruder anzusehn, sein Los zu bessern, auf seine körperlichen und geistigen Bedürfnisse achtzuhaben, ihn durch das Beispiel eines christlichen Lebens aufzurichten und besonders niemals zu seinem Nachteil von der Gerechtigkeit abzuweichen, indem sie nach überschnellem und unverhältnismäßigem Gewinn trachten.«

Man muß bedenken, daß alle bisher genannten Verlautbarungen, in denen der Papst bereits wesentliche Ideen von *Rerum novarum* vorwegnahm, zu einer Zeit erfolgten, als es in den meisten Ländern noch keine Arbeiterparteien, Gewerkschaften, geschweige denn Arbeiterfraktionen in den Parlamenten gab, und als die bestehenden Arbeiterverbände von den Regierungen unterdrückt oder behindert wurden, so in Deutschland durch das Sozialistengesetz. Damals sahen die Regierungen in der Arbeiterfrage eine Privatsache der Industrie, die den Staat nichts angehe, und wenn irgendwo soziale Forderungen laut wurden, erblickten sie darin eine Regung politischer Unbotmäßigkeit, ja die Aufforderung zur Rebellion gegen die bestehende Ordnung. Ein protestantischer Historiker urteilte von Leo XIII., der von seiner ersten Enzyklika 1878 an in immer neuen Kundgebungen die Richtlinien katholischer Sozialpolitik entwickelte: »Er nahm als die erste autoritative, für große politische Organisationen der Welt maßgebende Persönlichkeit dem Sicheinsetzen für die soziale Frage den revolutionären Beigeschmack . . . Angesichts der Politik der Regierungen . . ., angesichts der verblendeten Haltung der meisten protestantischen Kirchenbehörden war das Eintreten des Papstes für die Arbeiterfrage ebenso mutig wie einsichtsvoll – unzweifelhaft ein Zeichen eingeborenen politischen Instinktes und wahrer Führerschaft« (W. Goetz).

Zwei Ereignisse boten Leo XIII. den Anlaß, seine Soziallehre umfassend in der verbindlichen Form einer Enzyklika darzustellen. In jenem vom Liberalismus geprägten Zeitalter über-

wog die Auffassung, die Wirtschaft folge ihrem eigenen Gesetz, nämlich dem Gesetz des schrankenlosen Wettbewerbs; der Staat solle sich deshalb nicht in wirtschaftliche Dinge einmischen. So herrschte die Macht des Stärkeren. Die Folge war die wachsende Verelendung und Unzufriedenheit der Arbeitermassen, zugleich die wachsende Zusammenballung des Reichtums in den Händen weniger. Die Nutznießer dieses Systems wehrten sich dagegen, daß der Staat zugunsten der Schwächeren regulierend eingreife. Man traktierte die wissenschaftlichen Befürworter staatlicher Sozialreform mit dem Spottnamen »Kathedersozialisten«. Selbst Bismarck hat, wie sehr er auch die Einführung der Sozialversicherung förderte, die Tätigkeit des Staates auf dem Gebiete des Arbeiterschutzes bekämpft. Im christlichen Lager waren die Ansichten über staatliche Sozialpolitik geteilt. Unter den sozialen Katholiken rangen zwei gegensätzliche Meinungen um Anerkennung. Die erste lehnte sozialpolitische Maßnahmen ab; nicht der Staat, sondern die Karitas solle helfen. Die andere Richtung widersprach dem: Eine so allgemeine und schon so lange anhaltende Notlage der Arbeiterschaft lasse auf Fehler in der Struktur von Wirtschaft und Gesellschaft schließen, denen nur durch allgemeine Reform abzuhelfen sei. Mildtätigkeit könne die Übel nur lindern und lasse ihre Ursache unverändert bestehen. Der Gegensatz beider Richtungen trat 1890 auf einem stark besuchten internationalen katholisch-sozialen Kongreß in Lüttich hervor. Dieser Streit war der eine Anlaß für *Rerum novarum*: Der Papst wollte ein entscheidendes Wort dazu sagen.
Daß staatliche Sozialpolitik nicht genüge, sondern durch zwischenstaatliche Regelungen ergänzt werden müsse, war führenden katholischen Sozialpolitikern damals schon lange klar: Die wirtschaftliche Eifersucht der in den Wettkampf um den Weltmarkt eingetretenen Nationen mußte jede Besserung der Arbeiterlage vereiteln, solange nicht die Durchführung gewisser sozialpolitischer Mindestforderungen durch zwischenstaatliche Übereinkunft gesichert war. Die Bemühungen im internationalen Arbeiterschutz setzten auf katholischer Seite schon 1860 ein, zuerst im Elsaß, dann in Frankreich, in Österreich, in der Schweiz und in Deutschland. An den Schweizer Sozialpolitiker

Gaspar Decurtins, der 1888 auf einer internationalen Konferenz eine gemeinsame europäische Fabrikgesetzgebung anzubahnen suchte, richtete Leo XIII. damals einen Brief, in dem er seinen Plan mit höchsten Lobesworten begrüßte und entschieden bejahte: »Die Kinder zu schützen, damit ihre Kräfte nicht vor der Zeit durch Überanstrenung verzehrt und ihre Unschuld nicht in Gefahr gebracht werde, die Mütter zurückzuführen zu ihrer Familie, ihrem Haushalt, ihrem eigentlichen Berufe; den Schutz auf die erwachsenen Arbeiter auszudehnen, damit ihr Tagewerk nicht über die vernünftige Stundenzahl ausgedehnt werde; die Sonntagsruhe gesetzlich zu verbürgen – das sind Dinge, die durch die Vorschriften der christlichen Religion und durch die Gesetze der Menschlichkeit eingeschärft sind, zugleich zeitgemäße Mittel, der sittlichen Pest entgegenzuwirken, die sich in die Adern der menschlichen Gesellschaft einschleicht.« Der Aufruf des Papstes zur internationalen Verständigung zugunsten der Arbeiter fand in katholischen Kreisen Widerhall. Gleichwohl konnte sich Decurtins zunächst nicht durchsetzen. Erst die Ereignisse von 1889 und 1890 brachten den Stein ins Rollen.

Im Ruhrgebiet traten 100000 Bergarbeiter in den Streik. Die Bergleute in Schlesien, Sachsen und an der Saar schlossen sich an. Daraufhin versagte der Deutsche Reichstag Januar 1890 dem Gesetzentwurf der Regierung, der das Sozialistengesetz verlängern wollte, seine Zustimmung. Kaiser Wilhelm II. rückte in zwei Erlassen entschieden von der Sozialpolitik des Reichskanzlers Bismarck ab und erklärte seinen Entschluß, »sich der Fürsorge für den wirtschaftlich schwächeren Teil des Volkes im Geiste christlicher Sittenlehre anzunehmen«. Nur durch internationale Verständigung der Industriestaaten seien die Schwierigkeiten zu beheben. Der Staat habe sich der Arbeiter anzunehmen, doch könne er nicht allein alle wünschenswerten Verbesserungen treffen, die Kirche müsse helfen. Damit waren die bisher abgelehnten sozialpolitischen Forderungen der katholischen Reichstagsabgeordneten und auch die Forderungen Leos XIII. durch das Oberhaupt des Deutschen Reiches praktisch anerkannt. Der Entschluß Wilhelms II. wirkte damals so ungewöhnlich, daß Kardinal Manning, dem eben erst die Beile-

gung des Londoner Dockarbeiterstreiks gelungen war, erklärte: »Ich halte diesen kaiserlichen Akt für den weisesten und würdigsten, der von einem Souverän unserer Zeit ausgegangen ist.« Schon im März 1890 trat die große Arbeiterschutzkonferenz in Berlin zusammen, auf der vierzehn europäische Staaten vertreten waren. Das Programm, das die Regelung der Arbeit im Bergbau, der Sonntagsarbeit, Kinderarbeit und Frauenarbeit vorsah, wurde vorher den Regierungen und auch dem Papst zugesandt. In einem Schreiben an Leo XIII. erklärte der Kaiser unter Berufung auf die Kundgebungen des Papstes zugunsten der Arbeiter: »Ich erachte es als meine Pflicht, Eurer Heiligkeit das Programm zugehen zu lassen, welches als Grundlage für die Arbeiten der Konferenz dienen soll, deren Erfolg ganz besonders gefördert würde, wenn Ew. Heiligkeit den Werken, welche ich verfolge, Ihre wohltätige Unterstützung leihen wollte. Ich habe daher den Fürstbischof von Breslau, welchen ich von der Intention Euerer Heiligkeit durchdrungen weiß, eingeladen, als mein Delegierter an der Konferenz teilzunehmen.« In einem herzlichen Antwortschreiben erklärte Leo, die Konferenz entspreche einem seiner lebhaftesten Wünsche. Er wünschte dem Kaiser für sein Vorgehen Glück und äußerte sich über die Mithilfe der Kirche bei der Lösung der Arbeiterfrage. An das Schreiben Wilhelms II. und an die Berliner Konferenz anknüpfend, forderte Leo XIII. die deutschen Bischöfe auf, beim Werke der Umbildung der Gesellschaft alle Kräfte und alle Mittel aufzubieten. Der deutsche Episkopat erließ August 1890 von Fulda aus ein Hirtenschreiben über die soziale Frage, in dem er ausdrücklich erklärte, auf Anregung des Papstes hin sich zu diesem Thema zu äußern.
So standen die Dinge, als Leo XIII. vor aller Welt in der Enzyklika *Rerum novarum* die Bemühungen der Sozialpolitiker unterstützte und zu den strittigen Problemen ein klärendes Wort sprach. Angegangen wird »nicht mehr die Armut, die Entbehrung, die Überlastung des einzelnen werktätigen Menschen, sondern die Klassenlage der Arbeiterschaft« (O. v. Nell-Breuning). Gleich zu Beginn der Enzyklika umreißt der Papst in wuchtigen Sätzen die Situation und die Aufgabe, die sie stellt: »Der soziale Kampf ist entbrannt. Er ist die Folge der fortschrei-

tenden Industrialisierung, der Modernisierung der Technik, der veränderten gesellschaftlichen Beziehungen zwischen Produktionsmittelbesitzer und Lohnarbeiter, der zunehmenden Zusammenballung von Vermögen in den Händen weniger und der Verarmung vieler, des Wachstums der Arbeiterschaft an Selbstvertrauen und organisatorischer Macht und außerdem des sittlichen Rückschritts.« Die Lage fordert, »daß man der unteren Volksschicht schnell und wirksam helfen muß, da die ihr Angehörenden zum größten Teil in tiefer Verelendung ein menschenunwürdiges Dasein führen . . . Der raffgierige Wucher, von der Kirche schon oft verurteilt, wird von hab- und gewinnsüchtigen Leuten in moderner Form getrieben. Schließlich sind der Produktionsprozeß und fast der ganze Handel unter die Verfügungsmacht nur weniger Menschen geraten, so daß eine verschwindend kleine Schicht gutgestellter und sehr vermögender Leute eine breite Masse von Besitzlosen in beinah sklavischer Abhängigkeit hält.«

Man muß helfen, aber wie? Der Sozialismus sei keine Lösung, da er die Arbeiterklasse schädige und die Aufgabe des Staates verkehre. Was Leo XIII. über die sozialistischen Lehren ausführt, bezieht sich auf den Sozialismus in seiner damaligen Form und Denkart, ohne zwischen den verschiedenen sozialistischen Richtungen zu unterscheiden. Der Ablehnung des Sozialismus entspricht keineswegs eine Bejahung des Liberalismus, im Gegenteil, der Liberalismus wird noch schärfer verworfen. Die kapitalistische Wirtschaftsverfassung und ihre unsozialen Auswirkungen werden von Leo XIII. ebenso drastisch gekennzeichnet wie von Karl Marx: »Die Umschichtung in der Gesellschaft hat die Stadtbevölkerung in zwei Klassen auseinandergerissen, die durch eine breite Kluft getrennt sind. Auf der einen Seite die Herrenschicht, die nur herrscht, weil sie Geld hat. Diese Schicht hat Industrie und Handel in der Hand. Sie weiß die Produktivität der Wirtschaft in die Richtung des eigenen Vorteils und Interesses zu lenken und hat auch in der Politik das entscheidende Wort. Auf der anderen Seite die mittellose, schwache Masse, erfüllt von Erbitterung und Umsturzgedanken.«

Rerum novarum propagierte »weder Armenpflege noch einen

mit Weihwasser gesegneten marxistischen Klassenkampf« (G. Gundlach), sondern eine Reform der Gesinnung und der Zustände im Geiste christlicher Solidarität. Im Widerspruch zum Geist des Zeitalters weist Leo nachdrücklich darauf hin, daß das wirtschaftliche Leben auch seine sittliche Seite habe. Die Rentabilität der Produktion darf nicht auf Kosten der Arbeiter gehen. Leo zitiert Thomas von Aquin: Ein Minimum an materiellen Gütern ist »notwendig zur Ausübung der Tugend«. Gewiß, »Armut ist keine Schande«, aber Elend ist dem tugendhaften Leben ebenso abträglich wie zu üppiger Reichtum. Der Mensch hat ein Recht auf Eigentum, aber nicht nur der Arbeitgeber, sondern auch der Arbeitnehmer. Die irdischen Güter müssen gerecht verteilt werden; das heißt nicht: »Jedem das Gleiche«, sondern: »Jedem das Seine.« Die Menschen sind nicht alle gleich: »Es sind nun einmal von Natur aus unter den Menschen sehr große und sehr viele Verschiedenheiten: hinsichtlich der Begabung, des Eifers, der Gesundheit, der Kräfte ... Dieser Sachverhalt entspricht ganz den Bedürfnissen des einzelnen wie der Gesellschaft. Das gesellschaftliche Leben braucht eine Verschiedenheit der Kräfte und Verrichtungen.« Nicht Klassenkampf, sondern einträchtiges Zusammenwirken rettet die Menschheit. »Das Kapital bedarf der Arbeit, die Arbeit des Kapitals.« Gesinnungsreform tut not: Keine Habsucht, keine Genußgier, aber Achtung vor der Menschenwürde des Nächsten! »Man soll die Arbeiter nicht wie Sklaven behandeln ... Schändlich und unmenschlich ist es, Menschen wie eine Ware zum eigenen Gewinn auszubeuten und sie nur danach zu werten, was ihre Nerven und Muskeln hergeben können.« Dem Arbeiter gebührt genügende Freizeit und gerechter Lohn. »Jemandem den geschuldeten Lohn vorenthalten ist ein großes Verbrechen, das laut um Rache zum Himmel schreit ... Der kleine Mann ist gegen Unrecht und Gewalt mehr oder weniger schutzlos. Gerade deswegen ist sein geringes Eigentum um so peinlicher zu achten.«

»Wenn Leo XIII. zur Abhilfe der sozialen Nöte vor allem ›die Erneuerung der christlichen Lebensauffassung und Lebensführung‹ fordert, so wird damit der neuzeitliche Kapitalismus an seiner Wurzel angegriffen, denn angegriffen wird der Geist, aus dem er lebt ... Die im *Rerum novarum* ausgesprochenen und heute noch unvermindert aktuellen Forderungen der Umbesinnung kann man zusammenfassen in den zwei Leitworten: Welttranszendenz des menschlichen Lebenszieles und solidarische Verantwortlichkeit alles menschlichen Verhaltens« (N. Monzel).

Nicht nur die Gesinnung, auch die Zustände sind zu ändern. Hier hat der Staat einzugreifen, in Gesetzgebung und Verwaltung, und zwar zugunsten der Arbeiter: Denn »die Nichtbesitzenden sind nicht minder Bürger wie die Besitzenden ...; überdies sind sie in jedem Staate bei weitem der größere Teil ... Die Reichen brauchen weniger den öffentlichen Schutz, da sie sich mit eigenen Mitteln zu schützen wissen. Die kleinen Leute dagegen, die nicht über so wirksame eigene Mittel verfügen, müssen sich an den Schutz des Staates halten. Daher muß der Staat sich der Arbeiter ganz besonders annehmen.« Damit hat Leo XIII. die damals umstrittene Frage, ob der Staat sozialpolitisch einzugreifen befugt sei, entschieden. Freilich macht der Papst sofort bedeutsame Einschränkungen: Der Staat soll nicht selber Wirtschaft betreiben und in alles dreinreden, sondern die Vorbedingungen dafür schaffen, daß im Wirtschaftsleben die gerechte Ordnung gewahrt bleibt. »Die Staatsgewalt soll nicht mehr auf sich nehmen und nicht weiter gehen, als die eingerissenen Übelstände und die drohenden Gefahren erfordern ... Es ist ein gewaltiger und verderblicher Irrtum, zu fordern, daß das Gutdünken der staatlichen Gewalt bis ins Innerste von Haus und Heim regiert. Allerdings, wenn eine Familie sich in schwerster Bedrängnis und Ratlosigkeit befände, aus der sie sich in keiner Weise mit eigener Kraft befreien kann, dann ist es gewiß am Platze, daß das Gemeinwesen diesem äußersten Notstand abhilft.« Als Ziele sozialer Gesetzgebung nennt Leo XIII.: Beschränkung der Arbeitszeit, Verbot von Kinderarbeit, Einschränkung der Frauenarbeit, Sicherung von Sonntagsruhe, Erholung und Freizeit, breite Eigentumsstreuung durch gerechten Lohn, das heißt einen Lohn, der Eigentumsbildung ermöglicht.

Die Arbeiter sollen aber nicht nur Gegenstand der Sozialreform sein, sondern Mitträger. Die Neuordnung darf nicht von andern über ihre Köpfe hinweg beschlossen und durchgeführt werden, wie es die patriarchalische Gesellschaftsauffassung will, vielmehr sollen die Arbeiter selbst an ihr mitplanen und mitarbeiten. Sie sollen sich organisieren und durch ihre Verbände ihre Interessen wahrnehmen. Der Staat muß das Koalitionsrecht der Arbeiter anerkennen. Gewerkschaften und Arbeitervereine sind zu fördern. Bundesarbeitsminister Theodor Blank erklärte 1961: »Die Grundgedanken der Enzyklika *Rerum novarum* sind heute so aktuell wie vor siebzig Jahren.«

Vierzig Jahre nach Leos Arbeiterenzyklika umriß Papst Pius XI. in seinem Rundschreiben *Quadragesimo anno* ihre Wirkungen: Sie veranlaßte, daß die katholische Soziallehre rege verkündet und wissenschaftlich ausgebaut wurde; sie beeinflußte die Sozialideen nichtkatholischer Kreise; sie führte zu praktischen Erfolgen, Arbeiter und Bauern wurden geistig und wirtschaftlich gehoben, Organisationen wurden gegründet; sie gab den Antrieb zu umfassender Sozialpolitik, bahnte dem Arbeitsrecht den Weg und setzte das Koalitionsrecht der Arbeiter durch.

Schon Leo XIII. selbst konnte zehn Jahre nach *Rerum novarum* in seinem Rundschreiben *Über die christliche Demokratie* die ersten Erfolge seiner sozialen Enzyklika berichten: »Selbst Nichtkatholiken haben zugegeben, daß die Kirche besonders für die Armen sorgt. Die Katholiken haben aus unserem Schreiben reiche Frucht gezogen. Sie haben aus ihm Anregung und Kraft geschöpft, gute Unternehmen auszuführen, und Licht, um sicher und erfolgreich diese Frage zu studieren. Meinungsverschiedenheiten wurden teils behoben, teils gemäßigt und zum Schweigen gebracht. Der praktische Erfolg war der, daß zur Beseitigung der Not unter den Arbeitern, die in den Großstädten besonders schlimm ist, manche Wohlfahrtseinrichtungen mutig unternommen oder vorteilhaft verbessert wurden, z. B. die Volksbüros, die jenen Rechtsbeistand gewähren, die mit den Gesetzen unbekannt sind, ländliche Darlehenskassen, Vereinigungen zur gegenseitigen Unterstützung oder zur Linderung der Not in Unglücksfällen, Arbeiterwohlfahrtseinrichtungen ... Wir wollen einige Vorschriften geben, damit die genannte Bewegung zur

Hebung des Volkes immer größere Kreise ergreife und noch mehr zum Wohle des Staates beitrage.«

Zunächst verteidigt der Papst Namen und Sache der »christlichen Demokratie«, mit welchem Wort die christliche Bewegung zur Förderung der Volkswohlfahrt bezeichnet wird. Er widerlegt die Vorwürfe, die man gegen die christliche Demokratie erhoben hat, und erklärt: »Keiner wird jetzt mehr die Bestrebungen tadeln, die auf dem Boden des natürlichen und göttlichen Gesetzes einzig das Ziel verfolgen, das Leben der Arbeiter und Handwerker erträglicher zu gestalten. Diese sollen nämlich in den Stand gesetzt werden, für sich allein zu sorgen. Sie sollen zu Haus und im öffentlichen Leben ihre sittlichen und religiösen Pflichten erfüllen können, sollen sich als Menschen fühlen und nicht als Tiere.«

»Die soziale Frage ist nicht nur eine wirtschaftliche Frage, sie ist in erster Linie eine sittliche und religiöse Frage. Deshalb muß sie auch hauptsächlich nach dem Sittengesetz und nach den Grundsätzen der Religion gelöst werden. Mag auch der Lohn der Arbeiter wachsen, mag die Arbeitszeit verkürzt werden, mögen selbst die Lebensmittel billiger werden, so wird doch der Erwerbsfleiß schwinden und die ganze Lage des Arbeiters sich verschlechtern, wenn der Arbeiter auf jene Lehren hört und jenen Beispielen folgt, die ihn dazu verlocken, die Gottesfurcht über Bord zu werfen und die guten Sitten preiszugeben. Die tägliche Erfahrung bestätigt, daß die meisten Arbeiter trotz kürzerer Arbeitszeit und größerem Lohn ein ärmliches und kümmerliches Leben führen, wenn sie sittenlos und religionslos dahinleben. Nimm dem Herzen die Gesinnung, welche die christliche Lehre einpflanzt und hegt, reiße heraus den Geist der Vorsorge, der Bescheidenheit, der Sparsamkeit, der Geduld und aller anderen natürlichen Tugenden, so wirst du bei aller Anstrengung vergebens nach dem Glück haschen.«

»Dem armen Arbeitervolk ist nicht bloß durch zeitweilige Unterstützung zu helfen, sondern auch durch dauernde Wohlfahrtseinrichtungen. So wird die Not sicherer und nachhaltiger behoben.« Karitas und Almosen sind gut und nützlich, können aber die soziale Not nur lindern, nicht beseitigen. Es kommt darauf an, »die Arbeiter für Sparsamkeit und Vorsorge für die Zukunft zu gewinnen, so daß sie sich mit der Zeit wenigstens teilweise selbst helfen können.« Papst Leo ruft vor allem die Hilfe jener auf, »die durch Stellung, Vermögen, Bildung und Charakter größeres Ansehen im Staate genießen. Ohne ihre Hilfe ist kaum etwas Wertvolles für die Hebung des Volkes zu erreichen ... Wir machen sie aber darauf aufmerksam, daß es nicht in ihrem Belieben steht, sich der unteren Klassen anzunehmen oder nicht: Sie sind dazu unbedingt verpflichtet. Keiner lebt im Staate bloß zu seinem eigenen Vorteil, sondern auch für das Gemeinwohl ... Der Grad der Verpflichtung hängt ab von dem Maße der empfangenen Güter: Je reicher einer ist, um so strenger wird die Rechenschaft sein, die er vor Gott, dem Geber dieser Güter wird ablegen müssen ... Wer also die Sache des armen Volkes vernachlässigt, versündigt sich an sich selbst und am Staate.« Damit die Kräfte nicht zersplittert werden, fordert Leo zur Vereinigung und Koordination aller Bemühungen auf und schlägt Dachorganisationen vor. Klerus, Welt- und Ordensgeistliche sollen »unter das Volk gehen« nach dem Vorbild des heiligen Franz von Assisi und des heiligen Vinzenz von Paul. Mit dieser Erklärung stellt sich der Papst schützend vor jene Priester, die sich aufopfernd der Arbeiter annahmen und deshalb von Mitbrüdern, die in dieser Hinsicht gar nicht eifrig waren, als »rot« verschrien wurden.

Leo XIII. wollte überall Eintracht und Frieden. Darum suchte er Kirche und Kultur, Kirche und Staat, schwarze und weiße Rasse, Industrieherren und Arbeiterklasse miteinander zu versöhnen. Und darum war er auch bestrebt, die Gegensätze zwischen den Konfessionen und zwischen den Nationen zu entschärfen. Den eucharistischen Kongreß 1893 in Jerusalem ließ er zu einer ergreifenden Kundgebung für die Wiedervereinigung der Westkirche mit der Ostkirche werden. Gegenüber den mit Rom unierten Patriarchaten des Orients verzichtete er darauf, die Riten und die Disziplin der lateinischen Form anzugleichen, und achtete die eigenwüchsigen Gebräuche jener Kirchen. Ihm war es selbstverständlich, daß die Einheit des katholischen Glaubens

durch die Mannigfaltigkeit der liturgischen und rechtlichen Lebensformen nicht zu leiden braucht. Er unterstützte und ehrte die unierten Orientalen auf alle Weise. Auch der von Rom getrennten Ostkirche bekundete er seine Sympathie, namentlich in seiner rühmenden Enzyklika über die Slavenapostel Cyrillus und Methodius, und er suchte ihr das Mißtrauen zu nehmen, als würde sie bei einer Einigung ihre herrliche Chrysostomus-Liturgie opfern müssen. Zu seiner Freude kehrten die Armenier, die sich nach dem Ersten Vatikanischen Konzil von Rom getrennt hatten, unter die Obhut des Heiligen Stuhles zurück. Den armenischen Patriarchen Hassun erhob Leo als den ersten Orientalen seit dem fünfzehnten Jahrhundert zum Kardinal. Er gründete in Rom ein armenisches Kolleg zur Ausbildung einheimischer Priester. In der Pfingstenzyklika 1897 erklärte er neben der Wiederherstellung des christlichen Lebens in der Gesellschaft als sein Hauptziel »die Wiedervereinigung aller, die im Glauben oder im Gehorsam von der Kirche getrennt sind«. Die Londoner *Morning Post* schrieb: »Die Gestalt dieses Papstes, der an die Vereinigung der Christenheit denkt, um die soziale Ordnung gegen die Gesamtheit der Feinde zu verteidigen, muß dem englischen Volke sowie allen christlichen Völkern, ob katholisch oder nicht, staunenswert und edel erscheinen . . . Dieses Ideal, das vom Vatikan aus der Welt vorleuchtet, verleiht dem Papsttum eine Macht, wie sie ihm weder ein großes Königreich noch eine große Anzahl Untertanen geben könnten.«
In den letzten Jahren seines Lebens erließ Leo XIII. immer dringlichere Aufrufe zum Völkerfrieden. Schon 25 Jahre vor Ausbruch des ersten Weltkrieges, im Jahre 1889, erklärte er in einer Ansprache an die Kardinäle: »Kein Streben ist wichtiger, als die Fernhaltung der Kriegsgefahr.« Er beklagte die Anhäufung ungeheurer Truppenmassen und die endlosen Kriegsrüstungen, die den Völkern unerträgliche Lasten auferlegten. Diese Rüstungen reichen wohl aus, eine Zeitlang den kriegerischen Angriff zurückzuhalten, doch auf die Dauer können sie weder Sicherheit noch Ruhe schaffen. Sie erregen Mißtrauen und erfüllen die Menschen mit Angst vor dem Kommenden. Eine feste Grundlage hat der Friede nur in Gerechtigkeit und Liebe. Am

Schluß forderte der Papst zum Gebet für den Frieden Europas auf. »An alle Fürsten und Völker der Erde« erließ Leo 1894 ein Rundschreiben, in dem er am Wettrüsten der europäischen Mächte Kritik übte. Die ungeheure Steigerung der Rüstung errege Argwohn und gefährde den Frieden. »Wir leben schon Jahre lang nur noch in einem Scheinfrieden.« Mehr denn je sei die »Annäherung der Nationen besonders wünschenswert zur Verhütung unheilvoller Kriege«. Leo machte sich keine Illusionen über den Ernst der Lage. Er hörte schon das Knistern im Gebälk, das den baldigen Einsturz des Hauses ankündigte. Seine Enzyklika von 1902 enthält düstere Töne. Der Fortschritt in Wissenschaft, Technik und Kultur macht ihn nicht taub gegen »das schauerliche Murren der unteren Klassen«. Er sieht »das zum Äußersten gebrachte Volk«, er spürt »die unsagbare Traurigkeit, die auf den Gemütern lastet, und die tiefe Leere in den Herzen«. Er beklagt die Zerrüttung der Familie, den Verfall der sozialen Ordnung, den Egoismus im politischen Leben. »Das sind unheilvolle Ansichten, welche die rohe Gewalt als höchstes Gesetz der Welt aufstellen; daher die rastlose und maßlose Vermehrung der Kriegsrüstungen, daher ein solcher Friede, der dem schlimmsten Kriege in seinen Folgen vergleichbar ist.«
Es war, als fürchtete Leo, eine Weltkatastrophe könnte ihn der Früchte seiner Lebensarbeit berauben. Er hatte zwar nicht alles erreicht, was er gewollt; die Aussöhnung mit Italien war nicht zustande gekommen; seine Frankreichpolitik endete in Enttäuschungen. Aber vieles war ihm gelungen, dessen er sich freuen durfte. Die unter seinem Vorgänger unfreundlich gewordenen Beziehungen zu den meisten Staaten hatten sich wesentlich gebessert. Der Kulturkampf in Deutschland, in der Schweiz und in Belgien war beigelegt, die staatskirchlich-josefinische Gesetzgebung in Österreich abgebaut, die Feindschaft der französischen Katholiken gegen die Republik beseitigt. Rußland und Japan hatten Gesandtschaften beim Vatikan errichtet. Die Kirche war um 248 neue Bistümer und 48 apostolische Vikariate gewachsen und hatte an Ansehen gewonnen. Schon 1883 konnte Windthorst im Preußischen Landtag erklären: »Die moralische Autorität des Heiligen Stuhles ist in keiner Periode der Weltgeschichte größer

gewesen.« Die Huldigungen, die dem Papst 1883 zum vierzigjährigen Bischofsjubiläum, 1887 zum fünfzigjährigen Priesterjubiläum, 1893 zum fünfzigjährigen Bischofsjubiläum und 1902 zum fünfundzwanzigjährigen Papstjubiläum von den Staaten entgegengebracht wurden, bezeugen die Wertschätzung, deren sich Leo XIII. erfreute. »Mehr als irgendwann in der neueren Geschichte ist das Papsttum unter Leo XIII zu einer Großmacht der Politik emporgewachsen«, urteilt der protestantische Kirchenhistoriker Heinrich Hermelink.

Der Pecci-Papst war »im Innersten Politiker von solcher Lebenskraft und Sensibilität, wie sie uns auch in der Geschichte der neueren Jahrhunderte selten begegnet« (M. Spahn). Die politische Begabung verband sich bei ihm mit der tiefen Frömmigkeit, von der seine vielen Rosenkranzenzykliken zeugen, und mit jener feinen humanistischen Geistesbildung, die der elegante Stil seiner lateinischen Verse verrät. In seinem Privatleben hielt er sich schlicht. Er war äußerst genügsam im Essen und wohnte lieber in den kleinen Zimmern als in der repräsentativen Amtswohnung. Über seine Arbeitskraft und Ausdauer staunten alle. Er stand um sechs, manchmal schon um fünf oder vier Uhr auf und legte sich erst um elf Uhr nachts zu Bett. Selber unermüdlich tätig, stellte er auch an seine Mitarbeiter hohe Ansprüche und kannte keine Schonung. Sein Kardinalstaatssekretär Rampolla und andere vatikanische Amtsträger bekamen viele Jahre lang keinen Urlaub. Ein Prälat erhielt von Leo ein deutsches Buch zum Übersetzen. Er wußte, wie schnell der Papst bedient sein wollte, und arbeitete mit einem Schreiber, dem er diktierte, einen Tag und zwei Nächte fast ohne Ruhepause. Als er am Morgen die Übersetzung brachte, empfing ihn Leo mit den Worten: »Endlich kommen Sie!«

Frei sprechen konnte er nicht gut. »Er schrieb daher alle seine Ansprachen und Reden auf und lernte sie auswendig . . . Leo hat keine hinreißende Beredsamkeit gehabt, selbst wenn die heftigen Bewegungen der Arme und des Körpers wie die eigentümlich näselnde Stimme nicht gewesen wären« (A. de Waal). Sein Geist war überaus elastisch. Noch als Greis hörte Leo nicht auf, um sich zu schauen und weiter zu lernen. Es war nicht seine Art, starr an einer Meinung festzuhalten, die durch neuere Ereignisse widerlegt worden war. Bis zum letzten Augenblick bewahrte er seine geistige Frische, die ungetrübte Klarheit seines Gedächtnisses und Verstandes. Als er sein fünfundzwanzigjähriges Papstjubiläum feierte, hielten viele Besucher es für möglich, daß er hundert Jahre als werde. Sein Gesicht war von jeher wachsbleich und mager gewesen, doch darin leuchteten schwarze Augen, deren strahlender Glanz bis zu seinem letzten Tage nicht erlosch. Der protestantische Historiker Johannes Haller, der von Leo empfangen wurde, konnte von dem »fuchsartig-listigen Ausdruck«, den Lenbach in seinem Porträt dem Papst gab, nichts entdecken: Das Gesicht des greisen Pontifex habe einen »milden und gütigen« Ausdruck gehabt. In seinem vierundneunzigsten Lebensjahr ging der weise Lehrer der Welt heim in den ewigen Frieden.

Papst Pius X.

(1835–1914)

Seit mehr als drei Jahrhunderten hatten ausschließlich Männer adeliger Herkunft auf dem Stuhl Petri gesessen. Leo XIII. stammte aus einer Familie, die sich zwar ohne Rechtstitel dem Landadel zuzählte, doch galt der Pecci-Papst als ein Grafensohn, und er empfand als Aristokrat. Erst in seinem Nachfolger wurde nach so langer Zeit wieder ein Mann aus dem untersten Volk mit der Tiara gekrönt.

Giuseppe Sarto, was zu deutsch soviel wie Josef Schneider heißt, wurde als ältestes von neun Kindern eines Gemeindedieners in dem venezianischen Dorf Riese geboren. Der Pfarrer entdeckte die Begabung des geweckten Bürschleins und gab ihm den ersten Lateinunterricht. Bald wurde Bepi Schüler des Gymnasiums in Castelfranco und marschierte täglich den drei Kilometer langen Schulweg zu Fuß, die Schuhe, um das Leder zu schonen, über die Schulter gehängt und ein Stück Polenta in der Tasche. Mit fünfzehn bezog er das Seminar in Padua, mit 23 wurde er zum Priester geweiht.

Sein Aufstieg von Würde zu Würde vollzog sich in fünf Etappen von je neun Jahren: Kaplan in Tombolo, Pfarrer in Salzano, Domherr in Treviso, Bischof von Mantua, Patriarch von Venedig. Schon als Dorfkaplan zeigte Sarto die Eigenschaften, die ihn in jedem Wirkungskreis auszeichneten: glühenden Pflichteifer, unermüdliche Arbeitskraft, Organisationstalent, Mutterwitz, Humor und Frohsinn, das alles beseelt von einer Frömmigkeit, die ihm Natur war und die gar nichts Außergewöhnliches an sich trug. Da der Pfarrer von Tombolo krank war, mußte der Kaplan so ziemlich alles leisten. Sarto hatte noch Kraft genug, neben seinen mannigfachen Amtspflichten eine Abendschule für Erwachsene einzurichten und den größten Teil der Nacht zum Studium zu verwenden. »Mir genügt ein Schläfchen«, versicherte er

lachend der besorgten Haushälterin, die um vier Uhr nachts noch Licht in seinem Zimmer bemerkt hatte.
Mit 32 wurde Sarto Landpfarrer. Er besuchte jede einzelne Familie in seinem Sprengel, auch die Juden und die Kirchenfeinde. Sein gutmütiger Humor und sein tatkräftiges Zupacken, wo Not am Mann war, machten ihn allgemein beliebt, und so gelang ihm vieles - ob er, ein geborener Erzieher, das Schulwesen beaufsichtigte, oder, in verbindlicher Liebenswürdigkeit, bei den weltlichen Behörden vorsprach, oder, geschäftstüchtig wie er war, eine ländliche Genossenschaftskasse gründete, oder, als sozialdenkender Seelsorger, den Arbeiterinnen einer nahen Fabrik bessere Arbeitsbedingungen aushandelte. Grenzenlos war seine Freigebigkeit. Wenn er nichts mehr zu verschenken hatte, machte er für die Armen sogar Schulden. »So war es nicht verwunderlich, daß das Volk einen solchen Pfarrer liebte und verehrte. Dieser Liebe tat nicht einmal sein Temperament Eintrag, dem er freien Lauf ließ, wenn etwas allzusehr sein Mißfallen erregte. Und wenn er auch einmal die Hände verwarf oder in gerechtem Zorn gar sein Birett beiseite schleuderte, die Leute wußten, wie herzensgut es dieser Pfarrer mit ihnen meinte« (N. Vian). Zu seinen Predigten kamen auch viele Leute aus anderen Pfarreien. Als einige Amtsbrüder, die sich in ihren Rechten beeinträchtigt fühlten, sich deshalb beim Bischof beschwerten, erhielten sie die Antwort: »Macht's ebenso!«
Schweren Herzens verließ der vierzigjährige Sarto seine Pfarre, als sein Oberhirte ihn nach Treviso berief und ihm drei Ämter zugleich übertrug: das eines Domherren, eines bischöflichen Kanzlers und eines Spirituals am Priesterseminar. Außerdem hielt der Kanonikus als Professor am Seminar Vorlesungen über Dogmatik, Moral, Kirchenrecht und Liturgik. Später wurde Sarto noch Propst des Kapitels, Synodalexaminator, Mitglied des kirchlichen Gerichtes und Generalvikar. Als Erzieher des Priesternachwuchses wie als führender Kopf der kirchlichen Verwaltung hat er seine vielfachen Gaben entfaltet und Hervorragendes geleistet. Auch jetzt noch hörte er nicht auf zu lernen und seine Nächte den Büchern zu opfern. Neben den 24 Bänden der Werke des Chrysostomus, den vier Bänden der Werke Cyprians, den

Predigten Lacordaires und anderen theologischen Werken erwarb er die Gedichte Petrarcas, das *Lob der Torheit* von Erasmus, historische, mathematische, astronomische und medizinische Bücher. Er wollte die Pflichten seines Amtes so gut wie möglich erfüllen und dachte nicht daran, in der kirchlichen Hierarchie noch höher aufzusteigen. Als ihm sein Bischof die Berufung auf den Sitz von Mantua mitteilte, beteuerte Sarto weinend, er sei ganz ungeeignet und unwürdig für eine so hohe Stellung. In der Überzeugung, daß der Papst ihn völlig unrichtig beurteile, schrieb er nach Rom, um seine Unfähigkeit darzulegen – vergeblich.

Der Bischofsstuhl von Mantua war oft jahrelang, zuletzt über fünf Jahre verwaist gewesen, da die kirchenfeindliche Regierung dem vom Papst ernannten Bischof das Exequatur, das heißt die staatliche Anerkennung und die Einweisung in die Einkünfte des Bistums, verweigerte. Überdies hatte der Staat die Kirche vieler Mittel beraubt. So fand der 49jährige Bischof in seiner Diözese betrübliche Zustände. Kapläne und Pfarrer waren so arm, daß sie mehrmals im Jahre von Tür zu Tür ihren Lebensunterhalt zusammenbettelten. Sie vernachlässigten Predigt und Katechese, und wenn sie sonntags überhaupt anwesend waren, haspelten sie die Messe in sieben Minuten ab. Dieser Klerus hatte beim Volk weder Ansehen noch Einfluß. Die Bevölkerung war der Kirche entfremdet, »der größere Teil vielleicht« ging nicht einmal Ostern zu den Sakramenten. Sarto sah die Lage illusionslos, ließ sich aber nicht entmutigen. Schon im ersten Sommer begann er die 153 Pfarreien seines Bistums zu visitieren. Er berief die erste Diözesan-Synode, die seit zweihundert Jahren in Mantua stattfand. Das Priesterseminar, das er verfallen, ohne Nachwuchs und ohne Geld vorgefunden hatte, brachte er wieder zur Blüte; er selbst übernahm das Amt eines Rektors und Professors und erzog, wie schon in Treviso, eine Generation von Priestern. Um den älteren Klerus wissenschaftlich und religiös zu heben, ordnete er Pastoralkonferenzen und Priesterexerzitien an. Immer wieder schärfte er seinen Geistlichen ein: »Prediget, prediget! Belehrt die Kleinen und die Großen, die Unmündigen und die Gebildeten! Was vor allem not tut, ist, daß die Gläubigen die

Wahrheiten des Glaubens wie die Gebote Gottes und der Kirche besser kennenlernen; dann wird sich auch das Leben der euch anvertrauten Seelen bessern.« Er selbst ging mit gutem Beispiel voran, predigte viel und hielt persönlich Volksmissionen ab. Die Jubiläen vorbildlicher Persönlichkeiten beging er aus seelsorglichen Gründen mit besonderer Feierlichkeit. Ein Ereignis wurde die Centenar-Feier zu Ehren des heiligen Reformators und Bischofs Anselm von Lucca, der vor achthundert Jahren in Mantua gestorben war und dessen Leib unter dem Hochaltar der Domkirche ruht.

Nach neunjähriger Reformtätigkeit in Mantua wurde der Bischof von Leo XIII. zum Kardinal und Patriarchen von Venedig erhoben. Sechzehn Monate konnte er von seinem neuen Bistum nicht Besitz ergreifen, da die italienische Regierung sich Patronatsrechte anmaßte und die Ernennung nicht bestätigen wollte. Dann aber wurde er vom Volke Venedigs mit Begeisterung empfangen. In seiner ersten Predigt in San Marco sagte Kardinal Sarto: »Ich würde mich schämen, dergleichen Ehren zu empfangen, wüßte ich nicht, daß sie nicht meiner armen Person gelten, sondern Jesu Christo, den ich vertrete und in dessen Namen ich zu euch komme. Ihr wünscht mir zu bezeugen, daß ihr in mir euern Bischof, euern Vater, euern Patriarchen erkennt, und ich bin verpflichtet, eure Liebe zu erwidern. Als Christus dem heiligen Petrus die Sorge für seine Schafe und seine Lämmer übergab, forderte er von ihm ein dreifaches Bekenntnis seiner Liebe und gab ihm also zu verstehen, daß Liebe dem Seelenhirten am nötigsten ist. Von diesem Augenblick an nehme ich euch alle in mein Herz auf. Ich liebe euch mit starker, übernatürlicher Liebe und verlange nur nach dem Heile eurer Seelen. Denn ihr alle bildet nun meine Familie – Priester, Bürger, groß und gering, reich und arm. Mein Herz und meine Liebe gehören euch, und von euch verlange ich nichts, als daß ihr dieselbe Liebe mir erwidert. Mein einziger Wunsch ist, daß ihr von mir sagen könnt: ›Unser Patriarch ist ein gradherziger Mann, der das Banner unseres Herrn Jesus Christus hochhält, der nichts anderes anstrebt, als die Wahrheit zu verteidigen und Gutes zu tun!‹ Und da Gott der

Herr mich, ein Kind aus dem Volke, zu solch hoher Würde erhoben hat, wird er mir gewiß die nötige Stärke und Gnade geben, um eine so große Aufgabe zu erfüllen. Eines Bischofs Obliegenheit ist es, Gottes Wahrheit zu verkünden, sie dem Volke zu erklären, und ich betrachte es als meine heilige Pflicht, sie offenherzig zu verteidigen. Für die Rettung der Seelen bin ich zu jedem Opfer bereit. Ihr, die ihr für Gottes Sache Eifer habt, kommt mir zu Hilfe, arbeitet mit mir, und Gott wird uns die nötige Gnade geben, um unser Ziel zu erreichen.«

Der leutselige Kardinal, der auf Prunkentfaltung und Zeremoniell keinen Wert legte, ohne Personal auskam und ein schlichtes Leben führte, gewann sofort das Herz des Volkes. Wie ein einfacher Pfarrer brachte er Kranken die Kommunion, hörte Beicht, besuchte Gefängnisse und Spitäler. Im Sommer ging er jeden Morgen von sieben bis neun am Lido spazieren und plauderte unterwegs heiter mit Marktfrauen, Gondolieri, Hausierern und Kindern. Doch vergab er nichts von seiner Würde und verstand bei Gelegenheit, wo es angebracht war, wie ein großer Herr aufzutreten: stattlich, hoheitsvoll und mit vollendeter Höflichkeit. Selbst nüchtern beobachtende Ausländer und Kirchengegner waren von der Grandezza und Liebenswürdigkeit des Patriarchen entzückt.

Sein Seeleneifer blieb unvermindert. Persönlich leitete er eine Zeitlang das Priesterseminar und stellte für es neue Hausregeln auf. Persönlich gab er Exerzitien für den Klerus. Persönlich predigte er, wo sich die Möglichkeit bot. Die Unwissenheit in der christlichen Lehre nannte er das große Übel der Zeit. Viele Mißstände hätten dort ihre Wurzel. Manche Katholiken, die in weltlichen Wissenschaften sehr bewandert seien, hätten vom Glauben eine mehr als dürftige Kenntnis. »Es wird zu viel ›gepredigt‹ und zu wenig belehrt. Laßt die blumenreichen, gekünstelten Reden und verkündet dem Volke schlicht und einfach die ewigen Wahrheiten, die Lehre des Evangeliums! Denkt mehr an das Wohl der Seelen als an den Eindruck, den ihr hervorruft! Das Volk dürstet nach Wahrheit; gebt ihm, was es zur Gesundheit der Seelen braucht, denn das ist des Priesters erste Pflicht.«

Wie schon in Mantua, begründete der Patriarch auch in Venedig

eine katholische Presse und organisierte die katholischen Männer. Obwohl in der weltlichen Behörde die Radikalen den Ton angaben, bemühte er sich, mit ihr in gutem Einvernehmen zu stehen. Dank seinem Ansehen kam zwischen Katholiken und Liberalen eine Verständigung zustande, und er sorgte dafür, daß bei den Wahlen für den Stadtrat die Vereine geschlossen zur Wahlurne gingen. Das Ergebnis war eine neue Stadtverwaltung, welche die religiösen Überlieferungen Venedigs achtete. Eine freimaurerische Zeitung meinte nach dem Wahlsieg der venezianischen Katholiken: »Der Patriarch Sarto ist ein Politiker ersten Ranges, der es wunderbar verstanden hat, die klerikale Partei zu organisieren und mit ihrer Hilfe den Gemeinderat, das öffentliche Leben, die Stadt zu beherrschen.« Eine deutsche Zeitung schrieb: »Sarto war der praktisch-soziale Kardinal, als Wohltäter der einzelnen Armen und als erfolgreicher Vermittler zwischen Arbeiter und Arbeitgeber bei deren Streitigkeiten; er war der staatserhaltende und ordnungssichernde kluge Kardinal, als welcher er die extremen und umstürzlerischen Elemente . . ., die in Venedig die erste Rolle spielten, durch die Vereinigung der Katholiken mit den Gemäßigten auf kommunalem Gebiete aus dem Sattel hob.«
Die Beliebtheit des Patriarchen zeigte sich noch einmal in den Ovationen, die ihm von Brücken und Balkonen der Lagunenstadt entgegenschallten, als er nach Leos XIII. Tod zum Konklave nach Rom abreiste. Gewisse höfliche Anspielungen wehrte er scherzend ab und rief: »Tot oder lebendig – ich komm zurück!« Doch auch Heilige können sich irren.

»Meine Wahl wäre der Ruin der Kirche. Ich bin unfähig, unwürdig! Vergeßt mich doch!« Weinend beschwor Kardinal Sarto die Teilnehmer am Konklave, von ihm abzusehen, Als beim ersten Wahlgang fünf, beim zweiten zehn Stimmen auf ihn gefallen waren, hatte er das noch als ein Mißverständnis abgetan. In den weiteren Wahlgängen aber war die Zahl der Stimmen für Sarto stetig gewachsen. Eine namenlose Angst überfiel ihn. Er sah das Papsttum als eine ungeheure Last auf sich zukommen und fühlte sich ihr nicht gewachsen. Mit 50 von 63 Stimmen gewählt, fügte er sich schließlich in den Willen Gottes und nahm »in Erinnerung an die Päpste, die so viel für die Kirche gelitten«, den Namen Pius X. an.

Noch am Tage seiner Wahl ernannte er den Staatssekretär: keinen der Kurienkardinäle und Nuntien, auch keinen Italiener, wie es jahrhundertealter Brauch wollte, sondern den erst achtunddreißigjährigen, aber hochbegabten Monsignore Merry del Val, der von Geburt Spanier und in England erzogen war. In der Wahl dieses Prälaten bewies Pius Scharfblick und Unabhängigkeit. Überhaupt zeigte sich sofort, daß Giuseppe Sarto, dieser schlichte Mann aus dem Volke, seine eigenen Vorstellungen darüber hatte, wie die Kirche zu regieren sei, und genau wußte, was er wollte. Der ganze überlebte Pomp des vatikanischen Hofstaates, Kammerherren in spanischer Tracht, Nobelgarde mit Helmbüschen, Schweizergarde in Brustharnischen, diese Schau, die heute nur noch von jenen ernst genommen wird, die in ihr eine Rolle zelebrieren, muß dem neuen Papst recht sonderbar vorgekommen sein. Während der ersten Nacht, die er im Vatikan verbrachte, störte es ihn, daß im Flur vor seinen Schlafzimmer ein Schweizergardist mit Hellebarde als Wache auf und ab stapfte. »Geh ins Bett«, sagte er dem Verdutzten, »das ist für dich besser, und so läßt du mich auch schlafen.« Zum Entsetzen der Zeremonienmeister begnügte er sich mit der einfachsten Bedienung und tafelte nicht einsam, wie es die Etikette vorschrieb, sondern lud allerlei Gäste zu seinen frugalen Mahlzeiten. Während es üblich war, daß dem Papst bei seinem Einzug in den Petersdom brausende Evviva-Rufe entgegenhallten, verbat sich Pius X. für seine Krönungsfeier sämtliche Zurufe und schärfte die Beobachtung religiösen Schweigens ein. Auch später duldete er bei Feierlichkeiten in Sankt Peter keine Beifallsbezeigungen. »Es gehört sich nicht, daß dem Diener im Hause seines Herrn Beifall geklatscht wird«, fügte er dem Verbot erläuternd bei. So »zog er fortan durch die Reihen seines schweigenden Volkes. Aber das Schweigen war voll von einer Spannung und Erregung, die sich kaum bemeistern ließ und die gelegentlich, allen Gegenmaßnahmen zum Trotz, laut zum Ausbruche kam« (F. A. Forbes).

Anspielend auf den Namen Sarto (= Schneider) sagte man nach

der Papstwahl: »Italien hat das Papsttum entkleidet, indem es ihm das Gewand der weltlichen Herrschaft nahm. Der Sarto wird ihm ein neues Kleid machen.« Prälat Anton de Waal bemerkte damals dazu: »Wenn man darunter die Wiederherstellung des Kirchenstaates versteht, so wird man, fürchte ich, das Tuch zu dem Gewand nicht so bald finden. Der Sarto im Vatikan dürfte wohl auch zunächst es für wichtiger und notwendiger erachten, das geistige Kleid der Kirche auszubessern und zu erneuern.« Pius selbst erklärte in seiner ersten Enzyklika: »Es wird nicht an Leuten fehlen, die, das Göttliche mit dem Maßstabe des Menschlichen messend, die Absichten unseres Innern zu ergründen und im Sinne weltlicher Bestrebungen und Parteiziele zu deuten suchen. Solche eitlen Hoffnungen möchten wir von vornherein mit der bestimmtesten Versicherung abschneiden, daß wir nichts sein wollen und mit Gottes Hilfe vor der menschlichen Gesellschaft nichts sein werden als der Diener Gottes, in dessen Namen wir walten.«

Schon als Bischof hatte er immer wieder gesagt: »Die Erneuerung der Gesellschaft in Christus ist das einzige Heilmittel für alle Übel der Welt.« Nun erklärte er in seiner ersten Enzyklika: »Im Vertrauen auf Gottes Kraft legen wir Hand ans Werk und erklären, daß das leitende Ziel unseres päpstlichen Waltens das ist: ›in Christus alles zu erneuern‹ (Eph. 1,10), auf daß ›Christus alles in allen sei‹ (Kol. 3,11).« Der Weg zu Christus, sagte der Papst weiter, führt durch die Kirche. Ihre Lehren über die Heiligkeit der Ehe, die Erziehung der Kinder, den Besitz und Gebrauch der Güter, die Pflichten gegen die Obrigkeit und den Ausgleich zwischen den Klassen müssen größere Geltung erlangen. Damit die Kirche ihre Aufgaben bewältigen kann, muß ein heiligmäßiger Klerus herangebildet werden. Die Priester müssen »Christus in sich selbst gestaltet haben, wenn sie ihn in andern gestalten sollen«. Ein weiteres Mittel ist der Religionsunterricht, denn »viele hassen Christus mehr aus Unwissenheit als aus Bosheit«. Die erhoffte Frucht eifriger Lehrtätigkeit zur Reife zu bringen, ist nichts so mächtig wie die Liebe. »Wenn man auf die Irrtümer zu hart schilt, schadet diese Strenge und Härte oft mehr, als sie nützt.« Als Helfer des Klerus sind die katholischen Vereine will-

kommen, aber mit schönen Reden ist es nicht getan, die Zeit verlangt Taten.
Pius X. beschloß sofort nach seinem Regierungsantritt eine Reform der Kurie. Über die Gesetzgebung, mit der er diese Aufgabe bewältigte, urteilt ein evangelischer Historiker: »Die Kurie, ein ungemein konservatives und sensibles Gebilde, wurde von dem neuen, aus dem Volke kommenden Papst kurzerhand und robust von Grund auf umgebaut. Es war ein kühnes und undankbares Unternehmen, dessen Urheber sich der auftauchenden Schwierigkeiten keineswegs bewußt war. Nicht mit Unrecht ist gesagt worden, daß ein aus der Kurie selbst emporgewachsener Papst sich an diese Herkulesarbeit, die an die Reinigung des Augiasstalles erinnerte, nicht herangewagt hätte. Jahrhundertealte Gewohnheiten mußten abgestellt, altbewährte Grenzrechte durchbrochen, sinnlos ungerechte Nebeneinnahmen abgeschafft und sämtliche Gehälter der kurialen Verwaltung einheitlich geregelt werden. Es ist kein Zweifel, daß sich Pius X. mit der Reform und Neuordnung der Zentralverwaltung der Kirche ein großes Verdienst erworben hat, das allein schon seinen Namen in der Reihe der großen Päpste sichert« (H. Hermelink).
Nicht weniger revolutionär war die Vereinheitlichung, Vereinfachung und Kodifikation des Kirchenrechts, die Pius X. schon in der ersten Nacht nach seiner Wahl beschloß und 1904 in einem Motuproprio ankündigte. Freimütig sprach er aus, daß die Verfassung des Kirchenrechts nicht die Anforderungen erfülle, die an ein Gesetzbuch gestellt werden müssen, »denn die Masse der Sammlungen bereitet eine nicht geringe Schwierigkeit. Im Laufe der Jahrhunderte sind zahllose Gesetze erlassen worden, die in vielen Sammlungen aufgehäuft sind. Nicht wenige Gesetze, die einst für ihre Zeit paßten, sind aufgehoben oder veraltet. Manche finden sich auch, die wegen der veränderten Zeitumstände nur schwer ausführbar oder dem allgemeinen Nutzen der Seelen weniger förderlich sind.« Die Ankündigung der geplanten Kodifikation löste in kanonistischen Fachkreisen helles Entsetzen aus: Eine solche Riesenarbeit schien ihnen unmöglich zu sein. Pius X. aber sah, daß sie notwendig war, und griff die Sache kühn an. Er beschäftigte mit dem Werk eine eigene Kardinalskommission,

deren Vorsitz er selber führte. Elf Jahre hat er unausgesetzt an dem Unternehmen gearbeitet, so daß es am Ende seines Pontifikates im wesentlichen abgeschlossen war. Sein Nachfolger Benedikt XV. konnte 1917 den *Codex Iuris Canonici* vorlegen. Man hat gesagt, Pius X. habe für das kanonische Recht eine gleiche Großtat vollbracht wie für das weltliche Recht Kaiser Justinian.

Der junge münsterische Domvikar Clemens August Graf von Galen, der im Herbst 1904 nach Rom kam, schildert in einem Briefe den Eindruck, den Papst Pius X. auf ihn machte: »Man sieht ihm lange nicht so wie Leo XIII. den Herrscher an; darum hat man auch bei seiner Güte nicht so den Eindruck von Herablassung. Man hat so das Gefühl: Wenn man öfter zu Dir käme, würde man recht gemütlich mit Dir verkehren können. Vorherrschend in seinem Gesicht ist der Ausdruck eines ruhigen Ernstes, aber dabei sieht man ihm den Frieden und die Herzensfröhlichkeit der Kinder Gottes an. Man würde sich unbedenklich der Leitung eines solchen Mannes anvertrauen, auch wenn er nicht der Statthalter Christi wäre.« In einem anderen Brief schreibt Galen vom Heiligen Vater: »Sein regelmäßiges Gesicht ist wohl imponierend durch den Ausdruck von ruhiger Energie, aber er hat nichts Majestätisches an sich. Man sieht ihm den Frieden an, ›den die Welt nicht geben kann‹, und das macht seine Züge sehr anziehend. Heute sah ich ihn wieder . . . Er hielt mit schöner, kräftiger Baritonstimme eine kleine Predigt.«
Pius X. hatte das Charisma eines Seelsorgers. Seine Herkunft, mehr noch seine priesterliche Liebe verbanden ihn mit dem Volke. Sonntag für Sonntag predigte er selbst vor den Leuten Roms, erklärte den Arbeitern, Handwerkern und einfachen Frauen, die sich im Damasushof oder im Pinienhof drängten, mit schlichten und herzlichen Worten das Evangelium. Das tat er acht Jahre hindurch. Bei den Audienzen wandte er sich besonders herzlich an die Gruppen der Bauern und Handwerker mit ihren rauhen Gesichtern und schwieligen Händen: »Ihr seid Arbeiter in den Fabriken und auf dem Lande. Gott segne diese eure Arbeit! Als der Heiland auf die Erde kam, um die Welt zu erlö-

sen, wollte er das Leben eines Arbeiters leben.« So sprach der Sarto-Papst das einfache Volk an. Mit den Menschen aus seiner Heimat redete er Dialekt.

Es leben noch Rompilger, die sich deutlich an sein gewinnendes Lächeln erinnern können, aber auch an sein anderes Gesicht, das voller Traurigkeit war. Während er noch die Getreuen vor sich sah, die ihm als ihrem Vater huldigten, weilten seine Gedanken schon wieder bei den vielen, die ihn und die Kirche schmähten. Für diese verirrten Schafe seiner Herde fühlte sich der gute Hirt mehr verantwortlich als für die folgsamen. Die in der Hürde stehenden nicht zu verlieren und die draußen schweifenden zurückzugewinnen, war seine Hauptsorge. Sein klarer Verstand zeigte ihm die Mittel, sein entschiedener Wille drängte ihn zu Taten. »Es ist offenbar unmöglich«, schrieb der Papst, »alle Einrichtungen, die in vergangenen Zeiten nützlich waren, heute neu zu erwecken. Die Werkzeuge müssen der gestellten Aufgabe angepaßt werden. Wir brauchen . . . zeitgemäße Methoden.«

Zunächst ließ Pius X. eine Visitation aller Pfarreien des Bistums Rom vornehmen, um sich ein genaues Bild von der Lage zu verschaffen. Dann reformierte er seine Diözese mit Methoden, die er schon in Mantua und Venedig erfolgreich angewandt hatte. Die Innenstadt erhielt eine zweckmäßigere Pfarreinteilung, während in den sich immer weiter ausdehnenden Außenbezirken neue Pfarreien gegründet und neue Kirchen gebaut wurden. Es folgte eine apostolische Visitation sämtlicher Diözesen Italiens. Pius X. gab den Visitatoren bis aufs kleinste an, worauf sie ihr Augenmerk zu richten hätten. Die Visitation wurde mit Ernst und Strenge durchgeführt und hatte mehrere Absetzungen zur Folge. Der Papst wollte die italienischen Diözesen neuordnen und ihre Zahl vermindern, was aus vielen Gründen der Kirche genützt hätte, doch er scheiterte an den Schwierigkeiten. Was ihm gelang, war die Reform der Priesterseminare. Italien hatte bei der großen Zahl oft recht kleiner Bistümer etwa 300 Seminare, die nur schwach besucht und mangelhaft mit Lehrkräften versehen waren. 52 hatten nur einen Professor, 76 nur zwei. Jetzt wurden mehrere Diözesenseminare zu einem Regionalseminar zusammengefaßt. Die Studienordnung wurde verbessert, wie denn überhaupt die wissenschaftliche Ausbildung und Fortbildung des Klerus dem Sarto-Papst stets am Herzen lag. Was er selbst getan, forderte er von jedem Priester: Er sollte, unbeschadet seiner seelsorglichen Pflichten, weiter studieren, und zwar nicht nur in der Theologie, sondern auch in anderen Wissensgebieten, damit er auf der Höhe der Bildung seiner Zeit stehe und Verständnis für die Arbeit der ihm anvertrauten Menschen habe.

Auf dem Schreibtisch des Seelsorger-Papstes stand eine Statue des Pfarrers von Ars, den er seligsprach und den er der Geistlichkeit als leuchtendes Vorbild hinstellte. Auch andere seeleneifrige Priester wie Johannes Eudes und Clemens Maria Hofbauer hat Pius X. kanonisiert. Mit eigener Hand schrieb er anläßlich seines goldenen Priesterjubiläums die schöne *Ermahnung an den Klerus.* Sie ist die Frucht langer Erfahrung, mystisch und praktisch zugleich, verfaßt in herzlichem und gewinnendem Ton. Sie stellt den katholischen Geistlichen der ganzen Welt das Muster eines vollkommenen Seelsorgers vor, der heilig sein muß, um andere heiligen zu können. »Ein heiliger Priester macht das Volk heilig, ein unheiliger Priester ist nicht nur nutzlos, sondern schädlich für die Welt.« Die seinem Stand entsprechende Heiligkeit zu erwerben und zu bewahren, befähigen den Priester Gebet, Betrachtung, Studium und häufige Gewissenserforschung. Wie Christus solle der Priester sanftmütig, rein und heilig sein. Durch geduldige Liebe, nicht durch bitteren Eifer solle er die Seelen für Gott gewinnen. Freilich müsse er mahnen, tadeln, zurechtweisen, doch geschehe es in Geduld. Seine Nächstenliebe solle freundlich und gütig für alle Menschen sein, selbst für offenkundige Feinde. Auch hier wieder empfiehlt Pius, dem Volke schlicht das Evangelium zu predigen und durch Unterricht die Unwissenheit in religiösen Dingen zu beseitigen.

In besonderen Enzykliken über Katechese und Predigt wies er auf das biblische Fundament der Glaubensverkündigung hin. Die religiöse Unterweisung sei die Grundlage der Seelsorge: »Viele hassen Christus und schrecken vor Evangelium und Kirche zurück mehr aus Unwissenheit als aus innerer Verkehrtheit . . . Sie lästern, was sie nicht verstehen. Nicht nur im Volke kommt dies vor, sondern auch bei den gebildeten Ständen, sogar bei solchen, die über ein hervorragendes Wissen verfügen ... Nicht Fortschritt der Wissenschaft betrachte man als Gefahr für das Glaubenslicht, sondern im Gegenteil Mangel an Kenntnissen ... Darum trug Christus den Aposteln auf: ›Geht und lehret alle Völker‹ (Mt 28,19).« Die katholischen Laien rief Pius X. auf, sich als Katecheten zur Verfügung zu stellen. »Es war das erste Mal in der Kirche, daß vom Stuhle Petri her an die katholische Laienschaft ein Appell erging zum freiwilligen Dienst im katechetischen Apostolat« (Riva).

Von großer seelsorglicher Bedeutung schien dem Papst die Kirchenmusik zu sein. Schon in seinen früheren Wirkungskreisen hatte er sie geliebt und gepflegt, hatte aber auch erkannt, auf welche Abwege sie im Italien des neunzehnten Jahrhunderts geraten war. Streichorchester, Trommeln, Trompeten, Tamburine und Pfeifen waren beim Gottesdienst beliebt. »Die theatralischen Vorträge hellstimmiger Damen, die während der Messe ein *O Salutaris* auf die Melodie der Serenade aus ›Faust‹ sangen, oder ein *Credo*, das dem Räuberchor einer Oper glich, erregten nach wie vor Bewunderung« (F. A. Forbes). Riesige Meß-Kompositionen, die schwelgerisch alle Mittel der Kunst ausbreiteten, nahmen doppelt und dreimal so viel Zeit in Anspruch wie die Liturgie selbst, so daß ihre Aufführung das heilige Geschehen am Altare als nebensächliches Beiwerk und die den Sinnen schmeichelnde Musik als die Hauptsache erscheinen ließ. Solche Mißbräuche bekämpfte Sarto: »Die Musik hat in der Kirche den Zweck, die Andacht der Gläubigen zu wecken und ihnen das Beten zu erleichtern. Die gebräuchliche Modemusik tut keins von beiden.« Er berief Perosi nach Venedig und sorgte für einen Umschwung. Als Instrument wurde in der Kirche fortan nur die Orgel geduldet. Es gab keine Frauen mehr als Sängerinnen im Chor. Der Gregorianische Choral und die Musik Palestrinas erhielten den Vorrang. Des Patriarchen Sarto Reform der Kirchenmusik fand Freunde, aber auch Gegner. Ein Besucher fragte Pius X. in den ersten Tagen seines Pontifikates: »Dürfen wir hoffen, daß Eure Heiligkeit für die gesamte Welt das tun werden, was bereits für Venedig geschah?« Der Papst antwortete: »Es wird geschehen, und zwar bald, aber es wird einen harten Kampf kosten.« Schon im November 1903 erschien das Motuproprio über die Kirchenmusik mit umfassenden und ins einzelne gehenden Vorschriften. Der Gregorianische Gesang sei die eigentliche Kirchenmusik und müsse seinen alten Platz im Gottesdienst wiedererhalten. Theatralische und konzertante Musik werde in der Kirche nicht mehr geduldet. Da die Sänger ein echtes liturgisches Amt bekleiden, sollen Frauen im Chore nicht zugelassen werden. Das Spiel von Musikkorps wurde verboten. An den Kirchen sollten Sängerschulen errichtet werden. Die Musik habe in der Liturgie nur dienende Funktion, sie dürfe die Liturgie nicht als zweitrangig und gleichsam im Dienste der Musik stehend erscheinen lassen.

Diese Vorschriften, so vernünftig sie auch waren, stießen auf Widerstand, und interessierte Kreise versuchten, ihre Ausführung zu verzögern. Pius X. aber schrieb dem Kardinalvikar: »Keine Nachsicht! Kein Aufschub! Durch Verschieben wird die Schwierigkeit nicht kleiner, sondern größer. Der Schnitt muß geführt werden, und so sei er entschlossen und sofort geführt!« So begann die Reform der sakralen Musik in der Kirche des Papstes, in Sankt Peter. Die Beobachtung des Dekretes wurde allen katholischen Kirchen der Welt zur Pflicht gemacht. »Die Liebhaber der früheren profanen und theatralischen Weisen klagten freilich über den Greuel der Verwüstung in den römischen Kirchen und nannten den Papst einen zweiten Savonarola« (K. Löffler). Es kam ihnen eben auf ganz andere Dinge an und nicht auf das, was dem Papst wichtig war; doch bewies Pius X. in dieser Sache nicht nur die tiefere Frömmigkeit, sondern auch den besseren Geschmack. Der Papst ordnete auch eine neue Ausgabe der liturgischen Bücher mit den gregorianischen Weisen an und übertrug die Redaktion der gesanglichen Teile den Benediktinern von Solesmes. Ferner gründete er eine Hochschule für Kirchenmusik. Auch begann er eine Reform des Meßbuches und des Breviers.

Schon in seiner ersten Enzyklika nannte Pius X. als ein Hauptmittel, alle Dinge in Christus zu erneuern, die häufige Kommunion. Kaum jemand wird das damals verstanden haben, war es doch allgemein üblich, nur selten die heilige Kommunion zu empfangen. Selbst Fromme wagten aus Ehrerbietung für das Heiligste Sakrament nur einmal im Monat zu kommunizieren. Sie standen unter dem Einfluß eines jansenistisch angehauchten Religionsunterrichtes, der den Empfang der Eucharistie an Bedingungen und Seelenstimmungen knüpfte, die den meisten Menschen unerreichbar sind. Die tägliche Kommunion, wie sie zur Zeit der Apostel gebräuchlich war, hielt man für Vermessenheit. So wurden die Sünder vom Quell der Gnade, die Schwachen vom Brot der Stärke ferngehalten. Um solche verkehrten Auffassungen und Praktiken auszuräumen, erließ Pius X. 1905 das Dekret über den täglichen Empfang der heiligen Eucharistie. Darin heißt es: »Der Wunsch Christi und der Kirche, alle Gläubigen möchten täglich zum heiligen Mahle kommen, hat am meisten das Ziel im Auge, daß die Christgläubigen durch die sakramentale Vereinigung mit Gott die Kraft gewinnen, die Begierlichkeit zu unterdrücken, die leichten Verschuldungen des Alltagslebens zu tilgen und die größeren Sünden, denen die menschliche Gebrechlichkeit ausgesetzt ist, zu verhüten; weniger, daß dadurch der Herr geehrt werde oder daß darin die Empfänger gleichsam einen Lohn ihrer Tugenden erhalten . . . Die häufige und tägliche Kommunion . . . soll allen Gläubigen jeden Standes freistehn. Niemand, der sich im Stande der Gnade befindet und mit rechter Gesinnung dem heiligen Tische naht, soll von ihm ferngehalten werden.« In einer Ansprache vor Pilgern sagte Papst Pius X.: »Die heilige Kommunion ist der kürzeste und sicherste Weg zum Himmel.«

Im Jahre 1910 erließ der Papst ein Dekret über die rechtzeitige Erstkommunion der Kinder. Darin heißt es: »Es war seit den ersten Zeiten das Bestreben der katholischen Kirche, die Kleinen durch die eucharistische Kommunion, die sie schon den Säuglingen reichen ließ, Christus nahezubringen. Wie wir es in fast allen Ritualen bis zum dreizehnten Jahrhundert vorgeschrieben finden, geschah dies bei der Taufe; in einzelnen Gegenden hielt sich diese Einführung noch länger, bei den Griechen und Orientalen trifft man sie noch heute.« Der Papst erinnert daran, daß vom Vierten Lateran-Konzil und vom Tridentinum bestimmt wurde, jeder Gläubige, der zum Alter der Unterscheidung gelangt ist, sei zum Empfang der jährlichen Osterkommunion verpflichtet. Das »Alter der Unterscheidung« sei dann, »unter dem Vorwand, die Würde des erhabenen Sakramentes zu wahren«, auf vierzehn und mehr Jahre heraufgesetzt worden. »Solche Gepflogenheiten wurden Ursache vieler Schäden. Den unschuldigen, von Christus ferngehaltenen Kindern fehlte jegliche Nahrung für ihr Innenleben, woraus nicht selten folgte, daß die Jugend, der wirksamsten Hilfe beraubt, in allerlei Fallstricke geriet . . . Nicht weniger zu verurteilen ist der Brauch, den Kindern die sakramentale Beicht zu untersagen . . . Aber das Schlimmste von allem ist, daß man an gewissen Orten den Kindern nicht einmal in Todesgefahr erlaubt, die heilige Kommunion zu empfangen.« Das Dekret weist darauf hin, daß jene, die auf einer ganz besonderen, über Gebühr hinausreichenden Vorbereitung zur ersten heiligen Kommunion bestehen, in ihren Ansichten den Irrtümern der Jansenisten folgen, welche die heilige Eucharistie als eine Belohnung und nicht als ein Heilmittel auffassen. Das Erstkommunionkind brauche nur das eucharistische Brot von gewöhnlichem unterscheiden zu können. »Demnach ist keine vollkommene Kenntnis der Glaubenswahrheit erforderlich . . ., auch ist der volle Gebrauch der Vernunft nicht notwendig, es genügt der Anfang der Verstandestätigkeit.« Schon im dreizehnten Jahrhundert habe man Kinder von sieben Jahren zur ersten Kommunion zugelassen. Das Dekret erläßt die Vorschrift: »Das Unterscheidungsalter . . . ist ungefähr das siebente Jahr, manchmal etwas später oder auch früher. Von dieser Zeit an beginnt die Pflicht, dem Doppelgebote der Beichte und der Kommunion Genüge zu leisten . . . Die Pflicht der Kinder, zu beichten und zu kommunizieren, fällt hauptsächlich auf die zurück, die für die Kinder zu sorgen haben, nämlich auf die Eltern, den Beichtvater, die Lehrer und den Pfarrer. Dem Vater und dem Beichtvater steht es zu, das Kind zur ersten Kommunion zuzulassen . . . Wem die Sorge für die Kinder obliegt, soll sich alle Mühe geben, daß die Kinder nach der ersten Kommunion öfter zum Tisch des Herrn gehen, womöglich alle Tage.«

Eine englische Dame nahm ihr Söhnchen zur Privataudienz mit, damit der Heilige Vater es segne. »Wie alt ist er?« fragte Pius X. »Vier Jahre«, antwortete die Mutter, »und ich hoffe, daß er in zwei oder drei Jahren zur ersten heiligen Kommunion gehen darf.« Ernst schaute der Papst dem Kinde in die Augen und fragte: »Wen empfängst du in der heiligen Kommunion?« Schnell kam die Antwort: »Jesus Christus.« – »Und wer ist Jesus Christus?« – »Jesus Christus ist Gott.« Da wandte sich der Papst an die Mutter: »Bringen Sie ihn morgen früh! Ich selber will ihm die heilige Kommunion spenden.«

Der praktische Erfolg des Dekretes war der, daß das Alter zum Empfang der ersten heiligen Kommunion von vierzehn auf neun herabgesetzt wurde. Aber ist neun Jahre das vorgeschriebene Alter? Kommt das Kind erst im dritten Schuljahr zum »Anfang der Verstandestätigkeit«? Obwohl manche Bischöfe den Ruf Pius' X. aufgriffen und eindringlich daraufhinwiesen, daß der Zeitpunkt der *rechtzeitigen* Erstkommunion vor der Einschulung liegt, hegten viele Pfarrer Bedenken, diese Vorschriften zu befolgen.

Beträchtliches Aufsehen erregte es, daß im Jahre 1907 Pius X. in dem Dekret *Lamentabili* und in der Enzyklika *Pascendi* eine Reihe von Irrtümern auf den Gebieten der Religionsphilosophie, der Apologetik, der Bibelkritik, der Dogmengeschichte, der Kirchendisziplin und der politisch-sozialen Aktion, die von namhaften Autoren in Frankreich, Italien und England verbreitet wurden, in schroffer Form verurteilte und strenge Abwehrmaßnahmen vorschrieb, um das Glaubensgut vor Verwässerung und Auflösung zu bewahren. Die Irrtümer, die der oberste Lehrer der Kirche so entschieden verdammte, lassen sich auf drei Wurzeln zurückführen. Die erste ist der Agnostizismus, der in der Nachfolge Kants lehrt, die menschliche Vernunft könne von übernatürlichen Dingen nichts erfassen; die zweite ist die Ansicht Schleiermachers und der von ihm abhängigen liberalen Theologie, die Religion wachse aus dem Innenleben des Menschen hervor, die Dogmen seien Reflexe frommer Gemütszustände und die Kirche sei eine menschliche Einrichtung zur Befriedigung religiöser »Bedürfnisse«; die dritte Wurzel endlich ist der Historismus im Bunde mit dem Evolutionismus, dem auch die Wahrheiten des Glaubens im Fluß erscheinen: ihre Substanz sei werdend und vergehend, ihr Gehalt menschlich, ihre Gültigkeit relativ. Den verurteilten Ansichten ist gemeinsam, daß sie Glauben und Kirche als etwas rein Menschliches und Subjektives auffassen. Ihnen gegenüber verteidigt der Papst die Göttlichkeit von Glauben und Kirche, die Objektivität der Offenbarung und die Unveränderlichkeit ihrer Wahrheiten.

Obwohl *Lamentabili* und *Pascendi* nichts anderes lehrten, als was immer katholischer Glaube gewesen, erhob sich gegen diese Verlautbarungen in gewissen Kreisen Widerspruch. Man behauptete, der Reformpapst sei überraschend in das Lager der Reformfeinde übergewechselt, und aus dem fortschrittlich gesinnten Pius sei plötzlich ein finsterer Reaktionär geworden, der von den Errungenschaften des modernen Denkens nichts mehr wissen wolle. Zu dieser Behauptung fühlte man sich um so mehr berechtigt, als die Enzyklika *Pascendi* die verurteilten Irrtümer unter dem Begriff des »Modernismus« zusammenfaßte und von der »falschen Reform« sprach. Die Bezeichnung »Modernismus« ist in der Tat höchst unglücklich. Man pflegte sie vor der Enzyklika *Pascendi* auf Ideen anzuwenden, die keineswegs alle häretisch waren. Gewöhnlich verstand man darunter das Bestreben, das Verständnis der Kirchenlehre mit den Ergebnissen der modernen Wissenschaft in Einklang zu bringen, – ein berechtigtes Bestreben, da der Glaube wohl übervernünftig, aber nicht widervernünftig ist. Als ein Name für jenes »Sammelbecken aller Häresien« wurde das Wort »Modernismus« zum erstenmal von dem römischen Prälaten Benigni gebraucht, der auf den Inhalt von *Lamentabili* und *Pascendi* Einfluß gehabt zu haben scheint. Jedenfalls hatte Benigni, führender Kopf einer antireformerischen Clique am römischen Hof, das Ohr des Papstes und tat sich als Antreiber im Antimodernistenkampf hervor. Dieser höchst fragwürdige Mann, der jeden neuartigen Gedanken sofort als »modernistisch« verfolgte, hat am meisten dazu beigetragen, daß die Sache des Papstes in Verruf geriet.

Damals meinten protestantische Kritiker, der Katholizismus sei von jetzt an nicht mehr entwicklungsfähig. Aber die Geschichte

der katholischen Kirche in dem halben Jahrhundert, das *Pascendi* folgte, vor allem das Zweite Vatikanische Konzil, haben diese Voraussagen gründlich widerlegt. Man sagte ferner, Pius X. stelle Offenbarung und Dogma in einen ausschließlichen Gegensatz zur Geschichte; er wolle »Erstarrung und absolute Vergöttlichung dessen, was im Fluß begriffen ist«. Aber »hätte die Enzyklika diesen Grundsatz aufgestellt, so würde sie mit den bisherigen dogmatischen Anschauungen der Kirche in Widerspruch stehen« (Mausbach). Pius X. tadelte am Modernismus nur, daß er in der Kirche »*nichts* Festes und Unveränderliches« anerkennt, »*alles* als wechselnd« bezeichnet. Ausdrücklich gibt der Papst eine Entwicklung zu, nicht nur des Lebens der Kirche, sondern auch ihrer Lehre. Er zitiert das Wort des Vinzenz von Lerin, es müsse unbeschadet der Einheit des Dogmas ein »mächtiger Fortschritt« in dessen Erfassung und Darbietung stattfinden, und zwar nicht bloß bei den einzelnen Gläubigen, sondern auch bei der Gesamtkirche. Diese Stelle aus Vinzenz von Lerin hatte schon das Erste Vatikanische Konzil in seine Glaubensdekrete aufgenommen. Überdies hat Pius X. in einem Briefe das Streben als berechtigt anerkannt, die kirchliche Lehre »nicht sowohl unangetastet zu bewahren, als vielmehr fortschreiten zu lassen«, und er wünscht eindringlich, daß »die göttlich mitgeteilte Lehre nach der Eigenart der Völker und Zeiten immer offener klargelegt und in rechtmäßiger Auslegung entwickelt werde (*evolvi*)«. Als Vertreter des Modernismus nach dem Erscheinen von *Pascendi* behaupteten, auch Kardinal Newman mit seinem Buch *Über die Entwicklung der christlichen Lehre* gehöre zu den Verurteilten, hat Rom das entrüstet verneint.
Der Bibelkritik, deren Begründer katholische Gelehrte des siebzehnten Jahrhunderts sind, hat Pius X. die Berechtigung und Nützlichkeit nicht bestritten. Schon in seinem Rundschreiben zum Jubiläum Gregors des Großen 1904 tadelt Pius X. an der jüngeren Bibelkritik nur ihre apriorische Leugnung des Übernatürlichen, nicht die kritische Forschung selbst. Manche Gläubige, sagte er, »zürnen der wissenschaftlichen Kritik selbst, als sei sie eine Zerstörerin; allein sie selbst ist ohne Schuld, sie leistet, richtig angewandt, der Forschung die glücklichsten Dienste«.

Bekämpfen müsse man nur die falschen Voraussetzungen, nämlich die Dogmen des Rationalismus, die sie in die Irre leiten. In einem Schreiben an Bischof Le Camus von 1906 mißbilligt Pius X. zwar die »ausschweifende Freiheit« mancher Bibelkritiker, aber »ebenso die Stellung jener, die es auf keine Weise wagen, mit der bis vor kurzem herrschenden Schriftexegese zu brechen, auch wenn unter Wahrung der Unversehrtheit des Glaubens der weise Fortschritt der Studien sie einlädt, es herzhaft zu tun«. Was *Pascendi* bekämpft, ist die Haltung jener, die meinen, die Autorität der Wissenschaft könne die Autorität des kirchlichen Lehramtes beiseiteschieben.

Auch nichtkatholische Historiker haben anerkannt, daß des Papstes Vorgehen gegen den Modernismus berechtigt war. So schreibt einer von ihnen über Pius X., »daß es ihm darum zu tun war, von seinem Wächteramt aus die Eigenart der christlichen Offenbarungsreligion und die ewig unveränderlichen Werte der Kirche gegenüber dem Zeitalter eines nivellierenden Rationalismus und historischen Relativismus wieder zur Geltung zu bringen« (H. Hermelink). Protestantische Autoren haben den Kampf Pius' X. gegen den Modernismus in Parallele gebracht zu dem ein Jahrzehnt später einsetzenden Kampf Karl Barths und anderer evangelischer Theologen gegen das Zeitalter Harnacks und gegen die liberale Theologie im Fahrwasser Schleiermachers. Der protestantische Historiker Albert Hauck schrieb über die päpstlichen Erlasse: »Ist Pius X. darüber zu tadeln? Wie mich dünkt, werden auch diejenigen, die auf anderem Boden stehen als er, dem Manne ihre Sympathie nicht versagen, der im Streit um religiöse Probleme klar seine Stellung nimmt und, was ihm als heilsam und notwendig gilt, offen vertritt ... Indem Pius X. den Offenbarungscharakter der christlichen Religion und die Geschichtlichkeit der evangelischen Überlieferung wahrt, schirmt er Anschauungen, auf die das Christentum niemals verzichten wird.«

Das entschlossene Vorgehen des Papstes beseitigte eine Gefahr. »Es ist aber bedauerlich«, schreibt ein katholischer Kirchenhistoriker, »daß der an sich berechtigte und notwendige Kampf gegen den Modernismus sehr üble und beklagenswerte Begleiterscheinungen zeitigte, indem böswillige Verdächtigungssucht und Ketzerriecherei sich breitmachten; mit gewissenloser Leichtfertigkeit wurde nicht nur gegen treukatholische Gelehrte aus dem Weltpriester- und Ordensstand, sondern auch gegen Mitglieder des Episkopates die Beschuldigung des Modernismus erhoben, wobei obendrein in unzulässiger Weise der durch das kirchliche Lehramt festgelegte Begriff des Modernismus willkürlich erweitert wurde. Das Haupt dieser ›integralistischen Verschwörung‹, die mit bedenklichen Mitteln zu arbeiten keine Scheu trug, war Monsignore Benigni, der leider bis in die höchsten vatikanischen Kreise Gehör, Schutz und Unterstützung fand« (K. Löffler). Von diesem »kleinen, dicken und stets beweglichen Herrn mit lauerndem Blick« ging »in systematischer Wühlarbeit eine verhängnisvolle Nebenregierung der Kirche« aus (H. Hermelink). Prälat Benigni leugnete die relative Eigenständigkeit der Kultursachgebiete und wollte alles und jedes klerikaler Kontrolle unterwerfen. Er stellte sich den Modernismus nicht nur als ein planmäßig errichtetes philosophisches System vor (was er bei keinem einzigen der als modernistisch verurteilten Autoren war), sondern sogar als eine über die ganze Welt hin organisierte Verschwörung gegen Religion und Kirche (wovon aber allen Ernstes nicht die Rede sein konnte). Voller Angst meinte er, die Christenheit sei weithin von der Pest der modernistischen Irrtümer angesteckt, und man könne den gesunden Rest nur durch den umfangreichen Apparat einer Abwehrorganisation retten. Als Gründer und Leiter einer geheimen Vereinigung, die sich zu »einer Art überkirchlicher und hyperkatholischer Freimaurerei« (H. Hermelink) entwickelte, verfolgte er alle, die seine integralistischen und klerikalistischen Ansichten nicht teilten, mit Verleumdung, Zensurierung, Rufmord, Amtsenthebung, Buchverbot und Exkommunikation. Es war »eine neue Inquisition, ... eine unheimliche Macht, vor der kaum ein Bischof, geschweige denn ein Laie sicher war, – bis schließlich Jesuiten gegen diesen Integralismus zu Felde zogen« und Anfang 1914 »das Kardinalskollegium schon einen öffentlichen Protest« beschloß (E. Przywara). Während Pius X. der Kamarilla Benignis zu sehr vertraute und einen ungebührlichen Einfluß einräumte, machte

sein Nachfolger Benedikt XV. ihrem üblen Treiben ein Ende, schüttelte den integralistischen Klüngel energisch ab und löste die Geheimorganisation auf.
Pius X. hat für den Kampf gegen den Modernismus nicht nur negative Abwehrmaßnahmen vorgeschrieben. Seine Enzyklika *Pascendi* sah auch positive Bemühungen vor, welche die vom Modernismus aufgeworfenen Probleme lösen sollten. Leider wurden diese positiven Anregungen nicht aufgegriffen. Die Begegnung mit der modernen Wissenschaft und Philosophie, die der Modernismus vergeblich anstrebte, wurde von der kirchlichen Theologie ebensowenig bewältigt. »Um die Einheit von Glaube und Denken wird die Theologie zu allen Zeiten ringen müssen, und insofern bleibt das, was der Modernismus wollte, trotz seiner kurzschlüssigen und irrigen Lösungsversuche, auch heute noch eine aktuelle Aufgabe« (Scherer). Auf welchem Wege ihre Lösung zu suchen ist, das hat kein Geringerer als Johannes XXIII. gezeigt, als er bei der Eröffnung des Zweiten Vatikanischen Konzils erklärte, man müsse unterscheiden zwischen der unveränderlichen Substanz der christlichen Lehre und den mannigfachen dogmatischen Formulierungen, die sie im Laufe der Jahrhunderte gefunden hat und noch finden kann. Stets bleibt es eine Hauptaufgabe der Kirchenreform, die christliche Botschaft dem Verständnis der Zeit anzupassen. Diese Anpassung darf jedoch nicht wie im Modernismus auf Kosten der Wahrheit erfolgen, sondern muß so geschehen, daß die Wahrheit möglichst klar verstanden wird. Deshalb steht der Kampf des Papstes Pius X. gegen den Modernismus nicht in Widerspruch zu seiner Reformtätigkeit, sondern in Einklang mit ihr.

Manche Historiker glauben in der Reihe der Päpste einen Wechsel von »religiösen« und »politischen« Päpsten zu erkennen. So fragwürdig diese Unterscheidung auch ist, Leo XIII. galt jedenfalls als ein »politischer« Pontifex, und man wünschte einen »religiösen« Papst zu seinem Nachfolger. Zweifellos lag Pius X. das rein Religiöse mehr am Herzen als das Politische. Seine Hauptarbeit und seine wichtigsten Entscheidungen bezogen sich auf Seelsorge, Glaubenslehre, Kirchenverwaltung und Kirchenrecht.

Er wollte lieber Kirchenreformer als Kirchenpolitiker sein, lieber nach innen als nach außen wirken. Und doch blieb es diesem »religiösen« Papst nicht erspart, auch in das politische Leben hineingezogen zu werden. Das lag in der Natur der Sache und obendrein in den besonderen Umständen. Pius X. war sich darüber völlig klar und stellte schon in seiner ersten Enzyklika und später noch öfters fest, der Papst müsse sich auch um die Politik kümmern.

Schon die Vorgänge im Konklave hatten ihm deutlich gemacht, welches politische Gewicht dem Papsttum auch nach dem Verlust des Kirchenstaates immer noch beigemessen wurde. Der Kardinal von Krakau erklärte dem Heiligen Kollegium, dem Kaiser von Österreich sei die Wahl des franzosenfreundlichen Kardinals Rampolla unerwünscht. Es war das letzte Mal, daß eine europäische Macht in dieser Form Einfluß auf die Papstwahl nahm. Wenige Monate nach dem Konklave verbot Pius X. den Kardinälen unter Strafe der Exkommunikation, bei einer Papstwahl das staatliche Veto oder die »Exklusive« irgendwie anzunehmen oder bekanntzugeben, und sicherte so die Entscheidungsfreiheit des Heiligen Kollegiums.

Die noch ungelöste »römische Frage«, der Antiklerikalismus vieler europäischer Regierungen und der Vormarsch der sozialen und demokratischen Bewegung nötigten den Papst zu politischen Stellungnahmen. Daß die Wortführer der Demokratie meist betont antiklerikal waren, erschwerte eine positive Haltung des Papstes zum modernen demokratischen Staat. In den Verlautbarungen Pius' X. ist »ein antidemokratischer Grundzug unverkennbar« (Ed. Hegel). Dieser mochte auf den republikanischen Antiklerikalismus verschärfend zurückgewirkt haben. Aber auch bei einer verständnisvolleren Einstellung des Papstes wären die schweren kirchenpolitischen Kämpfe mit den Regierungen der katholischen Länder Italien, Frankreich, Spanien und Portugal nicht vermieden worden.

In der römischen Frage zeigte Pius X. eine schwankende und widerspruchsvolle Haltung, die den Übergang bezeichnet zwischen dem schroffen Nein Pius' IX. und dem großmütigen Ja Pius' XI. Die Spannung zwischen Italien und dem Heiligen Stuhl entkrampfte sich allmählich, und Pius X. wagte schon von der Möglichkeit eines friedlichen Nebeneinanders von Quirinal und Vatikan zu sprechen. Fünfundzwanzig Jahre später wurde es Wirklichkeit. Im Unterschied zu seinen Vorgängern, die den italienischen Katholiken jede politische Mitwirkung in dem »gottesräuberischen« Staat verboten hatten, erlaubte Pius X. den Italienern die aktive und passive Beteiligung an den Wahlen. Er hatte eingesehn, daß es politisch unklug sei, die Zusammensetzung der Gemeindevertretungen, der Provinzialparlamente und des italienischen Abgeordnetenhauses den Freigeistern und Kirchenfeinden zu überlassen. Wenn die kirchentreuen Katholiken nicht in kindischer Protesthaltung darauf verzichten wollten, Einfluß auf die Gesetzgebung zu nehmen, mußten sie sich am politischen Leben aktiv beteiligen, und der Papst ermunterte sie dazu.

Schon im Dezember 1903 erließ er ein Motuproprio über die katholische soziale Aktion: Nicht die soziale Reformbewegung als solche solle man eindämmen, sondern die Ungereimtheiten übermäßig begeisterter Reformer. Leos XIII. soziale Enzyklika bleibe die Norm für die soziale Arbeit der Katholiken. Immer wieder schärfte Pius X. der katholischen Aktion ein, Disziplin zu wahren, einig zu sein und den kirchlichen Oberen zu gehorchen. In einer an die italienischen Bischöfe gerichteten Enzyklika von 1905 schreibt der Papst: »Die Aktion der Katholiken muß sich mit allen praktischen Mitteln geltend machen, die uns nicht nur der Fortschritt der sozialen und ökonomischen Wissenschaften, die schon von andern gemachten Erfahrungen und die gesellschaftlichen Verhältnisse in die Hand geben, sondern das öffentliche Leben der Staaten selbst. Die heutige Ordnung der Staaten bietet unterschiedslos allen die Möglichkeit, auf die öffentlichen Dinge Einfluß zu nehmen, und die Katholiken können sie mit sicherem Gewissen nützen, um sich als fähig zu zeigen, ebenso wie und sogar noch besser als die andern mitzuarbeiten an dem materiellen und bürgerlichen Wohl des Volkes, und um sich so jene Autorität und jene Achtung zu erwerben, die es ihnen ermöglichen, auch die höheren Güter, nämlich jene der Seele, zu verteidigen und zu fördern.« Die politisch aktiven Katholiken sollten sich »die Interessen des Volkes, besonders die der Arbeiter und Bauern, innig zu Herzen nehmen; danach streben, daß die öffentlichen Gesetze mit der Gerechtigkeit in Einklang gebracht und, wo dies nicht möglich ist, abgeändert oder aufgehoben werden.« Weiter schreibt der Papst: »Jeder wahre Katholik muß sich daran erinnern, daß er vor allem in jeder Lage als Katholik erscheint, wenn er öffentliche Ämter übernimmt und sie mit dem festen und beharrlichen Vorsatz ausübt, nach Kräften das soziale und wirtschaftliche Wohl des Landes und besonders des Volkes zu fördern, gemäß den Grundsätzen der christlichen Kultur, und daß er die Anliegen der Kirche verteidigt.«

In gleichem Sinne schrieb Pius X. den französischen Bischöfen im Jahre 1910: »Die Pflicht jedes Katholiken ist es, die politischen Waffen zu gebrauchen, die er in seinen Händen hat, um die Politik zu zwingen, sich innerhalb ihres Gebietes zu halten und sich nicht mit der Kirche zu beschäftigen, es sei denn, ihr das zu gewähren, was sie ihr schuldig ist.« Und an den deutschen Episkopat schrieb der Papst 1912: »Wir zögern nicht zu wiederholen, daß die erste Pflicht, die jeder Katholik nicht nur im privaten, sondern auch im politischen und sozialen Leben erfüllen muß, darin besteht, die Grundsätze des christlichen Lebens ohne jede Ängstlichkeit fest zu bewahren und offen zu bekennen.«

Die erfolgreiche Vertretung kirchlicher Anliegen im politischen Leben scheiterte in Italien wie auch in Frankreich an der päpstlichen Forderung, daß diese Tätigkeit unter kirchlicher Aufsicht erfolgen müsse. Da sie eine kirchliche Kontrolle ablehnten, wurde die italienische christlich-demokratische Bewegung des Priesters Romolo Murri ebenso von Pius X. verurteilt wie die französische christlich-demokratische Aktionsgruppe des »Sillon«. Die Mitgliedschaft katholischer Arbeiter in kirchlich unabhängigen, konfessionell gemischten Gewerkschaften war dem Papst keineswegs erwünscht, er gab den rein katholischen und kirchlich gelenkten Arbeiterorganisationen den Vorzug. Da aber die große Mehrheit der deutschen Bischöfe für politische Aktion in einer grundsätzlich nichtkonfessionellen Partei und für eine Organisation der Arbeiter in den unabhängigen »Christlichen Gewerkschaften« eintrat, entschied Pius X., die Mitarbeit katholischer Arbeiter in interkonfessionellen Gewerkschaften könne bei gleichzeitiger Mitgliedschaft in katholischen Standesvereinen für Deutschland geduldet werden. Die Kölner Richtung erblickte in dem Ausdruck »geduldet« einen Freibrief, während die ihnen entgegengesetzte integralistische Berliner Richtung darin eine Herabsetzung ihrer Gegner sah. Jahrelang tobte dieser Gewerkschaftsstreit, der unermeßlichen Schaden angerichtet hat.

Dramatisch wurde der Kirchenkampf in Frankreich. Die versöhnliche Haltung Leos XIII. zur französischen Republik hatte die Regierung nicht daran gehindert, kirchenfeindliche Gesetze zu erlassen. Allen Mitgliedern religiöser Orden wurde jede Art von Lehrtätigkeit verboten. Das war für die Lehrorden, die in Frankreich die besten Schulen unterhielten, ein schwerer Schlag. Die Anstalten wurden geschlossen, die Ordensleute verbannt, ihre Güter vom Staate beschlagnahmt. Schon am Krönungstage Pius' X. kündigte Ministerpräsident Combes an, daß der Kampf fortgesetzt werde. Die französische Regierung bestritt dem Papst das Recht, Bischöfe zur Verantwortung zu ziehen und abzusetzen, und brach die diplomatischen Beziehungen zum Heiligen Stuhl ab. Ein Jahr später, 1905, wurde das Gesetz der Trennung von Kirche und Staat beschlossen und bestätigt. Damit war das Konkordat nicht durch zweiseitige Vereinbarung gelöst, sondern durch einseitige Willkür gebrochen. Die öffentlich-rechtliche Stellung der Kirche in Frankreich war dahin. Aber auch das Privatrecht, das jede nicht verbotene Gruppe genießt, wurde der Kirche verwehrt. Der Staat wollte die bisher in letzter Instanz Rom unterstellte Kirchenverwaltung in eigene Regie nehmen. Der Gebrauch der katholischen Kirchengebäude und die Besoldung der Geistlichen sollten »Kultusgemeinschaften« regeln, deren Maßnahmen der Staatsrat, eine rein weltliche Behörde, zu überwachen hatte. Die Regierung stellte den französischen Bischöfen ein Ultimatum: Falls sie das neue Gesetz ablehnten, würde der gesamte kirchliche Besitz eingezogen. Es gab Bischöfe, die es auf einen Versuch mit der vorgesehenen Neuordnung ankommen lassen wollten. Sie erschien als das kleinere Übel. Oder sollte man auf 400 Millionen im Jahr und allen Besitz verzichten? Die Pariser Bischofskonferenz sprach sich mit 45 gegen 27 Stimmen für eine Anpassung der vorgeschlagenen Kultusgemeinschaften an die kirchlichen Vorschriften aus. »Vor die Wahl gestellt: entweder nachgeben oder völlige Verarmung der französischen Kirche, mußte eine rein natürliche Klugheit sich für das Nachgeben ... entscheiden. Aber hier erhob sich Pius zu übernatürlicher Größe. Selbst von Kindheit an arm lebend, ... durchdrungen vom überragenden Wert der geistigen gegenüber den materiellen Gütern, vertraute er fest darauf, daß es der französischen Kirche nicht zum wahren Schaden gereichen werde, wenn sie einmal ganz arm würde. Er lehnte also jeden Kompromiß, den die französische Regierung ihm bot, der aber mit dem Aufhören seiner Oberaufsicht bezahlt werden sollte, ab« (F. M. Stratmann). Er erklärte: »Die Kultusgemeinschaften können ohne Verletzung der heiligen Rechte, die zum wahren Leben der Kirche gehören, nicht gebildet werden.« Den französischen Bischöfen sagte der Papst: »Ich weiß, daß manche sich Sorgen machen um die ›beni‹ (die materiellen Güter) der Kirche; mir liegt aber mehr ihr ›bene‹ (ihr Wohl) am Herzen. Wir wollen lieber die steinernen Kirchen verlieren, aber die Kirche retten ... Verlaßt eure Paläste! Entfernt aus den Seminaren die jungen Leute, die Hoffnung eurer Kirchen! Aber nehmt nicht, um euren Hunger zu stillen, auch nur einen einzigen Pfennig an von denen, welche die Kirche in Ketten legen wollen! In eurer Trübsal schaut auf Jesus Christus, der aller Dinge beraubt war, entblößt und gekreuzigt. Wie er über den Tod triumphierte, so wird auch für euch einmal die Stunde des Triumphes kommen. Folgt mir ins Leid! Mein einziger Kummer ist, daß ich nicht bei euch sein kann, um mit euch zu leiden und mit euch zusammen die Schlachten Gottes zu schlagen.« Das war ein Sieg des Gottvertrauens: »Ich erfülle meine päpstliche Pflicht«, sagte Pius X., »für das Übrige wird Gott sorgen.«

Clémenceau gab zu, daß er sich verrechnet hatte: »Wir haben alles vorausgesehen, nur das nicht, was dann geschehen ist: die Ablehnung der Kultusgemeinschaften.« Die französische Regierung antwortete, indem sie alle beweglichen und unbeweglichen Güter, die der Kirche in Frankreich noch verblieben waren, beschlagnahmte. Binnen 48 Stunden mußten die bischöflichen Residenzen und Seminare geräumt werden. Die französischen Bischöfe, auch jene, die vorher an einen Kompromiß gedacht hatten, folgten dem Papst einmütig. Die Kirche fuhr besser, als die Ängstlichen befürchtet hatten. An die Stelle der staatlichen Unterstützung trat eine gut organisierte Selbsthilfe, Unterricht und Presse blieben lebendig, das geistige, theologische und literarische Leben nahm einen erstaunlichen Aufschwung, neue Pfarreien und Bistümer wurden gegründet, und schon wenige Wochen nach der Trennung von Staat und Kirche weihte Pius X. in Sankt Peter vierzehn französische Bischöfe, die er ernannt hatte, ohne die Regierung von Paris um Erlaubnis fragen zu müssen.

»War es dann aber nicht eine Inkonsequenz, so heftig gegen die Trennung von Kirche und Staat zu protestieren? Nein, es bestand das verbriefte Recht der Kirche, unter den Bedingungen in Frankreich zu leben, die durch das Konkordat mit Rom vereinbart waren. Die Zerreißung dieses Staatsvertrages war ein unerhörter Rechtsbruch . . . Außerdem ist die Kirche neben ihrem Charakter als mystischer Leib Christi, der übernatürlichen Gesetzen unterliegt, auch irdische Gesellschaft mit natürlichen Existenzbedingungen. Normalerweise bedarf die übernatürliche Mission der Kirche natürlicher Voraussetzungen. Fallen diese, dann ist ihre Wirkungsmöglichkeit immerhin gehemmt. Und die Durchschnittschristen, Geistliche und Laien, sind nicht für den Heroismus geschaffen. Nur ihn ficht große Armut und andere Benachteiligung nicht an. So müssen die Hirten der Kirche auch auf die gewöhnlichen Existenz- und Arbeitsmittel bedacht sein. Letztlich jedoch sind diese nicht das Entscheidende. Es kann eine Gnade Gottes sein, wenn sie der Kirche fehlen oder entzogen werden . . . Die französische Kirche hat durch ihre Trennung vom Staat eher einen Gewinn als einen wesentlichen Schaden erfahren« (F. M. Stratmann).

Rückblickend schrieb Pius X.: »Die Kirche wurde in perfider Weise vor die Entscheidung gestellt, zwischen dem materiellen Ruin und einem unzulässigen Eingriff in ihre gottgegebene Verfassung zu wählen. Sie hat das letztere abgelehnt, auch auf die

Gefahr hin, große Armut auf sich nehmen zu müssen. Sie lehnt es noch ab und wird es immer ablehnen ... Wir hätten nicht anders handeln können ohne Verletzung unserer Gewissenspflicht ... Wir sehen deshalb ohne Furcht dem Urteil der Geschichte entgegen. Sie wird feststellen, daß wir den Blick unverrückt auf die höheren Rechte Gottes gerichtet hielten und nicht die Absicht hatten, die staatliche Macht zu demütigen oder eine bestimmte Regierungsform zu bekämpfen, sondern daß wir einzig und allein dafür Sorge trugen, das unantastbare Werk unseres Herrn und Meisters Jesus Christus zu schützen.«
Das »Urteil der Geschichte« hat Pius X. recht gegeben. Ein italienischer Diplomat schreibt in seinen Erinnerungen: »Es gibt nichts Großartigeres als die Haltung, die der Papst in seiner Auseinandersetzung mit der französischen Regierung eingenommen hat ... Man fragte ihn, wie der Erzbischof von Paris sein Amt ausüben solle ohne ein Haus, ohne Einkünfte, ohne Kirche. Darauf antwortete er, es bestehe ja immer noch die Möglichkeit, dieses Amt einem Franziskaner anzuvertrauen, der nach seiner Regel von Almosen und in absoluter Armut leben müsse. Die Entscheidung ist prachtvoll in ihrem apostolischen Geist, zugleich aber auch das Nützlichste im politischen Interesse des Papsttums. Es ist wahr, die Schlacht mußte mit dem Verlust einiger Goldmilliarden bezahlt werden, aber das Ziel war dieses Opfer durchaus wert« (Orlando). Schon während der Auseinandersetzungen schrieb die protestantische *Kreuzzeitung*: »Pius will nicht mehr Kompromisse, sondern Kampf ... Herrschsucht und Fanatismus sind dem Papste fremd; aber er ist beseelt von dem unbeugsamen Willen, zu retten, was noch gerettet werden kann.« Die Londoner *Times* schrieb nach dem Tode Pius' X.: »Vorurteilsfreie Richter können einen Papst nicht tadeln, weil er jeden Kompromiß mit einer Politik ablehnte, die nach dem Zeugnis ihrer Urheber bewußt die Vernichtung jenes Glaubens bezweckte, den er zu erhalten und zu verteidigen hatte. Man hat behauptet, daß eine Verständigung möglich gewesen wäre. Aber es gibt Grundsätze, die Rom nicht aufgeben noch abschwächen kann. Pius X. erkannte, daß derartige Grundsätze bei all den Vergleichen im Spiele waren, die man ihm vorschlug, damit er

sich mit dem System abfinde. Es war keine leichte Aufgabe, dem treuen Klerus in Frankreich und Portugal ein Verhalten vorzuschreiben, das zum Verlust seiner Güter, seiner Häuser, ja selbst des gesetzlichen Besitzes der Kirchen führen mußte. Aber diese Entscheidung war für Pius eben keine Opportunitätsfrage, sondern eine Frage nach Recht oder Unrecht. Er erteilte sie nach der Vorschrift seines Gewissens, und der wunderbare Gehorsam der hierdurch verarmten Priester erfüllte seine Kinder in der ganzen Welt mit gerechtem Stolz.« Im Jahre 1938 erklärte Kardinal Saliège von Toulouse: »In Frankreich gibt es keinen Staatskatholizismus. Die Kirche kniet vor niemandem, überzeugt, daß das Reich Gottes nicht durch die Mächte dieser Welt in diese Welt kommt. Sie ging das Risiko der Armut ein, ohne Selbstmord zu verüben. Dadurch, daß sie dieses Risiko auf sich genommen, hat sie ihre Jugend wiedergefunden.«

In Spanien kam es zu Auseinandersetzungen zwischen Regierung und Kirche, die zur Abberufung des spanischen Botschafters beim Vatikan und zu einer klosterstürmenden Revolution führten. In der »blutigen Woche« 1910 wurden 68 Kirchen verbrannt und 138 Geistliche ermordet. Erst 1912 wurden die Beziehungen zum Heiligen Stuhl wiederhergestellt.

Die portugiesische Revolution, die mit der Ermordung des Königs und des Thronfolgers begann, brachte eine Regierung an die Macht, die radikal mit Monarchie und Kirche brach. Die religiösen Orden wurden ausgewiesen, ihre Gebäude und Güter beschlagnahmt, der Religionsunterricht in den Staatsschulen verboten, viele Priester eingekerkert oder verbannt. Das Gesetz über Trennung von Kirche und Staat, das noch schwerer als in Frankreich war, nahm dem Klerus die bürgerlichen Rechte und beraubte die Kirchen aller ihrer Güter und Wohltätigkeitsanstalten. Pius X. erhob feierlich Einspruch. Später, als eine Entspannung eintrat, legte er den Katholiken nahe, die republikanische Verfassung anzuerkennen und am Staatsleben aktiv teilzunehmen.

Wenn schmerzliche Nachrichten im Vatikan eintrafen, pflegte Pius X. zu bemerken: »Aber das alles ist nichts im Vergleich zu dem, was der Krieg bringen wird, der uns bevorsteht.« Mitten in der Friedenszeit, als noch niemand an ein Aufeinanderprallen der Großmächte dachte, sagte er voraus, es werde ein furchtbarer Krieg ausbrechen, und zwar 1914. Trotz dieses Vorherwissens erschütterte es ihn bis ins Mark, als das Völkermorden Wirklichkeit wurde. Als der österreichische Gesandte ihn um den Segen für die Waffen seines Monarchen bat, antwortete er streng: »Ich segne nicht die Waffen, sondern den Frieden.« Wenige Tage nach dem Ausbruch des Weltkrieges brach dem Vater der Christenheit das Herz.

Der französische Staatsmann Emile Ollivier urteilte nach seiner ersten Audienz über Pius X.: »Mit Schnelligkeit ergriff er den Kern der Frage und ging geradewegs auf den entscheidenden Punkt zu. Wie Leo XIII. besitzt er alle Eigenschaften eines Staatsmannes. Mit einem weiten und sicheren Blick sieht er, was möglich ist und was nicht möglich ist. Aber vor allem beeindruckte mich seine gelassene Ruhe und sein fester Mut ... In schwierigen Umständen wird er ein Held und ein Heiliger zu sein wissen.« Diese Charakteristik trifft das Richtige, mit Ausnahme der Behauptung, Pius X. habe wie Leo XIII. »alle Eigenschaften eines Staatsmannes« besessen. Pius X. selbst äußerte: »Von der Politik verstehe ich nichts, und zur Diplomatie gehöre ich nicht.« Taktische Schläue war seinem Wesen fremd; ein offenes Wort, ob gelegen oder ungelegen, und entschiedenes Eingreifen entsprachen seiner Art. Als einmal ein geriebener Politiker im Vatikan wissen ließ, das bislang verweigerte Placet für den Erzbischof von Genua würde sofort gewährt werden, falls dafür ein gewisser Pfarrer eine Mitra erhalte, schlug der heilige Papst in höchster Entrüstung die Faust auf den Tisch und rief: »Die Bischofswürde, die *verkaufe* ich doch nicht!«

Pius X. pflegte die Praktiker den Diplomaten und Gelehrten vorzuziehen. Darum ließ er sich mehr von seinen Vertrauten als von den Purpurträgern beraten. Die Folge war, daß einerseits das Kardinalskollegium mehr und mehr ausgeschaltet, anderseits der Papst mit seinem Staatssekretär mehr und mehr isoliert wurde. In seiner auswärtigen Politik ließ Pius X. sich mehrmals in unhaltbare Positionen hineinmanövrieren und geriet zuletzt am eigenen Hof in die Fänge einer integralistischen Kamarilla. Der

Dominikaner Stratmann stellt fest: »Gemessen an den Regeln der landläufigen Politik und Diplomatie, war Pius X. ein ungeschickter Papst. Bis in den Vatikan hinein hat man dieses Urteil auch über ihn gefällt. Er wußte es und bestätigte es.« Man hat sogar vom »scheiternden Papst« gesprochen.
»Meine Politik ist der da«, sagte Pius X. mit seinem Blick auf das Kruzifix. Der Gekreuzigte aber lehrt keine Weltweisheit, sondern ruft zur Nachfolge. Den heiligen Papst Pius X. ließ er teilhaben am Geheimnis seines Leidens und Kreuzes.

Clemens August von Galen

(1878–1946)

Clemens August Graf von Galen, das Symbol politischen Widerstands, war im Kern ein religiöser Mensch. Von seiner Mutter, die ihn auf Burg Dinklage in Oldenburg als elftes von dreizehn Kindern geboren und erzogen hatte, war er zur Nachfolge Christi angeleitet worden. Zur ersten heiligen Kommunion schenkte sie ihm eine Ausgabe des Thomas von Kempen und schrieb das eine Wort aus dem Evangelium des Tages hinein: *Modicum.* Eine »kleine Weile« nur schien ihr dieses Leben, das sie in Sehnsucht nach dem Himmel verbrachte, und doch gab ihr gerade diese Haltung den Antrieb, die irdischen Aufgaben beherzt anzufassen. Abstand halten von der Welt, Meisterung des Lebens im Diesseits um des Lebens im Jenseits willen – dazu hat die fromme und resolute Frau ihre Kinder mit Erfolg erzogen. Dem dreizehnjährigen Clemens August schrieb sie: »Das Leben ist so kurz und eine so herrliche Ewigkeit sollen wir damit erkaufen; da darf kein Tag verloren werden, um uns dieses Zieles zu versichern und für Gott etwas zu leisten, in welcher Stellung es sei. Für Gott ist in Deiner jetzigen Stellung ein griechisches Pensum und ein eifriges, lustiges Fußballspiel auch eine Leistung.« Der junge Clemens August war kein Stubenhocker. Er liebte Spiel und Sport in freier Natur, Schlittschuhlaufen, Reiten, besonders die Jagd. In Feldkirch, wo er das Gymnasium der Jesuiten besuchte, unternahm er Bergtouren, spielte Fußball und Hockey und blies im Schulorchester Posaune. Bei alledem blieb das *Modicum*, das seine Mutter als Samen in sein Herz gesenkt, lebendig und wuchs heran. Das Wort durchzieht bis an sein Lebensende seine Briefe wie ein Kehrreim. Es bietet den Schlüssel zum Verständnis der gelassenen Festigkeit, in der er während der letzten Jahre seines Lebens den Kampf gegen die gottlose Tyrannei bestand. Natürlich ist ihm diese Haltung nicht mühelos zuteil geworden. Clemens August war »ein unermüdlicher Kämpfer mit sich selbst auf dem Wege zur Höhe christlicher Vollkommenheit« (M. Bierbaum). Als Pfarrer und noch als Bischof pilgerte er monatlich in aller Morgenfrühe zu Fuß den zweistündigen Weg von Münster nach Telgte, um sich am Gnadenbild der schmerzhaften Mutter Kraft zu erflehen. Vertrauen auf Gottes Vorsehung, Gleichförmigkeit mit Gottes Willen, Geduld im Leid – das sind die Grundzüge seiner Frömmigkeit.

Im Droben eigentlich beheimatet, hat Clemens August von Galen sich doch nicht dem Hienieden entzogen. Er hielt Abstand von der Welt, ist aber nicht vor den Aufgaben dieser Welt geflohen. »Er hatte sich nie – trotz der damit verbundenen Unruhen und Gefahren – vom öffentlichen Leben zurückgezogen, als ob nur fern vom Spiel der Politik Glück und Weisheit zu finden wären. Er besaß - vielleicht von seinen Ahnen her – etwas vom Tatendrang des Staatsmannes, dem die öffentlichen Angelegenheiten, die res publica im weiteren Sinne verstanden, sehr am Herzen lagen und ein Mittel zur Erprobung echter virtus waren« (M. Bierbaum). Zur politischen Lage schrieb der junge Galen in einem Briefe: »Ich möchte mir bei solchen neuen Situationen immer Onkel Bischof Wilhelm Emanuel zu Hilfe rufen, der es so überraschend verstand, neue Gedanken zu verarbeiten und nach Wahrheit und Irrtum zu zergliedern.« Die Politiker, die 1923 an einer neuen Schulgesetzgebung arbeiteten, wies er auf Kettelers Vorbild hin. Auch später hat er sich noch manches Mal auf Ketteler berufen, dessen Biographie und Werke ihm vertraut waren. Sein Vater Graf Ferdinand Heribert von Galen, in der Schule Kettelers groß geworden, gehörte dreißig Jahre lang als Zentrumsabgeordneter dem Reichstag an. Er war es, der 1877 den ersten sozialpolitischen Antrag im Reichstag einbrachte: Gesetzesvorschläge für den Arbeiterschutz, Verbot der Kinderarbeit, Einschränkung der Frauenarbeit und Sonntagsruhe. Seinen Söhnen las er jeden Morgen eine Stunde aus politischen und historischen Büchern vor. Begreiflich, daß zwei seiner Söhne ebenfalls Abgeordnete wurden, der eine im Reichstag, der andere im Preußischen Landtag. Immer wieder, wenn Clemens August in seinen Briefen auf Politisches zu sprechen kommt, erwähnt er seinen Vater, in dem er ein verpflichtendes Vorbild sah.

Unter solchen Voraussetzungen erwachte in Clemens August das Interesse für Politik schon früh. Der Gymnasiast wünschte sich zu Weihnachten die Weltgeschichte von Weiß, die von der französischen Revolution bis zur Gegenwart reichte, Kettelers Schrift *Freiheit, Autorität und Kirche* und andere Werke zur Kirchenpolitik des neunzehnten Jahrhunderts. Auch als Geistlicher blieb Galen stets für politische und soziale Fragen aufgeschlossen und verfolgte die parlamentarische Tätigkeit seiner Brüder mit Anteilnahme. Als Domvikar zu Münster beteiligte er sich an der Gründung des Arbeitervereins Überwasser und besuchte Gewerkschaftsversammlungen. Als Kaplan und Pfarrer in Berlin war er von 1906 bis 1929 dem Mittelpunkt der Reichspolitik nahe. Er übernahm die Leitung des Gesellenvereins für ganz Berlin und stiftete sein väterliches Erbteil für den Neubau eines Gesellenhauses. Immer wieder sann er über Grundbegriffe und Maximen des staatlichen Lebens nach und suchte sie zur Geltung zu bringen. So referierte er auf einer sozialen Tagung in Breslau über die bisherige Sozialgesetzgebung und beteiligte sich publizistisch an dem unseligen Gewerkschaftsstreit, um die zerzankten Parteien wieder zusammenzubringen. In einem Artikel »Wahlrecht – Wahlpflicht« in der *Allgemeinen Rundschau* legt er die Aufgaben der gesetzgebenden Gewalt und die Pflichten der Parlamentarier und Wähler dar. In einem Artikel »Die Zusammensetzung des Preußischen Herrenhauses« in den *Historisch-politischen Blättern* äußert er sich über die künftige Gestaltung der preußischen Ersten Kammer, die zusammen mit dem Abgeordnetenhaus den Preußischen Landtag bildete. Als Gegner eines ständischen Interessenkampfes tritt er dafür ein, daß das Herrenhaus »ein getreues Abbild wird des vielgestaltigen und vielfach verzweigten organischen Lebens des ganzen Volkes.« In einem Brief von 1913 schreibt er: »Wenn die Vertreter der Autorität nicht das Recht gegen die Gewalt schützen, so ist das Wasser auf die Mühlen derjenigen, die den einzigen Grund des Rechtes in der Gewalt sehen. Und das ist das Grundübel unserer Politik, über das Vater schon immer klagte, wenn er vom ›Staatsgötzen‹ sprach.«

Nach dem Ersten Weltkrieg äußerte sich Galen in den *Historisch-Politischen Blättern* über Ursachen und Schuld des militärischen und politischen Zusammenbruchs. Den Vorwurf der Sieger, Deutschland habe Schuld am Krieg, wies er zurück. Aber es gebe eine Schuld im Innern: »Wie kam es, daß die Revolution siegte, daß viele, vielleicht die Mehrheit des Volkes sie nicht nur schweigend ertrug, sondern sie etwa als ein Glück, als eine Erlösung begrüßte? . . . Preußen-Deutschland hat es nicht verstanden, die innere Zuneigung seiner Staatsangehörigen zu erwerben. . . . Diese beständige Vormundschaft des Staates, das ist es vor allem, was ihm seine Angehörigen entfremdet hat. Der Staat ist alles, der Einzelmensch ist nichts; er hat keine Freiheit, kein Recht, keine Selbstbestimmung, außer jener, die ihm der Staat verleiht; der Staat ist die einzige Quelle des Rechts . . . Da liegt der Kernpunkt der nationalen Schuld, das ist die Krankheit, an der unser deutsches Reich trotz äußeren Glanzes dahinsiechte und zugrunde ging.« Für die Zukunft Deutschlands fordert Galen Freiheit der religiösen Überzeugung, der Kirche, der Familie, der Gemeinden, der Kreise, der Provinzen, der Länder, der Vereinigungen und Verbände. Nur so könnten breite Volksschichten enger mit dem Staat verbunden werden. Nur die Freiheit könne einen neuen Zusammenbruch verhüten. Galen lehnt »die öde Gleichmacherei einer zentralistischen Gewaltherrschaft« ab. Der wahrhaft Schuldige an der deutschen Katastrophe sei »die Idee vom Staatsgott, vom allgewaltigen, unbeschränkt mächtigen, niemand verpflichteten Staat«: »Deutsches Volk, das ist der Schuldige an deinem Unglück und deiner Schmach, das ist der Feind deiner Freiheit, deiner Ehre, deines künftigen Aufstiegs und Glücks! Schlag ihn tot!«

Zur Zeit der Anfänge der Weimarer Republik wandte sich Galen publizistisch gegen »das falsche Prinzip des Staatsschulmonopols«. In einem Brief des Jahres 1922 meinte er, »alles werde nichts helfen, wenn nicht die Bischöfe die Sache in die Hand nehmen, ihren Volk mit aller Energie und Klarheit die Augen öffnen und den sicheren Ausgangspunkt des Kampfes zeigen, wo wir in unanfechtbarer Stellung sind: auf dem Boden des Elternrechts, das die Staatsgewalt nicht schmälern darf, sondern schützen muß«. Einige Monate später schreibt er in einem Brief: »Wir wollen froh sein, daß wenigstens auf einem Gebiete, dem Schulgebiet, schon von Widerstand gegen die Staatsallmacht gesprochen wird.« Schon jetzt macht sich Galen Gedanken über die Aufgaben der Bischöfe. Nachträglich wirken solche Äußerungen wie Vorübungen für den Kampf, den er später als Bischof für das Elternrecht gegen den totalen Staat führen sollte.

Aufschlußreich für Galens politische Auffassungen sind auch seine Vorträge über Zeitfragen, so einer über »christliche Freiheit und Liberalismus«, ein anderer über »die Wirtschaftsordnung nach Lehre der Kirche«. In dem letzten Vortrag erklärt er, es sei nicht Aufgabe der Kirche, ein wirtschaftliches System zu verkünden oder konkrete wirtschaftliche Streitfragen zu entscheiden. Aber die Kirche belehre uns über die Wahrheiten und sittlichen Grundsätze, die in Wirtschaft und Gesellschaft zu beachten sind. Als Galen 1929 zum Pfarrer an der alten Stadt- und Bürgerkirche St. Lamberti in Münster ernannt worden war, führte er das Ratshochamt wieder ein, einen feierlichen Dank- und Bittgottesdienst am Jahresende, zu dem Magistrat und Stadtverordnete eingeladen wurden. Bei dieser Gelegenheit hielt er eine Predigt über christliche Kommunalpolitik.

Als nach dem Tode Galens ein Nachruf bemerkte, der Verstorbene sei politisch »eindeutig rechts« orientiert gewesen, schrieb Graf Franz von Galen: »Alles, was mein Bruder Clemens August in politischer Hinsicht getan hat, z. B. durch Fühlungnahme mit einflußreichen Zentrumspolitikern und durch Einflußnahme auf Männer der Zentrumspresse, ist einzig und allein aus seelsorglichen Motiven geschehen ... Wenn rechts stehen heißt, daß man Gegner der Irrlehren und der politischen Ziele der sogenannten Linksparteien ist, dann stand Clemens August selbstverständlich rechts ... Wenn rechts stehen heißt, daß man insoweit konversativ denkt, als es für gebildete Katholiken sich geziemt, welche Geschichte gelernt haben und die hl. Kirche wirklich kennen und lieben, dann stand Clemens August rechts. Wenn rechts stehen

gedeutet werden soll als Festhalten an Staatsvergottung und Staatsomnipotenz, dann stand Clemens August schroff links. Wenn rechts stehen gedeutet wird als Ablehnung der katholischen Lösung der sozialen Frage (nach *Rerum novarum* und *Quadragesimo anno*), dann stand Clemens August offenbar nicht rechts.« Man kann über einzelne politische Ansichten Galens verschiedener Meinung sein, nicht bestreiten wird man die Reinheit und Uneigennützigkeit seines Wollen. Er war stets »bereit, ohne Engherzigkeit neuen Situationen Verständnis entgegenzubringen, was bei seiner Herkunft nicht immer leicht war« (M. Bierbaum).
In einem Brief des Jahres 1927 hat er seine Gesinnung kurz umrissen: »Nicht verbittert der Vergangenheit nachtrauern, nicht tatenlos warten, bis ein erträumtes Zukunftsbild sich verwirklicht, sondern um Gottes willen mit den Menschen, wie sie jetzt einmal sind, für die Menschen, zwischen die uns Gott gestellt hat, selbstlos arbeiten.«

Als Pfarrer hat Clemens August von Galen bewußt auf eine Erneuerung der Kirche hingearbeitet. Dabei dachte er nicht an eine Reform der Institutionen, sondern an eine Reform der Gesinnung, an eine Herzenserneuerung aus dem Geiste. Schon als Seminarist äußerte er sich in programmatischer Weise in diesem Sinne. Als im Jahre 1902 der Rottenburger Bischof Keppler eine Rede über »Wahre und falsche Reform« hielt, freute sich Galen sehr über diese »wahrhaft katholischen Worte«: »Vielen werden sie doch hoffentlich die Augen öffnen und ihnen zeigen, wie wahrhaft zu reformieren ist, wie Vater es ja immer sagt, von unten herauf angefangen bei jedem Einzelnen. Und das müssen wir uns gewiß alle merken.« Galen erklärte sich auch mit der Borromäus-Enzyklika Pius' X. einverstanden, die zwischen wahrer und falscher Kirchenreform unterschied. Daß er auf seinem persönlichen Kelch neben dem Bilde des heiligen Missionars Franz Xaver das Bild des heiligen Franz von Sales anbringen ließ und daß er von Wien Reliquien des heiligen Clemens Maria Hofbauer nach Berlin holte, verrät etwas von den Quellen, aus denen sein Reformeifer gespeist wurde: Diese Heiligen waren ihm Vorbil-

der seines apostolisch-missionarischen Wirkens für eine Erneuerung und Ausbreitung der katholischen Kirche.
Im Jahre 1932 unternahm der Pfarrer Graf Galen aus tiefer Sorge »den Versuch, Schäden und Schwächen in unserem eigenen katholischen Lager aufzudecken«. Er tat dies in seinem Buch *Die »Pest des Laizismus« und ihre Erscheinungsformen.* Der Titel greift eine Formulierung von Papst Pius XI. auf. Auch das Buch erhebt keinen Anspruch auf Originalität der Gedanken. Galen will nichts Neues bringen, sondern die uralte-christliche Wahrheit, angewandt freilich auf die gegenwärtige Lage. Er schöpft aus der Tradition, zitiert die Heilige Schrift, die Weisungen der Fuldaer Bischofskonferenz, die Verlautbarungen der letzten Päpste, besonders die sozialen Enzykliken Leos XIII. und Pius' XI., und Kettelers *Freiheit, Autorität und Kirche.* Das Buch ist schwerfällig geschrieben, doch seine Hauptgedanken sind noch nicht veraltet.
Laizismus ist das Bestreben, die Religion aus dem öffentlichen Leben zu verdrängen und zur Privatsache zu machen. Von den Prinzipien des Laizismus sieht Galen bereits weite Teile des Katholizismus wie von einer Pest angesteckt. Daher das »heimliche Bröckeln und Mauerfraß in unseren Bollwerken«, daher »erleiden wir dauernd Verluste«, daher ist »unsere Widerstandskraft gelähmt, siegreiches Vordringen vereitelt«. Die Kraft des sich ausbreitenden Christentums der früheren Jahrhunderte scheint dahin zu sein. »Trotz hingebendster Seelsorgsarbeit vieler Priester und opferbereiter Laienhelfer, trotz weitreichender organisierter und freier Liebestätigkeit unter der Leitung der Kirche, trotz vorbildlicher Pflichttreue vieler Katholiken im Familien- und Wirtschaftsleben, trotz einflußreicher Mitarbeit bekenntnistreuer Katholiken im kommunalen und politischen Leben wird doch das öffentliche Leben immer mehr entchristlicht.«
Der Laizismus zielt dahin, »das ganze menschliche Leben nach rein diesseitigen, von der geoffenbarten Religion unabhängigen Gesetzen zu regeln«. Er »ignoriert die Tatsache, daß die menschliche Natur, durch die Erbsünde geschwächt, nicht mehr aus eigener Kraft mit Sicherheit das wahrhaft Gute und Heilsame erkennen kann«, sondern auf die Kräfte der Gnade und der

Erlösung angewiesen ist. Nach dieser modernen Irrlehre ist der Mensch von Natur gut: Alle Übel in der menschlichen Gesellschaft haben ihren Grund allein in unzureichender Kultur. »Diese gilt es also zu heben, zu verbreiten, allen Menschen zuzuführen, dann werden Elend und Not und Zwietracht und Verbrechen nicht mehr wie bisher die Erde zu einem Tränental machen.« Kultiviert die Menschheit, und sie wird in Frieden und Eintracht leben! Gegen diese Irrlehre stellt Galen die christliche Lehre: Krieg, Klassenhaß, Parteihader, Verwirrung im Staatswesen, kurz - alle Übel in der menschlichen Gesellschaft entspringen nicht einem Mangel an Kultur, sondern der bösen Begierlichkeit, näherhin der Genußsucht, der Habgier und der Herrschsucht.

Eine Erscheinungsform des Laizismus ist der wirtschaftliche Liberalismus. Er geht »von der Voraussetzung aus: Die menschliche Natur ist gut. Laisser faire, laisser aller! Nur keinen Eingriff in das wirtschaftliche Handeln der Menschen von dritter Seite oder aus nicht rein wirtschaftlichen, etwa religiösen Gesichtspunkten! Die Natur hilft sich selbst. Das freie Spiel der Kräfte wird . . . den Ausgleich aller Spannungen und damit volle Harmonie herbeiführen . . . Am Ende dieser Epoche steht einer verhältnismäßig kleinen Gruppe von Kapitalisten ein ungeheueres Heer von Proletariern gegenüber, die in Daseinsunsicherheit und steter Sorge um die notwendigsten äußeren Güter unzufrieden dahinleben.« Aber auch »der Sozialismus setzt die Annahme einer ungeschwächten, an sich guten, durch Kultur zu gutem Handeln zu erziehenden menschlichen Natur voraus. Er glaubt mit natürlichen Mitteln eine Wirtschafts- und Gesellschaftsordnung durchführen zu können, die vielleicht im Paradies vor dem Sündenfall möglich gewesen wäre«. Aus dem Irrtum, die menschliche Natur sei gut, entspringt auch der moderne »heidnische Körperkult«, der Pansexualismus in Literatur, Kunst, Theater, Film und Illustrierten, der das »unaufhaltsame Hinabgleiten vom Christentum ins Heidentum« beschleunigt.

Nachdrücklich stellt Galen fest, »daß man solche Erscheinungsformen nicht hinnehmen kann, ohne zugleich den hinter ihnen stehenden Grundsätzen zum Siege zu verhelfen«. Er ruft deshalb die katholischen Kampfgenossen auf, »die Reihen zu schließen, ... die geschwächten Punkte unserer Kampffront mit frischem Mute neu zu besetzen und die Vorposten der unchristlichen Ideen, die etwa schon in unsere Reihen eingebrochen sind, ... ohne Säumen zurückzudrängen«. Das kriegerische Vokabular und der zum größten Teil politische Stoff des Buches könnten den Eindruck erwecken, als vertrete Galen einen militanten politischen Katholizismus ohne religiöse Tiefe. In Wirklichkeit handelt es sich um den Reformruf eines Seelsorgers, der vom Geiste des Evangeliums erfüllt ist und zugleich im praktischen Leben steht. Galen weiß, daß sich sämtliche zehn Gebote Gottes auf das gesellschaftliche Leben beziehen und deshalb nicht im stillen Kämmerlein erfüllt werden können. Er weiß aber auch, daß ein Aktivismus, der sich auf die Eroberung und Verteidigung von Positionen beschränkt, nicht genügt. In seiner Reformschrift finden sich auch Sätze wie dieser: »Wir müssen Heilige sein, Heilige werden, wenn wir der Hoffnung leben wollen, in absehbarer Zeit das Ziel unserer Sehnsucht zu erreichen: die Wiederherstellung der Einheit des Glaubens in unserem lieben Vaterlande.« Das Buch schließt mit der Mahnung aus dem ersten Petrusbrief, »die auf einem alten Bilde des heiligen Petrus in der Lambertikirche zu Münster also wiedergegeben ist: ›Betet und waket, wante de Düwel nich enslapet!‹ Betet und wachet, weil der Teufel niemals schlafet!«

Wenige Jahre später rief Galen als Bischof die Laien auf, »in apostolischer Gesinnung die Königsherrschaft Christi in allen Lebensbezirken zu verwirklichen und zu befestigen«. Er erwartet, die katholischen Laien würden »in den wechselvollen Zeitverhältnissen imstande sein, auch ohne Einzelanweisungen und beständige persönliche Leitung nicht nur für ihr Verhalten die richtige Gewissensentscheidung zu treffen, sondern auch beispielgebend, beratend und führend ihre Umwelt, ihre Familien, ihre Berufsgenossen, ihre Mitbürger zu einem christlichen Denken und Leben anzuleiten«. Dem auf der Diözesansynode versammelten Klerus sagt er: »Wir alle wissen, wie notwendig es ist, daß unsere Gläubigen in weit größerer Zahl, als es bisher der Fall ist, zu solcher Mündigkeit und verantwortungsfähigen und -bereiten Selbständigkeit und Aktivität nicht nur durch die heilige Firmung gesalbt, sondern auch ausgerüstet und aufgerufen würden.«

Im Jahre 1933, in dem die gottlose Tyrannei in Deutschland begann, bestieg Clemens August Graf von Galen den bischöflichen Stuhl von Münster. Als der neuernannte Bischof, ein breitschultriger Hüne von fast zwei Metern, beim preußischen Ministerpräsidenten Göring erschien, um den vorgeschriebenen Treueid zu leisten, stellte sich heraus, daß im ganzen Ministerium weder ein Kreuz noch ein Evangelienbuch aufzutreiben war, auf das der Eid hätte abgelegt werden können. »Das habe ich mir schon gedacht«, sagte Galen trocken, »darum habe ich es mitgebracht.« Er zog aus seiner Tasche Kreuz und Evangelienbuch und legte darauf den Eid ab, die Regierung zu achten und jeden Schaden zu verhüten, der das Wohl des deutschen Staates bedrohen könnte. Dann erklärte er: »Euer Exzellenz freundliche Begrüßung gibt mir die Gewähr, daß ich bei der Staatsleitung verständnisvolles Gehör finden werde, wenn ich glaube, treu meinem Eide auf drohende Gefahren für das Wohl unseres Volkes aufmerksam machen zu müssen.« Unter der Oberfläche dieser konziliant-diplomatischen Worte wird bereits die Ahnung kommender Auseinandersetzungen spürbar. In seinem ersten Hirtenbrief zum Tage seiner Bischofsweihe erklärt Galen, es seien Gefahren im Anzug; niemand könne seine Pflicht, seine Diözesanen zu warnen, ihm abnehmen. »Nicht Menschenlob, nicht Menschenfurcht soll jemals mich hindern, diese Pflicht zu erfüllen.« In diesem Sinne wählte er auch seinen Wappenspruch: *Nec laudibus nec timore.*

Auf einer Dechantenkonferenz 1935 sagte Galen, als Seelsorger dürfe man den offenen Kampf »nicht leichtsinnig« herbeiwünschen. »Denn wenn auch die Kirche an sich unbesiegbar ist, so ist doch mit Sicherheit vorauszusehen, daß ein mit allen Machtmitteln der Propaganda, des wirtschaftlichen Druckes usw. geführter ›Kulturkampf‹ viel drückender und verlustreicher sich auswirken würde als der Kampf, den unsere Väter vor 60 Jahren bestanden haben. Wer das erwägt, wird im Vertrauen auf den,

›der die Welt überwunden hat‹, solch aufgezwungenen Kampf nicht übermäßig fürchten, aber ihn auch nicht herbeiwünschen, um der Seelen willen, die dann verlorengehen würden.« Galen ließ die Tugend der Klugheit nicht außer acht. Am liebsten freilich wäre er noch öfter dem Grundsatz gefolgt, den er schon als Berliner Pfarrer aussprach: »Angriff ist die beste Verteidigung.« Aber als jüngster Bischof Deutschlands glaubte er in der ersten Zeit der Hitlerherrschaft manchmal auf irenisch gestimmte ältere Bischöfe kollegiale Rücksichten nehmen zu müssen.

Gleichwohl eröffnete Clemens August bereits im Januar 1934 den Kampf. In seinem Fastenhirtenbrief griff er ein nationalsozialistisches Prinzip an: die Überbetonung der Abstammung. Er stellte sie in die richtige Wertordnung: Der Christ kennt eine höhere Art der Blutsverbundenheit als die der Rasse und Sippe: die Gemeinschaft der Erlösten, die Christi Blut für Gott erkaufte. Am ersten Ostertag 1934 wurde von 900 Kanzeln des Bistums Münster folgender Hirtenbrief gegen das Neuheidentum verlesen: »An jeden Bischof ist das Wort gerichtet, das der heilige Paulus an seinen Schüler Timotheus geschrieben hat: ›Ich beschwöre dich vor Gott und Christus Jesus . . .: Verkündige das Wort, tritt auf, ob gelegen oder ungelegen, weise zurecht, tadele, ermahne mit aller Geduld und Lehrweisheit. Denn es kommt eine Zeit, da man die gesunde Lehre unerträglich findet und aus Verlangen nach Ohrenkitzel nach eigenem Sinn sich Lehrer über Lehrer verschafft. Von der Wahrheit wird man das Ohr abwenden und sich Fabeleien zuwenden. Du aber sei besonnen in allem, trage deine Bürde, erfülle deinen Beruf als Verkünder des Evangeliums und verwalte dein Amt in vollkommener Weise.‹ Aus diesen Worten geht hervor, daß ein Bischof nicht schweigen darf, wenn die Irrlehre und der Unglaube ihr Haupt erheben . . . Ein Wort der Klarheit ist um so notwendiger, wenn die Feinde der Religion, wie es jetzt geschieht, nicht nur diese oder jene Lehre der Kirche bekämpfen, sondern Fundamente der Religion selbst und die heiligsten Geheimnisse der Offenbarung leugnen oder fälschen. Es greift die Fundamente der Religion und der gesamten Kultur an, wer den Gottesglauben in der Menschheit zersetzt und zerstört . . . Heute werden Schriften verbreitet und empfohlen, welche verkünden, daß nicht Gott die Welt und ihre Entwicklung hervorgebracht habe, sondern daß die Gottesidee ein Ergebnis dieser Entwicklung sei. Das ist neues Heidentum ... Es greift die Fundamente der Religion und der gesamten Kultur an, wer das moralische Gesetz im Menschen zerstört. Das tun aber jene, die von der Sittlichkeit erklären, sie gelte nur insoweit für ein Volk, als sie die Rasse fördere. Offensichtlich wird dadurch die Rasse über die Sittlichkeit gestellt, das Blut über das Gesetz. Eben diese Irrlehre behauptet, es seien die zehn Gebote nur der Ausdruck der Sittlichkeit des jüdischen Volkes gewesen und sie müßten anders lauten für andere Völker mit anderem Blut. In Wirklichkeit verpflichten die zehn Gebote alle Völker. Was die zehn Gebote sagen, steht als Sittengesetz in den Herzen aller Menschen, auch der Heiden geschrieben. Was wird nun die Folge sein, wenn man das sittliche Naturgesetz, das alle Menschen ohne Unterschied der Rassen und Klassen verpflichtet, zerstört und wenn man die reine Stimme des Gewissens trübt? An Stelle der Sittengebote, die zugleich mit dem Gottesglauben verblassen, tritt die brutale Gewalt, die jedes Recht mit Füßen tritt ... Was gilt noch ein Vertrag, wenn jede Gewissensgarantie fehlt? ... Dieser Angriff gegen das Christentum, wie wir ihn in der heutigen Zeit in unserem Volke erleben, übertrifft an vernichtender Gewalt alles das, was wir von den früheren Zeiten her wissen ... Das neue Heidentum kämpft an gegen den Begriff und die Tatsache der Offenbarung durch den eingeborenen Sohn Gottes. Es soll nur eine Offenbarung des Blutes geben, auf dessen Stimme man hören müsse ... Die Neuheiden leugnen die Gemeinschaft der für alle Völker bestimmten Kirche Christi und streben eine Nationalkirche an, die nicht auf der Grundlage des gemeinsamen Glaubens an die Offenbarung ruht, sondern auf den Lehren von Blut und Rasse. Mit der ihnen eigenen dunklen Sprache reden sie von einem neuen Mythos und der Notwendigkeit einer neuen Religion ... Diese neue Lehre verlangt einen radikalen Bruch mit der christlichen Vergangenheit des deutschen Volkes, dessen Kultur sich doch seit mehr als tausend Jahren auf dem Boden des Christentums entwickelt hat ... Christus der Herr hat uns vorausgesagt, daß die Welt uns hassen wird ... Mit heiliger Freude wollen wir, wenn Gott sie zuläßt, den Märtyrern gleich Nachstellungen und Verfolgungen tragen. Denn das ist der Heldengeist unserer Kirche und die Seligkeit derer, die für Christus leiden müssen.«

Im August 1934, nach der gesetzlich eingeführten Zwangssterilisierung und nach der Ermordung Hunderter Gegner des Regimes, hielt Clemens August vor 20000 Menschen in Bethen in Oldenburg eine Predigt gegen den »angeblich artgemäßen nordischen Glauben«. Darin legte er ein Bekenntnis ab zur Würde des Menschen und erklärte die Verstümmelung oder Tötung Unschuldiger als einen Eingriff in die Herrscherrechte des Schöpfers. Im September 1934 hielt der Bischof in Recklinghausen eine Ansprache, in der er sagte, er könne es nicht schweigend dulden, wenn die Besinnung auf deutsches Wesen und deutsche Art dazu mißbraucht würde, um die christliche Vergangenheit Deutschlands zu lästern und unsere christlichen Vorfahren zu schmähen. Es sei nicht nur religiöse, sondern auch nationale Pflicht, dagegen zu protestieren.

Gegen Rosenbergs, des Parteiideologen, antichristliches Buch *Der Mythos des zwanzigsten Jahrhunderts* hatte 1934 eine Gruppe katholischer Gelehrter eine wissenschaftliche Kampfschrift ausgearbeitet, die in Köln gedruckt worden war, natürlich insgeheim. Niemand fand sich, der es wagte, sie zu verbreiten. Nach vergeblichen Verhandlungen mit einer kirchlichen Stelle wandte man sich an den Bischof von Münster. Clemens August gab die *Studien zum Mythos des zwanzigsten Jahrhunderts* sofort als Beilage zum Münsterschen Kirchlichen Amtsblatt heraus und deckte sie mit seiner Autorität. Im Nu waren 200000 Exemplare über ganz Deutschland verteilt, ehe die Gestapo (= Geheime Staatspolizei) zugreifen konnte. Als die Polizisten durch den Vordereingang in das Druckereigebäude stürmten, um die Auflage zu beschlagnahmen, rollte der letzte Wagen mit den letzten Paketen des Anti-Mythos zum Hintertor heraus. Der Erfolg dieses Überraschungsangriffs auf die nationalsozialistische Ideologie war »die Aufklärung Deutschlands über den wahren Charakter des Rosenbergschen Buches als eines durch und durch unwissenschaftlichen Machwerkes. Dem raschen Entschluß des mutigen Bischofs von Münster war es zu verdanken, daß diese Aufklärung Deutschland zuteil werden konnte« (W. Neuß). Auch im Hirtenbrief vom März 1935 griff Clemens August Rosenbergs Mythos des Blutes an. Er beginnt mit den Worten des zweiten Psalms: »Was toben die Heiden und erfinden Truggebilde die Völker?« Es gebe wieder Heiden in Deutschland, Deutsche, die sich rühmen, Heiden zu sein. An die Stelle Gottes setzten sie die eigene Nation als Götzen, an die Stelle der unsterblichen Seele des Einzelmenschen »die ewige Rassenseele«. Rosenberg wehrte sich, indem er im Juli 1935 auf dem Gauparteitag zu Münster den Bischof mit Schmähungen überschüttete. Neben ihm sprachen Frick, der »Entkonfessionalisierung« des öffentlichen Lebens forderte, und Ley, der behauptete, nur die Partei sei in Deutschland berechtigt, »Seelsorge« zu üben. Zwei Tage darauf bereiteten 10000 Gläubige nach der herkömmlichen »Großen Prozession« dem Bischof vor seiner Wohnung eine stürmische Ovation. Vom offenen Fenster aus sprach Clemens August: »Ich weiß nicht, ob ein Bischof in Münster durch Drohungen sich hat abschrecken lassen, das zu tun und zu sagen, was er in Ausübung seines heiligen Amtes glaubte tun und sagen zu müssen. Aber ich weiß, daß es ein Münsterer Bischof war – er hat später in diesem Haus gewohnt –, der zur Zeit der französischen Fremdherrschaft auf dem sogenannten Nationalkonzil in Paris es gewagt hat, sich offen den Forderungen zu widersetzen, die der gewalttätige Napoleon I. gegen das göttliche Recht und die Freiheit der Kirche durchsetzen wollte. Ich weiß, daß in diesem Hause vor 60 Jahren ein Bischof von Münster verhaftet und von hier aus in Gefangenschaft geführt worden ist, weil er getreu seiner Pflicht und den Geboten seines Gewissens für göttliches Recht und für die Freiheit der Kirche eingetreten ist. Ich weiß nicht, ob mir ähnliches bevorsteht, ob ich auch einmal gewürdigt werde, für den Namen Jesu Schmach zu leiden, nicht durch Mißkennung und Vorwürfe, sondern auch durch Beraubung der Freiheit, durch Mißhandlung und Leiden. Sollte Gottes Vorsehung mich solcher Nachfolge der Apostel würdigen, so hoffe ich, daß Gottes Gnade mir den Willen erhält, lieber alles zu ertragen, als vom Wege der Pflicht abzuweichen, daß Gottes Beistand in

schweren Stunden mir Licht und Stärke gibt, es den früheren Bischöfen von Münster in Opfermut und Standhaftigkeit gleich zu tun. Ich vertraue in dieser Hinsicht auf Gottes Hilfe, ich vertraue auf eure Liebe und auf euer Gebet und auf eure Treue.«
Bei der Weihe eines neuen Altares im Dom zu Xanten spricht Clemens August vom Martyrium des heiligen Viktor und fügt hinzu, es gebe auch heute wieder Verfolgungen in Deutschland: »Es gibt in deutschen Landen frische Gräber, in denen die Asche solcher ruht, die das katholische Volk für Märtyrer des Glaubens hält, weil ihr Leben ihnen das Zeugnis treuster Pflichterfüllung für Gott und Vaterland, Volk und Kirche ausstellt und das Dunkel, das über ihre Gräber gebreitet ist, ängstlich gehütet wird. Und wie lastet vielfach schwerster Gewissensdruck auf Beamten und Angestellten, Eltern und Lehrern, die vor die Frage gestellt werden, zu wählen zwischen der Treue gegen Gott und Gewissen und dem Wohlgefallen und der Gunst derer, von denen ihre Stellung und ihr Lebensunterhalt abhängt!« Im nächsten Monat, März 1936, unmittelbar vor der Reichstagswahl, hält der Bischof in Gelsenkirchen-Buer eine aufrüttelnde Firmpredigt: Gott und Christus werden in Deutschland gelästert, die Glaubensfreiheit beschränkt, die katholische Presse vernichtet, die kirchlichen Vereine und Verbände unterdrückt.
Im September 1936 spricht Galen anläßlich der Viktorstracht in Xanten. Er schildert das Martyrium des heiligen Viktor und seiner Gefährten und fragt: »Solche als Majestätsverbrecher, als Empörer, als Gehorsamsverweigerer hingerichteten Menschen, verehrt die Kirche als Heilige?« Er legt die Pflicht des Gehorsams gegen die Obrigkeit dar, fügt dann aber hinzu: »Wer obrigkeitliche Gewalt hat, andern zu befehlen, hat selbst die heilige Pflicht, gerade im Befehlen sich nach Gottes heiligem Willen zu richten. Nur als Gottes Dienerin, also in Unterordnung unter den Willen Gottes, hat menschliche Obrigkeit Befehlsgewalt. Wie sollte sonst der Mensch, der obrigkeitliche Gewalt innehat, es fordern können, daß ein anderer, von Natur gleich ihm mit Freiheit ausgestatteter Mensch, seinen Willen ihm beuge? Nur weil er das Schwert trägt und die rohe Übermacht, ihn zu peinigen, zu strafen, wenn er widersteht? Das hieße die Gerechtigkeit vernichten,

die Menschenwürde verhöhnen und die menschliche Gesellschaft auf die Stufe einer Räuberbande herabdrücken. Wenn in einem Lande so unter Verachtung des göttlichen Willens und der Gerechtigkeit von der Obrigkeit Gehorsam verlangt und durch Gewalt und Furcht erzwungen würde, dann würde von ihm das Wort des heiligen Augustinus gelten: ›Nimm die Gerechtigkeit hinweg, was sind dann die Reiche anders als große Räuberbanden? Denn sind diese nicht auch kleine Reiche? Wächst eine solche Rotte übler Gesellen so ins Große, daß sie Land besetzt, feste Sitze gründet, Städte unterwirft, Länder erobert, so nimmt sie vor aller Welt den Namen ›Reich‹ an, nicht als hätte die Raubsucht aufgehört, sondern weil sie straflos schalten kann.‹« Viktor und seine Gefährten waren »Märtyrer, die im Gehorsam gegen Gottes Gebot frevelhafte Menschensatzung verachteten und willig den Tod hingenommen haben, weil sie wußten und bekannten: ›Man muß Gott mehr gehorchen als den Menschen.‹ ... Alle ehrliebenden, rechtlich denkenden Menschen haben diese Freiheit des Gewissens geachtet ... Als Friedrich II., König von Preußen, einst an seinen Justizminister Münchhausen das Ansinnen stellte, ein nach Recht und Gesetz gefälltes Urteil willkürlich zu ändern, erhielt er von diesem Ehrenmanne die tapfere, freimütige Antwort: ›Mein Kopf steht Eurer Majestät zur Verfügung, nicht mein Gewissen.‹ ... Gott wolle uns allen rechten Gehorsam verleihen, daß wir in jeder rechtmäßigen Obrigkeit ›Gottes Dienerin‹ erkennen und anerkennen, Gehorsam üben und so ›durch gutes Verhalten den Unverstand törichter Menschen zum Schweigen bringen‹, die uns verleumderisch nachsagen, wir seien Feinde des Staates oder der Volksgemeinschaft. Gott wolle uns aber auch Einsicht und Heldenkraft verleihen, daß wir niemals aus Selbstsucht oder feiger Menschenfurcht in Sünde einwilligen und das Gewissen beflecken, um die Gunst irdischer Machthaber zu gewinnen oder zu bewahren ... Lieber sterben als sündigen! Und sollte Obrigkeit in Kirche (!) oder Staat, in Gemeinschaft oder Familie ihre Stellung mißbrauchend von uns verlangen, gegen das nach Gottes Gesetz geformte Gewissen zu handeln, so wollen wir Leib und Leben opfern, aber unser Gewissen rein bewahren.«

Als im November 1936 die Oldenburger Regierung befahl, das Kreuz aus den Schulen zu entfernen, erhob sich ein Sturm des Protestes. Eine ausländische Zeitung meldete: »Zum erstenmal im Kirchenkampf ist das katholische Volk aufgestanden und hat die Zurücknahme einer gehässigen Maßnahme erzwungen.« Clemens August sprach den wackeren Oldenburgern in einem Hirtenwort seine Anerkennung für ihre Treue aus, forderte sie auf, »den Glauben an Christus und sein heiliges Kreuz zu verteidigen, wenn es sein muß, bis in den Kerker und Tod«, und ermahnte sie, »jede Gemeinschaft zu meiden, die dem Kreuze Christi feind ist«. Zwei Jahre später protestierte Galen im Namen des Elternrechtes gegen die Aufhebung der katholischen Schulen in Oldenburg.
Im Frühjahr 1937 überraschte Clemens August von Galen wieder einmal die nationalsozialistischen Machthaber durch einen plötzlichen und erfolgreichen Gegenschlag: Er ließ das Rundschreiben *Mit brennender Sorge*, in dem Papst Pius XI. die Verlogenheit der Kirchenverfolger in Deutschland enthüllte, in einer Auflage von 120000 insgeheim drucken, am Passionssonntag von allen Kanzeln des Bistums verlesen und in allen Kirchen als Broschüre verteilen. Die Rache der Nazis wagte sich nicht an den Auftraggeber, als den Clemens August sich öffentlich selbst bezeichnete, sondern traf die Ausführenden. Wenige Tage darauf wurde die Druckerei Regensberg von der Gestapo beschlagnahmt und entschädigungslos enteignet. Ebenso erging es zwölf anderen Druckereien in Deutschland, die das päpstliche Rundschreiben gedruckt hatten.
In Vreden, einem Brennpunkt altsächsischer Geschichte, führt Galen im November 1937 in einer Predigt aus, das Christentum sei nicht artfremd. Der Sachsenherzog Widukind und seine Nachkommen seine echte Christen und echte Germanen zugleich gewesen. Trotzdem »wagt man es zu sagen und zu schreiben: Wer als Deutscher dem Glauben der römischen Kirche anhängt, der handelt gegen deutsche Art, der übt Verrat am deutschen Blut ... Ein heiliger Zorn muß jeden ehrliebenden deutschen Mann erfüllen, wenn er Tag für Tag solche Beschimpfungen seiner Vorfahren über sich ergehen lassen muß. Es ist

nicht mein Verdienst, sondern Gottes Fügung, und es liegt mir fern, mir etwas darauf einzubilden, daß ich einer Familie des westfälischen Uradels entstamme. Aber es ist eine Tatsache, daß meine Vorfahren seit mehr als siebenhundert Jahren hier gelebt haben und gestorben sind, als deutsche Männer und als deutsche Frauen, als katholische Christen und treue Kinder der katholischen Kirche. Wenn jemand aufsteht und behauptet, daß deutsches Blut aus ihm spreche: Hier stehe ich und behaupte dasselbe von mir. Ich weiß nicht, ob jene, die sich heute anmaßen, allein entscheiden zu dürfen, was deutscher Art entspricht, gleich mir es nachweisen können, daß deutsche Art seit Jahrhunderten treu gehütetes Erbe ihrer Familie ist. Und wenn sie es können: Ich weiche nicht vor ihnen zurück. Ich verbitte es mir, daß man meine Vorfahren verlästert, ihren Glauben, ihr christliches Leben als undeutsch, als artfremd beschimpft ... Wir lassen uns unsere Helden und Heiligen, unsere Vorfahren und Voreltern nicht beschimpfen. Und wenn wir jene Lästerungen nicht zum Schweigen bringen können, dann soll es doch einmal offen gesagt sein: Eine sogenannte Weltanschauung, die uns zu Verächtern unserer Vorfahren machen würde, die uns zu dem Bekenntnis nötigen wollte, daß unsere Vorfahren deutsche Art verraten haben, eine solche Weltanschauung lehnen wir ab. Wenn das die nationalsozialistische Weltanschauung ist, dann lehnen wir die nationalsozialistische Weltanschauung ab.« Natürlich warf man dem Bischof von Münster vor, er trage unter dem Vorwand der Religion die Politik auf die Kanzel. Galen entgegnete: »Nein, ich wehre nur jene ab, die unter dem Vorwand der Politik die Religion angreifen.«

Nachdem Hitler zusammen mit Stalin den Zweiten Weltkrieg begonnen hatte, wuchs der nationalsozialistische Terror ins Ungeheure. Gegenwehr endete stets mit Tod oder Konzentrationslager. Schon hatten viele mannhafte Christen als Opfer der Kirchenverfolgung Besitz, Freiheit, sogar das Leben verloren, schon schmachteten viele Hundert Priester in Gefängnissen oder Konzentrationslagern. Doch dem Bischof von Münster hatten die Machthaber noch kein Haar gekrümmt. Gleichwohl war Galen sich völlig der erhöhten Gefahr bewußt, in der er schwebte: Während des Krieges konnte jede Abwehräußerung gegen kirchenfeindliche Maßnahmen als Landesverrat oder Hochverrat gebrandmarkt werden. Auch war ihm die sadistische Brutalität der verhetzten Handlanger der Tyrannei nicht unbekannt geblieben. Als 1940 der Berliner Pfarrer Coppenrath aus dem Gefängnis entlassen wurde, bat Galen ihn um einen ausführlichen Bericht über seine Erlebnisse während der Haft: Er rechne damit, daß ihm über kurz oder lang Ähnliches geschehen könne; es sei dann gut, wenn er schon einigermaßen darüber im Bilde sei.

Hitler stand im Sommer 1941 auf der Höhe seiner Macht. Er hatte fast ganz Europa erobert. Seine Heere stürmten mit einem Elan ohnegleichen in Rußland hinein. Amerika gehörte noch nicht zu den Gegnern. In diesem Augenblick wagte es der Bischof von Münster, öffentlich die schwersten Anklagen gegen die nationalsozialistischen Machthaber zu schleudern. Es war ein Angriff, wie ihn die Nazis seit ihrer »Machtergreifung« noch nicht erlebt hatten; ein Angriff, der die Funktionäre bis in die höchsten Führungsspitzen von Partei und Staat in helle Aufregung versetzte.

Was bewog den Bischof, zu diesem Zeitpunkt und in dieser Form vorzugehen? Die Historiker konnten diese Frage bis vor kurzem nicht beantworten. Galen war ein patriotischer Mann, durchdrungen von dem Bewußtsein, daß man der Obrigkeit gehorchen müsse; sein öffentlicher Protest stand im Gegensatz zur politischen Linie des Vorsitzenden der deutschen Bischofskonferenz und geschah ohne Rückhalt von seiten der Bischofsgemeinschaft oder der römischen Kurie. Es war der Gewissensentscheid eines einzelnen. Worauf stützte er sich? Das war, bis vor kurzem, ein Rätsel.

Nun wurde im Diözesanarchiv Osnabrück ein Brief Galens an den Bischof Berning von Osnabrück gefunden, in dem der Bischof von Münster versucht, den damaligen Vorsitzenden des Konveniats westdeutscher Bischöfe für ein gemeinsames Vorgehen der Bischöfe gegen das Hitler-Regime »für die Freiheit der Kirche« zu gewinnen. Der Brief ist datiert vom 26. Mai 1941 –

noch vor Beginn des Rußlandfeldzugs und anderthalb Monate bevor Galen allein die in mehrfacher Hinsicht riskante Flucht in die Öffentlichkeit wagte. Das Aktenstück wurde erstmals im April 1976 in *Stimmen der Zeit* veröffentlicht.
In diesem Brief erinnert Galen seinen um fast 20 Jahre dienstälteren Amtsbruder an eine Reihe von Übergriffen des Regimes aus der jüngsten Zeit und macht dann seinem gepreßten Herzen Luft: »Die angeführten Tatsachen zeigen wieder einmal, welch blindem Haß und welchem willkürlichen Mißbrauch der Macht wir gegenüberstehen . . . Es scheint mir nachgerade höchste Zeit zu sein, daß wir einmal in einer gemeinsamen Besprechung uns darüber klar und einig werden, ob wir die Fortführung des uns aufgezwungenen Abwehrkampfes in der bisherigen, fast ganz passiven Weise noch verantworten können . . . Als katholische Bischöfe haben wir nicht nur die göttlichen Offenbarungswahrheiten zu verkündigen, sondern auch die Pflicht, der Kirche ihre Freiheit und ihre Rechte zu erhalten. In Verteidigung derselben sind der hl. Thomas Becket, der hl. Stanislaus von Krakau und viele andere hl. Bischöfe als Märtyrer gestorben . . . Ich frage mich, ob wir nicht mehr tun müssen als bisher . . .«
Die bisherigen Protestschreiben der Bischöfe an die maßgebenden staatlichen Dienststellen waren von den Adressaten ignoriert worden, und da die Öffentlichkeit nichts von ihnen erfuhr, konnte bei manchem der Eindruck entstehen, die Bischöfe ließen sich alles gefallen. Galen zählt weitere Maßnahmen des Regimes gegen die Kirche aus den letzten Wochen auf und fragt seinen Amtsbruder: »Wenn wir das ohne öffentlichen Protest hinnehmen dürfen, wo ist dann überhaupt noch der Punkt, an dem es für uns Pflicht wird, für die Freiheit der Kirche öffentlich einzutreten und gegebenenfalls die eigene Freiheit und das Leben zum Opfer zu bringen? Exzellenz, auch ich habe dieses, wie vieles andere, bisher ohne öffentlichen Protest hingehen lassen. Ich habe mein Gewissen immer wieder damit zur Ruhe gebracht, daß ich mir sagte: Wenn der Kardinal Bertram und so viele andere Bischöfe, die an Alter, Erfahrung und Tugend mir überlegen sind, bei all dem ruhig bleiben und sich mit den papierenen und wirkungslosen, der Öffentlichkeit unbekannten Protesten des Vor-

sitzenden der Fuldaer Bischofskonferenz begnügen, dann wäre es anmaßend und für die anderen hochwürdigsten Herren ehrenkränkend, vielleicht auch töricht und verkehrt, wenn ich durch eine ›Flucht in die Öffentlichkeit‹ mich vordrängen und möglicherweise sogar noch brutalere Maßnahmen gegen die Kirche provozieren würde. Aber ich kann mein Gewissen mit solchen Argumenten ex autoritate bald nicht mehr zur Ruhe bringen. Ich denke oft an den hl. Thomas Morus und sein Verhalten gegen das Argument ex autoritate.«

Ansporn für Galen war also das Vorbild früherer Märtyrer der Kirchenfreiheit, namentlich des hl. Thomas Becket und des hl. Thomas Morus. Man erinnert sich: Als man von Morus jenen Eid verlangte, der seinem Gewissen widersprach, und er diesen Eid verweigerte, hielt man ihm entgegen, ob er klüger sein wolle als alle Bischöfe Englands, die den Eid geleistet hätten (tatsächlich hatte nur Bischof John Fisher von Rochester widerstanden). Bevor Morus zum Tod verurteilt wurde, erklärte er: Wenn man ihm sage, er stehe in England mit seiner Haltung allein, könne das seine Gewissensentscheidung nicht umstoßen; denn auf seiner Seite stünden alle hl. Bischöfe aller anderen Länder aller Jahrhunderte (Näheres in: Kranz, Sie lebten das Christentum). So wie Morus sich für seinen Widerstand auf das Verhalten früherer Heiliger, namentlich des hl. Thomas Becket, berief, so berief sich Galen auf das Verhalten früherer Heiliger, namentlich des hl. Thomas Morus und des hl. Thomas Becket, die der Staatsmacht widerstanden und ihren Widerstand mit ihrem Leben bezahlten. Auch Galen rechnete mit Gefängnis und Exekution. Das Beispiel der Heiligen gab den Ausschlag für seine Gewissensentscheidung.

Galens Brief an Bischof Berning schließt mit dem Appell: »Euer Exzellenz bitte ich inständig, beim nächsten Konveniat der westdeutschen Bischöfe eine gründliche Aussprache über die Fragen herbeizuführen und zuzulassen: ›Sind die bisherigen Maßnahmen der letzten Zeit gegen die Freiheit der Kirche noch nicht eine Überschreitung dessen, was wir, um Schlimmeres zu vermeiden, ohne öffentlichen Protest oder mindestens passiven Widerstand hinnehmen können? An welchem Punkt werden wir einmütig und geschlossen ... selbst für die Freiheit der Kirche eintreten und den Einsatz unserer Priester verlangen und stützen?‹« Am 12. Juli begann Galen seine Attacke – allein. Der Anlaß war dieser: Münster hatte in den Nächten vor dem 12. 7. 1941 die ersten schweren Luftangriffe erlitten. Noch steckte den Einwohnern der Schrecken über die furchtbaren Verwüstungen in den Gliedern, da glaubte die Gestapo, ohne Aufsehen die Klöster schließen und ihre Insassen vertreiben zu können. Die Aktion war gut zu tarnen: Man mußte die Ausgebombten unterbringen. Was könnte der Bischof schon unternehmen? Und die Bevölkerung hatte andere Sorgen. So wurden an jenem Samstag die zwei Häuser der Jesuiten und ein Missionsschwesternhaus in Münster beschlagnahmt und samt Inventar zugunsten der Partei enteignet. Die Insassen mußten sofort Stadt und Provinz verlassen. Sobald Clemens August von der Aktion hörte, ging er in eines der betroffenen Häuser und protestierte schärfstens gegen Überfall und Raub. Am Nachmittag beschloß er, das Ereignis auf der Kanzel zur Sprache zu bringen, und zwar in St. Lamberti, da der Dom durch Bomben unbenutzbar geworden war. Bis tief in die Nacht hinein saß er an seinem Schreibtisch. Als er am Sonntagmorgen zur Kirche ging, sagte er zu seinem Kaplan: »Wenn man mich gleich nach der Predigt verhaftet – es ist wahrscheinlich –, bringen Sie mir dann bitte etwas Kleidung und Wäsche ins Gefängnis!« Er hatte mit seinem Leben abgeschlossen.

Galen gab zunächst die Tatsachen bekannt. Dann fuhr er fort: »So ist also der Klostersturm, der schon länger in anderen Reichsgebieten wütete, auch hier ausgebrochen. Wir müssen uns darauf gefaßt machen, daß in den nächsten Tagen solche Schreckensnachrichten sich häufen, daß ein Kloster nach dem andern von der Gestapo beschlagnahmt wird und seine Bewohner wie rechtlose Heloten auf die Straße geworfen, wie Schädlinge aus dem Land gehetzt werden. Und das in diesem Augenblick, wo alles zittert und bebt vor neuen Nachtangriffen, die uns alle töten, einen jeden von uns zu einem heimatlosen Flüchtling machen können! Da jagt man schuldlose, ja hochverdiente, von Unzähligen hochgeachtete Männer und Frauen aus ihrem bescheidenen Besitz. Weshalb? Man sagte mir: ›Aus staatspolitischen Gründen.‹ Weitere Gründe wurden nicht angegeben. Kein Bewohner dieser Klöster ist eines Vergehens oder Verbrechens beschuldigt, vor Gericht angeklagt oder gar verurteilt. Und wäre einer schuldig, so mag man ihn vor ein Gericht stellen! . . . Wer wagt es, gegen sie eine Anklage zu erheben? Wer es wagt, der mag seine Anklage beweisen . . . Schon mehrfach und noch vor kurzer Frist haben wir es erlebt, daß die Gestapo unbescholtene, hochangesehene deutsche Menschen ohne Gerichtsurteil und Verteidigung gefangensetzte, ihrer Freiheit beraubte, aus der Heimat auswies und irgendwo internierte. In den letzten Wochen wurden sogar zwei Mitglieder meines engsten Beirates, des Domkapitels unserer Kathedralkirche, aus Münster abtransportiert, in weit entlegene Orte verbannt, die ihnen als Zwangsaufenthalt angewiesen wurden. Auf meine Proteste beim Reichskirchenminister habe ich eine Antwort überhaupt nicht erhalten. Aber so viel konnte durch telefonische Nachfrage bei der Gestapo festgestellt werden: Bei keinem der beiden Herren Domkapitulare liegt der Verdacht oder die Anklage einer strafbaren Handlung vor. Sie sind völlig ohne jede eigene Schuld, ohne Anklage und die Möglichkeit einer Verteidigung durch Verbannung bestraft . . . Ist es deswegen, daß man nicht ein Gericht, sondern die Gestapo eingesetzt hat, deren Maßnahmen einer gerichtlichen Nachprüfung leider nicht unterliegen? Der physischen Übermacht der Gestapo steht jeder deutsche Staatsbürger völlig schutzlos und wehrlos gegenüber. Das haben viele im Laufe der letzten Jahre an sich erfahren . . . Keiner von uns ist sicher, und mag er sich bewußt sein, der treueste, gewissenhafteste Staatsbürger zu sein, mag er sich völliger Schuldlosigkeit bewußt sein, daß er nicht eines Tages aus seiner Wohnung geholt, seiner Freiheit beraubt, in den Kellern und Konzentrationslagern der Gestapo eingesperrt wird. Ich bin mir darüber klar: Das kann auch heute, das kann auch eines Tages mir geschehen. Weil ich dann nicht mehr öffentlich sprechen kann, darum will ich heute öffentlich sprechen, will ich warnen vor einem Weiterschreiten auf einem Wege, der nach meiner Überzeugung Gottes Strafgericht auf die Menschen herabruft und zu Unglück und Verderben für unser Volk und Vaterland führen muß . . . Das Recht auf Leben, auf Unverletzlichkeit, auf Freiheit ist ein unentbehrlicher Teil jeder sittlichen Gemeinschaftsordnung. Wohl steht es dem Staate zu, strafweise seinen Bürgern diese Rechte zu beschränken; aber diese Befugnisse hat der Staat nur gegenüber Rechtsbrechern, deren Schuld in einem unparteilichen Gerichtsverfahren nachzuweisen ist. Der Staat, der diese von Gott gewollte Grenze überschreitet und die Bestrafung Unschuldiger zuläßt oder veranlaßt, untergräbt seine eigene Autorität und die Achtung vor seiner Hoheit in den Gewissen der Staatsbürger. Wir haben es in den letzten Jahren immer wieder beobachten müssen, daß mehr oder weniger schwere Strafen, meistens Freiheitsstrafen verhängt und vollzogen wurden, ohne daß den Bestraften in einem ordnungsmäßigen Gerichtsverfahren eine Schuld nachgewiesen wäre und ohne daß ihnen Gelegenheit gegeben würde, ihr Recht zu verteidigen, ihre Schuldlosigkeit nachzuweisen. Wie viele deutsche Menschen schmachten in Polizeihaft, in Konzentrationslagern, sind aus ihrer Heimat ausgewiesen, die niemals von einem ordentlichen Gericht verurteilt sind oder die nach Freispruch vor Gericht von der Gestapo gefangengenommen werden!« Galen nennt eine Reihe von Namen katholischer und evangelischer Geistlicher. »Ihr seht, meine Christen, daß es nicht ein konfessionell-katholisches Anliegen ist, das ich heute öffentlich vor euch bespreche, wohl aber ein christliches, ja ein allgemein menschliches und nationales Anliegen. Die Gerechtigkeit ist das Fundament der Staaten . . . Nicht nur um der Rechte der Kirche willen, sondern auch aus Liebe zu unserm Volk und in ernster Sorge um unser Vaterland erbitten wir, verlangen wir, fordern wir: Gerechtigkeit! . . . Man wird mir vielleicht den Vorwurf machen, mit dieser offenen Sprache schwäche ich jetzt im Kriege die innere Front des deutschen Volkes. Demgegenüber stelle ich fest: Nicht ich bin die Ursache einer etwaigen Schwächung der inneren Front, sondern jene, die ungeachtet der Kriegszeit schuldlose Volksgenossen ohne Gerichtsurteil und Verteidigungsmöglichkeit in harte Strafe nehmen, ihres Eigentums berauben, auf die Straße setzen, aus dem Lande jagen. *Sie* zerstören die Rechtssicherheit, *sie* untergraben das Rechtsbewußtsein, *sie* vernichten das Vertrauen auf unsere Staatsführung. Und darum erhebe ich im Namen des rechtschaffenen deutschen Volkes, im Namen der Gerechtigkeit und im Interesse der Geschlossenheit der inneren Front meine Stimme. Darum rufe ich laut, als deutscher Mann, als ehrenhafter Staatsbürger, als katholischer Bischof: Wir fordern Gerechtigkeit! Bleibt dieser Ruf ungehört, wird die Gerechtigkeit nicht wiederhergestellt, so wird unser deutsches Volk und Vaterland an innerer Fäulnis und Verrottung zugrunde gehen!«

Wellen der Empörung und Begeisterung gingen durch die Zuhörerscharen. Die Erregung mußte sich Luft machen, und so hallten die Gewölbe der Kirche wider von Bravo- und Pfuirufen. Clemens August ging zurück in den Bischöflichen Hof und wartete darauf, daß die Gestapo kam. Aber sie kam nicht, weder an diesem Tag noch später.

Am nächsten Sonntag, am 20. Juli 1941, bestieg der Bischof die Kanzel der Überwasserkirche zu Münster und gab bekannt, daß in der vergangenen Woche fünf weitere Klöster im Bistum Münster beschlagnahmt und Ordensmänner und Schwestern vertrieben wurden. »Wie soll das enden? Es handelt sich nicht etwa darum, für obdachlose Bewohner von Münster eine vorübergehende Unterkunft zu schaffen. Die Ordensleute waren bereit und entschlossen, für solche Zwecke ihre Wohnung aufs äußerste einzuschränken, um gleich anderen den Obdachlosen eine Wohnung zu verschaffen und sie zu verpflegen. Nein, darum handelt es sich nicht. Im Immakulatakloster in Wilkinghege richtet sich, wie ich gehört habe, die Gaufilmstelle ein. Man sagt mir, in der Benediktinerabtei Gerleve sei ein Entbindungsheim für uneheliche Mütter eingerichtet . . . Keine Zeitung hat bisher von den gefahrlosen Siegen der Gestapo, die sie in diesen Tagen über wehrlose Ordensmänner und schutzlose Frauen errungen hat, und von den Eroberungen, die die Gauleitung am Eigentum deutscher Volksgenossen gemacht hat, berichtet.« Der Bischof teilte mit, er habe sich beim Regierungspräsidenten beschwert, verlas sein Telegramm an Hitler und gab bekannt, daß er ähnliche Bitten dem Reichsmarschall Göring, dem Reichsstatthalter für Preußen, dem Reichsinnenminister, dem Reichskirchenminister und dem Oberkommando der Wehrmacht telegrafisch unter-

breitete. »Es war vergebens. Das Vorgehen wurde fortgesetzt, und es ist bereits eingetreten, was ich schon lange vorausgesehen und am vorigen Sonntag gesagt habe. Wir stehen vor den Trümmern der inneren Volksgemeinschaft, die in diesen Tagen rücksichtslos zerschlagen wurde ... Volksgemeinschaft mit den Männern, die unsere Ordensleute, unsere Brüder und Schwestern ohne Rechtsgrund, ohne Untersuchung, Verteidigungsmöglichkeit und Gerichtsurteil wie Freiwild aus dem Lande hetzen? Nein! Mit ihnen und allen dafür Verantwortlichen ist mir keine Gemeinschaft im Denken und Fühlen möglich.« Diese Gewalttaten entspringen »nur aus einem abgründigen Haß gegen die christliche Religion und gegen die katholische Kirche ... Gewiß, wir Christen machen keine Revolution. Wir werden weiter treu unsere Pflicht tun im Gehorsam gegen Gott, aus Liebe zu unserem Volk und Vaterland. Unsere Soldaten werden kämpfen und sterben für Deutschland, nicht aber für jene Menschen, die durch ihr grausames Vorgehen gegen unsere Ordensleute, gegen ihre Brüder und Schwestern, unsere Herzen verwunden und dem deutschen Namen vor Gott und den Menschen Schmach antun. Wir kämpfen weiter gegen den äußeren Feind. Gegen den Feind im Innern, der uns peinigt und schlägt, können wir nicht mit Waffen kämpfen, da bleibt nur ein Kampfmittel: Starkes, zähes, hartes Durchhalten. Hart werden! Fest bleiben! ... Wir sind in diesem Augenblick nicht Hammer, sondern Amboß. Fragt den Schmiedemeister und laßt es euch von ihm sagen: Der Amboß hält länger als der Hammer.«
Als Clemens August von Galen am 3. August 1941 wieder auf die Kanzel der Lamberti-Kirche ging, war der Anlaß nicht die Gefährdung kirchlicher Institutionen, sondern ein Verbrechen gegen Menschlichkeit und Menschenrechte. »Seit einigen Monaten hören wir Berichte, daß aus Heil- und Pflegeanstalten für Geisteskranke auf Anordnung von Berlin Pfleglinge, die schon länger krank sind und vielleicht unheilbar erscheinen, zwangsweise abgeführt werden. Regelmäßig erhalten dann die Angehörigen nach kurzer Zeit die Mitteilung, die Leiche sei verbrannt, die Asche könne abgeliefert werden. Allgemein herrscht der an Sicherheit grenzende Verdacht, daß diese zahlreichen unerwar-

teten Todesfälle von Geisteskranken nicht von selbst eintreten, sondern absichtlich herbeigeführt werden, daß man dabei jener Lehre folgt, die behauptet, man dürfe sogenanntes ›lebensunwertes Leben‹ vernichten, also unschuldige Menschen töten, wenn man meint, ihr Leben sei für Volk und Staat nichts mehr wert. Eine furchtbare Lehre, die die Ermordnung Unschuldiger rechtfertigen will, die die gewaltsame Tötung der nicht mehr arbeitsfähigen Invaliden, Krüppel, unheilbar Kranken, Altersschwachen grundsätzlich freigibt. Wie ich zuverlässig erfahren habe, werden jetzt auch in den Heil- und Pflegeanstalten der Provinz Westfalen Listen aufgestellt von solchen Pfleglingen, die als sogenannte ›unproduktive Volksgenossen‹ abtransportiert und in kurzer Zeit ums Leben gebracht werden sollen. Aus der Anstalt Marienthal bei Münster ist im Laufe dieser Woche der erste Transport abgegangen. Deutsche Männer und Frauen! Noch hat Gesetzeskraft der § 211 des Reichsstrafgesetzbuches, der bestimmt: ›Wer vorsätzlich einen Menschen tötet, wird, wenn er die Tötung mit Überlegung ausgeführt hat, wegen Mordes mit dem Tode bestraft.‹ Wohl um diejenigen, die jene armen Menschen vorsätzlich töten, vor dieser gesetzlichen Bestrafung zu bewahren, werden die zur Tötung bestimmten Kranken aus der Heimat abtransportiert in eine entfernte Anstalt. Als Todesursache wird dann irgendeine Krankheit angegeben. Da die Leiche sofort verbrannt wird, können die Angehörigen und auch die Kriminalpolizei es hinterher nicht mehr feststellen, welche Todesursache vorlag ... Das Strafgesetzbuch bestimmt in § 139: ›Wer von dem Vorhaben eines Verbrechens wider das Leben glaubhafte Kenntnis erhält und es unterläßt, der Behörde und dem Bedrohten hiervon zur rechten Zeit Anzeige zu machen, wird ... bestraft.‹ Als ich von dem Vorhaben erfuhr, Kranke aus Marienthal abzutransportieren, um sie zu töten, habe ich am 28. Juli bei der Staatsanwaltschaft beim Landgericht Münster und bei dem Herrn Polizeipräsidenten in Münster Anzeige erstattet durch eingeschriebenen Brief mit folgendem Wortlaut: ›Nach mir zugegangenen Nachrichten soll im Laufe dieser Woche (man spricht vom 31. Juli) eine große Anzahl Pfleglinge der Provinzialheilanstalt Marienthal bei Münster als sogenannte unproduktive Volksgenossen nach der Heilanstalt Eichberg überführt werden, um dann alsbald, wie es nach solchen Transporten aus anderen Heilanstalten nach allgemeiner Überzeugung geschehen ist, vorsätzlich getötet zu werden. Da ein derartiges Vorgehen nicht nur dem göttlichen und natürlichen Sittengesetz widerstreitet, sondern auch als Mord nach § 211 des StGB mit dem Tode zu bestrafen ist, erstatte ich gemäß § 139 des StGB pflichtgemäß Anzeige und bitte, die bedrohten Volksgenossen unverzüglich durch Vorgehen gegen die den Transport und die Ermordung beabsichtigenden Stellen zu schützen und mir von dem Veranlaßten Kenntnis zu geben.‹ Nachricht über ein Einschreiten der Staatsanwaltschaft oder der Polizei ist mir nicht zugegangen. Ich hatte bereits am 26. Juli bei der Provinzialverwaltung der Provinz Westfalen, der die Anstalten unterstehen, der die Kranken zur Pflege und Heilung anvertraut sind, schriftlich ernstesten Einspruch erhoben. Es hat nichts genutzt. Und aus der Heil- und Pflegeanstalt Warstein sind bereits 800 Personen abtransportiert. So müssen wir damit rechnen, daß die armen wehrlosen Kranken über kurz oder lang umgebracht werden. Warum? Nicht weil sie ein todeswürdiges Verbrechen begangen haben, . . . sondern darum, weil sie nach dem Urteil irgendeines Amtes, nach dem Gutachten irgendeiner Kommission ›lebensunwert‹ geworden sind. Man urteilt: Sie können nicht mehr Güter produzieren, sie sind wie eine alte Maschine, die nicht mehr läuft, sie sind wie ein altes Pferd, das unheilbar lahm geworden ist, sie sind wie eine alte Kuh, die nicht mehr Milch gibt. Was tut man mit solch alter Maschine? Sie wird verschrottet. Was tut man mit einem lahmem Pferd, mit solch einem unproduktiven Stück Vieh? Nein, ich will den Vergleich nicht bis zu Ende führen . . . Es handelt sich hier ja nicht um Maschinen, es handelt sich hier ja nicht um Pferd und Kuh, deren einzige Bestimmung ist, dem Menschen zu dienen, für den Menschen Güter zu produzieren. Man mag sie zerschlagen, man mag sie schlachten, sobald sie diese Bestimmung nicht mehr erfüllen. Nein, hier handelt es sich um Menschen, unsere Mitmenschen, unsere Brüder und Schwestern. Arme Menschen, kranke Menschen, unproduktive Menschen meinetwegen! Aber haben sie damit das Recht auf Leben verwirkt? Hast du, habe ich nur so lange das Recht zu leben, solange wir produktiv sind, solange wir von andern als produktiv anerkannt werden? Wenn man den Grundsatz aufstellt und anwendet, daß man den ›unproduktiven‹ Mitmenschen töten darf, dann wehe uns allen, wenn wir alt und altersschwach werden! Wenn man die unproduktiven Menschen töten darf, dann wehe den Invaliden, die im Produktionsprozeß ihre Kraft, ihre gesunden Knochen eingesetzt, geopfert und eingebüßt haben! Wenn man die unproduktiven Mitmenschen gewaltsam beseitigen darf, dann wehe unseren braven Soldaten, die als Schwerkriegsverletzte, als Krüppel, als Invaliden in die Heimat zurückkehren! Wenn einmal zugegeben wird, daß Menschen das Recht haben, ›unproduktive‹ Mitmenschen zu töten – und wenn es jetzt zunächst auch nur arme wehrlose Geisteskranke trifft –, dann ist grundsätzlich der Mord an allen unproduktiven Menschen freigegeben. Dann braucht nur irgendein Geheimerlaß anzuordnen, daß das bei Geisteskranken erprobte Verfahren auf andere ›Unproduktive‹ auszudehnen ist ... Dann ist keiner von uns seines Lebens mehr sicher. Irgendeine Kommission kann ihn auf die Liste der ›Unproduktiven‹ setzen, die nach ihrem Urteil ›lebensunwert‹ geworden sind. Und keine Polizei wird ihn schützen und kein Gericht seine Ermordung ahnden ... Wer kann dann noch Vertrauen haben zu seinem Arzt? Vielleicht meldet er den Kranken als ›unproduktiv‹ und erhält die Anweisung, ihn zu töten. Es ist nicht auszudenken, welche Verwilderung der Sitten, welch allgemeines Mißtrauen bis in die Familien hineingetragen wird, wenn diese furchtbare Lehre geduldet, angenommen und befolgt wird. Wehe den Menschen, wehe unserem deutschen Volke, wenn das heilige Gottesgebot: ›Du sollst nicht töten!‹ nicht nur übertreten wird, sondern wenn diese Übertretung sogar geduldet und ungestraft ausgeübt wird!«

Wie ein Jubelschrei ging es durch das deutsche Volk, das von Bombengeschwadern und Gestapoterror zugleich zerschlagen war. Endlich wagte es einmal einer, diesen verbrecherischen Machthabern gehörig die Meinung zu sagen! Obwohl es keine katholische Presse, keine katholischen Organisationen mehr gab, flogen die drei Predigten im Nu durch alle Lande, von Privatleuten auf Schreibmaschinen vervielfältigt und durch die Post verbreitet. Priester lasen die erregenden Texte aus eigenem Antrieb auf der Kanzel vor, auch in vielen evangelischen Kirchen wurden Galens Predigten verlesen. Dabei war den Tausenden, die sich so engagierten, das Gefährliche ihres Tuns durchaus bewußt. Man kannte die Methoden der Gestapo: Es begann mit Haussuchung, Beschlagnahme und Verhör und endete mit Verhaftung, Dienstentlassung oder Konzentrationslager. Tatsächlich wurden viele Laien in dieser Weise »fertiggemacht«, weil sie die Predigten abgetippt und verschickt hatten. Viele Priester kamen ins Konzentrationslager, weil sie die prophetischen Mahnungen des Bischofs von Münster verlesen und mit eigenen Worten unterstrichen hatten. Vier Lübecker Geistliche, die Kapläne Johannes Prassek, Hermann Lange, Eduard Müller und der evangelische Pastor Stellbrink wurden 1943 durch das Fallbeil hingerichtet, weil sie die Predigt über die Tötung der Geisteskranken verbreitet und kommentiert hatten.

Dem Bischof selbst geschah nichts. Diese Tatsache erregte höchste Verwunderung und ließ zahllose Legenden entstehen, in denen angebliche mächtige Beschützer Galens eine Rolle spielen. In Wirklichkeit genoß Galen von keiner Stelle Schutz und Hilfe. Von höchsten Parteifunktionären wurde vorgeschlagen, den äußerst unbequemen Bischof kurzerhand als Hochverräter aufzuhängen. Nur die Einsicht des Propagandaministers Goebbels, im Falle einer solchen Exekution könne man für den Rest des Krieges ganz Westfalen abschreiben, hat die aufgeregten Machthaber zu dem Entschluß bewogen, die Abrechnung für die Zeit nach dem Kriege aufzuschieben. Ein Gaupropagandaleiter erklärte in einer internen Rede: »Wenn nach dem Endsiege tausend Ritterkreuzträger im Triumph durchs Brandenburger Tor marschieren, kräht kein Hahn danach, wenn gleichzeitig in einer Nebenstraße die gleiche Anzahl von Pfaffen aufgeknüpft wird.« Nach außen freilich wagte so etwas kein Funktionär zu sagen. Man wußte, daß große Teile des Volkes anders dachten. Jedem Beobachter in Deutschland war die Tatsache, daß dem Bischof von Münster kein Haar gekrümmt wurde, ein schlagender Beweis für die Richtigkeit seiner Behauptungen.

Hunderte von Karten und Briefen liefen in wenigen Monaten bei Clemens August ein. Sie kamen aus allen Schichten des deutschen Volkes und äußerten Entsetzen über die Verbrechen der Tyrannen, begeisterte Zustimmung zu dem mutigen Auftreten des Bischofs. Fast alle trugen Unterschrift und Absender. »Die Tapferkeit, mit dem Namen für die geschriebenen Worte einzustehen, wurde stets durch ein persönliches Antwortschreiben des Bischofs belohnt« (H. Portmann). Die Schriftstellerin Ricarda Huch, eine liberale Protestantin, schrieb an Galen folgenden Brief: »Wenn ich, Ihnen fremd, Ihre Aufmerksamkeit für einen Augenblick in Anspruch nehme, so tue ich es, um Ihnen Dank und Verehrung auszusprechen. Erfahren zu müssen, daß unserem Volk das Rechtsgefühl zu fehlen scheint, war wohl das Bitterste, was die letzten Jahre uns gebracht haben. Die dadurch verdüsterte Stimmung erhellte sich, als Sie, hochverehrter Herr Bischof, dem triumphierenden Unrecht sich entgegenstellten und öffentlich für die Verunrechteten eintraten. Das Bewußtsein, den Forderungen des Gewissens genug getan zu haben, ist mehr wert als Beifall der Menschen. Nicht um Sie zu stärken, schreibe ich Ihnen, sondern weil ich annehme, es sei Ihnen erfreulich zu wissen, daß es viele gibt, die sich Ihnen von ganzem Herzen verbunden fühlen. Ich bitte Sie, mich als die Stimme der vielen zu betrachten, die Ihnen ergeben sind.«

Clemens August erreichte mit seiner Gegenwehr tatsächlich Erfolge. Im Herbst 1941 hörte man mit der Ermordung der Geisteskranken an manchen Orten auf. Am 30. Juli 1941 erging ein Führerbefehl an alle deutschen Gauleiter, jede Aktion gegen Kirchengut sofort einzustellen. Wie Goebbels fürchtete Hitler die Volksstimmung. Er begnügte sich mit einer dunklen Drohung in seiner Rede vom 9. November 1941: »Sollte aber irgendeiner ernstlich bei uns hoffen, unsere Front stören zu können, ganz gleich, woher er stammt, aus welchem Lager er kommt, so – Sie kennen meine Methode – sehe ich dem immer eine gewisse Zeitlang zu. Das ist die Bewährungsfrist. Aber dann kommt der Augenblick, an dem ich blitzartig zuschlage und das sehr schnell beseitige. Und dann hilft alle Tarnung nichts, auch nicht die Tarnung mit der Religion.«

Der »Löwe von Münster« ließ sich nicht im mindesten einschüchtern. Er schlug Hitler mit dessen eigenen Worten, indem er am 1. Februar 1942 in einer Predigt in der Lambertikirche zu Münster erklärte: »Wer ist schuld an einem Schaden für das Volk? Ich meine, nicht derjenige, der für die Heilung dieser Schäden eintritt, sondern jene, die solche Zustände herbeiführen und nicht für ihre Beseitigung sorgen. Den Parteistellen, die uns Bischöfe wegen unserer offenen Sprache als Landesverräter zu beschimpfen wagen, möchte ich die Worte Adolf Hitlers in Erinnerung bringen, die er in seinem Kampfbuch S. 399 niedergeschrieben hat. Da steht: ›Ein Mensch, der eine Sache weiß, eine gegebene Gefahr kennt, die Möglichkeit der Abhilfe mit seinen Augen sieht, hat die verdammte Pflicht und Schuldigkeit, nicht im ›Stillen‹ zu arbeiten, sondern vor aller Öffentlichkeit gegen das Übel auf- und für seine Heilung einzutreten. Tut er das nicht, dann ist er ein pflichtvergessener elender Schwächling, der entweder aus Feigheit versagt, oder aus Faulheit und Unvermögen.‹ Die deutschen Bischöfe sind nicht feige Schwächlinge. Sie treten, wenn es nötig ist, vor aller Öffentlichkeit gegen das Übel auf und für seine Heilung ein.« Weiter sagte Galen: »Ich bin im Laufe der letzten Monate in Zeitungsartikeln und in Versammlungen als Landesverräter und Staatsfeind beschimpft worden. Weil ich in Sorge um das Wohl und Glück des deutschen Volkes gegen Willkür und Gewalttat ... öffentlich aufgetreten bin ... Was bleibt uns Bischöfen übrig, als öffentlich zu sprechen, wenn alle unsere unzähligen Warnungen und Eingaben nicht beachtet, zum größten Teil nicht beantwortet werden? ... Ich habe gegen eine Anzahl Parteigrößen, die solche Angriffe gegen meine Ehre öffentlich gerichtet hatten, Strafanzeige erstattet. Aber bisher ist noch in keinem Fall ein Strafverfahren durchgeführt.«
Als Luftgeschwader in Masseneinsatz eine Stadt Deutschlands nach der anderen zerbombten, äußerte sich Clemens August in einer Predigt zu Telgte über Praktiken des totalen Krieges: »Von Menschen werden die Spreng- und Brandbomben abgeworfen, so daß sie Tod und Verderben über friedliche Städte säen. Furchtbare Verantwortung derer, die den Bombenkrieg begonnen haben und mit immer wirksameren Mitteln fortsetzen! Und

doch: die Haß- und Vergeltungsrufe, von denen die deutsche Presse widerhallt, kann und will ich mir nicht und dürft auch ihr euch nicht zu eigen machen. Soll es wirklich der Wunsch und Wille des deutschen Volkes sein, daß wir Rache nehmen für das Leid, das uns trifft? Daß wir vor allem anderen danach verlangen, daß auch unsererseits in England und den sonstigen Feindländern Kirchen und Spitäler zerstört, Kinder und Frauen, die nichts mit dem Krieg zu tun haben, umgebracht werden? . . . Ist das wirklich ein Trost für eine Mutter, deren Kind einem Bombenangriff zum Opfer fiel, wenn man ihr versichert: demnächst werden wir einer englischen Mutter ihr Kind töten? . . . Absichtlich, nur um Rache zu nehmen, nur um Vergeltung zu üben, nichtmilitärische Ziele, nichtkämpfende Menschen schädigen wollen, das widerstreitet nicht nur christlichem Denken, das verleugnet auch anständiges Denken, ritterliches Soldatentum . . .«

Inzwischen war in Stalingrad fast eine halbe Million deutscher Soldaten zugrunde gegangen, und Hitler hatte die ersten großen Niederlagen eingesteckt. Die deutschen Städte wurden in Schutt gelegt. Vor wenigen Jahren noch hatten Parteiführer die christliche Redeweise vom »Jammertal« verhöhnt und die Losung »Freut euch des Lebens!« ausgegeben. Inzwischen war Deutschland auf fürchterliche Weise ein Jammertal geworden. Um der sich ausbreitenden Verzweiflung zu begegnen, sendete der Rundfunk zwischen Sondermeldungen des OKW über »erfolgreiche Absetzbewegungen« gern den Schlager »Es geht alles vorüber, es geht alles vorbei . . .« Es dauerte aber noch lange, bis alles vorbei war. Die Schrecken der Apokalypse stürmten immer fürchterlicher über Deutschland herein. In einem schier nicht endenwollenden infernalischen Vernichtungswirbel ging das teuflische Reich zugrunde. Die verhaßten Machthaber Hitler, Göring, Goebbels, Himmler, Ley und viele ihrer Satrapen entzogen sich durch Selbstmord der irdischen Strafe.

Die Stadt Münster war so sehr zerstört, daß man ernsthaft überlegte, die Stadt an anderer Stelle wiederaufzubauen. Der Dom hatte klaffende Wunden, auch fast alle anderen Kirchen waren zerschlagen. Der Bischöfliche Hof war durch Bomben verwüstet. Galen hatte mit seinem Generalvikariat in Sendenhorst eine dürftige Notunterkunft gefunden. Hier erlebte er den Einmarsch der Amerikaner. Von hier aus trat er für das rechtlose, niedergetretene und hungernde Volk bei den Besatzungsbehörden ein, mit der gleichen Furchtlosigkeit, mit der er vorher gegen die Tyrannei aufgestanden war. Als Eingaben nichts nutzten, erschien er persönlich bei dem General in Münster. Immer wieder bemühte er sich, durch mündliche und schriftliche Vorstellungen bei der Militärregierung die Leiden des Volkes zu mildern. Er bat die Kommandanten um Hilfe gegen Plünderungen und Vergewaltigungen, legte für manchen politischen Häftling ein fürsprechendes Wort ein und forderte Gerechtigkeit als Voraussetzung wahren Friedens. In einer Predigt zu Telgte wies er den Vorwurf der Kollektivschuld des deutschen Volkes zurück.

Ein englischer Reporter, der den weltberühmten Kämpen in Sendenhorst besuchte, schrieb über seine Eindrücke: »Bischof von Galen ist ein Mann von gewaltigem Ausmaß. Wohl mehr als sechs Fuß groß, ist er breitschultrig und stark gebaut, hat ein rauhes Gesicht und ist von einer kindlichen Einfachheit und Gradheit in seinem Benehmen. Trotz seiner vornehmen Herkunft und seines kirchlichen Ranges ist Bischof von Galen ein bescheidener Mann und in etwa bestürzt über das hohe Ansehen, das er bei Katholiken und Nichtkatholiken in der Welt genießt. Er hat die Leutseligkeit eines Grandseigneurs und spricht das urwüchsige Deutsch eines Mannes, der gewohnt ist, in gleicher Weise mit Bauern und Handwerkern, mit Gelehrten, Beamten und Industriekapitänen zu verkehren. Aber den tiefsten Eindruck machte auf mich sein zartes Mitgefühl für die Opfer des Krieges und seine Bereitschaft, alles zu opfern, um die Leiden seines Volkes zu mildern.«

In den Monaten nach der totalen Niederlage Deutschlands war Clemens August rastlos tätig, um an dem materiellen und moralischen Wiederaufbau mitzuarbeiten und neu auftauchende Gefahren fernzuhalten. Er rettete die katholische Schule, entwarf ein politisch-demokratisches Programm, tat viel für die Flüchtlinge und Heimatvertriebenen aus dem Osten und besuchte die

Lager der Kriegsgefangenen in Italien. In seiner Schrift *Katholische Grundsätze für das öffentliche Leben* erklärt er, daß die Religion das Fundament des gesellschaftlichen Lebens sei; daß die menschliche Person für das gesellschaftliche Leben Quell und Ziel sei, alle Gemeinschaften deshalb ihr gegenüber dienenden Charakter hätten; daß der Familie als der wichtigsten Gemeinschaft Raum zum vollen Leben gesichert werden müsse; daß das Privateigentum nicht aufgehoben, sondern möglichst weit verbreitet werden solle. Er schreibt über die Grenzen des Staates: »Wer wahre Staatstätigkeit und wahre Staatsautorität will, muß den modernen Staat auf seine wesentliche Aufgabe zurückführen. Denn heute ist er gar oft der Leviathan des Alten Testamentes geworden, d. h. ein gigantisches Gebilde, das alles an sich zieht und alles macht. Er ist es schließlich, der bestimmt, was die einzelnen wissen oder glauben dürfen, was sie zu tun und zu lassen haben, was sie besitzen und verbrauchen können. Für uns Deutsche ist der Koloß zusammengebrochen. Aber es wird – ganz abgesehen von der gegenwärtigen Not – noch lange Zeit brauchen, bis sich die Seele unseres Volkes von jener Passivität, Leere und Stumpfheit befreit hat, die von der langjährigen Umstrickung durch den totalitären Staat verursacht wurden . . . Das wichtigste ist, daß man die Ursachen des Krieges überall beseitigt. Und eine der Hauptursachen ist die Neigung des modernen Staates zum gigantischen Totalitarismus.« In diesen Worten erkennt man die gleiche Überzeugung wieder, die Galen schon im wilhelminischen Kaiserreich, in der Weimarer Republik und unter der Hitlerdiktatur verfocht. Er hat sie unter dem Besatzungsregime nicht zu ändern brauchen.

Das Leben des Bischofs, das *Modicum*, neigte sich dem Ende zu. Doch ehe seine Gestalt von der Erde schied, wurde ihr eine letzte Glorie zuteil. Unter dem Beifall der Welt bekleidete Papst Pius XII. den furchtlosen Streiter Christi mit dem Purpur. Als Clemens August aus Rom zurückkehrte, wurde er feierlich in seiner Stadt empfangen. Es war der 16. März 1946, sein 68. Geburtstag. Zum ersten Male in der 1150jährigen Geschichte des Bistums saß ein Kardinal auf dem Stuhl des heiligen Ludger. Tausende jubelten ihm auf dem Domplatz zu. Tiefbewegt stand der greise Kämpe und dankte ihnen für ihre Liebe und Glaubenstreue. Sie waren ja, so gestand er demütig, für ihn der starke Rückhalt in den vergangenen Jahren des Kampfes, aber auch, so fügte er sichtlich ergriffen hinzu, der Grund, warum ihm die Gnade des Martertodes vorenthalten blieb. Das war der Abschiedsgruß an sein Bistum. Denn am Tage darauf brach seine Kraft. Am 22. März läuteten die Totenglocken. Das Evangelium seines Sterbetages lautete: »Sie suchten ihn zu ergreifen, fürchteten aber das Volk, weil es ihn für einen Propheten hielt.«

Bibliographischer Hinweis

Von Gisbert Kranz sind unter anderem
folgende Bücher lieferbar:

Sie lebten das Christentum. 28 Biographien. Fr. Pustet, Regensburg, 2. Auflage 1975. »Kennzeichnend für diese moderne biographische Arbeit ist ein Dreifaches: Erstens die ökumenische Weite. Evangelische Christen begegnen uns zusammen mit Anglikanern und Katholiken. Das zweite Charakteristikum dieser biographischen Leistung ist die aus den Quellen geschöpfte Tiefe der Darstellung, die das Originelle und Menschliche dieser Gestalten mit ihrem Suchen und Wollen, ihrem Ringen, ihrem Versagen und ihrer Lebensleistung – fern aller Schablone – erkennen läßt. Drittens: das gesellschaftsbezogene und geschichtsmächtige Wirken dieser Männer und Frauen« (Prof. Dr. Rudolf Padberg in: Lebendiges Zeugnis). »Imponierende Leitbilder, erstaunlich aktuell« (Alfons Bungert in: Rheinischer Merkur). »Der Bogen an markanten Gestalten, den der Verfasser zeichnet, ist von erstaunlicher Weite. Ein umfassendes Werk, das den gebildeten Menschen anspricht« (Das Neueste. Vereinigung evangelischer Buchhändler). »Der Eindruck wird vertieft durch das Instrument der Sprache, die der Verfasser wie kein zweiter beherrscht« (Die Besinnung).

Herausgefordert von ihrer Zeit. Sechs Frauenleben. Fr. Pustet, Regensburg 1976. »Jede einzelne Studie ist perfekt, unmißverständlich in ihrer Einmaligkeit und unabweisbar in ihrer Gültigkeit« (Zeitschrift für Bücherfreunde).

Elisabeth von Thüringen, wie sie wirklich war. Fr. Pustet, Regensburg, 5. Auflage. »Kranz greift auf acht Dokumente ihrer Zeitgenossen zurück und verzichtet auf alle Ausschmückungen ihres Lebens durch Legende, Dichtung und Kunstwerke. Gestützt auf Quellenschriften, wissenschaftliche Forschungen und Darstellungen skizziert er die Höhen und Tiefen ihres irdischen Wandels« (Prof. Dr. Dr. Bernhard Stasiewski in: Geschichte in Wissenschaft und Unterricht). »Das geschieht auf eine so knappe, gut leserliche Weise, daß man die umfangreichen Vorstudien, die einer solchen Darstellung zugrunde liegen, nicht mehr spürt. Die ausgezeichnete Schrift vermag uns die Persönlichkeit, blutvoll und geisterfüllt zugleich, auf eine intensive Weise nahezubringen« (Oberhessische Presse, Marburg). »Man möchte wünschen, alle Heiligen fänden einen solchen Historiker« (Das Neue Buch).

Gertrud von le Fort. Leben und Werk in Daten, Bildern und Zeugnissen. Insel-Taschenbuch, 2. Auflage 1976. »Voll von Überraschungen« (Ernst Johann in: Frankfurter Allgemeine). »Das Vorwort von Gisbert Kranz begründet gut die Aktualität der Dichterin« (Paul Hübner in: Die Presse, Wien). »Sehr modern aufgemacht, in Bildern und Schriftstücken, in Hinweisen und Urkunden, in Tabellen und einer Bibliographie ein rundes Bild gebend, komponierte – so muß man hier anerkennend sagen! – Gisbert Kranz das Taschenbuch« (Dr. Inge Meidinger-Geise in: Die Tat, Zürich).

C. S. Lewis. Studien zu Leben und Werk. Bouvier-Verlag, Bonn 1974. »Durch seine präzise Darstellung und die Wahl seiner Beispiele bei der Interpretation regt Kranz zu einer intensiveren Auseinandersetzung mit Lewis an« (Margarete von Schwarzkopf in: Criticón).

Europas christliche Literatur von 1500 bis heute. Schöningh, Paderborn, 2. Auflage 1968. »Ein wesentliches und notwendiges Standardwerk sowohl für den Theologen als auch für den Literaturhistoriker und den Literaturfreund« (Prof. Dr. Rudolf Henz in: Theologische Revue). »Das grundlegende und sehr empfehlenswerte Werk ist unentbehrlich für jedes nähere Studium seines Themenbereichs« (Universitas). »Ein opus mirandum rühmlichster Art« (Prof. Dr. E. Redl in: Theol.-prakt. Quartalschr.,

Linz/Donau). »Kabinettstücke auserlesener Darstellungskunst« (Moderne Literatur, Wien).

Bildmeditation der Dichter. Verse auf christliche Kunst. Fr. Pustet, Regensburg, und Agentur des Rauhen Hauses, Hamburg, 1976. »Zu den Höhepunkten innerhalb der 122 Gedichte zu 55 Bildern gehören Kris Tanzbergs ›Vor dem Bamberger Fürstenportal‹, Hermann Kestens ›Stefan Lochner malte mich‹ und Hedwig Bienkowski-Anderssons ›Der Engel‹. Ein gut ausgewählter, schön gedruckter Band« (Dr. Hans-Joachim Kann in: Jahrbuch Deutsch als Fremdsprache). »Auf 224 großformatigen Seiten rollt hier bildhaft die christliche Heilsgeschichte ab. Dichter meditieren über diese Bilder. Kranz bleibt nicht im Konventionellen stecken, er verwandelt das Thema auch nicht zum ›Gebetbuch‹ im überkommenen Sinne« (Georg Hermanowski in: Deutscher Ostdienst). »Vornehme Aufmachung und guter Bilddruck. Als Geschenk empfohlen« (Das Boot).

Heiligenlob moderner Dichter. Fr. Pustet, Regensburg 1975. »Zu 43 Heiligen aus dem 2. bis 20. Jahrhundert fand der Herausgeber in der europäischen Literatur 74 Gedichte von 35 Autoren, die spezifische Wege und Wesenszüge eines jeweils bestimmten Heiligen preisen, bewundern oder auch in ihrer erschütternden Härte darstellen« (Der Überblick). »Eine recht reizvolle Zusammenstellung« (Rottweiler Kirchenblatt).

Dome im Gedicht. Anthologie. Müssener-Verlag, Köln 1975. »Eine eindrucksvolle Auslese: 56 Autoren unseres Zeitalters. Man hat hinreichenden Grund, die vorzügliche Anthologie von Dr. Kranz dem Leser jenseits wie diesseits des Atlantiks zu empfehlen« (New Yorker Staats-Zeitung und Herold). »Eine kleine bibliophile Kostbarkeit« (Aachener Volkszeitung). »Ein stimmungsvolles, schönes Buch, das auch als Geschenk Freude machen wird« (Die Zeit im Buch, Wien).

Christliche Dichtung heute. Schöningh, Paderborn 1975. »Eine nützliche Bibliographie, welche die Existenz christl. Dichtung bis in das Jahr 1975 dokumentiert und zugleich Lehrenden, Lernenden und Interessierten eine praktische Orientierungshilfe bietet« (Literatur-Report). »Für den Religionslehrer, der gern literarische Texte in seinen Unterricht einbezieht, ist diese kleine, beispielhaft geordnete Bibliographie zweifellos eine handliche Orientierung. In der Einleitung umreißt Kranz knapp, aber pointiert sein Verständnis des umstrittenen Begriffs ›christliche Literatur‹ und markiert unter Berücksichtigung der dargelegten Unterscheidungs- und Auswahlkriterien die herausragenden Leistungen christlicher Autoren in den letzten 15 Jahren« (M. Freitag in: Religionsunterricht an höheren Schulen). »Ein Hilfsmittel bei der Auswahl für den heute geplanten Deutschlehrer wie für den Schüler, der eine billige Ausgabe sucht« (Die Anregung).

Liebe und Erkenntnis. Ein Versuch. A. Pustet, München 1972. »Der Verfasser hat uns ein überaus ansprechendes Buch zu der alten und doch stets neuen Frage nach dem Verhältnis von Erkenntnis und Liebe geschenkt. Gerade seine umfassende Kenntnis der Geschichte nicht nur der Theologie und Philosophie, sondern auch der Dichtung und der Mystik ermöglicht es ihm, auf manche wenig bekannte und doch bedeutsame Kerngedanken der Überlieferung hinzuweisen. Vor allem deshalb kommt dem Buch auch ein wissenschaftlicher Wert zu« (Prof. Dr. J. de Vries in: Theologie und Philosophie). »Das Schätzenswerte an diesem Buch ist, daß der Autor die unübertrefflich nahrhafte Frucht durch Schlichtheit der Darstellung einem großen Leserkreis vermittelt, so daß auch der ›nicht-studierte‹ Durchschnittsleser einen echten Erkenntnisgewinn zu verbuchen vermag« (Anni Kraus in: Theolog. Revue).